权威·前沿·原创

皮书系列为
"十二五""十三五""十四五"时期国家重点出版物出版专项规划项目

BLUE BOOK

智 库 成 果 出 版 与 传 播 平 台

法治蓝皮书

BLUE BOOK OF RULE OF LAW

珠海法治发展报告
No.7（2025）

ANNUAL REPORT ON RULE OF LAW IN ZHUHAI

No.7 (2025)

主　　编／陈　元　陈　甦　田　禾

执行主编／吕艳滨

副 主 编／王祎茗

社会科学文献出版社

SOCIAL SCIENCES ACADEMIC PRESS（CHINA）

图书在版编目（CIP）数据

珠海法治发展报告 . No. 7，2025 ／陈元，陈甦，田禾主编；吕艳滨执行主编；王祎茗副主编 . --北京：社会科学文献出版社，2025.4. --（法治蓝皮书）.

ISBN 978-7-5228-5215-7

Ⅰ . D927. 653

中国国家版本馆 CIP 数据核字第 20250YW006 号

法治蓝皮书

珠海法治发展报告 No. 7（2025）

主　　编／陈　元　陈　甦　田　禾
执行主编／吕艳滨
副 主 编／王祎茗

出 版 人／冀祥德
责任编辑／曹长香
文稿编辑／王楠楠　陈　冲　周浩杰　胡金鑫　程丽霞
责任印制／岳　阳

出　　版／社会科学文献出版社（010）59367162
　　　　　地址：北京市北三环中路甲 29 号院华龙大厦　邮编：100029
　　　　　网址：www. ssap. com. cn
发　　行／社会科学文献出版社（010）59367028
印　　装／天津千鹤文化传播有限公司

规　　格／开本：787mm×1092mm　1/16
　　　　　印张：27.25　字数：409 千字
版　　次／2025 年 4 月第 1 版　2025 年 4 月第 1 次印刷
书　　号／ISBN 978-7-5228-5215-7
定　　价／139.00 元

读者服务电话：4008918866

王刚宝	王祎茗	王靖豪	方中伟	邓 茜
邓培旺	左常午	叶文飞	田 禾	丘细妹
白 俊	成文锋	吕艳滨	朱冰红	刘 荣
刘 泉	刘 璐	刘志强	刘珊珊	刘晓萌
刘雁鹏	刘韵倩	江 海	汤 凯	许蓓珣
巫文辉	李 芳	李 凯	李 嘉	李小燕
李中原	李尔冰	李江琦	李炀森	李闽粤
李雅惠	杨成铭	肖 力	吴 杰	吴 振
吴 锋	吴 楠	吴尚儒	吴学艇	吴健良
邱东红	邱志光	邱晓君	何中龙	何龙英
邹芬芬	沈 正	张 帆	张 亮	张国斌
张和林	张金伟	张彦斌	张喜月	张景淞
陈 元	陈 晖	陈元志	陈发球	陈晓冰
陈婉盈	林晓明	欧阳曦	罗 欢	罗雪怡
罗斯洋	周 明	周 萍	庞耀东	郑 路
郑宝楹	赵振武	胡 苑	胡 佳	胡 滨
钟慧萍	钟毅瑜	钟颖仪	饶宏忠	姜 欣
姚俊君	莫若飞	栗燕杰	徐劲光	徐素平
徐烽娟	高培翔	郭圣勇	郭志俊	郭道贵
姬鸿雁	黄伟锋	黄秀敏	黄国靖	黄家俊
黄梓毓	黄键生	曹雅静	梁文锐	梁淑廉
彭佳丽	董雯瑶	蒋马俊	韩树军	童 嫚
曾 震	曾婵婧	湛福祥	温建鸿	谢 芳
谢 燕	赖雪辉	廖 准	谭炜杰	翟宇航
缪雨倩	樊 颖	潘庆均	潘国照	

主要编撰者简介

主　编

陈　元　中共珠海市委常委、政法委书记,市委全面依法治市委员会办公室主任。

陈　甦　中国社会科学院学部委员、法学研究所原所长、研究员,中国社会科学院大学法学院特聘教授。

主要研究领域:民商法、经济法。

田　禾　中国社会科学院国家法治指数研究中心主任,法学研究所研究员。

主要研究领域:刑法学、司法制度。

执行主编

吕艳滨　中国社会科学院法学研究所法治国情调研室主任、研究员,中国社会科学院大学法学院宪法与行政法教研室主任、教授。

主要研究领域:行政法、信息法、司法制度。

副主编

王祎茗　中国社会科学院法学研究所法治国情调研室副研究员。

主要研究领域:法律文化、司法制度。

摘　要

2024 年是深入推进党的二十大精神贯彻落实的关键一年，珠海继续坚持以习近平法治思想为指导，立足新发展阶段，贯彻新发展理念，构建新发展格局，以高水平法治建设服务和保障高质量发展目标，全面推进法治珠海、法治政府、法治社会建设的深化升级。《珠海法治发展报告 No. 7 (2025)》全面梳理了 2024 年珠海法治实践的主要进展，对创新立法工作、深化数字化治理、强化基层法治建设、提升涉外涉港澳法治能力等方面的成效进行了系统总结与深入分析。报告还发布了一系列专题调研报告，全面展示了珠海在重点领域法治建设中的新亮点、新突破，并对短板问题提出了针对性对策建议。

砥砺奋进开新局，踔厉奋发向未来。展望 2025 年，珠海将以更高的标准和更强的担当意识推进法治建设，着力优化法治供给体系，推动数字化与法治建设深度融合，全面提升依法治市水平，健全法治社会建设体系，加强司法公正与责任落实，进一步强化普法教育和基层依法治理工作。珠海还将加快构建与高质量发展和高水平开放相适应的涉外涉港澳法治体系，增强法治在维护稳定、促进发展、改善民生、保障善治中的支撑作用，着力打造更多具有全国影响力的地方法治建设品牌，推动横琴粤澳深度合作区建设取得新成效，为高质量建设新时代中国特色社会主义现代化国际化经济特区提供更加坚实有力的法治保障。

关键词： 法治珠海　基层法治　涉外法治　粤港澳大湾区　数字化治理

目　录 ⬡

Ⅰ　总报告

B.1 2024年珠海法治发展与2025年展望 ………… 法治珠海课题组 / 001

一　聚焦重点领域立法，助推高质量发展 …………………… / 002

二　"制度创新+数字赋能"双向驱动，法治赋能新质生产力

…………………………………………………………… / 005

三　构建"法治"和"智治"体系，以公正司法回应社会

关切和群众期盼 ……………………………………… / 013

四　融合"数治"和"善治"理念，全面提升城市基层治理

效能 …………………………………………………… / 017

五　推动珠澳区域法律事务融合发展，打造"跨法域"法治

建设新模式 …………………………………………… / 020

六　2025 年法治展望 …………………………………… / 023

Ⅱ　法治政府建设

B.2 珠海基层治理视域下的法治督察报告

………………………………………… 珠海市司法局课题组 / 032

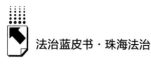

B.3 行政检察协同推进法治政府建设报告

——以香洲区人民检察院行政检察工作为视角

············· 珠海市香洲区人民检察院课题组 / 045

B.4 金湾区基层决策事项合法性审查全覆盖工作的实践与探索

············· 珠海市金湾区司法局课题组 / 058

B.5 创新驱动发展战略下珠海市科技创新政策体系完善

············· 北京理工大学珠海学院课题组 / 069

B.6 珠海市行政复议行政应诉联动化解行政争议实践

············· 珠海市司法局课题组 / 084

Ⅲ 司法建设

B.7 行为类民事执行案件的困境与破解

——以珠海法院2020年至2023年8月行为类执行案件为样本

············· 珠海市中级人民法院课题组 / 097

B.8 珠海选任港澳籍陪审员工作的实践与展望

············· 珠海市司法局课题组 / 118

B.9 香洲法院全流程无纸化办案调研报告

············· 珠海市香洲区人民法院课题组 / 130

B.10 检察公益诉讼服务保障"绿美横琴"建设的思考与实践

············· 广东省横琴粤澳深度合作区人民检察院课题组 / 147

B.11 侵害未成年人案件强制报告制度的实施困境及应对

············· 珠海市金湾区人民检察院课题组 / 160

B.12 检察机关服务保障乡村振兴的基层实践

············· 珠海市斗门区人民检察院课题组 / 177

Ⅳ　跨境法治

B.13 横琴粤澳深度合作区分线管理海关监管制度样板间的法治

　　探索与实践 …………………… 拱北海关所属横琴海关课题组 / 193

B.14 数字时代下的琴澳跨境普法的实践与探索

　　………………… 横琴粤澳深度合作区法律事务局课题组 / 207

B.15 移民管理机关保障"两车北上"政策实施的实践与展望

　　………………… 港珠澳大桥出入境边防检查站课题组 / 219

B.16 珠海市香洲区湾仔街道涉外涉港澳法律服务实践与探索

　　………………… 珠海市香洲区湾仔街道课题组 / 233

B.17 珠港澳跨境信用合作和规则机制衔接的实践与探索

　　………………… 珠海市发展和改革局课题组 / 245

B.18 珠海国际仲裁院打造粤港澳大湾区涉外涉港澳法治新高地的

　　实践探索 ………………… 珠海国际仲裁院课题组 / 258

Ⅴ　法治惠民

B.19 珠海校家社协同育人模式的实践与展望

　　………………………… 珠海市教育局课题组 / 270

B.20 珠海医保持续打造"七朵云"协议管理新模式

　　………………… 珠海市医疗保障事业管理中心课题组 / 283

B.21 珠海市落实无障碍环境建设法规的实践与展望

　　………………… 珠海市残疾人联合会课题组 / 292

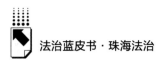

VI 社会治理

B. 22 珠海高新技术产业开发区三新群体基层治理体系建设调研报告

…………… 珠海高新技术产业开发区综合治理局课题组 / 304

B. 23 珠海检察机关建设新时代"枫桥式"检察室的实践与探索

………………………………… 珠海市人民检察院课题组 / 318

B. 24 "府院联动"视角下的多元解纷体系路径优化探析

………………………………… 珠海市金湾区人民法院课题组 / 331

B. 25 优化横琴粤澳深度合作区基层社会治理路径调研报告

………… 广东省人民政府横琴粤澳深度合作区工作办公室

政法工作处课题组 / 342

B. 26 斗门法院融入"1+6+N"基层社会治理工作体系建设的实践

与路径优化 ……………… 珠海市斗门区人民法院课题组 / 355

附 录

2024年珠海法治大事记 ………………………………… / 369

Abstract ………………………………………………… / 391

Contents ………………………………………………… / 393

皮书数据库阅读**使用指南**

总 报 告

B.1

2024年珠海法治发展与2025年展望

法治珠海课题组*

摘 要： 2024 年，珠海坚持以习近平新时代中国特色社会主义思想为指导，全面深入学习贯彻党的二十大和二十届二中、三中全会精神，聚焦发展新质生产力、实施"百千万工程"、绿美珠海生态建设等重点领域全面强化立法供给，深化法治政府建设，以数字赋能法治化营商环境，全面配合保障横琴粤澳深度合作区分线管理；以公正司法回应社会关切，探索"珠联必和"大调解工作机制，构建全民参与大普法工作格局，为乡村振兴注入法治动能；推动珠澳区域法律事务融合发展，打造"跨法域"法治建设新模式，共谱珠琴澳区域协同发展新篇章。未来，珠海将进一步在法治建设中把握先机、赢得主动，持续提高立法工作质量，稳步推进数字法治政府建设，

课题组负责人：陈元，中共珠海市委常委、政法委书记，中共珠海市委全面依法治市委员会办公室主任；田禾，中国社会科学院国家法治指数研究中心主任、研究员。课题组成员（按姓氏笔画排序）：王丽、王小梅、王祎茗、左常午、吕艳滨、刘雁鹏、李小燕、邱志光、陈晖、饶宏忠、栗燕杰、童嫚、谢燕、潘国照。执笔人：王祎茗，中国社会科学院法学研究所副研究员；潘国照，中共珠海市委全面依法治市委员会办公室秘书科副科长；陈晖，法学博士、副教授；左常午，法学博士，暨南大学讲师。

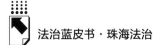
加强市域社会治理，打造更加公正高效的司法环境，着力优化涉外涉港澳法治工作大协同格局，打造一批具有全国影响力和珠海辨识度的法治改革标志性成果，助力将横琴粤澳深度合作区打造成具有中国特色、彰显"一国两制"制度优势的区域开发示范。

关键词： 珠海法治　数字法治政府　智慧司法　社会治理共同体　珠澳融合

2024 年是中华人民共和国成立 75 周年、澳门回归祖国 25 周年，珠海立足城市发展定位，在多个重要节点叠加的关键时刻，扛起新使命，增创新优势，通过深化法治改革、创新法治举措，推动粤港澳大湾区（以下简称"大湾区"）、横琴粤澳深度合作区（以下简称"横琴合作区"）建设等国家重大战略落地落实。印发《关于进一步加强新时代珠海高质量发展法治服务保障的若干措施》，形成五大领域 17 项法治举措和 30 项重点任务清单，全面统筹法治资源开展法治建设。继续擦亮全国首批法治政府建设示范市的"金字招牌"，打造依法行政"珠海样本"，构建涉外法治大协同格局的"品牌矩阵"，优化行政争议多元化解的"实践路径"，将法治软实力转化为赋能高质量发展的硬支撑，共谱珠琴澳区域协同发展新篇章，为珠海建设成为中国式现代化的城市样板、构建万亿级现代化产业体系贡献法治力量。在法治广东建设考评中，珠海排名全省第 3，连续七年获评"优秀"等次。

一　聚焦重点领域立法，助推高质量发展

珠海充分发挥"立法试验田"作用，继续用足用好经济特区和设区的市两个立法权，坚持立法与改革实践相结合，加强具有地方特色和引领性的制度设计，聚焦发展新质生产力、实施"百千万工程"、绿美珠海生态建设等重点领域全面强化立法供给，积极探索区域协同立法，以良法促进发展、保障善治。

（一）立法推进横琴合作区打造法治建设高地

珠海不断强化横琴合作区立法保障，制定《珠海市人民政府关于在横琴粤澳深度合作区停止执行〈珠海经济特区城乡规划条例实施办法〉有关条款的决定》，对不适应合作区发展的，提出调整或停止，加强与横琴合作区的规则链接。充分发挥经济特区立法权新功能，积极配合省人大常委会编制大湾区专项立法计划（2024~2027年）。运用经济特区立法权，通过"小切口"立法率先为横琴合作区制定全国首部规范商事调解条例《横琴粤澳深度合作区商事调解条例》，明确规定商事调解组织在符合境内监管要求的条件下，经备案后聘任港澳人士担任商事调解员。将横琴合作区深化商事调解制度改革的生动实践上升为创新性制度安排，助力支持横琴合作区打造成国际商事争端解决的优选地，为国家商事调解立法提供"珠海经验"。截至2024年12月，珠海通过采取"小切口"立法和设置"合作区专章"等方式，共制定涉及大湾区、横琴合作区建设的法规15部，为加快构建琴澳一体化提供坚实法治保障。

（二）为加快发展新质生产力提供坚实的法治保障

珠海牢记高质量发展是新时代的硬道理，努力为培育和发展新质生产力提供制度支撑，运用经济特区立法权制定《珠海经济特区国家高新技术产业开发区条例》（2024年3月3日起施行），在全国范围内首次将"新质生产力"写入地方性法规，为高新区"一区多园"体制机制改革提供立法保障。通过了全国首部突出"质量创新"理念的条例《珠海经济特区质量创新发展条例》，强化质量攻关、技术创新和质量激励，聚焦大湾区质量共建发展等特色，形成协同联动的质量工作格局。为发展通用航空和低空经济，出台《珠海经济特区低空交通建设管理条例》，为低空飞行有序活动划定安全底线，推动低空交通基础设施建设迈入法治化新阶段，并专设"横琴粤澳深度合作区特别规定"一章，满足横琴合作区分线管理和全域建设海陆空全空间智能无人体系的法治需求，以重点领域立法推动高质量发展。

（三）以地方立法引领和推动平安建设

珠海充分发挥立法在平安建设中的保障作用，通过了《珠海经济特区平安建设条例》，把基层治理实践经验上升为法规条文，从制度层面加强社会风险防控和矛盾纠纷化解机制创新，推动以维护政治安全、社会安定、人民安宁、网络安全的新安全格局保障新发展，推动平安建设在法治轨道上进行。为了预防火灾和减少火灾危害，加强应急救援，保护人身、财产安全，维护公共安全，珠海运用经济特区立法权对上位法进行变通，以废旧立新的方式通过《珠海经济特区消防条例》，构建消防安全新制度。为规范海钓行为，保障海钓活动安全、有序发展，通过了《珠海经济特区海钓安全管理规定》，加强行业引导和监管，保护海洋生态环境。

（四）为绿美珠海生态建设提供制度支撑

珠海将生态优先、绿色发展理念全面融入现代化建设进程，通过立法引领、依法监督等形式，将"绿美"绣入乡村发展蓝图。制定全国首部提升乡村风貌的专项立法《珠海经济特区乡村风貌提升条例》，从乡村人居环境治理、传统村落风貌保护等方面助力打造城市繁华、农村繁荣的共富之城。在全国首次以地方立法形式将中华白海豚确定为城市吉祥物，①推动"海上大熊猫"成为城市文化新名片。制定《珠海经济特区固体废物污染环境防治条例》，加强固体废物污染环境防治和多元共治，用最严密法治保护生态环境。借鉴国际湿地保护管理利用先进经验，出台《珠海经济特区红树林保护条例》，全面提升生物多样性治理水平，促进人与自然和谐共生。与中山市共同推进流域协作管理，突破原有行政区划及水域管辖在系统化治理中的局限，修订《珠海经济特区前山河流域管理条例》，颁布了广东省首个流域协同立法成果之一《珠海市前山河流域协同

---

① 《珠海市人民代表大会常务委员会关于确定中华白海豚为城市吉祥物的决定》，珠海市人大常委会网站，2024 年 8 月 30 日，https：//www.zhrd.gov.cn/zhfg/202408/t20240830_ 58932277.html。

保护规定》，加强水环境跨区域协同保护，对全省乃至整个大湾区绿色发展意义重大。

二 "制度创新+数字赋能"双向驱动，法治赋能新质生产力

珠海深入贯彻习近平总书记关于优化营商环境和发展新质生产力的重要论述和重要指示批示精神。2024年1月，发布优化法治化营商环境三年行动计划（2024~2026年），以及建设国际一流营商环境标杆城市助力产业发展改革方案，将营商环境改革作为"头号改革工程"，明确5个改革领域和19项重点任务，助推经济社会高质量发展。在《2024年广东省营商环境评价报告》中，珠海总分排名全省第4。

（一）优化数字营商环境，打造"珠事通"政府服务品牌

数字政府建设是数字时代创新政府治理理念和方式的重要举措，珠海对标港澳打造国际化政务服务体系，推动政府治理的技术融合、业务融合和数据融合，在优化新质生产力中营造法治环境，在强化新质生产力中提供法治保障。

1.稳步推动"高效办成一件事"

珠海持续推进一体化政务服务平台建设，推动数字政府向更深层次、更广领域拓展。2024年5月，印发《珠海市推动"高效办成一件事"打造"珠事通"政府服务品牌若干措施》，聚焦群众所盼、企业所需，形成企业从准入准营到注销退出共7个环节14项涉企服务"高效办成一件事"重点事项清单，促进政务服务与智能创新相结合，进一步优化业务办理流程、精简办事材料、压缩办理时限。各区各职能部门积极拓展"一件事"新领域新场景，金湾区推出17项区级特色"一件事"服务，联合省内外20个地区推动2060项服务跨域办理；斗门区实施"三免三延续"措施，率先实施"个转企""分转子"高效办成一件事；市市场监管局推出"港澳来珠开办

企业一件事"、市不动产登记中心推出"购买一手房一件事"、市发展改革局推出"信用修复一件事"等，数字化、智慧化的应用和改造有效推动信息共享和业务联动，政务服务从政府供给导向向群众需求导向转变。

2024 年 7 月，珠海市民服务中心正式启用，共设置 10 个业务服务厅，涵盖市区两级 50 多个部门的 2446 项政务服务事项，基本实现市级政务服务事项"一站式"办理。"珠事通"高效办成一件事服务专区在广东政务服务网和"珠海市民服务中心"微信公众号同步上线，首批上线 43 项"一件事"主题服务，将多部门办理的单事项变成"一件事一次办"，关联业务实现一网申办；社保"一点通"智助机覆盖了全部业务，"法拍房税证一网通办"实现法拍房缴税办证全程网上办理。"互联网+"服务能力的持续提升推动珠海构建一个以优化企业和群众办事体验为导向的数字化服务生态，网办、易办、快办成为政务服务新趋势。

2. 建设企业政务综合服务新空间

为激发产业发展新动能，珠海发布"盘根计划全铺开"硬核措施，提出 18 条助企惠企举措和 5 张服务事项清单，涵盖项目审批、政策扶持、新技术新产品创新应用等场景。市民服务中心设立市区联动、政企互动的线下一站式"1+8"企业综合服务新空间，依托 12345 政务服务便民热线，打造全市企业服务总客服，构建"专线+专窗""线上+线下"的精准服务。上线招商引资"一网协同"，推进涉企服务"一站集成"，全面优化"财政惠企利民服务平台"和"政企通"服务平台，实现政策兑现、供需对接、诉求直通等事项精准快办。金湾区率先推行"区事镇办"服务模式，将 273 项区级政务服务事项通过窗口下沉镇级办理；斗门区设立 50 个管理网格，针对中小微企业建立网格化服务机制；高新区运营 5.0 产业新空间，探索从企业入园、投产到园区服务的标准化流程，成功入选国家级服务业标准化试点项目，实现涉企服务从"优"到"精"的全面跃升。

3. 推动全面构建亲清政商关系

珠海严格落实市场准入负面清单制度，设立妨碍建设统一大市场和设置市场准入隐性壁垒投诉渠道；清理涉及违反公平竞争审查要求的产业政策，建立完善市场主体参与重大项目建设、公共资源开发的公平竞争机制；在出租屋管理、医疗卫生等超40个重点领域探索"信用+模式"，推进信用分级分类监管；依托珠海信用信息共享平台和广东省数据资源一网共享平台实现信用信息数据共享。在全省率先建成智慧监管平台和大数据中心，全面提升监管精准性和实效性。建立督查为企服务机制，加强企业政务事项办理的督查督办和综合协调；在省内率先实施涉企行政检查"白名单"制度，探索执法观察期，推进"综合查一次"监管改革，构建"无事不扰、有需必应"监管环境，获《法治日报》专题报道；建立行政处罚决定书与行政处罚信息信用修复告知书"两书同达"机制，以更优质的法治化营商环境提升监管效能，实现有为政府与有效市场良性互动。

（二）构建跨境政务服务体系，拓展跨境信用合作

1.珠港澳共同参与，构建跨境政务服务体系

珠海积极参与和深化粤港澳政务服务合作，着力打造珠港澳共同参与、线上线下融合、全场景便利化的跨境政务服务体系。在商事登记、税务、不动产、社保、医保等领域实现204项跨境业务"零出关、零费用、全流程、一次办"。73项涉港澳政务服务事项进驻市民服务中心，港澳服务专窗提供业务办理"绿色通道"。粤省事和粤商通珠海版块分别上线服务1145项和1174项，均向澳门居民开放使用。大湾区首批跨境"珠事通"涉企服务一体机，融合"珠港通""珠澳通"注册易服务，使港资、澳资企业从申请、审批到领取证照实现零跑动。"跨境通办"自助服务机和"智方便"自助登记站也在市民服务中心启用，提供11个香港特别行政区政府决策局及有关机构约70项政务服务，方便香港居民和企业在珠海"自助办理"多项香港政务事项。在全国首创涉港澳不动产登记业务"不出关办理"模式，与港澳银行合作设立15个便民服务点，港澳居民可"就近办"跨境抵押登记业务。市不动产登记中心横琴分中心靠前服务"澳门新街坊"等涉澳重点民生项目，便利港澳居民在珠海置业生活。"湾事通·珠海专区"上线，打造湾区居民工作、生活、消费、出行特色服务"生活通"。

2. 跨境信用合作, 推动区域信用体系一体化发展

珠海积极推动"珠港澳"跨境信用体系建设, 2024 年 3 月, 市政府与拱北海关签署《关于建立信用互认与联合激励机制支持高信用企业发展合作备忘录》, 双方以信用标准互认、高信用企业联合激励为切入点赋能经济发展。在国内首次将 3 家澳门企业纳入守信激励名单, 实现珠澳区域信用合作零的突破。在全国首次开展信用数据出境风险评估, 并以诚信建设为切入点, 推进珠港澳在消费领域信用规则有效衔接。成立珠港澳跨境信用协会, 搭建信用大数据实验室, 打造全国首个国际化的信用服务超市, 向全球推介优质信用服务产品; 推动建立珠澳跨境信用调解中心, 探索跨境信用调解服务。"信用珠海"上线港澳版, 创新设立港澳企业信用核查专区等场景应用, 为珠港澳产业协同提供信用动能; 搭建珠港澳跨境信用服务平台, 可供港澳企业查询珠海市 40 万家企业信用状况, 归集展示 1000 多家重点澳门企业信用信息, 初步实现珠澳两地信用跨境互查互认。① 市跨境信用协会香港办事处发出首张"香港居民信用评价证书", 突破港澳个人在内地融资贷款瓶颈, 促进大湾区金融生活实现互通互利。

（三）强化审查督察及源头治理的联动运用, 激活法治政府建设新动能

1. 不断优化机制把好政策文件审查关

珠海积极完善行政规范性文件制定、评估等制度机制, 开展"先办快审"、设有"优先审查绿色通道", 对涉企规范性文件的修订、延期、废止等实施重点监管, 针对不公平对待企业及违反上位法的规范性文件进行专项清理; 严把招商引资、自然资源管理、国资管理等行政决策和规范性文件的"法治关", 实行规范性文件"市本级分类总结通报+各区（功能区）总体

---

① 《跨境信用合作工作, 多地进展一览》, 网易网, 2024 年 12 月 18 日, https://www.163.com/dy/article/JJND4LRU053257CG.html。

情况通报"制度，破除制约企业发展的制度障碍。自 2023 年以来，珠海对涉及民营经济发展的规范性文件和重大行政决策开展合法性审查 153 件次；[①] 对重大涉产业政策文件实行提前介入、容缺受理、优先办理、快审快结，累计审查出台涉产业规范性文件 217 件，[②] 助力产业政策体系与高质量发展相适应。积极推进镇街决策事项合法性审查全覆盖，金湾区率先构建"1+3+N"（建立一个统一的工作平台、实施三大配套改革、联动 N 项工作力量）镇街决策合法性审查全覆盖体系，以清单方式对 15 项合法性审查事项进行明确的"事前规范"，由承办部门、司法所、镇党政办对审查事项进行"事中协同"审查，审查通过再提交镇政府会议审议，审议情况由镇党政办专人跟进落实"事后备案"，实现合法性审查全流程管控。同时，充分借用"外脑"，建立"司法所+法律顾问"的审查队伍，当好行政决策"总参谋"。2024年，金湾区下辖 4 镇共出具法律意见 1000 余份，有效化解政府决策风险。

2.深入推进法治政府建设督察工作

珠海持续构建"大监督"格局，运用领导干部述法、法治建设考评、法治督察联动等推动各区各部门法治建设责任落实。出台《珠海市法治督察工作办法（试行）》《珠海市法治督察工作规则（试行）》，强化法治督察的制度保障。建立市、区、镇街上下贯通的法治督察工作体系，运用"加减乘除"工作法开展督察，即在建章立制上做"加法"，在督察频次上做"减法"，在增势赋能上做"乘法"，在破解难题上做"除法"，提升督察的针对性、实效性和权威性。在全省率先实行法治建设特邀监督员制度，遴选包括人大代表、政协委员、优秀民营企业家在内的 12 人担任首届法治建设特邀监督员，在法治保障产业发展和增进民生福祉等领域发挥监督作用。市委统战部、市检察院、市司法局联合设立首个地级市的法治化营商环

---

① 《"三点"发力！珠海法治赋能新质生产力加快发展》，澎湃网，2024 年 4 月 12 日，https：//www.thepaper.cn/newsDetail_ forward_ 27017928。
② 《助推珠海法治政府建设迈上新台阶 珠海市司法局全流程抓好行政规范性文件管理》，珠海市政府网，2024 年 11 月 27 日，https：//www.zhuhai.gov.cn/xw/xwzx/bmkx/content/post_3736002.html。

境监督服务中心，在全国开创了党委统战部门参与设立法治化营商环境监督服务专门机构的先例。在省内率先出台公职律师全覆盖工作方案，建立全市公职律师人员信息库和公职律师统筹使用制度，通过集中调配使用和结对共建两种方式，配套 N 个工作机制，打造具有珠海特色的"2+2+N"公职律师统筹使用模式，发挥其在党政机关依法决策中的重要作用。

3. 着力强化推进行政争议的源头治理

2024 年，珠海印发《关于加强行政机关自我纠正行政行为的实施意见》《珠海市行政机关自我纠正行政行为工作指引》，全省率先建立行政机关行政行为自我纠正制度，将行政机关自我纠正行政行为上升固化为制度设计和规范指引。印发十大典型案例，提供示范引领，推动行政争议实质化解。包括镇街在内的各级行政机关也不断建立健全本单位、本系统自我纠正工作配套机制，把工作重心从事后"被动"应对向事前事中"主动"预防及化解转变。2024 年 1 月，公布政府规章《珠海经济特区行政争议调解办法》，提出打造独具珠海特色的行政争议全范围、全链条、全社会的"三全"化解机制，在全国首次将所有可复议可诉讼的行政争议纳入调解范围。在全市法院立案大厅设立行政复议受案窗口，深化政府机关同法院的协作共享与交流，共同推动行政争议实质化解。截至 2024 年 12 月，全市立案前化解行政争议 110 件。2024 年收到行政复议案件 1782 件，办结 1415 件，综合纠错率 22.19%，首选行政复议解决行政争议比例超八成，经复议后不再提起诉讼的比例近九成，有关做法在全省获得推广①。

4. 全方位增强涉企法律服务供给

珠海持续在发展新质生产力中输出法治服务，市公共法律服务中心整体入驻市民服务中心，形成全市"线上 15 秒、线下 15 分"公共法律服务圈，在全省率先启动建设广东法律服务网运营中心珠海分中心，推进承接珠海地区 12348 语音咨询和广东法网网络咨询服务。2024 年，全市公共法律服务平台为群众提供服务近 11 万次。市司法局在全省率先推出涉企法律服务

---

① 数据来源：珠海市 2024 年度行政复议行政应诉工作报告。

"一件事",联合市工商联成立"助企法律服务工作站""粤澳民营企业涉外法律服务工作站",以便捷、优质的法治体检和法治服务精准匹配市场主体法治需求;构建市区联动、部门联动和政企联动的"企业公证顾问"机制,率先开展"律师+公证"双顾问服务工作站试点,在工业园区开展"法先锋"法律夜诊服务,举办全省首个民营企业法务技能大赛,提高为企法律服务的供给能力和效率;启动"企业合规顾问团惠企服务平台",发布出口企业、报关企业业务合规指引,护航企业合规发展;建立法律服务企业"出海"工作联动机制,围绕企业与共建"一带一路"国家开展贸易投资的法律风险开展专题辅导,主办"助力解锁DTC品牌出海"活动,助力企业开拓海外营销网络和国际化布局,为企业"走出去"保驾护航。

（四）全面配合保障横琴合作区分线管理，支持服务横琴合作区建设

珠海以实际行动强化经济特区使命担当,2024年2月,印发《珠海市支持服务横琴粤澳深度合作区建设、促进澳门经济适度多元发展的重点工作举措》,从机制对接、政策创新、产业协同、交通互联、民生保障等方面进行谋划,为琴澳一体化、便利澳门居民生产生活的政策配套措施落地见效提供法治支撑。

1. 智慧监管,保障横琴合作区分线管理

2024年3月1日,横琴合作区正式实施货物"一线"放开、"二线"管住、人员进出高度便利的分线管理政策,琴澳一体化迎来突破性进展。为支持配合横琴合作区分线管理顺利推进,出台相关工作方案,从政策宣传、基础设施建设、交通管理、反走私综合治理等方面系统提出了18项重点工作任务。积极配合搭建"横琴粤澳深度合作区智慧口岸公共服务平台",建设数字化、智能化、集成化的跨部门、跨行业、跨区域的口岸综合管理服务系统,以信息化平台支持横琴合作区分线管理。拱北海关立足横琴合作区监管实践,秉承"一站式监管、一二线联动、一码通溯源、一体化管控"理念,贯通形成分类、风险、信用、协同、智慧"五维一体"

监管模式，实现分线管理的监管目标。研发横琴合作区海关智慧监管平台，对进出横琴合作区的人员、交通工具、货物、物品实施高效、科学监管，打造分线管理制度样板间。截至 2024 年 11 月底，海关在"一线"横琴口岸监管进出境人员超 1712 万人次，监管进出境车辆超 183 万辆次，约 195 万人次澳门居民经"新家园便捷通道"快速通关，① 琴澳之间要素高效便捷流动为澳门长远发展、琴澳协同发展注入新的强劲动力，一个宜居宜业宜游的优质生活圈正在不断拓展新空间。

2. 联合执法，提升通关效率和通关体验

"港澳车北上"政策实施以来，珠海不断加强与港澳协调联动，提升大桥口岸通关效率与通关体验。自 2024 年 2 月 28 日起，拱北海关与澳门海关在横琴口岸开展"大型集装箱/车辆检查设备图像信息共享共用"和"口岸货运核辐射监测"两项执法协作，实现两地海关资源分享、监管互认、执法互助，通关效率明显提升。拱北海关拓宽海关大数据池和增加监控指挥"触角"，与横琴合作区各执法部门共同营造安全高效、数据可溯、风险可控的信息交互共享环境；与澳门市政署、澳门海关、澳门卫生局分别签署《拱北海关与澳门特别行政区政府市政署关于检验检疫技术合作的框架协议》《出入境卫生检疫合作安排备忘录》《拱北海关与澳门海关关于横琴口岸执法协作备忘录》等跨境合作协议，推进琴澳区域间海关执法一体合作。继续推进智慧缉私实践，运用"风险+缉私+现场"联动协作机制，建立拱北海关风险联合研判工作站，与横琴合作区公安局组建联合打私工作专班，织密反走私综合治理网络，进一步构建与澳门一体化高水平开放的新体系。

3. 保障横琴合作区行政职权由珠海实施的清单事项

横琴合作区成立以来，广东省级行政职权中已有两批共 182 项调整由横琴粤澳深度合作区执委会及其工作机构实施，纳入权责清单管理，实现"横琴事横琴办"。珠海也立足"合作区所需，珠海所能"，加强统筹协调，

---

① 《横琴海关：深化跨境合作，开启琴澳双城"快车道"丨案例调研》，"南方 Plus"百家号，2024 年 12 月 12 日，https://baijiahao.baidu.com/s? id=1818237344456346667&wfr=spider&for=pc。

市政府经与横琴粤澳深度合作区执委会协商，于 2024 年 6 月联合对外发布《横琴粤澳深度合作区行政职权由珠海市实施的事项清单（第一批）》，原横琴粤澳深度合作区执委会工作机构的 488 项行政职权由市政府部门保障实施，横琴合作区内企业、群众可依据事项清单内容到珠海市相应部门办理业务，全力协助横琴合作区做好社会民生服务保障。

三　构建"法治"和"智治"体系，以公正司法回应社会关切和群众期盼

（一）开展"检察护企"和"检护民生"专项行动

珠海检察机关扎实开展"检察护企""检护民生"专项行动，依法惩治合同诈骗等各类扰乱市场秩序犯罪，起诉 67 人，维护公平竞争的市场环境；依法惩治破坏金融管理秩序等犯罪，起诉 72 人，有效护航金融安全；依法惩治民营企业内部贪腐"蛀虫"的职务侵占、挪用资金等侵害企业利益犯罪，起诉 44 人。① 以"订单式"法治服务对接企业需求，助力企业提升风险防范意识和能力。与公安机关联合设立侦查监督与协作配合办公室，加强对以刑事手段插手经济纠纷等问题的监督，完善清理和预防涉民营企业刑事诉讼"挂案"工作机制。通过制发检察建议，加强对涉民企民事案件监督，减轻涉案企业诉累。评选"检察护企""检护民生"专项行动十佳典型案例，充分发挥示范引领作用。市检察院办理的杨某珍与某纺织工业有限公司劳动合同纠纷案被省检察院评为典型案例；提起监督并成功改判的"林某某与珠海某村联社侵害集体经济组织成员权益纠纷抗诉案"被中央政法委评为正面典型案例，写入最高人民检察院《民事检察工作白皮书（2023）》，具体个案的高质效办理，体现了检察护企、检察为民的高质效。

---

① 《加大对以刑事手段插手经济纠纷等问题的监督力度，珠海检察机关构建"检察护企"新模式》，新浪财经，2024 年 4 月 28 日，https：//finance. sina. com. cn/jjxw/2024 - 04 - 28/doc-inatkkuz3846804. shtml。

（二）将检察工作融入生态建设，筑牢生态法治屏障

珠海检察机关秉持绿色发展理念，充分发挥检察职能在推进绿美珠海生态建设中的制度优势和治理效能，以法治力量服务海洋强市战略。市检察院成功办理全国首例非法引进外来入侵物种案，以个案办理推动系统治理，为相关司法解释提供了实践样本。市检察院、香洲区检察院分别与广东珠江口中华白海豚国家级自然保护区管理局、广东珠海淇澳—担杆岛省级自然保护区管理处联签协作机制，设立"公益诉讼检察工作站"，开展中华白海豚、红树林、猕猴保护协作；2024年4月，市检察院与四省（区）二十个市的检察机关共同成立中华白海豚保护检察联盟，推动中华白海豚保护工作的理念共建和资源共享；6月，横琴粤澳深度合作区检察院联合大湾区六地检察机关会签《大湾区环珠江口红树林湿地物种保护公益诉讼协作机制》，为打造"齐抓共管、协同共治"的生物多样性综合保护新格局提供珠海实践样本。2024年，全市检察机关立案办理生态环境和资源保护领域公益诉讼案件73件①。

（三）探索数字化司法模式，提升智能司法水平

珠海紧跟数字化发展步伐，加强科技创新与政法工作深度融合，促进司法运行机制和工作模式转型，满足数字时代人民群众对司法服务的新需求和新期待。

1. 深化大数据应用，赋能法律监督

珠海加快推进数字检察战略，融合现代科技深度运用于传统监督，2024年1月，全市检察系统上线运行"珠海检察卫星遥感法律监督模型"，将"天眼"应用贯穿检察公益诉讼办案全过程，借助卫星遥感技术探测，提取发现涉公益诉讼领域的疑似违法图斑，并固定案件证据，跟进监督效果，将

---

① 《2024珠海市人民检察院工作报告》，珠海市人民检察院网站，2025年3月3日，http://www.zhuhai.jcy.gov.cn/jwgk/gzbg/202503/t20250303_6853996.shtml。

生态环境隐患消除在萌芽状态，得到《检察日报》头版专题报道。评选"十佳大数据法律监督模型"推动案件办理效果转化为社会治理效能，促进更高水平检察能动履职。为推动政法部门间信息互通共享，珠海加强省政法跨部门大数据办案平台的推广应用，助力政法部门协同配合，打通现有办案系统的信息传输通道，推动刑事案件数据和办案信息网上同步流转，案卷、电子证据共享，业务协同办理、办案流程再造，实现"由案到治"的新跨越，为该平台在全省、全案由、全流程运行奠定基础和提供经验。

2. 建设数字法院，提升审判工作质效

珠海扎实推进智慧法院建设，加强对传统司法理念、机制、体系和管理的更新与重塑，探索司法审判与信息技术融合发展新路径。横琴粤澳深度合作区人民法院（以下简称"横琴法院"）办结首宗线上仲裁保全案，实现申请仲裁保全、调阅仲裁案件、反馈仲裁司法审查结果等环节全流程网上办。香洲区人民法院（以下简称"香洲法院"）全面升级数字法院审判辅助系统，启动民商事案件全流程无纸化办案，实现立案、送达、阅卷、开庭、裁判等工作全流程线上办理，多线任务协同办理，实现简案"极速"处理，繁案"轻装"分流，打造惠民数字法院香洲样板。2024 年 9 月，香洲法院启用全国首个基层法院研发训练的 AI 司法大模型——"香法 AI·云上智审"平台，开展阅卷辅助、法条案例检索和裁判文书智能生成等应用。"人工智能+审判"场景应用的最新成果推动法院数字建设从程序性辅助迈入核心业务辅助的新时代，司法工作向诉讼服务便民化、案件审理高效化及执行工作智能化方向发展。

3. 建设诉联网法庭，构建诉讼服务便民生态圈

珠海法院融通互联网技术和物联网理念，构建全域诉联网便民服务生态圈，在镇街、工业园区、海岛设立综合性智能化多元解纷与司法服务平台，包括家事诉联网法庭、高新科创诉联网法庭、街道诉联网法庭及全国首个海岛诉联网法庭等。诉联网法庭依托诉联网信息技术，借助"法院+"多重解纷力量，实现远程法官咨询、一键法律检索、智慧庭审系统、多方云端调解、在线司法确认等多种司法活动，助力当事人在诉联网法庭内实现诉讼业

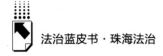

务全流程"一站通办",当事人矛盾纠纷"一网化解",为群众提供智能便捷、高效多元的诉讼服务。2024 年,珠海 5 个诉联网法庭远程调解案件共726 件。

(四)加强与港澳司法交流协作,推进涉澳审判工作现代化

珠海坚持推进涉外涉港澳审判体系能力现代化,2024 年 2 月,市中院出台涉港澳审判执行工作机制改革方案,提出融汇审判资源等 6 大项目,涉及法律查明、司法协作等 24 项改革举措,以进一步推进司法规则衔接与机制对接,全年共审结涉港澳民商事案件 1997 件。市中院牵头起草办理港澳委托送达和调取证据工作细则,在全国首次通过"电话询问+短信送达"的方式向使用澳门手机号码的当事人成功电子送达诉讼文书,开创了涉港澳文书直接电子送达新模式。横琴法院通过司法协助委托澳门法院或由澳门调解员协助查明澳门法律,与澳门法院相互委托查询跨境被执行人财产状况,实现执行信息互查共享,全年办结司法协助案件 235 件,其中涉澳司法协助 168件;努力构建多元解纷新示范,横琴法院吸纳澳门律师公会调解及调停中心、一带一路国际商事调解协会等为特邀调解组织,联动调处跨境纠纷 1264 件,其中运用琴澳联合调解机制调处跨境纠纷 1176 件。"服务粤港澳高质量融合发展跨境纠纷联合调解工作机制"入选全省法院综合提升审判质效"优秀工作机制"。

珠海充分发挥毗邻澳门的区位优势与涉澳审判"重镇"的案例优势,深耕涉澳审判理论与实践,发布第三批"一案两答:珠澳民商事对读案例",在全国率先开展"内地与澳门民商事法律实体规则对读",精准揭示两地商事规则异同,为商事主体提供法律指引。与粤港澳司法创新研究基地共同设立珠海涉澳案例研究中心,开展跨境司法理论攻坚和实践探索;市中院与澳门大学签署合作协议,叠加司法实践与教学科研双重优势,在案例对读、精品案例库建设、"一案两审"模拟法庭、域外法查明等领域开展常态化合作,促进涉澳法治理论研究与成果转化。

四 融合"数治"和"善治"理念，全面提升城市基层治理效能

为打好城乡区域协调发展的基层基础，珠海持续推动"1+6+N"基层社会治理工作体系建设的创新实践，2024年3月，市司法局出台法治保障"百千万工程"重点工作13项措施，扎实开展"乡村振兴 法治同行"活动，继续培育"法护航"基层民主法治示范项目，以法治护航实现源头解纷。

（一）创新数字化基层治理，共建共治共享社会治理新格局

珠海持续激活基层治理体系中的"N"力量，在全市建设首席法律咨询专家基层服务站，参与基层疑难法律问题研判化解，高效服务基层社会治理。推动数字技术与社会治理深度融合，市公安部门在全省率先试点建设"社区警务助手"平台，构建辖区警情案件处置闭环；香洲区依托"数智香洲"综合网格管理平台，推动"粤平安"系统矛盾纠纷"应录尽录"，通过"一数共享""一格共治"，实现基层治理的精准决策和实时响应；金湾区以综治中心为核心枢纽，通过社会治理云平台打造"多中心合一"的网格化信息管理中枢，提升基层治理精细化水平；平沙镇打造统一的乡镇云平台与"一村一屏"体系，涵盖党务管理、网格管理、平安社区、智慧小区等系统模块，利用监控+AI识别等智能化技术，实现基层治理、传统服务的智慧化升级；高新区则围绕数字政府"区域治理"一网统管，率先建成区级"粤治慧"平台，提升数字网格预测预警预防风险的能力，打造从数字化到智能化再到智慧化的共建共治共享基层治理新格局。

（二）探索"珠联必和"大调解工作机制，打造多元解纷样本

珠海有机融合多元解纷机制与基层社会治理，将调解作为一项系统性工程全面推进。市司法局与市委政法委、市中院联动探索构建"珠联必和"

大调解工作机制，积极打造个人品牌调解室，在医疗、金融、婚姻家庭、劳动、知识产权等领域建立起一批有特色的行业性专业性人民调解组织共551个，其中人民调解委员会441个、人民调解工作室110个。① 在市委政法委推动下，综治、司法行政、公安等部门协同配合，打通基层社会治理的"神经末梢"：市中院在镇（街）综治中心设立调解工作室和巡回法庭，拓展基层解纷服务；市检察院依托镇（街）综治中心设立检察业务工作室，将未成年人帮教等延伸到基层；市公安局推动社区警务深度融合综治工作，多部门共同打造特色治理新品牌、新模式。司法所联合社区成立调解工作室，形成"诉调、访调、警调对接"的调解网络，构建"法治+综治+警治"多元调解化解服务平台，打造以"派出所+司法所+律师事务所"为核心的"三所联调"及"网格民生热线+调解"等调解模式，从预防、排查、化解到司法程序对接，推动形成多元解纷联动衔接机制，形成基层治理合力。

"珠联必和"大调解平台还落地市民服务中心，对接"珠海智慧司法"小程序，依托市各级综治中心（公共法律服务中心）建立线上线下工作平台，高效统筹珠琴澳三地调解资源，联动市区镇三级，为全市调解组织、调解员及纠纷当事人提供在线咨询、调解、在线申请司法确认和在线立案等智能化服务，让纠纷调解工作处处可调，时时能解，为珠海社会治理保驾护航。2024年，全市各级人民调解组织成功调解矛盾纠纷9000余宗，成功率99.69%②。

（三）优化普法载体，构建全民参与大普法工作格局

1. 以文化+普法，建设法治文化普法阵地

珠海大力推进"智慧普法"和"以案释法"，市委办、市普法办打造"清单引航规法共学"领导干部学法用法项目，组织65家单位处级以上领导干部参加旁听庭审，推动领导干部学法用法常态化、规范化，全市各单位国家工作人员参与学法考试，参考率和优秀率均在99.2%以上。指导27家

---

① 《多点发力 打造"枫桥经验"珠海实践》，广东政法网，2024年11月29日，https：//www.gdzf.org.cn/xbsy/gddt/content/post_ 173853.html。
② 数据来源：珠海市司法局2024年全市司法行政工作总结。

普法责任单位开展服务企业普法活动 1233 场,累计服务超 13 万人,① 企业普法版"开心麻花"文艺节登上"法先锋·企业普法大舞台"。市检察院启动"检察官在身边"专项法治宣传,覆盖全市镇街,被评为 2023~2024 年广东省国家机关"谁执法谁普法"创新创先和优秀普法工作项目。各区积极打造特色品牌法治文化阵地,"法治主题公园""法治文化墙"等成为群众学法用法聚集地和辐射地;平沙镇借助"花田喜事"、端午龙舟赛等特色活动,将传统文化融入普法宣传,让群众在休闲娱乐中接受法治文化熏陶,实现普法从"灌溉式"向"交互式"转变。珠海连续两年在普法依法治理工作中排名全省第一,市司法局被评为全国"八五"普法中期表现突出单位。

2. 以数字+普法,打造"云端普法"新矩阵

珠海深挖数字网络技术给普法带来的新机遇,推动新兴科技与普法深度融合。市司法局开发的"云·律道"普法数字平台,以互动性法治文化体验把普法服务过程数字化和信息化,将普法活动与香山云道、法治文化主题公园及部分城市书吧的布点建设交互融合,共设置 82 个学法站点,覆盖总长度达 26.6 公里,上线以来,已有 2.3 万名市民参与学法活动,获评 2024 年广东省国家机关"谁执法谁普法"创新创先和优秀普法工作项目。积极引导各级普法单位共建全市"普法云盘"资源库,累计上传各类普法资源达 280GB,将全市 45 处"法治文化阵地"制作成"电子法治地图",供群众自助打卡扫码学习,推进全市普法业务数据资源共建共享。珠海"智慧普法平台"还重点开发了普法"预约"模块,制定个性化"普法菜单",设定"产业普法""普法讲师团""港澳普法"等常见的预约情境,实现普法自主按需线上"点单"到线下"服务"的全闭环供需对接智能操作。

3. 以港澳+普法,探索港澳法治宣传新联动

珠海持续打造"服务港澳普法行"项目品牌,将法治宣传融入珠澳两地居民日常生活,邀请港澳车主代表共同学习"港澳车北上"法规政策,

---

① 《珠海市深入开展普法工作 让普法走"新"又走"心"!》,广东省法学会网站,2024 年 10 月 12 日,http://www.gdfxh.org.cn/zdzx/zfxw/content/post_ 170113.html。

引进澳门法律专业人士到横琴开展"澳门研究系列讲座",并推行"合作区法律进澳门"普法行系列活动,开展"引进来""走出去"的琴澳双向普法,逐渐消除琴澳居民对法律的陌生感;创新青少年普法教育模式,在横琴合作区建设面积超1500平方米的全国首个"青少年宪法与基本法教育馆",打造"爱我中华 湾区有琴""一国两制 祖国统一""宪法根本 国安长治""法治湾区 琴澳一体"四个区域,通过展示"一国两制"法治脉络,粤港澳三地文化同源历史故事,推动越来越多港澳青少年深度参与大湾区、横琴合作区法治建设;湾仔街道以"一问三答"珠港澳法治指南为主题,实现"直播间+主题公园+趣味活动"的普法全覆盖,为港澳居民搭建了解内地法律和法治文化的桥梁,更好地融入横琴合作区发展。

(四)加强基层法治人才培养,为乡村振兴注入法治动能

珠海全面推进"1名村(居)法律顾问+N名法律明白人"行动,充分发挥村(居)法律顾问的专业优势和"法律明白人"的乡土优势,促进基层法治建设。以"法律明白人"培育工程作为加强法治乡村建设的人才战略抓手,与基层治理自治、法治与德治有机融合。依托"智慧普法平台",在全省范围内率先启动首个"法律明白人"线上服务系统,全市1473名"法律明白人"可"一键"实现登记管理、学习交流和培训展示3大功能,开发线上学习、工作数据分析研判等7个应用场景,为培训管理提供智能化辅助手段。采取"线上+线下""集中+自学"的形式开展培训,组织参加旁听庭审等法治实践活动,"零距离"感受法律威严和司法公正,着力培养"法律明白人"法治素养和综合议事能力,高标准履职尽责,当好法规"宣传员"、矛盾"调解员"及法治"引导员"。

五 推动珠澳区域法律事务融合发展,打造"跨法域"法治建设新模式

珠海坚持前瞻性谋划、一体化推进涉外涉港澳法治建设,在框架体系、法治环境融合、平台资源整合等方面发力,形成强有力的涉外涉港澳法治服

务保障体系，全力协助横琴合作区做好社会民生服务保障，法治建设领域促进琴澳一体化结出新硕果。

（一）开展法律事务紧密合作，促进跨境法治环境融合

珠海积极构建与高质量发展相配套的涉外涉港澳法律服务体系。自琴澳国际法务集聚区成立以来，举办各类研讨会、沙龙、模拟仲裁庭、直播课等"线上线下"法律活动，推动珠琴澳三地公共法律资源的共建共享共用及对服务琴澳一体的共识。2024年1月，市司法局与澳门特别行政区政府法务局、横琴粤澳深度合作区法律事务局签署法律事务紧密合作备忘录，并召开第一次联席会议，就双方共同开展法律服务、合作区立法等事项充分交换意见，致力将珠琴澳三方合作模式打造成为大湾区乃至全国法律事务合作的新典范。持续打造"法治+规则衔接"湾区品牌，《"一问二答"珠澳两地法律指引手册》（第二辑）在珠澳两地发布，从基础理论到具体实践，为珠澳两地居民和企业工作生活便利提供通俗易懂的法律指引；《"你问我答"粤澳法律直播间》录制节目150多期，并授权澳广视双频道在澳门一周七次正式播出，珠琴澳三地法治交流与合作进一步深化和常态化。

（二）强化涉外涉港澳法律服务供给，拓展跨境纠纷替代性解决

1.促进涉外涉港澳法律服务供需有效对接

珠海不断加强跨境机制创新和精准服务，满足横琴合作区日益增长的法律需求，市涉外公共法律服务中心以"澳门新街坊"项目需求为导向，提供法律咨询、公证、调解、法律援助等12项涉外涉港澳公共法律"一站式"服务；组建"法先锋"助企公共法律服务团，开设"法先锋"粤澳法治讲坛，围绕企业需求，进驻第十五届中国国际航空航天博览会等大型展会，举办"中国航展论坛——低空经济时代法律服务的机遇与挑战"等形式多样的法企同堂活动，以实施外贸、外资、外包、外经、外智的"五外联动"为抓手，促进涉外涉港澳法律服务供需有效对接。横琴公证处分别与横琴粤澳深度合作区商事服务局、横琴法院签署商事登记公证服务、司法

辅助事务合作协议，构建琴澳"商事登记+公证"双向服务机制，实现公证认证和商事登记业务一体衔接，打通澳门企业进入横琴合作区、内地企业进入澳门的双向快车道。珠海国际仲裁院（横琴国际仲裁中心）大力推动法治理念与仲裁机制的跨境交流，发布《横琴粤澳深度合作区商事仲裁适用法律指引》，举办琴澳商事仲裁法律论坛、横琴粤澳深度合作区仲裁调解周等活动，促进对琴澳一体相关法律问题的深入研究。2024年，市司法局公共法律服务管理科获评全国公共法律服务工作先进集体。

2. 创新推出"咖啡+茶"涉外涉港澳调解工作法

珠海持续打造"法治+为民服务"民生品牌，市涉外公共法律服务中心与横琴粤澳深度合作区劳动人事争议仲裁委员会互设跨境劳动争议案件转递窗口，开展跨境劳动争议委托调解工作，携手开创琴澳劳动用工纠纷调解新局面。将广东传统文化与港澳同胞生活习惯有机结合，融合咖啡的"磨"和中国茶文化的"和"，创新推出"咖啡+茶"涉外涉港澳调解工作法，使调解工作更加贴近珠港澳的文化差异，不仅运用于涉外涉港澳工程争议调解，也在港澳居民企业集聚的街道、社区及澳门新街坊设立调解工作站，并延伸到基层人民调解工作实践中，湾仔街道"580"调解工作室成功调解了一起涉港澳安置补偿房屋分配争议。澳门居民罗某不服某区政府对其所属土地清理行政行为的行政争议案件，也得以成功化解，相关做法在第十六届海峡论坛作经验分享，助力大湾区多元化纠纷解决机制更加完善。

（三）建设涉外法治人才培养平台，加强跨法域法治人才培养

珠海着力健全高层次涉外法治人才集聚、培养、引进和使用机制，出台涉外律师人才培养"粤律工程"珠海方案，继续打造"珠港澳律师训练营"、大湾区调解培训班等品牌。组建涉外律师人才库，2名律师入选全国律协"一带一路"跨境律师人才库，25名律师入选省律协涉外律师领军人才库。[①] 2024年8月1日，在横琴合作区成立涉外法治人才培训中心、横琴

[①]《珠海市司法局创新"一二三"工作模式 打造港珠澳法治融合新高地》，珠海市政府网，2024年8月14日，https://www.zhuhai.gov.cn/zfxxgk/zfxxgkml/content/post_3699793.html。

国际商事调解人才培训基地、横琴国际争议解决与风险管理人才培训基地，汇聚粤港澳三地专业力量，聚焦"共学共进，服务湾区"理念，设置科学培训体系，创新联合培养模式，开启粤港澳三地携手加强一流涉外法治人才培养新篇章，助推横琴合作区建设成为国际商事争议解决高地和国际商事风险管理人才培养高地，为涉外法治人才培养提供示范样本。截至目前，横琴合作区已有6家联营律师事务所，402名社会律师，其中有48名澳门律师、11名香港律师。

（四）推动构建粤澳禁毒防治新体系，探索社区矫正一体化协作

为发挥大湾区重大合作平台作用，2024年6月，珠海市司法局与澳门特别行政区政府社会工作局、广东省戒毒管理局在横琴合作区签署"粤澳戒毒服务合作框架协议"，共同加强毒品预防、推动信息资源共享。市强制隔离戒毒所与澳门特别行政区政府社会工作局、珠海湾仔街道办共建"粤澳向阳关爱之家"，作为"粤澳戒毒研究与禁毒普法基地"和"粤澳更生联络服务中心"平台功能延伸，为在内地生活的澳门籍戒毒人员提供衔接更生服务，填补了境外吸毒人员无法在内地进行社区戒毒和社区康复的空白。珠海探索执法司法机关在大湾区社区矫正监管协作和检察监督，2024年7月，市检察机关与深圳、惠州等四地检察机关和司法行政部门联合印发《粤港澳大湾区部分地市社区矫正对象跨区域活动监管协作和检察监督办法（试行）》，建立社区矫正一体化协作机制，合力破解跨区域执法司法难题，保障社区矫正对象跨区域活动监管的规范化、便捷化和有效化。

六　2025年法治展望

2024年，珠海紧跟全面依法治国实践发展步伐，聚焦理论热点难点，回应社会关注关切，法治建设取得新发展、新成效。但是，数字法治政府建设进入关键时期，社会矛盾对政府和社会治理提出新挑战，立法对发展的引

领推动作用有待进一步加强；审判管理规范化、精细化工作仍需加强；多元化且畅通的法律救济渠道有待建立，防范化解重大风险能力有待提升；涉外涉港澳法治工作仍须突破服务需求、资源供给的"碎片化"状态，及高精尖涉外涉港澳法治人才的紧缺短板。新时代法治珠海建设需要理论创新、制度创新和实践创新。

2025年是"十四五"规划的收官之年，也是"十五五"规划谋篇布局之年，珠海将坚持以习近平新时代中国特色社会主义思想为指导，深入学习贯彻习近平总书记视察广东、澳门时的重要讲话重要指示精神，全面贯彻落实党的二十大和二十届二中、三中全会精神，在法治建设中把握先机、赢得主动，持续强化新质生产力、科技创新、营商环境等领域的立法供给，完善涉横琴合作区立法体制机制，推动法治成为珠海高质量发展和现代化建设的显著优势与核心竞争力，打造一批具有全国影响力和珠海辨识度的法治改革标志性成果，建设安全稳定、公平公正的司法环境，在法治领域助推琴澳一体化、珠澳区域融合发展，助力将横琴合作区打造成具有中国特色、彰显"一国两制"制度优势的区域开发示范。

（一）持续提高立法工作质量，护航珠海经济社会高质量发展

1.完善立法机制，增强法规实施质效

充分发挥人大在立法工作中的主导作用，准确把握地方立法实施性、补充性和探索性的功能定位，因地制宜、因时制宜，坚持立法与改革决策同频共振，加强对重点领域、新兴领域、涉外涉港澳领域立法研究，用"小快灵"立法，把制度优势转化为治理效能；进一步完善"珠中江"区域协同立法机制，加强信息分享、交换及互通共享，根据区域实际和地方特色，协同各方在立法目标、现状及立法方向等方面达成共识，为珠江口西岸都市圈协同发展提供法治保障；继续完善全国人大常委会法工委广东南沙基层立法联系点香洲办公室建设，在立法中凝聚群众智慧并传播法治理念，满足人民群众日益增长的法治需求，提高立法建议质量和地方立法效率；加强政府立法与人大立法的协同与衔接，推动政

府及时研究和出台立法配套措施，发挥法律规范的整体优势，落实法治建设各项决策部署。

2. 回应民生关切，推进民生立法

充分把握实现高质量发展对珠海整体性立法的需求，加强新质生产力领域的法治保障，加快推进数据领域、促进民营经济和海岛发展等领域立法，助力珠海经济社会发展和改革攻坚任务；聚焦绿美珠海生态建设，开展土地管理、园林绿化、环境保护等立法；坚持以人民为中心的发展思想，统筹安排社会治理和民生保障等地方立法改善民生的要求，增进民生福祉；积极探索基层治理的实践路径，在矛盾纠纷多元化解方面积累丰富经验，加快推进矛盾纠纷多元化解条例的立法，推动构建优势互补、有机衔接、协调联动的"大调解"工作格局和智治体系，为市域社会治理现代化提供坚实法治保障。

3. 进一步完善涉横琴合作区立法体制机制

继续加强涉横琴合作区的立法工作，进一步探索与"粤澳共商共建共管共享"新体制相适应的立法工作机制，与澳门立法会、澳门法务局、横琴粤澳深度合作区法律事务局等建立健全常态化沟通合作机制，系统谋划并协调推进涉外涉港澳法治立法事宜；围绕满足横琴合作区改革实践和创新发展需要，稳步扩大规则、管理、标准等制度型开放，重点在民商事领域机制衔接规则对接和为澳门居民在横琴就业生活提供制度保障等方面，灵活运用"小切口"立法或专章模式开展创新性立法；兼顾立法应急性和系统性，提高立法针对性和实效性，为涉外涉港澳执法司法提供充分法律依据，全面清理涉及横琴的市级地方性法规和政府规章，推动有关地方性法规、规章在横琴调整或停止适用，为在法治领域助推琴澳一体化提供坚强助力和保障。

（二）全面建设数字法治政府，推动法治化营商环境持续优化

2025年，珠海将深入推进法治政府建设领域改革，在改革中完善法治，稳步推进数字法治政府建设，充分结合数字技术的科技优势与法治规范的制

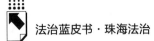

度优势，坚持以法治规范引领数字经济有序发展，以数字技术赋能法治体系智慧建设。

1. 加强数字化法治政府建设

统筹谋划数字政府与法治政府一体建设、同步推进，通过数字化改革和法治引领保障，将规范化的数据管理系统、标准化的信息共享平台及精细化的技术规范应用于行政审批、公共服务和执法监管等环节；加大公共数据归集和开放共享力度，促进政府职能部门高效协同，实现政策主动精准推送，政务服务一体化供给；推进对数字政府建设的整体规划、具体内容、主要措施及其应用场景的系统性法治评估，探索出一条系统、科学的数字政府建设实践路径。加强与驻珠高校和企业共同推动法律人才和技术人才的融合培养，培养既有法律思维，又掌握数字技术的复合型数字法治人才；大力开展群众数字素养培训，帮助群众掌握基本的数字技能，提升其对政府数字服务的接受度和使用能力。

2. 以数字化推动营商环境持续优化

继续擦亮珠海"数字营商"名片，健全"高效办成一件事"重点事项清单管理机制和常态化推进机制，持续优化政务服务平台功能和服务，将不同区域、不同部门、不同窗口的"一揽子事"整合并联，在更多领域更大范围内实现"高效办成一件事"；加强整体设计，形成相对标准的"一件事"规范操作方案，形成跨部门、跨层级、跨区域办事流程的系统性重构；统筹推进大湾区"一件事"通办优化协同，围绕企业准入、准营、退出全生命周期和产业全链条的需求，创新更多的企业服务数字化应用场景，促进大湾区市场要素流通。聚焦营商环境中的突出问题和明显短板，及时回应经营主体的突出关切和重点诉求，增强营商环境改革方案的精准性、针对性和有效性，以数字政府建设打造一流营商环境。

3. 持续推进珠港澳政务服务数字化、智能化的"跨境通办"

继续积极参与和深化粤港澳政务服务共建共享，打通政务服务链条和数据流动堵点，推动更多政务服务事项实现"跨境通办"和全程网办，让珠海政务服务"走出去"，把港澳政务服务"引进来"，促进珠港澳政务服务协同化、智能化、便利化；进一步深化制度创新，探索两地在政务服务、法律、科技、金融等领域的制度对接和融合，探索大湾区城市群政务服务合作新路径；不断优化"湾事通"综合服务平台，推动以跨境支付、身份核验、数字空间、出行消费等服务为核心的多端跨境公共服务集成融合，推进大湾区政务服务一体化，让湾区居民在工作、生活、出行和消费方面共享无差别、高质量的服务体验。

4. 推进法治督察制度化、程序化、规范化

继续充分有效发挥法治督察"利剑"作用，加强法治督察工作针对性和实效性，提升日常督察、综合督察、专项督察和个案督察效能；通过查阅资料、实地查看、座谈交流等方式，深入了解各部门在推进法治建设任务中的实际进展与成效，针对发现的问题提出整改意见和建议，并督促整改到位；凝聚常态长效监督合力，加强法治督察、行政执法监督与纪检监察、司法监督协作配合与协同联动机制；完善督察反馈、问题通报、跟踪问效等工作机制，推动问题整改；积极探索法治督察成果转化，将成功经验和创新做法总结提炼，上升为制度规范。

（三）深化数智赋能，推动智慧司法、数字正义迈向更高水平

推动人工智能在司法领域的深层次应用，全方位构建适应数字时代发展要求的数字司法，为数字珠海建设和数字文明发展提供有力法治保障。

1. 持续深化涉外涉港澳审判精品战略

深入研究涉澳审判机制创新，通过信息化、智能化手段，加强审判流程标准化建设，推进特定类型涉外涉港澳民商事案件的司法审判规则衔接，提高司法公信力；加强珠澳两地司法交流合作，定期举办跨境研讨会，充分发挥涉澳案例研究中心的作用，积极开展跨境司法理论共建和实践探索，努力打造精品案例库，为涉外涉港澳司法审判工作提供理论支撑和智力支持，促进法律正确统一适用，提升司法办案效能；充分发挥澳门大学在查明、准确理解适用澳门法律和加强澳门民商事法律规则宣传中的作用，促进法院与高校共同开展涉外涉港澳法治理论和实践前沿课题研究，提升涉外涉港澳审判

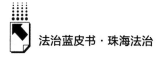

体系和审判能力现代化水平。

2. 以数字检察助推新时代检察工作创新发展

坚持推动大数据法律监督模型的研发和推广，充分利用大数据与人工智能构建一系列高效、精准的应用场景、智能辅助办案模型，促进公益诉讼检察从"个案办理"到"类案监督"再到"社会治理"的质变；继续推动省政法大数据办案平台建设的提质增效，积极推动政法数据资源目录、数据体系和治理标准的统一。建立安全可控的网络安全和运维管理体系，促进平台科学应用、良性发展与高效运行，全面提升政法业务协同化、智能化水平；探索涉民生案件监督方式和办案力度，借助信息技术提升监督效率和精准度，努力让人民群众在每一个司法案件中感受到公平正义，促进检察机关全面融入多元共治的社会治理大格局。

3. "智慧法院"建设助力审判能力现代化

深度融合"法治"与"智治"，将线上服务理念贯穿于调解、立案、开庭、执行、归档等阶段，重点关注远程庭审、全流程网上办案、文书智能生成与纠错、类案快捷检索和智能推送等重点领域的数字应用，建成涵盖智慧服务、智慧审判和智慧执行等多维度的智慧法院系统；继续推动"百岛法云"工程，打造"1+N"海岛诉联网巡回法庭，形成"百岛"全域诉联网便民服务生态圈；推进涉外涉港澳案件诉讼便利化，优化港珠澳诉服一网通，完善在线诉讼指引及类案办理。强化司法工作人员数字思维、数据意识，鼓励技术创新与研发，提升数据应用能力，培养一支既懂司法业务又懂大数据的司法人才队伍。

4. 探索完善大湾区司法协作

进一步提升"一国两制"下粤港澳司法协作力度与效率，完善涉港澳区际刑事司法协助机制，解决刑事管辖冲突、境外证据审查、未成年人跨境帮教及刑事裁判互认等关键问题，推动在大湾区探索建立一体化的刑事司法协助规范与机制；继续加强粤港澳区际司法协助管理平台建设，大力提升涉澳司法协助案件办理效率，积极开展域外送达、取证，域外法律查明，仲裁裁决和法院判决的相互承认与执行等司法协助，提升跨境司法协助的效率与质量；推进粤港澳三地调解、仲裁与诉讼的有机衔接，发挥法治在保障和促进大湾区经济发展中的独特作用。

（四）筑牢社会和谐稳定基础，构建新时期基层社会治理新格局

统筹推进基层社会治理，是实现国家治理体系和治理能力现代化的基础工程，珠海将持续发挥党建引领的政治优势和组织优势，制定基层治理数字化发展战略规划和政策框架，推动数字技术与市域社会治理深度融合。

1. 运用数字技术促进城市基层治理智慧化

努力构筑数字空间社会治理新格局，推动基层治理手段、模式及理念创新，建立一体化的信息系统和综合指挥平台，提供线上线下资源互通和服务互联，建立充分融合社区生活服务、社区治理及公共服务等多样化基层数字治理模式；推动数字技术在社情民意分析、纠纷监测预警、公共安全风险防控、网格化服务管理等领域的深度运用，实现信息资源的集中管理利用，促进基层治理精准化和公共服务高效化；探索平安建设"智治"手段，加强矛盾纠纷数据共享、智能研判，业务处置线上掌控、全流程智慧监管，加强业务协同、形成指挥联动和智能决策，有效防范矛盾风险蔓延和外溢，推动社会治理效能和服务水平整体提升。

2. 有效防范与化解社会矛盾，推进基层治理法治化

加强民生重点领域法治保障，聚焦群众急难愁盼问题，关心群众最急切的诉求，有效防范与化解社会矛盾；健全公共安全体系，推动基层公共安全基础设施建设，加强风险评估和预警，完善应急管理体系，有效维护基层稳定与平安；积极拓宽民情民意传达渠道，增强法律意识，形成全社会尊法守法的良好氛围；加强"法律明白人"和基层调解员的力量建设、队伍管理和业务培训，不断优化队伍结构，壮大基层法治建设力量，并通过强化典型案例培育，建立更多基层法治实践工作站点，制定服务规范和标准，提升基层治理专业化水平。

3. 聚合社会多元力量，构建城市基层治理共同体

建立健全基层治理体制机制，推动政府治理同社会调节、居民自治良性

互动，引导和激励基层社会组织、群众自治组织和公众有序参与公共决策和公共事务管理；发挥人民法庭、调解组织等在化解矛盾纠纷、维护基层稳定中的重要作用，激发社会公众在社会治理中的积极性和责任意识，变被动参与为主动组织和主导，打造社会治理共同体，提升基层治理社会化、法治化、智能化、专业化水平；在创新社会治理实践中，探索开辟粤港澳居民社区融合、交流、发展的生活空间，以基层善治促进湾区跨境融合发展。

4. 深入开展法治宣传教育，增强全社会法治观念

持续完善"云端普法"矩阵平台建设及应用推广，聚焦目标人群，加强阵地建设，提升普法实效；提升珠海"律道"普法品牌影响力，推动珠琴澳普法资源共享，合作共建珠琴澳"云·律道"，让更多珠琴澳居民参与立体化数字普法；进一步完善珠琴澳三方合作开展宪法与基本法教育宣传机制，将"青少年宪法与基本法教育馆"打造成为全国极具影响力的区域普法品牌；深入推进"平安护我　我助平安"全民法治宣传活动，发布典型案例，以通俗易懂的方式向群众宣传法律规则与法治精神；推进优化营商环境等重点领域专项普法，开展面向出海企业常态化普法活动，丰富、创新新形势下涉外涉港澳法治宣传的内涵与形式，寓宣传于服务中，积极打造新质生产力技术应用引领普法工作高质量发展的珠海样板。

（五）加强涉外涉港澳法治体系和能力建设，推动珠港澳加速融合发展

涉外涉港澳法治建设机遇与挑战并存，珠海将加强战略布局，一体推进涉外立法、执法、司法、守法和法律服务、法治人才培养，推动涉外涉港澳法治工作全面跃升。

1. 积极发展"一站式"涉外法律服务

不断完善涉外法治工作体系，建设协同高效的涉外法治实施体系，聚焦涉外法治关键问题，加快涉外法治理论与实践重难点问题研究攻坚；进一步畅通涉外涉港澳法律服务精准高效的供需对接渠道，推动涉外涉港澳公共法律服务与社会化法律服务的有机融合，深化律师、仲裁、调解、公证等的法律服务协作；积极打造法律服务机构品牌矩阵，推动法律服务行业发展创新，深化珠港澳法律服务融合发展，形成三地"一站式"跨境法律服务合作新格局，集聚优势力量深化资源共建共享，提升依法处理涉外涉港澳法律事务的能力水平；在涉外涉港澳工作中强化法治意识和合规意识，完善法律服务企业"出海"工作机制，指导与帮助企业有效应对"出海"风险，为企业"走出去""引进来"提供一站式法律服务，助力企业增强国际竞争和风险防控能力。

2.健全多元化纠纷解决机制

创新涉港澳商事纠纷诉源治理机制，积极推动健全"仲裁+调解"机制，深化"仲调对接""诉调对接"，打造服务大湾区、面向全球的商事纠纷多元化解的优选地；以"咖啡+茶"涉外涉港澳调解工作法为抓手，联动入驻澳门新街坊的澳门社团、珠琴澳行业性专业性调解组织及相关机构部门，持续开展调解工作站点建设，打造调解类型品牌，推动形成"咖啡+茶"涉外涉港澳调解工作法品牌矩阵，提升公共法律服务品牌影响力和知名度，为推动服务合作区建设提供坚实的法治保障。

3.推进涉外法治人才培养、引进、集聚、使用机制建设

将涉外法治人才队伍建设纳入市经济社会发展相关规划和中长期人才发展规划纲要，加强"一带一路"共建国家法律制度和法治环境研究，推动形成"产、学、研、育"一体化涉外法治人才发展模式；加强与港澳高水平大学合作交流，建立跨校跨学科、以实践为导向的涉外人才培养机制，开展涉外法治课程设置和实践教学改革，培养既有良好职业道德素养，又有卓越涉外法治业务能力的复合型涉外法治人才；加大高层次、紧缺型涉外法律服务人才引进力度，以激励政策吸纳集聚海内外高层次法治人才多渠道融入珠海发展；深化涉外法治合作交流机制，促进法律人才自由流通，促进大湾区法律服务生态圈一体化。

法治政府建设

B.2
珠海基层治理视域下的法治督察报告

珠海市司法局课题组*

摘　要： 法治督察是加强党对全面依法治国集中统一领导的重要手段。珠海市作为全国首批法治政府建设示范市，高度重视法治督察的"抓手"和"利剑"作用，锚定法治珠海建设关键任务，持续建立健全督察工作制度体系，构建市区两级上下贯通的督察体系，加强督察结果运用，取得显著成效。但在这个过程中，也面临着督察力量层级递减、督察问责缺乏有力抓手、相关督检考工作交叉重复、区级督察积极性主动性不强等问题。对此，需要加强法治督察的公共参与和信息化建设，完善法治督察工作机制，进一步构建法治建设大督察格局，让法治督察工作持续走深走实。

关键词： 法治建设　依法行政　基层治理　法治督察

---

* 课题组负责人：李凯，珠海市司法局副局长。课题组成员：张亮，珠海市司法局四级调研员；胡佳，珠海市司法局法治督察与调研科科长；翟宇航，珠海市司法局法治督察与调研科一级科员。执笔人：翟宇航，珠海市司法局法治督察与调研科一级科员。

习近平总书记曾强调："法治政府建设是重点任务和主体工程，对法治国家、法治社会建设具有示范带动作用，要率先突破。"[①] 推动法治政府建设离不开覆盖全面、权威有效的监督体系。作为推动工作落实的重要抓手，督察是监督体系的重要组成部分。督察制度发轫于行政督察，如环保督察、土地督察等，最开始主要针对政府行政方面的重点领域和关键问题，较少涉及党内监督领域。直到 2019 年，中共中央办公厅、国务院办公厅联合印发了《法治政府建设与责任落实督察工作规定》（以下简称《督察工作规定》），明确法治督察是对地方各级党委和政府、县级以上政府部门推进法治政府建设与责任落实情况的督察，正式确定了党统一领导下的法治督察制度。法治督察依托于各级党委法治建设议事协调机构开展。区别于传统督察方式，政治性是法治督察的首要属性[②]，其具有"党政一体化"的根本优势，是推动党中央关于法治建设重要工作部署落实的重要手段。

在中央层面上，法治督察局作为司法部的内设机构之一，负责中央依法治国办交办的重大专项督察任务。在地方上则由各级法治督察部门以各级党委法治建设议事协调机构的办事机构的名义开展省、市、县三级督察工作。作为全国首批法治政府建设示范市，珠海市法治政府建设工作持续走在全省乃至全国前列，连续七年在法治广东建设考评中获得优秀，始终高度重视法治督察在法治建设尤其是法治政府建设领域中的督促推动作用，不断做深做实法治督察工作，督察机制持续完善，成果运用取得实效，为全国法治督察实践提供了行之有效的珠海样本。

一　法治督察的珠海实践

（一）坚持系统推进，深化督察制度建设

制度是管长远管根本的，法治督察作为监督领域的新兴事物，需要制度

---

① 习近平：《坚定不移走中国特色社会主义法治道路 为全面建设社会主义现代化国家提供有力法治保障》，《求是》2021 年第 5 期。
② 王磊、李小龙：《扎实推动法治督察工作高质量发展》，《中国司法》2022 年第 6 期。

规范为其保驾护航。珠海自 2020 年在市司法局设立法治督察与调研科负责承担法治督察工作以来，一直将制度建设放在开展法治督察工作的首要位置。

一是持续搭建法治督察"四梁八柱"。珠海连续四年出台法治督察年度工作计划，对全年法治督察工作做出规划部署，并纳入市委、市政府督检考计划，严格按照督察年度工作计划开展督察，避免因随意督察给基层机关带来不必要的负担。2024 年 8 月，研究制定并向全市印发《珠海市法治督察工作办法（试行）》《珠海市法治督察工作规则（试行）》，从法治督察的工作目的、基本要求、机构人员、范围和内容、方式和权限、工作程序、工作纪律等方面对法治督察工作进行全面系统规范。其中，附有法治督察工作流程图 7 份、常用法治督察文书模板 4 份，为实施法治督察提供切实具体的指引，不断建立健全"督察、反馈、整改、督办、报告、问责、回头看"全流程闭环管理机制。

二是强化法治督察与各类监督贯通协调。习近平总书记在十九届中央纪委六次全会上发表重要讲话时强调，"推动党内监督和其他各类监督贯通协同，探索深化贯通协同的有效路径"。① 法治督察作为党内监督的重要组成部分，要积极探索建立与其他监督的贯通协调机制，相互借力，凝聚合力。针对行政执法领域内的突出问题，珠海深化"府检联动"，2023 年 9 月，在省内率先出台法治督察、行政检察与行政执法监督联动协作机制和法治建设特邀监督员管理办法，共同推进规范执法。与纪检监察、政府督查、审计监督等部门建立日常协作、信息沟通、线索移交、成果共享的协作机制。在全省率先实行法治建设特邀监督员制度，2024 年 1 月遴选并聘请 12 名来自各领域的优秀代表，担任珠海市首届法治建设特邀监督员，促进法治督察与社会监督的相互贯通，围绕涉外涉港澳法治建设、优化法治化营商环境等重点领域关键问题先后组织法治建设特邀监督员开展调研座谈，持续征集法治建设意见建议，充分发挥各领域法治精英的建言献策作用。

---

① 《坚持严的主基调不动摇 坚持不懈把全面从严治党向纵深推进》，《人民日报》2022 年 1 月 19 日，第 1 版。

（二）锚定重点任务，推动法治建设工作提质增效

法治督察工作十分注重整体推进与重点突破相结合，这蕴含着马克思主义哲学"两点论"的光辉。① 法治督察是对整个法治政府建设乃至于法治中国建设落实情况的督察，涵盖领域多，覆盖范围广，法治督察不是漫无目的地灌水式督察，而是必须有的放矢，锚定关键领域和重点环节开展督察。对此，珠海始终坚持围绕法治建设的重点任务，围绕民生法治的重难点环节，落实"专项+常态化"督察工作机制，以精准化、小切口督察解决关系人民群众利益的突出问题。

一是落实"专项+常态化"督察工作机制。自 2020 年以来，珠海先后承接并推动"中央依法治国办实地督察反馈意见整改""镇街综合行政执法改革""市县法治建设工作"等重点督察工作做深做实。2023 年，在统筹推进道路交通安全和运输执法领域突出问题专项整治过程中，累计督导整改相关执法突出问题 44 个，建立完善执法制度机制 22 项。2023 年以来，珠海市法治督察部门以实地督导为重点举措，通过"四不两直"方式，协同交警部门、交通运输部门、执法监督部门等深入基层一线督察督导 20 余次。常态化开展法治政府建设年度报告督察工作，每年对各区各部门法治政府建设年度报告工作进行督察。2024 年首次开展第三方线上评议，由第三方对报告存在的问题和不足进行反馈并提出改进建议。通过落实"专项+常态化"督察工作机制，锚定法治政府建设领域的关键问题，做到既督察全面，也督察重点。

二是坚持民生为要，突出精准化、小切口督察。在法治建设的大局中，那些看似微小的"切口"，却蕴含着百姓最关心的问题。法治督察必须将人民群众密切关心的问题放在最重要的位置，2023 年以来，珠海先后开展多次"小切口"督察，重点督导人民群众急难愁盼问题，如针对

---

① 喻少如、许柯：《法治督察工作机制：生成逻辑、作用机理与优化路径》，《河南社会科学》2023 年第 10 期。

"某高速治超执法简单粗暴""某区某路段红绿灯设置不合理"等事项，在接到群众投诉举报后第一时间协同召开联席工作会议，明确问题来源，做好解释和协调工作，有关处理结果获得人民群众的一致好评。2024 年，针对"斗门区刑事辩护全覆盖制度未落实"的情况，开展实地法治督察，推动解决该区法援经费不足问题。针对法治建设特邀监督员反映的"金湾公安对某经济纠纷不立案导致群众信访"问题，督导该区做好立案审查、释法说理工作，维护社会安全稳定。针对群众反映的"有业主破坏房屋承重墙结构，城市管理部门与住建部门对此互相推诿责任"事件，协同行政执法协调监督部门，实地督导协调，厘清了这一领域的部门主管问题。

三是坚持法治督察与示范创建相结合。认真开展国家级、省级法治政府建设示范创建工作，持续擦亮珠海市首批法治政府建设示范市金字招牌，打造出"珠海市行政复议行政应诉联动化解行政争议的创新实践""建设大湾区涉外法治建设示范地"等示范项目。珠海连续 3 年组织开展全市年度法治政府建设十大创新实践案例评审，2023 年在纸面评审的基础上，首次进行现场展示评审活动，评选出"不动产登记智慧化服务标准体系"等年度十大创新实践案例，市政府主要领导对十大创新实践案例评选活动高度重视并在全市法治政府建设工作推进会上通报表扬，将案例入选情况纳入绩效考核加分项。2024 年的评选热度进一步提高，各区各部门报送的创新实践案例首次突破 100 个。建成全省首个法治政府建设创新实践案例库。通过做优法治政府建设示范创建工作，从根本上激发了珠海市法治政府建设的内生动力，在全市范围内形成比学赶超、创新争优的良好氛围。

（三）加强结果运用，彰显督察利剑作用

法治督察是在党统一领导下法治监督体系的重要组成部分，不能仅停留在发现问题的基础上，更需要加强结果运用，着力解决问题。法治督察既要"督"，也要"责"，"督"是发现问题，"责"即精准追责。只有建立督察与追责闭环的工作体系，才能确保督察实效，才能让法治督察"长牙带电"，真正塑造法治督察权威。根据《珠海市法治督察工作办法（试行）》

《珠海市法治督察工作规则（试行）》和日常工作实际，当前珠海市法治督察问责手段以出具督察建议书为主，并以其他多种手段为辅。

一是切实用好督察建议书这一主要抓手。督察文书在珠海经历了从督察提醒函到督察建议书的发展过程，在珠海市法治督察工作部门成立之初，由于督察工作还属于新兴事务，开展相关业务时不得不采取尽可能审慎的态度，针对在依法行政领域中出现的问题，最开始是以督察提醒函这一在格式规范上较为"委婉"的文体开展工作的，通过对被督察单位发出督察建议函以提醒该单位改正在依法行政某些领域上的不足。随着中央、省层面上对督察工作的重视，珠海法治督察工作体系不断完善，2024 年出台的《珠海市法治督察工作办法（试行）》明确规定珠海市委依法治市办（即中共珠海市委全面依法治市委员会办公室）在必要时可以印发督察建议书要求被督察单位限期整改。从督察提醒函到督察建议书，体现的是珠海市法治督察的权威性在不断增强。2023 年，针对"行政诉讼败诉率高""政务公开不到位"等 4 类突出问题，市委依法治市办向斗门区人民政府、市交通运输局、高新区委依法治区办等单位发出法治督察建议书 5 份，在发出督察建议书后，被督察单位都第一时间进行回复说明，并按时报送了相关整改方案、整改期限以及最后的整改结果，切实推动问题解决。针对个别单位落实行政诉讼应诉工作制度不到位，如金湾区红旗镇小林村村民委员会未在行政诉讼答辩期限内提交答辩状和证据，并将应诉工作委托律师"一托了事"以及斗门区斗门镇政府缺乏自我纠正行政行为的意识，未正确履行有关生效判决，未落实相关司法建议书要求等问题，珠海市法治督察部门再次发出督察建议书，督导金湾区和斗门区解决相关问题，现两区委依法治区办已各自联系有关单位，确定整改方案和整改时限，持续推进问题整改。针对个案发出督察建议书，督促有关单位以个案为突破口进行整改，并限时报送整改方案和整改结果，举一反三，切实做到了督察一个（案），整改一类（案）。

二是坚持高位部署，协同推进。相较于纪检监察、政府督查和行政检察等有明确责任后果的监督方式而言，督察建议书事实上是一种软监督，对被督察单位是一种基于党委法治建设议事协调机构统筹协调职能的间接威慑。

督察建议书主要也是针对某一具体领域和具体案件的督察，而法治督察肩负着的是督促推动全面依法行政各项任务做深做实的关键任务，需通过多种途径既综合全面又权威高效地推动法治督察的展开。珠海坚持高位部署，协同推进法治督察工作。2024年首次组织召开全市提升市区镇政府治理能力现代化水平，推进法治政府建设工作会议。市政府主要领导参加并作出重要指示部署，高位统筹全市法治政府建设工作。市委全面依法治市委员会下设依法行政协调小组，联络点设在市司法局法治督察与调研科，每年度定期召开工作会议，向依法行政协调小组各成员单位通报珠海市依法行政工作情况。每年度总结珠海市法治政府建设情况，草拟珠海市法治政府建设报告并以市政府名义对社会公布。每季度排查梳理珠海市依法行政短板弱项并向市政府常务会议报告，先后推动行政执法不规范、重大行政决策合法性审查制度落实不到位等问题得到市领导重视并解决。法治督察必须紧紧围绕中心大局，在法治督察力量自身较为薄弱的客观前提下，通过得到市委、市政府主要领导的高度重视，及时反馈督察发现的问题短板，既有利于进一步树立督察的权威性，也有利于督促相关问题短板得到彻底解决。

（四）坚持市区联动，构建上下贯通的法治督察工作体系

法治督察不仅是推动法治建设的重要抓手，也是推进基层治理现代化的重要途径之一。法治督察工作只有下沉到基层，才能真正贯彻落实到位。珠海始终坚持上下贯通，合力构建市区两级协同并进的法治督察工作体系。2024年8月印发的《珠海市法治督察工作办法（试行）》《珠海市法治督察工作规则（试行）》中明确了各区委依法治区办可参照市本级法治督察工作开展相关业务，市委依法治市办先后赴珠海各行政区（功能区），开展专题调研督察，督促各区委依法治区办持续做深做实法治督察工作，并协调解决相关问题。

一是与行政执法监督协同，着力解决行政执法不规范问题。对于基层法治建设来说，由于行政层级较低，又直面人民群众，执法不规范一直是依法

行政的主要问题短板之一，而且，当下镇街综合行政执法改革正在进入深水区，更需深入推进严格规范公正文明执法。珠海市各区委依法治区办着力对各行政机关开展执法监督和法治督察工作。香洲区开展行政执法不规范专项整治活动，制订珠海市香洲区推进"综合查一次"制度实施计划，2024年接收并处理群众举报线索多起，有效形成法治督察、自查自纠、群众监督的整治合力。金湾区重点关注涉企执法不当问题并定期开展行政执法案卷日常评查与专项评查，通报评查情况，指导、督促执法部门整改，避免不当执法"扰企""伤企"。高新区以开展行政执法案卷评查为主要抓手，与高新区人民法院建立案件线索移送机制，定期召开联席工作会议，并针对高新区个别行政单位行政程序违法、未充分保护当事人救济权以及未按规定提存行政征收补偿款的情况进行书面督察，要求被督察单位限期整改并书面反馈。协同推进法治督察与行政执法监督一体化开展，体现出了法治督察的针对性和实效性，有助于深入落实党中央关于健全行政执法监督体制机制的重要战略部署。

二是探索将法治督察工作融入基层法治建设的各个方面。金湾区结合"谁执法谁普法"暨法治建设履职评议活动开展法治督察，通过"书面督察+实地督察"的方式对金湾区各镇法治建设情况进行"综合体检"，创新利用法治正向新闻跟踪各单位法治建设情况，通过各单位报送的典型经验和行政案例梳理各单位亮点经验和共性问题。万山区高度重视行政规范性文件的制定监督与重大行政决策合法性审查工作，针对落实不到位的情况发出工作提醒函，督促问题整改。斗门区督促各行政单位开展法治政府建设年度报告落实情况自查工作，并通过线上督察方式对质量不够高的年度报告提出改进意见。珠海通过开展区一级的法治督察，更好地实现了基层治理的现代化和法治化。

二　基层治理视域下的督察困境

珠海市法治督察工作近年来不断提质增效，做到了以高质量法治督察保障珠海市高质量发展，但法治督察作为新兴事物，在实践过程中也不可避免地存在若干问题短板，如法治督察追责问责手段还不够有效、督察力量层级递减、相关督检考事项交叉重复，如何平衡专项督察与常规督察之间的频次比例，如何进一步统合各方力量增强法治督察的整体性、系统性和权威性，促进督察追责实质化实效化等还有待进一步探索。

（一）督察力量层级递减

法治督察工作虽然面上已经铺开，但在实际工作中还面临着"上热下冷"的困境，督察下沉的深度不够。市本级法治督察部门设在市司法局法治督察与调研科，现有工作人员2人，对外以市委依法治市办的名义开展法治督察。而各行政区（功能区）都存在缺乏专门法治督察工作机构和人员的问题，其中，香洲区和金湾区单独设立了区委依法治区办秘书股（室），法治督察人员由区委依法治区办秘书股（室）工作人员兼任，且都只有一名工作人员负责依法治区的全部任务。斗门区委依法治区办秘书股与斗门区司法局普法与依法治理股合署办公，日常工作主要集中在普法与依法治理板块，实际中依法行政的有关工作多是由斗门区司法局政府法律顾问工作股和行政复议股开展。功能区由于缺乏单独的司法行政部门，也不单设区委依法治区办秘书股（室），而是让功能区综合治理局法治办承担全区依法行政的主要工作，人员少任务重的现象更加明显，工作协调上也存在掣肘，难以充分发挥法治督察工作效能。

（二）督察问责手段不够有效

法治督察目前的主要手段是出具督察建议书，在结果运用方面主要依托于建立相关的协同机制将问题线索移交给相关问责单位，如纪委监委等。从规范属性上看，法治督察的督促整改并不具有法律强制力，其对于督察对象是否整改以及整改是否到位，缺乏必要的约束。法治政府建设作为全面依法治国的重点任务和主体工程，任务艰巨繁重，由司法行政部门内设机构来推动问题整改时，不免出现"小马拉大车"的实践困境。面对缺少行之有效、严肃权威的问责手段这一困境，如何用好协同工作机制，做实对于督察问题的问责，也是需要进一步探讨的问题。

（三）督察、检查、考核交叉重复

区镇两级作为国家治理体系的行政末端，需要承接中央、省、市等上级机关的考核检查任务，各区委依法治区办工作人员普遍反映其承接的各种督查、检查、考核任务过重，如负责功能区法治督察工作的法治办同时负责行政复议、行政应诉、行政规范性文件合法性审查等多项业务，对接市司法局多个科室，其在工作压力上无疑是巨大的，乃至于部分业务工作不得不委托镇街司法所开展。法治督察工作具有运动化的特征，存在相关部门在某一时间段内，集中开展大量检查考核的情况，如果未能把握好对基层法治工作的督导督促和检查力度，往往会使被督察单位疲于应对，乃至于弄虚作假，最终导致督察工作形式化、过程化，也有违中央层面落实为基层减负的相关文件精神。

（四）督察积极性主动性不强

法治督察在全国尚属新兴事物，省市两级制度规范还不够成熟。部分区级负责法治督察的工作人员对法治督察的内涵定义也存在理解不透彻的情况，错误地认为区级法治督察的主要任务是迎接上级单位的督察，不仅认为由区委依法治区办开展法治督察有自我监督之嫌，甚至还认为法治督察工作是对自身的一种额外负担。基层党政部门在落实中央法治政策与部署过程中也难免会出现部门主义和"孤岛"现象，部分督察工作人员缺乏督察经验，抱有老好人心态，对于依法行政的短板弱项不敢也不愿去指出纠正。这些问题导致基层在开展法治督察工作时普遍束手束脚，针对依法行政中的明显问题短板不敢真督实察。

三　法治督察的优化进路

法治督察是加强党对全面依法治国集中统一领导的重要手段。因此，应立足于服务中心大局，从优化基层治理、统筹市区镇各级法治建设的角度，牢牢把握法治督察的政治属性和职能定位，做深做实法治督察各项工作，做到以督察之利剑助力法治珠海建设。应加强法治督察的公共参与和信息化建设，完善法治督察工作机制，进一步构建法治建设大督察格局，让法治督察工作持续走深走实。

（一）构建法治建设大督察格局

从督察力量上看，司法行政部门不可避免的是作为"小马"出现的，法治督察工作"小马拉大车"的现象也是客观存在的，但这种现象并非不可应对。一是转化"小马拉大车"心理，将法治督察的"小马拉大车"转化为"以支点撬地球"，让法治督察成为撬动法治政府建设的支点，持续开展专项化、小切口督察，把法治督察的元素加在法治建设的各个"触角"和末端。在开展各项法治建设具体工作的同时开展法治督察工作。二是督察人员要不断提高自身的业务水平，熟知法治建设尤其是法治政府建设的相关法律法规，既要敢于督察、善于督察，也要把握督察的策略，找准督察的关键。三是加强部门协同，法治督察不是闭门造车，而是必须要主动出击，打通部门壁垒，找到更多的"马"去拉法治建设的这台大车，既要加强部门与部门之间的协同，进一步建立健全法治督察与纪检监察、行政检察等其他监督方式的协同合作机制，也要加强司法行政系统内设机构之间的协同，持续构建依法行政"大督察"格局。

（二）进一步完善法治督察工作机制

随着党和国家层面对法治建设工作日益重视，各级党委和政府也需要进一步重视党委法治建设议事协调机构的办事机构在推进法治建设过程中的统筹协调作用，通过公务员招录、公开选调等多种方式充实各区委依法治区办的工作力量，实行专人有专岗、专事有专责，避免长期出现混岗情形。持续完善法治督察的规章制度，加快构建全市法治督察的"四梁八柱"，研究出台"重大法治事件督察工作规定""关于加强法治督察与纪检监察监督协作配合的工作办法"等文件，强化法治督察的问责抓手。各区应结合各自实际情况，在中央、省、市各级法治督察工作文件的基础上，制定各区的法治督察工作办法，让法治督察进一步有章可循。市级法治督察部门应持续加强对基层法治督察工作的指导，帮助协调解决区级法治督察部门在工作开展过程中面临的问题困难。区级法治督察部门要严格落实市级业务指导部门的工作要求，加强各区之间的沟通交流，互通有无，互学互鉴。坚持全市上下一盘棋，构建珠海市上下左右全贯通的法治督察工作体系。严格控制督察工作的频次和幅度，原则上专项法治督察一年一次，灵活运用多种法治督察手段，如开展调研式督导、个别访谈、突击暗访等方式，在减轻基层干部工作负担的同时，更加真实地掌握基层法治建设情况。

（三）强化法治督察的公共参与

开展法治督察工作是为了解决人民群众的急难愁盼问题，只有加大法治督察中的公众参与力度并通过制度化力量有序规范地运行，法治督察工作机制才能够获得持久生命力。法治督察要进一步坚持权责透明，推动法治督察中的"督察、反馈、整改、督办、报告、问责、回头看"等各个环节均落实信息公开要求，提升法治督察工作的透明度。同时，也要进一步完善法治督察第三方参与机制，利用好法治建设特邀监督员力量，壮大特邀监督员工作队伍。针对在法治督察工作中发现的好的经验做法，适时通过法治督察典型通报制度、法治政府建设示范创建机制予以推广。

（四）做实法治督察信息化建设

《法治政府建设实施纲要（2021—2025年）》高度重视政府治理的数字化转型，提出"健全法治政府建设科技保障体系，全面建设数字法治政府"的方针。《督察工作规定》也专门规定运用大数据、云计算等现代信息技术手段探索推进"互联网+督察"机制。珠海市法治督察工作应当充分借助数字技术补短板、强弱项，实现赋能增效，可以充分借鉴淄博法治政府建设督察一网通平台、浙江省海盐县"法小督"法治督察平台等的建设经验，结合珠海的工作实际，构建法治督察全生命周期线上闭环管控体系，推动各级法治督察工作部门及时通过线上数据平台，公开督察工作信息，加强对督察工作的规范与监督。

B.3
行政检察协同推进法治政府建设报告

——以香洲区人民检察院行政检察工作为视角

珠海市香洲区人民检察院课题组*

摘　要：　行政检察具有促进法院司法公正和行政机关依法行政的双重作用，是推进法治国家、法治政府、法治社会一体建设的重要力量。在新时代全面依法治国背景下，面对法治政府建设的新部署，香洲区人民检察院积极作为，创新办案模式，不断推动行政检察在监督实效方面取得突破性进展，发挥行政检察对于法治政府建设的协同推进作用。在新时代法治政府建设进程中，行政检察工作被赋予了更高的使命与要求，结合当前实际情况，行政检察的监督效果尚需加强，法治政府建设合力仍需强化。为进一步推进法治政府建设，一方面，检察机关要找准行政检察与服务中心工作的契合点，做实行政检察工作；另一方面，有必要深化府检协作机制，促进检察权与行政权的良性互动，凝聚更强大的治理合力，推动治理效能不断提升。

关键词：　行政检察　法治政府建设　府检联动

引　言

行政检察是人民检察院法定职责之一，既包括传统的"诉讼内"监督，

---

* 课题组负责人：韩树军，香洲区人民检察院党组书记、检察长。课题组成员：肖力，香洲区人民检察院党组成员、副检察长；方中伟，香洲区人民检察院第四检察部主任、一级检察官；彭佳丽，香洲区人民检察院五级检察官助理。执笔人，彭佳丽，香洲区人民检察院五级检察官助理。

即对行政诉讼案件的监督，又积极向"诉讼外"监督拓展，如行政执法与刑事司法反向衔接以及行政违法行为监督等，同时在监督办案中推动行政争议得到实质性化解、促进社会治理科学化。① 行政检察发展源自行政诉讼制度的建立，自 1989 年《行政诉讼法》实施以来，我国传统的行政检察主要聚焦于行政诉讼监督，即对行政诉讼案件的受理、审理、裁判、执行进行监督。2014 年党的十八届四中全会通过的《中共中央关于全面推进依法治国若干重大问题的决定》（以下简称《决定》）提出，检察机关在履行职责中如发现行政机关违法行使职权或者不行使职权的行为，应该督促其纠正。由此开启了对行政违法行为等"诉讼外"领域的检察监督实践探索。2017 年《行政诉讼法》正式将检察机关提起行政公益诉讼制度纳入进来，历经数年发展，行政公益诉讼制度逐步完善，已逐渐成为行政检察监督中相对独立的制度。② 2021 年《中共中央关于加强新时代检察机关法律监督工作的意见》（以下简称《意见》）提出"全面深化行政检察监督"，为加强行政检察工作指明了发展方向。行政检察发展呈现出监督范围日益拓展、监督手段逐渐丰富的趋势，释放出强烈的通过行政检察监督助推法治政府建设的信号。③《法治政府建设实施纲要（2021—2025 年）》（以下简称《纲要》）提出，要形成监督合力，坚持将行政权力制约和监督体系纳入党和国家监督体系全局统筹谋划。检察监督是权力监督体系的重要组成部分，检察机关的法律监督功能对于全面推进依法治国具有重要意义，尤其是其中的行政检察对于推进法治政府建设具有重要作用。④

一 行政检察协同推进法治政府建设的必要性分析

近年来，严格规范公正文明执法全面推进，法治政府建设的步伐不断

---

① 最高人民检察院：《行政检察工作白皮书（2023）》，2024 年 3 月 9 日。
② 杨伟东：《强化行政检察监督助推法治政府建设全面突破》，《中国检察官》2023 年第 19 期。
③ 杨伟东：《强化行政检察监督助推法治政府建设全面突破》，《中国检察官》2023 年第 19 期。
④ 秦前红、张演锋：《习近平法治思想指引下的行政检察探索与发展》，《人民检察》2021 年第 8 期。

加快，法治政府建设取得重大进展，但仍然存在需要进一步完善和提升之处。新时代法治政府建设是一项庞大且复杂的系统工程，离不开各级行政机关的努力，也需要行政系统外部力量的有力支持和积极推动。检察机关作为法治建设的关键一环，能够以外部监督视角发现问题，协同内部监督助力法治政府建设，充分发挥检察机关的监督作用对法治政府建设具有重大意义。

（一）新时代法治政府建设是全面依法治国的必然要求

党的十八大以来，法治建设步入全面依法治国阶段。党的二十大报告提出"法治政府建设是全面依法治国的重点任务和主体工程"。[①] 党的二十届三中全会就深入推进依法行政作出一系列部署安排。法治政府建设的重要地位，一是源于法治政府建设的示范带动作用，行政机关与人民群众有着最为广泛且密切的接触，是实施法律法规的重要主体，法治政府建设影响着全面依法治国的整体成效；二是源于法治政府建设是完善社会治理体系的有效途径，行政机关不断提升执法的质量、效率、公信力，能够更好地提升治理效能。法治政府建设的特殊地位表明，全面依法治国的深入推进需要法治政府建设率先推进，从而引领法治社会、法治国家建设，达成全方位法治建设的目标。基于法治政府建设的特殊地位和成效，在进入全面建设社会主义现代化国家新征程的关键节点，党的二十大报告从转变政府职能、深化行政执法体制改革、完善行政执法程序、强化对行政执法的监督等方面对法治政府建设提出了新的更高要求，清晰表明了加速推进法治政府建设的决心。随着人民群众对美好生活需要的不断增长，新时代法治政府建设面临着一些问题和挑战，需进一步推进行政执法规范化建设，促进行政争议的实质性化解，加快建立职责明确、依法行政的政府治理体系。[②] 检察机关法律监督作为法治监督体系的重要组成部分，以司法这一法

---

① 习近平：《高举中国特色社会主义伟大旗帜 为全面建设社会主义现代化国家而团结奋斗——在中国共产党第二十次全国代表大会上的报告》，人民出版社，2022，第41页。
② 马怀德：《新时代法治政府建设的使命任务》，《政法论坛》2023年第1期。

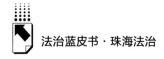
治建设的关键环节为切入点，可以助推严格执法、公正司法，推进全面依法治国，是推进法治建设的重要力量。

（二）行政检察对法治政府建设具有协同推进作用

法治政府建设是一项长期系统性工程，对整体性、系统性要求高，各个环节、各个层面都要紧密配合、协同共进，需要凝聚各方智慧、汇聚各方力量。以监督主体为划分标准，国家行政监督体系可分为内部监督和外部监督。行政内部监督是行政机关通过内部监督途径自我纠正违法行政行为，如层级监督、行政复议等。① 行政内部监督具有专业性的优势，但监督跨部门、跨领域，不可避免地存在资源分散、信息壁垒等问题。如果只有行政内部监督，可能会面临监督被动、监督力量不强等问题。因此，行政权力的监督需要外部力量的介入。从实践来看，对行政权力的外部监督主要有法院的司法监督。行政诉讼则受制于不告不理的原则，且行政行为数量庞大，法院所拥有的资源相对匮乏，这在一定程度上造成了法院的行政诉讼监督效果有限。行政检察或许是理想的路径，能够在对行政权力的制约与期望行政权积极作为之间寻求平衡。② 行政检察监督方式主动性强、更为灵活、效率较高，具有促进法院司法公正和行政机关依法行政的"一手托两家"的特性，可以通过行政诉讼监督或检察建议的方式推进行政机关依法行政，对于推进法治政府建设具有独特优势。法治政府与行政检察不再彼此分立、相互平行，二者构成了互相利用、协同共进的有机整体和复杂系统。③《意见》也提出，要推动检察机关法律监督与其他各类监督有机贯通、相互协调。行政检察与行政内部监督二者关联紧密、目标契合程度高。内外监督协同能够健全制约监督体系，合力推进法治政府建设。

---

① 陈家勋：《行政检察：国家行政监督体系中的补强力量》，《现代法学》2020 年第 6 期。
② 秦前红、张演锋：《习近平法治思想指引下的行政检察探索与发展》，《人民检察》2021 年第 8 期。
③ 刘艺：《行政检察与法治政府的耦合发展》，《国家检察官学院学报》2020 年第 3 期。

二 香洲区检察院行政检察协同推进 法治政府建设的举措

《决定》《意见》确立了强化行政检察监督的基本途径。香洲区人民检察院（以下简称"香洲区检察院"）据此开展行政检察工作，助推法治政府建设：一是依托行政诉讼活动对行政机关开展监督，维护行政相对人合法权益；二是督促纠正行政违法行为，对于符合法律规定条件的开展行政公益诉讼，督促行政机关履职；三是在履职中开展行政争议实质性化解工作；四是开展行政执法和刑事司法反向衔接工作。针对法治政府建设领域的难点问题，香洲区检察院围绕工作发展大局，紧扣保障民生福祉、促进依法行政等主题，创新办案模式，提升监督效能，有效建构了政府与检察院之间的协同互动工作机制，推动行政与司法有机衔接，促进经济发展与社会均衡和谐，助力法治政府构建进程。

（一）创新办案模式，优化监督效能

1.建立快速办案流程，促进问题高效解决

随着政府法治建设不断完善，严重的行政违法行为日益减少，行政机关"程序性""缺位型"违法履职日益成为影响人民群众切身利益的突出问题，香洲区检察院面对行政部门"轻、小、危、急"事件的履职错位、缺位问题，积极研究对策，初步建立了一套问题导向、快速反应、精准监督、法治提升的法律监督办案模式。香洲区检察院针对在履行行政诉讼监督职责和在反向衔接工作中发现的行政主管机关违法行使职权或者不行使职权的问题，建立"案件表格化审查机制"＋"检察建议简易化模板"＋"整改措施具体化指引"的快速办案流程，将重点聚焦于具体违法事项，推动相关问题高效解决，助力提升行政机关的工作质量和效率，促进行政主管部门依法、及时、公正地履行职责，从而整体提升行政效能。

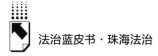

2. 强化数字检察赋能，提升法律监督质效

为弥补传统法律监督模式在监督质效方面存在的被动性、碎片化等不足，香洲区检察院树立"数字赋能监督，监督促进治理"的理念，应用法律监督模型输出批量线索，深挖类型化、普遍性的问题和社会治理漏洞，推动从"个案办理"到"类案监督"再到"系统治理"，全面提升监督质效。一是创建涉交通安全行政处罚类案监督模型。针对交通安全行政执法部门对已有生效判决或作出酌定不起诉决定的交通肇事违法犯罪行为未进行行政处罚的问题，通过比对碰撞数据发现监督线索，发出检察意见书3份，督促行政执法部门对2人依法吊销机动车驾驶证、对2人处以罚款。二是应用资源回收型企业检察类案监督模型。针对在办理涉嫌盗窃、职务侵占等行刑反向衔接案件中发现的资源回收型企业无证经营问题，制发检察建议督促行政执法部门依法履职，规范资源回收型企业的经营行为，促进行业长效治理。

（二）建立衔接机制，畅通协作渠道

1. 推进行刑反向衔接，形成完整监管闭环

针对近年来轻微刑事案件占比大幅上升，检察机关作出不起诉案件数量增多的现实背景，香洲区检察院强化外部沟通，有效构建衔接机制，以行刑反向衔接推动提升法律监督质效。对刑事案件作出不起诉决定后，及时与行政机关开展信息对接、案件移送和研商法律适用等工作。在制发检察意见前，围绕行政处罚依据、处罚事项和处罚的必要性和可行性等问题进行充分交流，凝聚规范执法的共识，为做好不起诉的"后半篇文章"夯实基础。与交通警察部门联动履职，认真落实《最高人民法院 最高人民检察院 公安部 司法部关于办理醉酒危险驾驶刑事案件的意见》中关于不起诉案件非刑事处理的有关要求，依法提出检察意见。针对拒不支付劳动报酬、非法占用农用地、危险驾驶等案件，与行政主管机关展开交流座谈，形成同类案件处理移送机制，以个案为切口推动形成不同领域行刑反向衔接机制，促进行政执法人员强化依法行政意识和统一行政执法标准。

自 2023 年 7 月行政检察部门牵头负责反向衔接工作以来，对于决定不起诉但仍需给予行政处罚的案件，以制发检察意见的形式，督促行政机关处罚 80 人次，推动刑事处罚和行政处罚无缝对接，消除追责盲区，避免"不刑不罚"，确保"罚当其责"。香洲区检察院对检察意见的跟踪督促落实进一步增强了对执法行为的监督力度，取得了良好的社会治理成效。

2.增进内外监督协同，推进执法规范化建设

香洲区检察院以行政非诉执行监督为切入点，行政检察监督和行政执法监督两大监督模式深入配合，对行政机关相关案件进行分析研判，不断挖掘涉及行政执法不规范的案件线索，促进基层行政执法规范化建设，有效增强区域行政行为规范性。2023 年 4 月，针对行政执法权下放初期存在的执法程序不规范、证据材料不充分、法定期限未严格遵守、执法文书未严格审查等问题，香洲区检察院向行政主管机关和相关镇街制发检察建议，增强基层执法人员程序意识、法治意识，促进加强基层执法队伍建设，夯实法治政府建设基石。检察建议制发后，香洲区检察院强化与区司法局的配合协作，达成通过信息共享、案件移送、共同化解行政争议的共识，推动行政检察监督和行政执法监督有效衔接，构建高效监督格局，协同提升严格规范公正文明执法水平。

（三）强化府检联动，凝聚保护合力

1.建立协同保护机制，联手共护公共利益

香洲区检察院立足香洲实际，深化协同协作，凝聚多方力量，有力服务保障绿美香洲生态建设。自 2023 年以来，香洲区检察院持续健全与政府之间的公益保护协同监督机制，为规范衔接流程、畅通沟通渠道，实现双方在公益诉讼工作中的互相配合、资源共享、同向发力提供制度保障。加强海洋生态环境保护，强化与海事、交通、海洋发展等行政主管部门的联动，督促清捞客运码头、渔港港区水域漂浮垃圾 190.9 吨，促进港口、码头、船舶实施污染物规范化、数字化管理，提升珠江流域水环境治理质效。聚焦珠海"一河三涌"碧水保护，搭建多部门沟通平台，通过磋商会议推动各行政主

管部门厘清职责，针对河流污染治理探讨立行措施及长效整治方案，推进各片区各河涌水面、岸线整治工作全面有序开展。检察机关与行政机关加强协同，形成公益保护"大格局"，共同守护公共利益。

2. 成立公益诉讼检察工作站，筑牢生态保护屏障

2024 年 3 月，珠海市人民检察院（以下简称"珠海市检察院"）、香洲区检察院联合在自然保护区挂牌设立三个"公益诉讼检察工作站"，并同两个自然保护区管理机构分别签订《关于建立中华白海豚保护协作机制的意见》《关于建立红树林和猕猴保护协作机制的意见》，为拓宽案源渠道、密切办案协作、促进协同共治提供支撑，将公益诉讼检察触角延伸至保护区一线。检察机关与行政机关建立的线索互移、信息共享、联席会议、办案协作、宣传联动等机制有利于检察监督更加常态化和制度化，能够持续对行政行为进行监督，凝聚公益司法保护合力，共同促进生态环境改善和生态系统优化，助力打造生物多样性综合保护新格局，为法治政府建设提供更广泛的支持和保障。

（四）多元化解争议，提升维稳成效

1. 联动协作一体化解，增强矛盾化解合力

一是积极贯彻联动化解争议和检察一体化制度机制，上下一体，各尽其能，联动开展行政争议实质性化解工作。珠海市检察院受理行政检察案件后发现有化解争议的可能，考虑基层检察机关就地化解的优势，将案件移送给基层检察机关并提供工作指导，共同化解行政争议。二是深化与行政机关的良性互动，发挥各自职能优势，探索创建"检察+行政"的化解工作机制，在案件线索发现、调查核实、矛盾纠纷化解等方面高效协作配合，增强矛盾纠纷化解合力，以及实质性化解的针对性，融入"1+6+N"基层社会治理工作体系。2023 年 10 月，在办理一起当事人申请行政生效判决监督案中，香洲区检察院经审查认为法院裁判并无不当，为不使程序空转增加当事人诉累，检察官听取当事人实际诉求，了解当事人诉求堵点，做好当事人和行政机关之间的沟通桥梁，推动达成化解矛盾的共同目标，"府检联动"形成化解行政争议的合力。经各方不懈努力，最终当事人与行政主管机关自愿达成和解，主动撤回了监督申请，息诉罢访，持续5年的行政争议得到圆满解决，实现把问题解决在基层，推动行政相对人与行政机关相互理解，维护社会稳定，为法治政府建设创造和谐有序的社会环境。

2. 构建"救助+调解"多效格局，提升社会治理实效

香洲区检察院积极开展"检护民生"专项行动，在化解行政争议过程中注重对困难群体的精准救助，以检察力度提升民生温度。针对行政裁判并无明显不当，当事人诉求有一定合理性但难以通过法律途径解决的案件，为帮助因案致贫、因案返贫的当事人，检察机关采用"救助+调解"办案模式，及时开展司法救助，助力争议化解和当事人服判息诉。同时，积极联动相关部门，协同落实多元救助举措，努力实现案结事了人和。对于在化解行政争议过程中发现的行政机关履职不规范、管理出现漏洞的问题，香洲区检察院及时制发检察建议推动行政机关依法行政，延伸开展社会治理。例如，针对行政主管机关在案件处理中存在的行政处罚滞后、程序违法、执法不规范等问题，香洲区检察院有针对性地提出建议，为行政机关改进执法方式提供方向，促进行政主管机关提升行政管理能力和执法水平，助推基层治理能力和治理水平现代化，降低行政执法风险，将矛盾风险防范在源头。

（五）聚焦社会治理，推进共建共治

1. 推动构建长效机制，促进区域社会治理

香洲区检察院不断优化检察履职质效，从"个案监督"向"专项整治"延伸，以高效监督助推相关部门建立健全长效机制，构建共建共治共享新格局。2024年5月，香洲区检察院聚焦食品安全领域民生工程，延伸个案办理到类案监督再到社会治理的链条，建立食品安全领域行刑衔接机制，向行政主管机关制发检察建议，并移送相关线索12宗13人，助力推进涉食品安全犯罪人员限制从业规定落实。相关单位采纳检察建

议，严格落实"处罚到人""从业禁止"，进一步规范市场主体准入。检察机关与行政机关共同探索建立长效治理机制，推动解决社会治理中的难点、热点问题。

2. 强化法治宣传教育，实现法治政府与法治社会双促进

香洲区检察院与区委宣传部联签《关于联合开展"检察官在身边"法治宣传专项活动的工作方案》，充分发挥检察官在推进法治宣传教育工作中的重要作用，创新运用"送法上门"和"预约下单"相结合的方式，多形式、全覆盖、常态化开展普法宣传活动，不断满足人民群众日益增长且多元化的法治需求。自 2024 年 5 月 "检察官在身边"法治宣传专项活动开展以来，香洲区检察院深入各镇街新时代文明实践所等开展法治宣传活动 46 场次，覆盖群众约 1.7 万人。2024 年 12 月以来，香洲区检察院联合辖区内 10 个社区设立"民生检察驿站"，开通检察云平台，将检察职能下沉基层，为群众提供法律咨询、矛盾化解、检察宣传等服务，进一步打造"家门口"的检察院，不断提升广大群众办事依法、遇事找法、解决问题用法、化解矛盾靠法的意识和能力，增强全民法治意识，让法治观念深入人心，在社会营造浓厚的法治氛围，为法治政府建设提供社会支撑。

三 行政检察协同推进法治政府建设的建议

行政检察协同推进法治政府建设，就是发挥行政检察对法治政府建设的积极作用，实现行政检察与法治政府同频共振。检察机关将进一步依法全面履行行政检察职责，实现有力监督，更好地服务保障经济社会高质量发展，推动府检联动机制向纵深发展，全面增进联动效能，为法治政府建设贡献行政检察力量。

（一）强化联动，助力优化法治化营商环境

在全面依法治国的战略布局下，建设法治化营商环境是法治政府创建与

评估的关键指标。① 在助力法治化营商环境中，发挥行政检察职能尤为关键。② 检察机关应继续围绕涉企产权保护、监管执法等重点领域突出问题，在助力优化法治化营商环境中全面履行行政检察职能，保障企业合法权益。加强涉市场主体行政诉讼和执行监督，依法平等保护各类市场主体合法权益；深化涉市场主体行政违法行为监督，督促行政机关依法及时履职；强化涉市场主体行政争议实质性化解，为市场主体减轻诉累。同时，注重建立行政执法与法律监督衔接机制，强化与行政主管机关、法院、行业协会等的协作配合，搭建信息共享平台，定期召开联席会议，共同探索化解争议的有效途径，建立全方位、多层次的联动机制，凝聚执法司法合力，护航法治化营商环境。

（二）增进协同，合力守护公共利益

促进依法行政，推进法治政府建设是行政公益诉讼制度的一个重要目标。行政机关承担着维护公共利益的重要职责，检察机关发挥法律监督作用，能够督促协同行政机关更好地履行公益保护职责。检察机关应进一步加强与行政机关的沟通协作，凝聚合力对区域、领域内典型行政公益诉讼案件所反映出公益保护和依法行政问题进行分析研判，促进相关问题得到全面系统解决。珠海拥有良好的生态环境和丰富的自然资源，正聚焦打造全国生态文明新典范，加速推进绿美珠海建设，检察机关应在生态环境保护上加强与行政机关联动，强化协作配合，形成强大合力，针对区域内海洋、河流、湖泊、森林等生态系统开展综合治理和保护工作，促进生态环境共建共享；进一步推动落实《中华白海豚保护检察联盟共建协议》，深化公益诉讼检察工作站平台建设，促进自然保护区生态环境持续改善；深化落实"河长+检察长""林长+检察长"协作机制，推动治理非法倾倒固体废物、非法采矿等破坏生态环境资源行为；利用卫星遥感、无人机等技术手段对河流、海洋生态环境进行远程监控，确保监督的及时性、有效性。

---

① 李大勇：《持续推进法治政府建设优化营商环境》，《法治日报》2023 年 5 月 26 日，第 5 版。
② 李美广、杨沧海：《法治化营商环境建设中行政检察的履职维度和角色定位》，《中国检察官》2024 年第 11 期。

（三）凝聚共识，实质性化解行政争议

检察机关通过推动行政争议实质性化解，能够更充分地履行监督职能，切实维护司法公正和有效促进依法行政。[①] 应坚持和发展新时代"枫桥经验"，加强矛盾预防、前端化解，探索与法院、司法局等建立多方主体协作配合长效机制，强化信息互通、线索移送反馈，形成合力共同推动行政争议实质性化解，预防和化解社会矛盾。依托行政诉讼监督对行政机关执法活动进行监督，关注市容市貌整治、违法建筑拆除等工作，注重对行政机关在强制拆除建筑物过程中的执法程序进行监督。抓好"多元化解"，通过公开听证会、司法救助等方式构建多元化解行政争议的格局，探索争议化解新途径。加强与行政机关沟通联系，建立国家司法救助与社会救助衔接机制，有效整合救助资源。与街道社会治安综合治理中心签订法治共建协议，向群众提供线上求助、咨询检察官通道，联动相关部门开展矛盾纠纷研判和化解工作。

（四）加强合作，建设完善府检联动机制

行政检察协同法治政府建设既需要检察机关主动作为，依法履行法律监督职责，也需要联动机制的健全和完善，以便更好地发挥行政检察的协同作用。珠海市政府与市检察院在联合印发的《关于建立"府检联动"工作机制实施意见》中已经明确"府检联动"的重点任务和工作要求，有效推动常态化开展府检沟通交流，促进执法司法良性互动，以实现联动履职多维聚力。未来，行政检察要与建设法治政府的各方力量共享共治、共促发展，发挥叠加效应，实现法律共研、信息共享、争议共调工作目标。一要推动增强依法行政意识。深刻把握行政机关的法治需求，以行政诉讼或行政复议中存在的多发性、普遍性问题为重点，开展"面对面""点对点"精准普法，推动增强行政执法人员的法治意识。二要与行政机关建立常态化的沟通机制，

---

① 章志远：《检察机关在行政争议实质性化解中的角色定位》，《中共中央党校（国家行政学院）学报》2023年第2期。

强化府检联动履职、协同发力、综合施策。找准执法痛点、难点、风险点，采取座谈交流、集中研讨、专题培训等方式，通过联席会议、案件通报和信息共享机制等共商解决之道。三要健全执法司法信息衔接机制，实现府检数据信息互联互通。依托共享平台充分挖掘数据资源，主动与行政机关探索建立监督信息共享、案件线索移送、协作配合等机制，解决内外监督机制衔接不畅问题，减少监督盲区，提升监督效能。

B.4
金湾区基层决策事项合法性审查全覆盖工作的实践与探索*

珠海市金湾区司法局课题组**

摘　要：　我国法治政府建设之路始于"依法行政"，而依法决策是依法行政的起点和关键，依法行政要落实到位，首先要从依法决策抓起。合法性审查是切实推进依法决策最关键的一环，实现决策事项合法性审查全覆盖是推进基层政府依法决策的必经之路。金湾区下辖四镇决策事项合法性审查全覆盖工作取得颇多成效，但在审查时限、审查队伍以及审查流程等方面存在一些问题。为全面提升各镇决策事项合法性审查全覆盖工作水平，有必要进一步加强审查队伍专业化建设，优化监督考核机制，探索数字化改革，切实提高各镇依法决策水平。

关键词：　基层决策事项　司法所　合法性审查

党的二十大报告指出"法治政府建设是全面依法治国的重点任务和主体工程"，对"扎实推进依法行政"提出了明确要求。党的二十届三中全会通过的《中共中央关于进一步全面深化改革 推进中国式现代化的决定》对"深入推进依法行政"作出重要部署，提出了新的要求。行政决策是行政行为的发端，要实现全面依法行政，先要深入推进依法决策，以决策法治化带动其他环节依法、规范，才能从根本上确保行政行为整体合法合规。合法性

---

* 本文数据如无特殊说明均来自珠海市金湾区司法局。

** 课题组负责人：罗欢，金湾区司法局局长。课题组成员：赖雪辉、罗斯洋、张彦斌。执笔人：罗斯洋，金湾区司法局法制室一级科员。

审查即决策前法律论证，使决策权因受法律约束变得更规范，能有效预防、减少决策的法律风险，防止法外用权、随意决策，是健全依法决策机制的重要手段。

乡镇作为最基层的行政单位，依法决策水平关系到区域依法行政、法治政府建设的水平。基层决策事项是指基层政府在法定职权内履行公共管理职能所作的决策，类型多样，具体包括制定行政规范性文件、作出重大行政执法决定、以镇政府或工作部门的名义签订重大合同、推进重要改革、处置涉法涉诉案件等。司法所因承担着合法性审查的职能，成为基层政府的"法律顾问"，在基层政府依法决策中肩负着重大责任。金湾区司法局以完善司法所合法性审查职能为突破口，推动各镇决策事项合法性审查全覆盖，用法治方式为镇政府决策"定框""建轨""搭台"，着力夯实基层法治建设根基。

一 时代背景与现实需要

（一）镇政府职能逐渐完善，司法所作用越发凸显

随着政府职能转变，以及"放管服"改革、"镇街综合行政执法改革"的推进，行政审批权、执法权逐级下放，镇政府承接了一部分原来由区级政府部门行使的职权，各镇承担的统筹落实区域发展重大决策、行政审批和公共服务、综合行政执法工作、完善基层社会治理体系等方面的具体职责越来越丰富。2022年8月27日，金湾区印发《关于做好下放一批区级政务服务事项工作的通知》，将"高校毕业生见习基地确认"等10项区级政务服务事项下放至辖区内四镇，各镇承担着"就业困难人员认定""临时救助申请审批""一次性创业资助申领"等42项事权。截至目前，金湾区共计397项涉及城市管理综合执法局、住建局和农业农村水务局的行政执法事项下放至各镇行使，四镇行政执法案件数呈逐年上升态势。以行政处罚案件为例，四镇2021年办理187宗，2022年办理720宗，2023年办理1348宗，2024

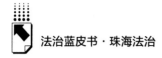

年办理1477宗。事权增加的同时，各镇对合法性审查的需求也日趋增多，而各镇的重大法律事务主要依靠司法所审核把关，为更好地实现依法决策、依法行政，司法所法律参谋和法律智囊作用越发不可替代。

（二）各镇行政争议多发，法制审查力量不足

金湾区下辖四镇曾经是全区行政争议的"多发地"、行政败诉案件的"重灾区"。2022年全区行政诉讼案件中，涉及镇政府的案件数占比约22%，败诉率达到33%，比全区总体败诉率高出10个百分点；2023年，四镇行政诉讼案件数占比约14.3%，败诉率达到22.2%，比全区总体败诉率高出9个百分点，反映出四镇依法决策水平仍有较大提升空间。行政败诉案件在一定程度上会透支政府的公信力，成为影响区域法治建设水平进一步提升的掣肘和短板。从败诉的原因来看，部分基层干部对依法决策的认识不足，使得"重结果轻过程"的现象时有发生，法定程序执行不到位，并且各镇法律专业人才匮乏，法制审查人员缺口较大，决策前法律论证力量严重不足。以行政执法队伍为例，四镇实际在岗执法人员中，经备案的法制审查人员仅10人，占比5%，具有法学背景的仅9人，占比30%，在开展专业性强、规模大的执法活动时，法治队伍力量薄弱已经成为限制依法决策水平提升的重要因素。

二　具体做法与主要成效

提高基层政府依法决策水平，有赖于落实决策前法律论证程序，审查决策是否符合上位法规定，过滤和纠正其中的违法内容，从源头上确保决策合法合规。2023年6月29日，金湾区印发《金湾区全面规范各镇决策事项合法性审查全覆盖工作方案》（以下简称《工作方案》），在珠海市率先搭建起"纵向到底，横向到边"的基层决策事项合法性审查工作格局。

（一）构建统一工作平台，审查工作有章可循

《工作方案》印发前，各镇司法所的合法性审查工作均参照市区两级相

关制度执行，但各镇的具体做法、人员配置等参差不齐，合法性审查工作的有效约束性和专业保障力度不足，缺乏规范指引。为此，金湾区司法局建立起统一的镇级合法性审查体制机制，固定审查机构，充实配强审查力量，推动法治职能整合向镇一级延伸，为镇政府依法决策加固了制度防线。为延续原工作模式，更好地实现权责一致，《工作方案》搭建了以司法所为主体的政府法律顾问工作平台，明确了司法所所长为镇政府首席法律顾问，司法所专职处理镇政府法律事务，指导村民委员会和居民委员会处理换届选举、土地征收补偿、重大项目建设等涉及群众切身利益的法律事务。同时，司法所还负责协助遴选和管理以镇政府名义聘请的法律顾问，镇政府工作部门可以根据需要选聘本部门熟悉法律事务的人员、专家或律师承担法律顾问工作，鼓励涉法事务繁多、涉诉案件集中的镇政府工作部门建立专职法律顾问制度。

（二）形成统一工作流程，确保审查规范高效

为进一步提升合法性审查的质量和效率，金湾区司法局首先全面梳理各镇高频法律事务、社会治理难点、堵点和痛点，形成"15项审查事项"①"一张清单"，明确了合法性审查事项，并从权限、程序、内容、适用依据四个方面编制送审材料清单，进而规范了涉法事项的识别工作，进一步细化、规范审查工作内容，推动各工作机构照单履职、压实法律论证主体责任。其次，规范了审查流程，形成"承办部门发起办件申请、司法所出具书面合法性审查意见、承办部门反馈采纳情况"的基本流程，并明确了由镇党政办牵头召集专题会议沟通研究遇到的疑难复杂问题。最后，落实了审查事项闭环式备案、监管机制。司法所出具合法性审查意见后，由专人负责

---

① 15项审查事项包括：以镇政府或其工作部门名义签订的重大合同；镇政府作出的重大行政决策和重大行政行为；重要改革事项；重大财政投资项目；国有资产处置；招商引资项目；土地管理、征收补偿事项；农村集体资产交易管理事项；历史遗留问题处置；镇政府对外发布的可能影响公民、法人或其他组织权利义务的通知、公告等；信访、行政请求事项的答复；政府信息公开答复；涉及镇政府的尚未形成诉讼的民事纠纷、行政纠纷；村规民约；其他涉及群众重大切身利益的事项。

案卷归档管理。将合法性审查嵌入镇政府办文办事流程，由镇党政办对提交镇政府会议审议的事项进行核查，对于未经合法性审查或审查不通过的，不上会、不签批、不对外公布。提交审议的，审议情况由镇党政办专人跟踪、记录。《工作方案》印发后，四镇司法所合法性审查工作量均有较大幅度的增长。2023年，三灶司法所出具审查意见356件，同比增长65.6%；红旗司法所出具审查意见98件，同比增长75%；平沙司法所出具审查意见214件，同比增长22.3%；南水司法所出具审查意见370件，同比增长16.4%。2024年，三灶司法所出具审查意见322件，红旗司法所出具审查意见223件，平沙司法所出具审查意见225件，南水司法所出具审查意见350件，四镇司法所共出具1120件审查意见，同比增长7.9%。

（三）联动多方法治力量，加快审查队伍建设

为加快审查队伍建设，金湾区司法局进一步加强培育系统内部法律人才。提高司法所所长任用、选拔门槛，选用拥有法律职业资格证书、具备一定法律从业经历的干部担任司法所所长。鼓励和支持符合条件的工作人员参加国家统一法律职业资格考试、申请公职律师、参加法律专业学习培训等以提高内部审查队伍的专业素养。截至目前，四镇司法所从事合法性审查工作的人员中共有9人取得法律职业资格证书，占比90%。此外，保持审查人员的相对稳定，切实发挥审查人员人熟地熟事熟的优势。同时，引入外聘律师参与审查。为充分发挥社会律师的专业优势，四镇遴选并聘请6个律师事务所共11名执业律师协助处理法律事务，组建"司法所+外聘法律顾问"审查队伍，实行内部法制机构和外聘法律顾问"两级审查、双重把关"模式，为审查事项提供高质量的法律意见。金湾区以司法局为业务指导部门，加强沟通与指导，积极推动全区合法性审查业务骨干、公职律师与基层司法所人员互学互鉴。2023年以来，金湾区司法局围绕合同审查、违法建筑拆除、国企管理等工作，组织开展各类业务培训、经验交流座谈会、基层调研等15次，有效实现了局所联动，合力解决基层决策事项合法性审查中的疑难问题。

（四）协同行政执法改革，助推改革稳健前行

强化重大行政执法行为事前法律论证。司法所通过参与重大、疑难执法案件联席会议，有效解决了各镇因法律人才紧缺带来的执法案件事前法制审查薄弱的问题，实现了由案件终结后再纠错向案件查办中甚至是案件立案前介入指导转变，延长了法制监督工作链条，将执法案件办理中可能存在的风险隐患提早消灭在萌芽状态。完善基层学法平台建设。依托审查人员的法律素养及其掌握的法律培训资源，区司法局、司法所的法律学习资源被各镇进一步利用，审查人员不定期指导执法部门填写执法文书、进行案卷归档，助推基层执法业务培训制度落地，切实提升了各镇综合行政执法队伍素质，提高了基层执法能力和执法水平。2023 年以来，四镇司法所共参加重大、疑难执法案件联席会议 15 次，组织开展执法培训、业务指导5 次。只有基层执法法治化水平不断提升，才能实现执法放权"接得住、管得好、不乱来"。

（五）提升整体法治化水平，有效预防和化解行政争议

《工作方案》的落实，有效扭转了各镇凭经验办事的现象，金湾区逐步培育出一批基层法治建设"生力军"。司法所合法性审查人员及外聘法律顾问参与到重大投资、建设项目推进及疑难信访处置等工作中，以"事前协助参谋、事中合法性审查、事后矛盾化解"的方式提供法治保障，推动各镇重大行政决策和行政行为纳入法治化轨道，有效降低行政诉讼案件败诉率，实现矛盾纠纷源头治理。2024 年，四镇行政诉讼案件数占比约 12.4%，同比降低 1.9 个百分点；败诉案件 1 宗，败诉案件数同比减少 1 宗。

三　面临的问题与困难

自《工作方案》印发以来，金湾区四镇司法所认真履行合法性审查职责，积极推动各镇依法决策取得长足进步，基层决策事项合法性审查全覆盖

工作取得显著成效，获得珠海市委依法治市办的推介，但也存在一些问题与短板。

（一）审查时间缺乏保障，难以兼顾效率与质量

合法性审查作为提交集体决策的"前置要件"，审查时间需要得到有效保障，否则极有可能降低审查质量，甚至因审查有疏漏、偏差，未提示重大法律风险，而增加决策失误的可能性。实践中，司法所的审查时限一般取决于意见征求部门的要求，具有一定任意性、被动性。虽然各镇已认识到合法性审查是重大决策的"必经程序"，但对于其源头预防决策违法的作用，认识还不够充分，意见征求部门经常未给合法性审查预留充足时间，以有关会议时间急迫等理由要求司法所从快出具书面法律意见，甚至存在会前"突击送审"的现象，尤其是在批量发文征求意见，合同或政策类文件篇幅长、内容复杂的情况下，审查人员不得不降低法律文书撰写质量，确保按期完成工作。

（二）审查流程未完全落实，工作开展不顺畅

《工作方案》对审查事项承办部门需提交的送审材料作出了明确规定，具体包括拟审查文件送审稿、起草说明、制定依据等，这是为了方便审查人员快速、全面了解文件制定背景、制定目的，高效准确地确定审查方向及审查重点，有针对性地提出专业意见建议，提升审查效率和书面法律意见质量，真正发挥事前法律论证作用。但部分承办部门未严格落实送审材料要求，仅提交送审稿，未就事件发展现状等背景作详细、完整说明，这增加了审查人员与承办部门的沟通成本、审查时间成本，降低了审查效率，甚至影响了法律意见撰写角度。部分送审稿件内容较粗糙，存在语言表述不清晰、逻辑不严谨甚至前后矛盾等问题，合同、政策类文件照搬照抄模板，未根据具体情况修改调整条文内容，合法性审查的作用有异化为"校稿"的倾向，这暴露出各镇对合法性审查重视程度不足、认识不到位的问题。

（三）审查人员数量不足，人案不均情况严重

合法性审查工作任务繁重，但审查力量配比不足。四镇合法性审查工作主要由司法所承担，各镇党委、政府虽聘请了常年法律顾问，但较少参与审查。司法所审查人员有限，还需承担社区矫正、安置帮教、公共法律服务、行政复议、行政诉讼等工作，无专职审查人员，相关人员用于合法性审查的时间和精力得不到有效保障，人均审查工作量较大。四镇司法所主要以"1名司法所所长+1~2工作人员（科员、外聘律师、政府雇员）"的模式开展审查工作。三灶司法所2023年人均审查178件，2024年人均审查161件；红旗司法所2023年人均审查98件，2024年人均审查近112件；平沙司法所2023年人均审查72件，2024年人均审查75件；南水司法所2023年人均审查123件，2024年人均审查近117件。"案多人少"的情况难以高效推进合法性审查工作。

（四）审查人员专业能力不足，处理疑难事务较吃力

合法性审查事项包括招商引资、土地盘活利用、农村集体资产交易管理、村规民约等方面，涉及面广、专业性强。部分审查人员知识结构单一、专业能力不足，很难在短时间内完全熟悉、掌握各部门、各领域的法律法规，尤其是面对法律关系复杂、牵涉利益主体较多、涉及历史遗留问题等法律事务时，更是难以胜任审查工作。虽然可借助外聘律师、专家学者等"外脑"辅助审查，但协审机制的运作需要额外付出不少沟通成本和时间成本，在审查时限较为紧张的情况下，"外脑"作用的发挥存在客观障碍。

（五）漏审现象难杜绝，与实质全覆盖有差距

推进合法性审查全覆盖工作的初衷是确保所有涉法事务"应审尽审"，以此助推各镇依法决策，但"是否为涉法事务"的判断主体，主要是决策事项承办部门或镇政府党政办。而这些部门更多的是依靠主观感受、经验判断相关决策事项是否涉及法律事务，将其认为涉及法律问题的事项转交司法所出

具法律意见，这种"经验主义"行为极有可能导致审查滞后，甚至"漏审"，合法性审查工作无法真正落实到位。例如，极个别以"工作方案"命名的文件，从具体内容上看，并不涉及司法所职责，性质上属于行政规范性文件，应按照法定程序印发，相应承办部门未第一时间转交司法所办理，致使在集体决策时，司法所才就程序问题做出风险提示，造成文件制发效率低下，拖慢工作进度。

（六）考核机制不健全，监管约束作用小

2023~2024年，各镇决策事项合法性审查全覆盖工作已纳入法治金湾建设年度考核，但该考核仅针对各镇报请区政府决策的重要事项，对象上并未涵盖由各镇自行决策的事项，考核缺位，监管存在疏漏。况且，在法治金湾建设年度考核设置的各项指标中，"落实事先法律论证责任情况"这一项指标总体分值为0.1分，处于偏低水平，且各镇只需要有两件上报区政府的请示件附上合法性审查意见书，该项指标即为满分，考核力度较弱，不利于提升各镇对合法性审查的重视程度。

四 未来展望

为进一步健全基层决策事项合法性审查工作机制，不断筑牢基层决策"防火墙"，未来应从以下几个方面进行完善。

（一）持续配齐配强审查人员

应确保合法性审查工作专人专用，把业务能力强、具有法律专业背景的人员调整充实到法制审查岗位，使合法性审查人员的配置与形势、任务相适应。同时，提升外聘法律顾问的合法性审查参与度，进一步发挥外聘法律顾问"智库"作用，以此弥补司法所审查力量不足、专业能力不强等问题，并加强外聘法律顾问履职监督，实现内部法制机构与外聘法律顾问有效联动。增加四镇工作部门法制审查力量，推动制订具有法学本科以上教育背景

或者拥有法律职业资格证书的工作人员招录计划，并为各部门的法制内审工作提供必要办公条件，将法律风险把控在最前端，减轻司法所合法性审查压力。扩大各镇岗位公职律师队伍，探索建立实习公职律师制度，增设公职律师实习期，将暂时未达岗位公职律师申请门槛的人员纳入"准公职律师"队伍，进一步加强审查人员配备。

（二）强化审查人员业务素质培育

加强区司法局与司法所、各司法所之间的联动，探索建立司法所与高等院校、律师事务所等双向交流合作机制①，组织审查人员系统学习常用领域重点法律法规，集中进行案例研讨、"易错易漏审查要点"交流分享，开展法律文书"互评互查"活动，全面提高审查人员的专业素养。加强合法性审查工作经费保障，配齐法律检索工具，充分利用智能平台中法律法规、裁判文书等资源，以"互联网+"赋能审查工作，帮助审查人员高效补充、更新法律知识，提升审查效率。同时，梳理高频、疑难事项的审查要点，编制各类事项审查指导意见、法律意见格式范本，编印规范性文件审查指引、典型复议诉讼案例等，避免法律意见内容缺失，规范审查意见书写格式，着力补齐审查人员业务不熟悉、经验少等短板弱项。

（三）完善审查工作统计分析制度

进一步规范合法性审查工作台账，将适用法律法规、审查疑点难点、法律意见撰写角度、意见采纳情况等要素纳入台账，统一各项数据统计口径，建立档案目录，及时进行整理、归档，提高审查意见档案"精细化"管理程度。② 各司法所定期报送审查工作情况，并增加基层调研频次，及时掌握各镇审查工作量、审查意见采纳情况，以及相关行政行为被复议或被诉讼等情况，以适时研究解决问题，推动各镇工作均衡发展。

---

① 钱德海、黄颖慧：《乡镇（街道）合法性审查的浙江实践与路径探析》，《中国法治》2023年第 10 期。
② 孔令焕：《练就合法性审查的"细功夫"》，《人民调解》2022 年第 4 期。

（四）健全考核监督机制

完善合法性审查全覆盖工作考核评价体系，健全检查、通报等配套机制。围绕各镇法治建设的突出问题，有针对性地对合法性审查全覆盖工作情况进行抽查，倒逼问题整改，进一步压实基层政府责任。引入第三方评价机构开展合法性审查全覆盖工作评议，建立第三方评价体系。借助专家独立性和专业性优势，使评估更科学、独立、客观、公正。针对规范性文件制发等法治建设薄弱环节，建立专项抽查制度。如定期调阅、抽查收发文记录、出台的文件，对各镇规范性文件的制定和备案情况进行监督检查，从源头上杜绝违法文件出台。

（五）探索基层合法性审查的数字化改革

推动建设统一"乡镇（街道）合法性审查"数字应用系统[①]，实现审查事项线上通办，通过科技创新推动合法性审查工作弯道超车。在数字应用系统中设置申办、材料初审、合法性审查、决策、备案归档等模块，结合送审材料清单，在"申办"模块中分项设置材料上传功能，并添加退回补正、审查合理期限提醒功能，全面提高前端工作效率。设立智能审查模块，提供审查意见书模板导入、智能生成审查意见书等服务，借助人工智能有效改变人工审查效率低、工作量大的局面。同时，根据审查意见，构建法律风险三色图，按照高中低风险分为红黄蓝三色，对高风险事项发出预警提示，帮助审查人员重点追踪决策情况。

---

① 方腾高、何健勇、钟丽丹：《重大行政决策合法性审查进展、问题及对策——以浙江省为例》，《中国司法》2021 年第 7 期。

B.5
创新驱动发展战略下珠海市
科技创新政策体系完善

摘　要： 党的十八大以来，党中央把科技创新摆在国家发展全局的核心位置。珠海市政府坚持创新驱动发展战略，通过设立地方性规范积极引导和保障科学技术创新，以促进地方科技创新和经济发展。珠海市现有的科技创新政策体系以《珠海经济特区科技创新促进条例》为基础，涵盖了创新主体、创新平台载体、成果转化、科技人才、科技金融等多方面的举措。在法治的促进和保障下，珠海市各项科技创新指标呈现积极的态势，科技创新实力大幅提升，但当前珠海市科技创新总体规模较小，战略性新兴产业仍处于早期发展阶段，需要政府继续完善科技政策规范体系，构建全面化、立体化、系统化的科技创新法治环境，进一步破除制约珠海科技创新的障碍，为加快推进粤港澳大湾区国际科技创新中心的建设提供强大动力。

关键词： 科学技术进步法　国家创新体系　科技创新政策体系　科技创新机制

近年来，珠海的科技创新实力持续提升，高水准科研成果不断涌现。截至 2024 年底，全市全年存量高新技术企业超 2900 家，高新技术企业规上工业增加值 1099.76 亿元，同比增长 8.8%，占全市规上工业增加值的 74%，

* 课题组负责人：杨成铭，北京理工大学珠海学院民商法律学院院长。课题组成员：吴尚儒、钟慧萍、郑路、樊颖。执笔人：吴尚儒，北京理工大学珠海学院民商法律学院副教授；钟慧萍，北京理工大学珠海学院民商法律学院讲师。

高新技术企业已成为支撑全市经济发展的重要力量。[1] 截至 2024 年 12 月，全市累计拥有省实验室 2 家，粤港澳联合实验室 2 家，省重点实验室 12 家，"一事一议"重大研发机构 6 家，其中南方海洋实验室打造了全球首创的智能敏捷海洋立体观测系统，自主研发设计了国内首台配备可自主升降折叠网箱的新型智能化深海养殖平台"珠海琴"，开发了全球首个海洋数字孪生引擎 DTO。[2] 广东省智能科学与技术研究院作为国内首个且唯一的类脑算力开发平台经科技部批复于 2024 年 10 月在横琴正式启动运行。[1]2024 年 6 月 30 日，全国首个低空空中交通管理服务系统在珠海上线，为低空运营企业提供实时空域情报。[3]

珠海市科技创新发展指数在全国 288 个地级以上城市中连续五年（2019~2023）排名地级市第二，仅次于苏州市。[4] 珠海市在科技创新上取得的成绩离不开科技创新政策的引导、推动、规范和保障作用。

一 珠海市科技创新政策制定的时代背景与立法依据

党的十八大以来，党中央把科技创新摆在国家发展全局的核心位置。为推动科学技术的发展，国家近年来不断加大科研经费投入力度，同时也非常重视科技体制改革的法治建设，先后修订了《促进科技成果转化法》（2015 年修订）、《专利法》（2020 年修订）、《科学技术进步法》（2021 年修订）等，并出台了《深化科技体制改革实施方案》等多项重要政策措施，为深化科技体制改革、营造良好创新生态提供了制度保障。

---

① 资料来源：珠海网，https://pub - zhtb. hizh. cn/a/202501/07/AP677c2a73e4b08def551544 da. html。

② 《珠海市科技创新局关于市政协十届三次会议第 20240086 号提案答复的函》，珠海市科技创新局网站，2024 年 8 月 8 日，https://www.zhuhai. gov.cn/kjcxj/gkmlpt/content/3/3697/post_ 3697978. html#1651。

③ 《瞄准新赛道！珠海抢抓大科学时代机遇，厚植高质量发展新动能》，珠海网，2024 年 9 月 19 日，https://pub-static. hizh. cn/s/202409/19/AP66eae398e4b013470654fa13. html。

④ 《〈中国城市科技创新发展报告（2023）〉（摘要版）》，首都科技发展战略研究院网站，2024 年 2 月 2 日，http://www.cistds. org/content/details 36_ 1588. html。

《科学技术进步法》第七章设置了区域科技创新专章，规定国家支持有条件的地方建设科技创新中心和综合性科学中心，发挥辐射带动、深化创新改革和参与全球科技合作作用，鼓励地方根据国家发展战略和地方发展需要打造区域科技创新高地、探索区域科技创新模式，从而赋予了地方推动科技创新中心建设的事权，为地方相关科技立法提供了上位法的依据。珠海市在科技立法方面除了上位法赋予的事权，还拥有经济特区立法权和较大市立法权，在履行"立法试验田"特殊使命的同时也拥有探索先行的优势。

二 珠海市科技创新政策体系的历史发展和主要内容

为突破传统体制对科技人才的束缚，早在 1992 年珠海就开创性地推出了"科技重奖"，这一举措令珠海成为科技界的关注焦点，极大地提升了城市知名度与吸引力，为早期营造科技创新生态奠定了基础。借助科技重奖的轰动效应，珠海市于 1996 年施行了《促进科技成果转化法》，1997 年推出了《珠海市企业技术秘密保护条例》，1999 年通过了《珠海市技术成果入股与提成条例》，进一步健全了珠海市科技创新激励机制，为推进技术要素参与分配提供了法律依据，也为科技成果转移到珠海并在珠海转化提供了政策法规环境。

2019 年，《粤港澳大湾区发展规划纲要》颁布，随着粤港澳大湾区建设"有全球影响力的国际科技创新中心"目标的确立，珠海科技创新政策设计进入了新阶段。同年，珠海市科技创新局（以下简称"珠海市科创局"）挂牌成立，2021 年珠海市对 2010 年颁布的《珠海经济特区科技创新促进条例》进行了第二次修订。

《粤港澳大湾区发展规划纲要》明确提出，粤港澳大湾区要建设"具有全球影响力的国际科技创新中心"。作为区域科技创新中心重要门户枢纽，珠海市坚持产业第一的发展目标，积极制定和完善地方科技政策，以法治赋

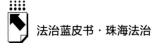

能发展新质生产力，助力产业科技创新中心的建设。截至 2024 年 12 月，珠海市政府、市属各部门（主要是珠海市科创局）和下辖行政区陆续出台包括《珠海市高成长创新型企业培育管理办法》《珠海市高水平产业技术研究院合作共建管理办法》等在内的多个规范性文件，形成以企业为主体、市场为主导、产学研深度融合的含创新主体、成果转化、创新平台载体、创新人才、科技金融、协调创新和创新生态等要素的科技政策体系。该政策体系的主要内容包括以下几方面。

（一）核心政策

《珠海经济特区科技创新促进条例》（以下简称《条例》）是珠海第一部促进科技创新的综合性地方性法规，被称为珠海科技创新方面的"基本法"，是珠海市科技创新政策体系的核心。《条例》于 2010 年颁布，2016 年和 2021 年分别进行了修订。《条例》旨在构建以企业为主体，以市场为导向，产学研深度融合，以基础研究与应用、技术创新、成果转化、科技金融、人才支撑为重点的全过程创新生态链。

（二）创新主体政策

企业是推动创新创造的生力军。珠海市在《条例》里明确了企业的创新主体地位，并制定了系列配套政策。

早在 2018 年，珠海市科技和工业信息化局就下发了《珠海市推动高新技术企业树标提质的行动方案（2018—2020 年）》。2019 年 6 月，珠海市科创局根据上述文件制定了《珠海市高新技术企业培育专项资金管理实施细则》，鼓励企业申报并通过高新技术企业认定，提高自身创新能力，通过实施奖补政策引导企业做优做强。

2024 年 3 月珠海市科创局发布了《珠海市高成长创新型企业培育管理办法》，由市科技行政主管部门会同市发改、工信、财政、自然资源、市场监管、金融、税务等相关部门以及各区（功能区），对入选的高成长创新型企业，提供扶持培育、赋能服务、场地支持、项目支持、金融赋能等多元化的服务。

2024年9月珠海市工信局发布了《珠海市促进实体经济高质量发展专项资金（技术改造及技术创新扶持用途）管理实施细则》，引导和鼓励工业企业开展高端化、智能化、绿色化、融合化改造，拉动工业、技改投资快速增长，加快推进新型工业化。

（三）源头创新和科技成果转化政策

珠海市在源头创新和科技成果转化方面颁布的政策主要有《珠海市产学研合作及基础与应用基础研究项目管理办法》《珠海市产业核心和关键技术攻关方向项目实施办法》《珠海市异地创新中心认定办法》等。这些政策措施旨在进一步加快建立技术创新体系，支持市重点产业领域的科技研发合作和基础研究。2024年7月，珠海市科创局起草了《珠海市促进科技成果转移转化若干措施（征求意见稿）》，并向社会公开征求意见。拟出台的政策从供给、需求、路径、服务4个方面入手，提出16条支持措施，争取打通科技成果转化的堵点、难点，更好地体现联通港澳、服务横琴粤澳深度合作区等珠海特色。

（四）创新平台载体政策

珠海市现有的科技创新平台主要有三类：依托国内高校和科研机构建设的科学研究创新平台、企事业单位建设的产业技术研发平台和校企共建的产业协同创新服务平台。支持创新平台载体建设的政策主要包括以下几个。①《珠海市高水平产业技术研究院合作共建管理办法》，该办法是为持续引入高端科技创新资源，加强科技创新与产业创新深度融合而制定的。其中，产业技术研究院专指市、区政府与境内外知名高校、科研院所、大型科技企业等签约共建的产业公共技术创新平台，是独立法人机构，可依法注册为企业、科技类民办非企业单位或登记设立事业单位。②《珠海市科技创业孵化载体管理和扶持办法》，该扶持办法旨在为众创空间等科技创业孵化载体提供工作空间、网络空间、社交空间和资源共享空间等方面的孵化服务，帮

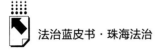

助创业者把想法变成产品、把产品变成项目、把项目变成企业；通过服务模式创新，加速科技型中小企业做大做强。③《珠海市工程技术研究中心管理办法》，该管理办法是为加强研发机构建设、增强全市自主科技创新能力和实力，充分发挥工程技术研究中心（以下简称"工程中心"）的示范和带动作用而制定的。鼓励企业、高校和科研机构建设工程中心，政府提供政策扶持和资金支持。④《珠海市科技创新公共平台专项资金管理办法》，该办法对各种科技创新公共平台，如研发机构、实验室、工程中心、孵化器等，提供了不同形式的扶持政策。

（五）科技金融政策

科技创新离不开金融的强力支撑。珠海市科技金融政策主要有政府投资管理基金政策和市级科技信贷风险补偿机制政策。前者是以政府资金为引导，由市级政府通过预算安排，以单独出资或者与社会资本共同出资的方式，引导社会资本共同发展珠海的核心产业；后者通过设立科技信贷风险补偿资金池，对市内合作银行因向科技型中小企业贷款所产生的本金损失进行优先补偿，以鼓励银行机构加大对科技企业的信贷支持力度。

其他科技金融政策包括促进私募投资机构发展的扶持政策、贷款贴息政策、科技创新企业上市奖励政策、金融机构入驻奖励政策、知识产权质押融资政策、投贷联动与知识产权资产证券化融资政策等。

（六）科技人才政策

人才是第一资源，是科技创新最活跃、最具决定意义的能动主体。珠海市的科技人才政策主要有《珠海市产业发展与创新人才奖励办法》《珠海市院士工作站管理办法》等科技人才引进政策。珠海市人力资源和社会保障局、珠海市住房和城乡建设局也出台了若干关于科技人才配套保障的政策措施，如"珠海英才计划"。

珠海通过这些政策积极引进高层次人才和创新创业团队，评选出高层次人才创业项目和创新创业团队，并给予立项资助；推进全市院士工作站建设、管理和服务工作，促进全市产业创新主体与中国科学院、中国工程院院士建立产学研长效合作机制，提升全市产业自主创新能力。

（七）鼓励协同创新的政策

珠海有毗邻港澳、陆海通达的独特区位优势。为推动珠港澳的科技交流合作，珠海市出台了《珠海市珠港澳科技创新合作项目管理办法》《珠海市进一步促进科技创新的若干政策》等，鼓励建立粤港澳联合实验室和港澳地区国家重点实验室分支机构；鼓励和支持市企业、大学、科研机构设立离岸创新中心，实现外地科技成果项目的梯度转移。

（八）珠海市前沿产业发展政策

2024年珠海市政府接连颁布三个由工信局牵头的产业发展政策：《珠海市促进生物医药与健康产业高质量发展若干措施（修订）》、《珠海市促进集成电路产业发展的若干政策措施》和《珠海市支持低空经济高质量发展的若干措施》。未来产业由前沿技术驱动，党的二十届三中全会提出推动科技创新和产业创新深度融合，珠海市新出台的前沿产业发展政策是把握新一轮科技革命和产业变革机遇，围绕制造业主战场加快发展未来产业，支撑推进新型工业化的重大举措。

三 珠海市科技创新政策体系的实践成效

科技创新立法是为了构建全面的科技创新机制，并以科技创新支撑和引领经济社会高质量发展为目的。《科学技术进步法》第一章第四条提出了"国家创新体系"的概念，并对国家创新体系提出了"高效、协同、开放"的要求。根据弗里曼（Freeman）等学者的观点，国家创新体系是指由政府、企业、大学、研究机构、金融机构等组织，以及制度、文化、政策等要素共同构成的网络，各主体通过多种形式进行交互协作，推动新知识和新技术的产生、扩散与应用。① 当前，国家创新体系能力成为国际竞争的核心，全球科技发展环境变化对国家创新能力的要求，不再只是抢占点上的优势，而是赢得系统性、全面性、结构性的领先。②

总体来看，珠海市制定的科技创新政策体系包含对各科技创新主体和要素的引导、推动、规范和保障等内容，通过搭建全过程的创新生态链，珠海市的科技创新体系和机制达到高效、协同、开放的标准，并以强大的创新体系效能支撑珠海市的经济体系建设，成功地将制度优势转化为创新治理效能，形成较为完善的制度体系。其显著成效可以体现在以下几个方面。

（一）创新主体发展壮大

高新技术企业数量不断增长，科技型中小企业蓬勃发展。截至 2024 年底，珠海市全年存量高新技术企业超 2900 家，高新技术企业规上工业增加值 1099.76 亿元，同比增长 8.8%，占全市规上工业增加值的 74%。高新技术企业已成为支撑全市经济发展的重要力量。2024 年 5 家企业被长城企业战略研究所列入 "2024 年 GEI 中国潜在独角兽企业榜单"。新增 6 家专注于新一代信息技术、集成电路、人工智能、低空经济、高端装备、生物医药领域的新质生产力重点投资方向创新载体。①

（二）研发投入与创新产出提升

2023 年珠海市 R&D 经费投入核定数为 171.79 亿元，较上年增加 53.72 亿元，同比增长 45.5%，增速居全省第一；R&D 投入强度（R&D 占地区生产总值比重）达到 4.06%，居全省第二，仅次于深圳市（6.46%），超额完成预期目标（3.6%），高于全国（2.65%）1.41 个百分点，高于全省（3.54%）0.52 个百分点，近 3 年来首次超过全省平均水平，呈现出跨级进位赶超的良好态势。①2023 年，全市专利授权量共 24551 件，有效发明专利

---

① 转引自刘云、黄威威、尤宇《国家创新体系整体效能内涵、生成机制与评价指标体系研究》，《科技进步与对策》2024 年 9 月 14 日，网络首发。
② 常静：《国家创新体系：〈科技进步法〉的制度主线》，《华东科技》2022 年第 5 期。

量增超 20%。《专利合作条约》（PCT）国际专利申请量 564 件，增长 4.1%；全年技术合同受理 675 项，成交金额 86.27 亿元，其中，技术交易额 63.89 亿元。[①]

（三）政府投资管理基金成绩显著

珠海市 2017 年创立了规模达百亿的政府投资管理基金。该基金以财政资金为引导，有效撬动了大量社会资本参与投资。截至 2024 年 6 月，市政府投资管理基金总规模已达 324.38 亿元，共投资子基金及项目 121 个，支持项目达 1059 个，合计投资额达 895 亿元[②]，与一些同等规模的地级市相比，规模处于前列，且增长速度较快，目前投资项目已涵盖了珠海市"4+3"主导优势产业等众多领域，在推动产业多元化发展方面发挥了重要作用。

（四）人才引进与培养成果丰硕

2023 年全市全年破纪录地引进各类人才达 7 万人，人才总量突破 90 万人[③]，并通过"项目+团队"模式靶向引进一批国内外科技领军人才、青年拔尖人才。2024 年 9 月 26 日，《2024 年中国人才友好型城市研究报告》正式发布，珠海登上人才友好型城市全国 50 强榜单。

（五）科技创新呈现出区域协同开放发展的态势

珠海市近年来秉持开放协同的原则，加强国际科技交流合作，形成内外融通创新网络，实现"面上"循环融通，同时，围绕科技链条的上、中、下游进行全链条设计，补足短板、锻造长板，实现"链上"整合提升，全

[①] 《2023 年珠海科学技术支出增长 37.8%，有效发明专利量增超 20%》，南方 Plus 百度百家号，2024 年 4 月 29 日，https：//baijiahao.baidu.com/s？id＝1797659220568754092&wfr＝spider&for＝pc。

[②] 丁焕松：《高效发挥政府投资基金杠杆效应》，《珠海特区报》2024 年 6 月 20 日，http：//zhuhaidaily.hizh.cn/html/2024-06/20/content_ 74965_ 946525.htm。

[③] 《人才友好型城市全国 50 强榜单发布 珠海成功入围》，珠海市政府网站，2024 年 10 月 16 日，https：//www.zhuhai.gov.cn/xw/xwzx/bmkx/content/post_ 3720893.html。

市在科技创新开放协同发展方面取得不菲的成绩，如航空领域中航通用飞机有限责任公司珠海基地与国内众多科研单位、企业，共同发挥航空系统技术优势，进行技术攻关和研制工作，带动了上下游产业协同发展，构建起民用飞机研发制造能力；远光软件股份有限公司与澳门科技大学联合开展区块链跨境物流溯源项目，用于保证跨境货物的唯一性和真实性，降低海关监管成本；由澳门、珠海、横琴粤澳深度合作区三方共同筹建，科技部给予支持的中国—葡语系国家科技交流合作中心正式启用运行；珠海市相关部门为港澳企业、创业者设立的港澳人才"1元创业空间"，促进了港澳科技成果在珠海的转化和产业化，加强了珠港澳三地的创新创业协同发展。

世界知识产权组织（WIPO）每年根据《专利合作条约》公开的专利申请中发明人所在地和已发表科技论文的作者所在地这两个指标评出全球科技创新集群100强。2024年的排行榜上中国有3个科技集群跻身前五位，27个集群进入全球百强，澳门—珠海科技集群近年来首次进入排行榜，位列第100名，平均人口的专利数量和科技论文数量排名全球第82。[①]

四 珠海市科技创新政策体系现存问题及建议

珠海市科技创新政策体系相对完善，近年来不断进行制度创新，在科技立法上也有诸多亮点，引领了科技创新并带动全市经济往高质量方向发展，但是当前珠海市科技创新发展也存在一些不足之处，需要在政策上补足或完善。

（一）现存问题

1. 科研成果的源头供给较弱，基础研究和科技成果转化相关政策的动态性有待增强

珠海市科技成果转化的源头供给较弱。世界知识产权组织2024年科技

---

① 资料来源：世界知识产权组织官网，https：//www.wipo.int/en/web/global-innovation-index/2024/science-technology-clusters。

创新报告①显示澳门—珠海科技集群最近一年发表的科技论文中49%依赖于中山大学一所高校,9%来自南方海洋实验室,其他院校或研发机构的贡献较小。2024年澳门—珠海科技集群51%的专利集中在格力电器一家企业上,专利申请主要活跃于电器和能耗领域,新兴产业领域的科研成果数量上尚不突出,全市战略性新兴产业仍处于早期发展阶段,体量较小,产值与北京、上海、深圳等国内先进城市还有较大差距。

基础研究能力和科研成果转化能力是高新技术产业发展的知识和技术源泉,能够产生外溢效应,吸引高端人才和产业投资,并促进技术孵化和应用转化。珠海市现有的基础研究和科研成果转化相关的政策部分已经到期,这些政策需要进一步梳理和拓展,进行动态更新,加入更多时效性规定,以提升对基础研究和科技成果转化的政策支持。

2.科技金融服务支撑性不足,相关政策有待完善

政府投资管理基金的发展撬动了大量的社会资本,但是民间创投生态的活跃度有待提升,科技金融的渠道和形式有待进一步探索和拓宽。同时珠海在金融产业规模、薪酬待遇、职业发展机会等方面与一线城市相比存在一定差距,部分金融人才流失到其他城市,导致珠海的高端金融人才匮乏,科技金融和金融人才政策需要持续完善。

3.珠海市科技创新政策体系的数字性特征不明显

在立法前期调研中,利用大数据技术收集和分析社会数据,准确把握行业的现状、问题和潜在风险,可以帮助立法者确定立法的重点和方向,使法律规定更具针对性。珠海市科技创新政策体系的数字性特征不明显,数字治理中的法律量化指标运用不广泛。

4.珠海市科技创新政策的闭环性需要增强

珠海市科技创新的政策文件较多,容易产生信息盲区,部分企业和科研人员对科技创新政策的了解不够全面和深入,会导致一些政策未能得到充分

---

① 资料来源:世界知识产权组织官网,https://www.wipo.int/documents/d/global-innovation-index/docs-en-2024-cn-macao-sar-zhuhai-100.pdf。

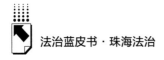

利用，因此政策的宣传工作任务重。

此外珠海市大多数科技创新政策规定了类型多样的培育、激励、保障措施，但对于入库后的绩效考核机制、评价退出机制、追责机制强调不够，易滋生"入库即摆烂"等不良现象。[①]

（二）完善珠海市科技创新政策的建议

1. 拓展科研成果的源头供给，加强基础研究的政策扶持

有赖于中山大学和南方海洋实验室在地球海洋科学领域出版物数量的突出贡献和格力电器专利权数量上的领先，珠海在世界知识产权组织（WIPO）2024 年科技创新集群排名中跻身全球 100 强。在保持优势的同时，珠海有必要有重点地进行其他科学领域的前瞻布局，拓展其他高校和科研平台，并可依托粤港澳大湾区的地理优势和政策优势，共建大科学工程，打造一批跨境科技合作平台，深化创新资源协同共享，支持三地联合开展基础研究和应用基础研究，力求基础研究的投入占科研支出的比重从 2023 年 2%[②]的水平上进一步提高，最终达到或接近全国 6%[③]的水平。

在加强对基础研究的政策扶持中，注意相关政策的动态化管理，常态化更新到期政策，并及时把行之有效的经验用法律、政策的形式固定下来。

2. 完善促进科研成果转化政策，推动科技创新的产业化

推动科技成果转化为现实生产力，是提升创新驱动发展效能的关键。促进科研成果的转化，是促进科技与经济融合发展的一项长期任务，当前珠海在下大力气丰富科技成果转化源头，建立产学研合作机制，推进产业化发展，增强产业链韧性的同时，也应健全和完善促进科研成果转化的政策。

---

① 李浩然、王群：《面向新质生产力的重庆科技创新政策体系完善》，《重庆行政》2024 年第 6 期。
② 根据 2023 年珠海市科创局结算数据统计。
③ 《国家统计局解读〈2023 年全国科技经费投入统计公报〉》，中国政府网，2024 年 10 月 2 日，https：//www.gov.cn/lianbo/bumen/202410/content_ 6978193.htm。

（1）建立科研成果转化的利益协调机制

均衡的利益协调机制是科技成果转化的关键。1980 年美国为解决当时科技成果转化率低的问题通过了两部技术转移法案：《拜杜法案》和《史蒂文森-怀德勒法案》。这两个法案主要解决了科技成果转化中的利益协调问题。《拜杜法案》厘清了政府作为"研究出资方"时的发明所有权归属，规定项目承担者（大学、企业）具有保留联邦资助项目发明所有权的权利。《史蒂文森-怀德勒法案》厘清了政府作为"研究承担方"时的发明所有权归属。企业与联邦实验室合作开展研发工作，企业提供资金和设想，联邦实验室提供人员和设备，最终企业可以获得合作研究的发明所有权或独家授权。①

《深圳经济特区技术转移条例》规定，科研成果转让所得的 30%用于奖励发明人或团队。2020 年颁布的《深圳经济特区科技创新条例》明确赋予科研人员科研成果的所有权和长期使用权，激发了科研人员成果转化的积极性。

对比国内外的科研成果转化的分配机制可以看出，珠海可以继续探索长效的成果转化利益协调机制，借鉴深圳经验，出台具体政策赋予科研人员科研成果的所有权和长期使用权，以进一步推动科研成果的转化。

（2）完善科技成果的评价、转化和交易机制

政府需要完善科技成果评价机制，建立以市场价值为导向的成果评价体系，协调建立科技成果转化项目库和技术市场交易平台。加强科技成果转化中试基地建设，支持建设一批中试验证平台。实施科技成果转化引导计划，建立从实验室到产业化的全过程服务体系。

3. 完善科技金融人才政策，强化科技金融服务支撑

珠海市于 2017 年创立规模达百亿的政府投资发展基金，该基金自创立以来在基础设施、本土企业扶持和产业引进方面取得了不俗的成绩。政府投

---

① 《兴业研究：〈拜杜法案〉和〈史蒂文森-怀德勒法案〉促进美国科技成果转化》，网易网，2024 年 7 月 23 日，https：//www. 163. com/dy/article/J708N5JS05198UNI. html。

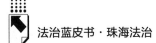

资发展基金是我国在科技自立自强战略方面推动政府和市场协同投资新范式和新型体制①，但民间的创投生态不够活跃，客观上需要一批专业化高素质的创投人才，形成活跃的创投生态。珠海市现有的人才政策主要针对科技人才，需要完善相关人才政策鼓励创业投资机构引入具备全球视野的投资管理团队和专业人员，并对高端金融人才的引进提供适当的奖励与便利条件。政府投资管理基金也需要积极构建管理人才储备库，推动人才参与基金管理工作。

4. 增强科技创新政策的数字性

基于数字技术在社会各个领域的广泛渗透，珠海市应该积极主动地将数字理念融入科技立法工作，树立前瞻性数字思维，培养数据意识和量化思维，对于一些科技活动的规范和标准，尽可能地进行量化。珠海市当前的科技政策体系比较全面地照顾到三螺旋结构②里的大学、企业和政府三方主体，但是对三螺旋结构的作用机理未作持续的跟踪调查和数理量化研究。国际上通行的公式认为，一项高新技术产品的产生，从技术研发、中试到产业化这三个阶段需要的资金投入比是 1：10：100③，珠海市可以找出使产学研协同创新能力最大提升的参数组合，更好地确定科研从投入到产出的资金需求。

5. 加强科技创新政策的宣传和监管，增强科技政策体系的闭环性

由于科技创新政策体系包含多个创新要素，涉及的文件较多，珠海市在完善科技创新政策的同时，应进一步提高政策的知晓度和覆盖面，也需要继续加强宣传推广方面的工作，如利用官方网站与社交媒体集中发布政策文件、解读材料、申报指南，通过宣讲会开展精准宣传活动，或者利用微信公众号、抖音等社交媒体平台，定期推送政策亮点、案例分析、申报提醒等内

---

① 慕慧娟等：《中国政府引导基金助推创新驱动发展：新范式、障碍与对策建议》，《西南金融》2024年第8期。
② 《在三螺旋理论分析下，政府、大学、企业三者之间有什么利益关系?》，网易网，2023年6月9日，https://www.163.com/dy/article/I6PKM10S05562WTZ.html。
③ 《在三螺旋理论分析下，政府、大学、企业三者之间有什么利益关系?》，网易网，2023年6月9日，https://www.163.com/dy/article/I6PKM10S05562WTZ.html。

容，以生动有趣的形式吸引企业、科研机构和创新人才关注，有效避免信息盲区，让政策得到充分利用。

随着众多科技创新政策向纵深推进，需要同步完善健全监管和协调机制，加强部门间、区域间政策协同，建立科技安全风险预警机制等措施，防治"挂空牌""科研弄虚作假"等问题，实现科技创新活动的绩效可评、风险可控、责任可溯。[①]

结　语

作为广珠澳科技创新走廊重要的节点城市，珠海责任在肩、使命重大，应坚持发挥党和国家在重大科技创新中的领导者和组织者作用，增强政府科学决策、执行、监督评估能力，在更加健全和完善的科技政策体系的保障下必能加快构建以新质生产力为战略支撑、先进制造业为主体的现代化产业体系，形成科技、产业、金融一体化的创新生态链，为珠海经济的高质量发展和粤港澳大湾区国际科创中心的建设提供强劲动能。

[①] 李浩然、王群：《面向新质生产力的重庆科技创新政策体系完善》，《重庆行政》2024 年第 6 期。

B.6

珠海市行政复议行政应诉联动
化解行政争议实践[*]

珠海市司法局课题组[**]

摘　要：　珠海市充分发挥行政复议与行政应诉监督指导依法行政的职能优势。通过持续深化行政复议体制机制改革，坚持和发展新时代"枫桥经验"化解行政争议，稳步提升涉港澳法律服务质量，督促全市行政机关切实履行应诉职责提高依法行政水平等方式，基本形成解决行政争议的良性生态。接下来珠海市将进一步发挥行政复议化解社会矛盾纠纷的功能，加大监督和指导行政执法的力度，提升行政机关负责人出庭应诉率，压实行政机关依法应诉主体责任，将行政复议的制度优势切实转化为制度效能，以高水平行政复议与应诉工作保障珠海高质量发展。

关键词：　行政复议　行政应诉　联动化解　行政争议

　　行政复议是政府系统内部自我纠错的重要监督制度和解决"民告官"行政争议的重要救济制度，具有受案范围广、审查内容全面、方便快捷、不收取费用等优势。行政复议在监督和保障依法行政，化解行政争议，维护公民、法人和其他组织合法权益方面的重要性日益凸显，已经成为反映依法行政水平的"晴雨表"，法治政府建设的"助推器"和法治化营商环境的"试金石"。

---

[*]　如无特殊说明，本文数据资料均来自珠海市司法局。

[**]　课题组负责人：李凯，珠海市司法局副局长。课题组成员：邹芬芬、黄键生。执笔人：邹芬芬，珠海市司法局行政复议一科科长；黄键生，珠海市司法局行政复议一科副科长。

2020年2月5日，习近平总书记主持召开中央全面依法治国委员会第三次会议，会议通过《行政复议体制改革方案》，明确指出要发挥行政复议公正高效、便民为民的制度优势和化解行政争议的主渠道作用。另外，《行政复议法》经修订后已于2024年1月1日起施行。在立法目的中，新增"发挥行政复议化解行政争议的主渠道作用，推进法治政府建设"的内容，正式通过法律规定确立了行政复议的制度目标和定位，即行政复议应当成为化解行政争议的主渠道，实质、及时、公正地化解行政争议。

近年来，珠海市司法局在市委、市政府的正确领导下，在省司法厅大力指导和支持下，充分发挥行政复议与行政应诉监督依法行政的职能优势，认真践行"复议为民"宗旨，站在服务改革发展稳定大局、助力社会经济高质量发展的高度，多措并举，锐意创新，在全省乃至全国率先实现化解行政争议主渠道目标，全市首选行政复议解决行政争议与首选行政诉讼解决行政争议的比例持续提升，超八成行政争议通过行政复议程序得到解决。

一 具体举措

（一）持续深化行政复议体制改革，不断增强行政复议履职能动性

珠海全面贯彻中央全面依法治国委员会《行政复议体制改革方案》，于2021年1月在全省率先完成行政复议体制改革核心任务，并结合工作实际继续打出深化行政复议体制改革"组合拳"。

1.建立行政复议优先处理机制

市司法局积极与法院、信访部门合作建立行政复议优先处理机制，引导诉讼、信访的当事人首选行政复议途径解决行政争议。一是从建立行政复议与行政诉讼的良性互动机制入手，以市中级人民法院与市司法局共建的珠海市行政争议协调化解中心为平台，引导未经复议并准备提起诉讼的当事人将行政纠纷导入复议渠道先行解决。2024年起，市司法局在市人民法院诉讼服务大厅设立行政复议受案窗口，引导未经复议程序的当事人通过网上申请

等方式先行提起行政复议。二是每年与人民法院定期召开工作沟通会议,对行政执法、行政复议、行政审判中遇到的普遍、疑难的案件,如工伤认定程序、非法营运认定标准、职业打假案件立案标准等多方面问题达成一致意见,统一了法律适用标准,让行政复议办理结果更加经得起法律的检验,从而更加有公信力。三是与市信访局不断加强工作协同配合,认为属于行政复议案件的,移交市司法局按程序依法处理,及时转接案件材料,避免重复受理、重复处理,切实发挥行政复议化解行政争议的主渠道作用,营造依法化解矛盾纠纷的社会治理新格局。

2. 广泛运用信息化手段,全面推行"智慧复议"

在市、区司法局和全市所有司法所设置行政复议受理窗口,并建成全市统一的行政复议网上受理平台,实现行政复议"全城通办""全网通办",复议渠道全面畅通,影响力持续提升。自 2019 年以来,市司法局进一步拓展行政复议网上受理窗口的工作,群众不仅能通过珠海市司法局网站,还能通过"最珠海""珠海智慧司法"等手机终端 App、小程序提起复议申请,复议渠道更加便民。自 2021 年 7 月起,除市、区两级政府行政复议受理窗口外,所有司法所的公共法律服务中心均设立行政复议受理窗口,全市行政复议受理咨询点增至 29 个,实现复议申请"全城通办"。2024 年起,市司法局依托公文交换平台向被申请人开展行政复议文书线上送达及签收存档工作,依托"珠海智慧司法"小程序逐步推动向申请人进行电子送达,节约行政经费,提高送达效率。

3. 建立行政复议与应诉季度通报机制

2021 年 6 月起,行政复议机构每个季度向市政府书面报告一次行政复议应诉工作情况,通过增加报告频率,加大曝光力度,对问题突出或有被纠错情形的行政机关直接点名,加大监督警醒力度,提升依法行政水平。截至 2024 年底,市司法局已向市政府报告了 16 个季度的行政复议与应诉工作情况,提出了 50 余个存在的问题以及相应的工作建议,得到相关行政机关的高度重视。

4. 建立"一案一函"追踪机制和类案监督指导机制

在行政复议受理环节，行政复议机构监督行政机关履行举证责任，对不按时提交答复、举证或举证不全面的，敦促其限期改正，并定期通报全市。在审理环节，如发现存在问题，先给行政机关发行政复议提示函，指出主要问题，监督行政机关纠错并提出解决的措施。在决定环节，坚持有错必纠，针对办案过程中发现的影响广、易出错的行政行为，区分共性和个性问题分别制发行政复议建议书、行政复议意见书等，向有关行政机关提出完善制度和改进行政执法的建议，并要求行政机关就建议执行情况作出回函，确保建议落在实处，实现"办结一案，规范一片"，提升行政复议权威性和公信力。加强行政复议和行政执法监督工作衔接，注重抓前端治未病。做好行政复议案件的分析研判，及时梳理归纳办案及调解过程中发现的执法共性问题，通过到行政机关现场指导、召集相关单位座谈、召开行政执法培训会进行宣讲等方式，将化解矛盾纠纷关口前移，推动行政机关执法严格规范公正文明，实现源头治理。发布"复议为民促和谐"十大典型案例，充分发挥行政复议纠错典型案例的引领示范作用，并提升行政复议公信力和影响力。

（二）聚焦"制造业当家"的重点工作，以法治之力助力民营企业家成就梦想

2022 年 4 月，珠海市出台《服务"产业第一"行政复议工作规则》，细化涉企行政复议案件受理、审理的工作要求，从工作管理到监督保障，构建起一整套健全完备、科学规范、运行有效的制度集成。对涉及企业重大利益和重点建设项目的行政复议案件实行"首问负责制"，由首次接待来访当事人的复议工作人员负责对当事人咨询的解答、登记，全程跟进案件办理情况。同时设立了涉企行政复议案件工作专班，由市司法局分管副局长任专班组长，对涉企案件实行"专人承办、专班研判、委员咨询"办理机制，对重大、疑难、复杂涉企行政复议案件通过开庭审理、现场调查走访等方式查明案情，通过委员咨询厘清争议焦点，支持企业正当诉

求。从严审查涉企行政行为的合法性和合理性。对于审查后发现行政行为违法应当予以撤销或变更的，坚决纠正违法行政行为。对于审查后发现行政行为应当予以维持的，应加强与企业的沟通解释工作，在行政复议决定书中充分说理，让企业了解自身违法行为的危害性和行政行为的合法性，实现当事人服判息诉。联合市发改局、市工商联开展行政复议访企活动，走访省、市级商会调研行政争议情况并介绍行政复议工作，发布"行政复议护航企业高质量发展"十大典型案例提升企业对行政复议的知晓度和认可度。

（三）坚持和发展新时代"枫桥经验"，以调解和解方式化解行政争议

一是将广东传统文化习俗与港澳同胞生活习惯有机结合，独创"咖啡+茶调解工作法"，通过不断"磨"与"和"开展调解工作，积极推动案件化解向引导和疏导端发力，成功化解多宗群众反映强烈、有一定社会舆论风险并涉及港澳居民的复议案件。二是加强案前调解工作，发挥行政执法部门联动调解效能。与公安、人社、交通运输等行政争议高发的行政机关签订实质性化解行政争议联动调处协议，进一步优化行政复议案前案中双轨道调解机制，实现案前协调、个案把控和裁量标准的统一。相关领域行政复议案件数量显著下降，其中道路交通安全管理领域下降比例达五成，交通运输领域案件下降比例超九成。三是从新时代"枫桥经验"中寻找解题思路，通过总结归纳近年来复议的调解经验，推动市政府于 2024 年 1 月 29 日以政府规章形式颁布出台《珠海经济特区行政争议调解办法》，从行政争议调解原则、调解机关、调解程序、工作保障和监督等多方面规范行政争议调解，建立行政争议"全范围""全链条""全社会"化解机制，从源头上预防减少矛盾纠纷。四是在全省率先建立行政机关自我纠正行政行为制度。市委依法治市办印发《关于加强行政机关自我纠正行政行为的实施意见》及其工作指引，进一步落实包含镇街在内的各级行政执法机关自我纠错的职责，实现行政争议化解"关口前移"。2024 年 9 月，市委依法治市办发布《珠海市行政机关

自我纠正行政行为十大典型案例》》①，为全市行政机关依法及时纠正违法或不当行政行为提供可复制的经验样本。

（四）稳步提升涉港澳行政复议服务质量，为横琴粤澳深度合作区法治发展保驾护航

一是通过珠海市涉外公共法律服务中心构建涉外涉港澳行政争议调解的合作平台。为港澳居民、企业提供法律咨询、调解、法律援助等一站式、差异化的公共法律服务，引导和鼓励港澳当事人优先选择调解方式解决涉港澳行政争议，并由值班律师为港澳籍当事人提供内地法律咨询服务。专人跟踪负责港澳籍当事人复议申请。二是立足行政复议服务横琴粤澳深度合作区建设，支持、配合合作区行政复议工作的开展，全力做好合作区行政复议案件审理工作和"传帮带"工作，提供细致的带班学习、业务咨询、文书指导等交流服务。三是建立与横琴粤澳深度合作区、省派出机关相关复议机构的联系机制，定期就横琴粤澳深度合作区内行政复议热点问题、审理标准、案件管辖和移送等事项进行沟通联系，加大法治交流力度。2024年，协助合作区起草出台《行政复议事项申请人办事指南》《行政复议跨境（澳门）申办指引》《行政复议工作责任制管理规定》等5项标准，助力合作区提升行政复议制度化、规范化、标准化水平。

（五）逐步完善多元高效协作体系，凝心聚力构建共建共治共享社会治理新格局

落实行政复议与行政诉讼联席会议机制，定期与两级法院就复议诉讼审理标准、全市执法普遍问题、行政机关应诉情况等进行沟通协调、统一标准，合力推行包容审慎执法理念。建立府院信息共享机制，市中级人民法院每个季度将全市行政机关负责人出庭应诉及败诉案件情况向市司法局通报，

---

① 《珠海市印发行政机关自我纠正行政行为十大典型案例》，珠海司法行政微信公众号，2024年10月10日，https：//mp.weixin.qq.com/s/xJTJbflpqDCD5DQ5ZsYOWQ。

由市司法局统计、分析、总结并报告市政府，对普遍性的违法行政问题及时通报和纠偏。发挥与金湾区人民法院共建的珠海市依法行政教育基地作用，将旁听行政诉讼案件作为全市新入职、新提任国家工作人员的学法必修课。市司法局联合市中级人民法院对珠海市近五年行政诉讼败诉情况进行全面梳理分类，就适用法律错误、认定事实不清、适用程序违法等分门别类分析行政机关败诉原因，并对强制拆除类败诉案件以及镇街行政诉讼败诉情况进行专项调研。市司法局牵头市中级人民法院、市人民检察院、市信访局列席市生态环境局等 7 个败诉率较高行政机关的党组会议，现场提出指导意见和改进建议。建立行政复议、行政诉讼常态化同堂培训机制，组织全市行政复议人员共同参加最高人民法院"行政审判讲堂"，2024 年以来已开展 10 期培训，有效提升了全市行政复议应诉工作人员业务能力。

（六）推动法治政府建设"率先突破"，督促全市行政机关切实履行应诉职责提高依法行政水平

为督促行政机关依法履行应诉职责，市司法局修订《珠海市行政机关行政应诉工作规则》，对行政机关负责人出庭应诉、行政应诉报告制度、行政应诉教育培训、行政应诉责任追究作出新要求。市委依法治市办印发《关于全面提高依法行政水平降低行政案件败诉率的实施意见》，要求行政机关切实加强行政决策、行政执法、纠纷化解、行政监督等工作，不断降低行政案件败诉率。2023 年 4 月，市政府在市中级人民法院、市人民检察院召开法治政府建设专题学习会，学习贯彻习近平法治思想，学习借鉴两院落实习近平总书记关于政法工作的重要指示精神、推进公正司法的经验做法，听取两院对法治政府建设工作的建议，开创行政机关与司法机关学习交流新模式。市司法局印发《行政机关依法履行行政应诉职责告知书》，由两级法院向被诉行政机关发送行政起诉状、行政上诉状等文书时，协助一并送达给被诉行政机关，在每一宗诉讼案件中提醒行政机关依法履职。落实行政机关负责人出庭应诉和败诉案件报告制度，全市行政机关定期向同级司法行政部门报送本单位负责人出庭应诉和败诉案件情况。发挥考核"指挥棒"作用，

将行政复议纠错率、不履行行政复议决定、不履行行政应诉职责、"一败再败"行政案件、负责人出庭应诉率不达标等事项纳入全市行政机关绩效考核指标范围，倒逼行政机关提升依法行政水平。

二 主要成效

（一）解决行政争议的良性生态已经形成

行政复议主渠道作用发挥显著，更多行政争议首先选择且根本上通过行政复议得到解决。2020 年至 2024 年，珠海市进入行政复议和行政诉讼渠道的行政争议共 5829 件，七成以上的行政争议首选行政复议渠道解决（见表 1）。二是复议后再次提起行政诉讼的比例保持在较低水平。行政复议已然成为行政争议进入行政诉讼的过滤器。2020 年至 2024 年，珠海市经复议后又提起行政诉讼的案件为 873 件，仅占复议案件的 15%，低于全省平均水平。2024 年，全市共收到行政复议案件 1782 件，创历史新高，比 2023 年的 1261 件增加 521 件，同比增加 41.3%，首选行政复议与首选行政诉讼比例超 4:1（见表 2）。2024 年，全市办结行政复议案件 1415 件，经复议后市、区两级政府作为被告的行政应诉案件 243 件，行政复议案结事了率达 82.82%。超八成行政争议通过行政复议渠道有效化解。行政复议化解行政争议主渠道作用在珠海市持续彰显，相关数据指标在全省名列前茅。

表 1 2020 年至 2024 年首选行政复议与首选行政诉讼案件情况

单位：件，%

年份	2020 年	2021 年	2022 年	2023 年	2024 年	合计
行政复议收案数	1058	825	903	1261	1782	5829
直接诉讼的数量	401	495	425	450	436	2207
首选复议的比例	73	63	68	74	80	73

表2 2020年至2024年行政复议后继续诉讼案件情况

单位：件，%

年份	2020年	2021年	2022年	2023年	2024年	合计
行政复议收案数	1058	825	903	1261	1782	5829
复议后诉讼数量	225	156	129	120	243	873
复议后诉讼比例	21	19	14	10	14	15

（二）化解社会矛盾纠纷的功能进一步发挥

在越来越多行政纠纷纳入复议渠道解决的同时，珠海市大力推行复议全程调解机制，坚持将非诉讼纠纷解决机制挺在前面，推动更多法治力量向引导和疏导端用力，促进行政争议实质性化解。巧用和解调解化解行政争议，不仅实现了对当事人的教育目的，还妥善消除了矛盾纠纷，有效节约了行政资源，取得了良好的政治效果、法律效果和社会效果。2024年，全市立案前化解行政争议110件，全市行政复议和解调解案件368件，超三成行政争议通过调解和解化解在行政程序中。

（三）监督和指导行政执法的力度进一步加大

各级行政复议机关不断提高审理行政复议案件的公正性、公开性和透明度，提高办案质量，加大纠错力度。2024年，全市办结行政复议案件1415件，综合纠错率22.19%，调解和解率26.01%，充分发挥了行政复议监督和指导依法行政的重要作用。其中，全市受理并办结344件涉企案件，以调解、纠错方式结案87件，为企业减免行政处罚、挽回经济损失7847.74万元，切实保障了企业合法权益，优化了营商环境。针对办案过程中发现的影响广、易出错的行政行为，各级行政复议机关区分共性和个性问题分别制发行政复议建议书，向有关行政机关提出完善制度和改进行政执法的建议。

（四）行政机关依法应诉主体责任进一步压实

珠海在全市范围持续开展对不履行行政应诉职责的专项整治，定期对全市行政机关不履行负责人出庭应诉义务、不按期答辩举证、不履行法院裁判等情况进行通报、约谈、整改和追责。自 2019 年起，全市行政机关在专项整治中通报批评 17 人，约谈 13 人，调离工作岗位 2 人，移送监察机关 6 人，现已实现全市行政机关不履行行政应诉职责案件零发生。2022 年 10 月，副市长覃春作为市政府负责人出庭应诉，实现珠海首次由副市长出庭应诉，受到社会各方的广泛好评。各区、各部门负责人也纷纷积极出庭应诉，在诉讼中听民意、解民忧。2023 年以来，全市行政机关负责人出庭应诉率已达 100%，有力提升各级行政机关负责人运用法治思维和法治方式推动社会经济发展的能力。

三　存在的问题

（一）区一级案多人少的矛盾较为突出

行政复议体制改革后，区政府统一行使本级行政复议职责，再加上近年来大量行政执法权下放至镇街行使，区一级行政复议案件数量成倍增长，而区行政复议机构的法治工作力量原来就较为薄弱，在行政复议体制改革后人员数量虽然有所增加，但各区平均仍不到 3 名处理行政复议的工作人员，要应对急剧增长的复议办案任务仍显吃力。此外，要做好复议工作，除保障必要的办案人员外，还应当有一定的工作力量从事宣传、总结、督导等综合性工作，以提高行政复议的公信力和影响力。而区行政复议办案人员除办理案件以外，往往还要兼顾法律顾问、规范性文件审查、法治督察等多方面工作，很难再有精力从事复议案件办理以外的综合性工作。工作力量薄弱，使得区行政复议工作目前主要停留在完成办案任务的阶段，主动拓展受理渠道、吸纳更多行政争议进入复议程序的积极性不足，实质性化解行政争议的能力也有待提升。

（二）行政复议实质性化解行政争议能力有待进一步加强

将行政复议作为化解行政争议主渠道，构建"大复议"格局，有助于发挥行政复议特有制度优势，缓解日益增长的行政案件数量与司法资源配置不足之间的紧张关系，促进社会和谐稳定。但从复议实践来看，如果复议机关仅以行政行为合法性审查为核心内容，不着重回应申请人的实质性诉求，将使行政复议程序空转问题变得突出，导致申请人在复议后继续诉讼，不仅无法化解原行政争议，还会增加新的行政争议。此外，道路交通安全、交通运输等领域的行政争议数量多但案情相对简单，其通过复议前调解工作大量得到化解后，进入复议程序的其余行政争议往往属于化解难度较高类型，复议后诉讼比例相对上升。如何推出更多有效工作举措化解此类争议，尚待在今后的工作中予以解决。

四　进一步推进行政复议工作的建议

新行政复议法的修订紧密围绕"主渠道"作用这一核心思路，进行了大量具体制度上的革新。一是扩大行政复议受案范围，增加了复议前置情形，为行政复议在行政纠纷解决中得到更多运用提供了基础。二是实施相对集中的行政复议管辖权改革，改变了过去"条块结合"的行政复议管辖体制，有助于解决过去复议资源过于分散、案件审理标准不统一、管辖权复杂多头等问题。三是完善行政复议调解和解制度，明确将调解与和解的相关要求纳入立法，并对行政复议调解书的制作和效力等进行了规定，有助于及时化解矛盾，避免行政纠纷的进一步升级。四是完善高效便民的复议程序，明确将"高效"原则列为行政复议机关履行复议职责需遵循的原则之一，同时通过增加最长受理时限、加强信息化建设等举措，提升程序运行效率，避免案件久拖不决；与此同时，还设立了听证等制度，确保当事人有充分表达意见的机会，提升了行政复议的程序公正性。五是完善规范性文件附带审查制度，明确行政复议机构有权通知制定机关提出书面答复或当面说明理由，增强规范性文件审查的实效性。六是完善行政复议机构与行政复议委员会等机制建设，确保行政复议的专业性与公正性。珠海行政复议工作要继续发挥化解行政争议的主渠道作用，需要全面贯彻落实新行政复议法各方面的要求，做好以下工作。

（一）坚持公正与高效并重，继续提升行政复议公信力和认可度

政府公信力是政府在社会治理过程中通过行政活动或者行政行为获得公众认可或者信任的能力。行政权力的公正行使是提升政府公信力的源泉。行政复议制度具有成本低、程序便捷等优势，应当通过快速、有效化解行政争议来获得民众对政府合法性的认同，赢得当事人对行政机关"自我纠错"的诚意和能力的认可。要在诉求表达、权益协调、矛盾调处机制、权益保障等方面全面完善工作机制，尽可能从程序设计上确保复议的公正性，保证当事人的意见得到充分表达和听取，以保护群众的合法权益为核心宗旨，确保行政救济渠道之于行政相对人畅通无阻，使行政相对人以最低人力、物力和时间的成本消耗解决行政争议。

（二）坚持行政争议的实质性化解，做到让更多争议在复议程序中案结事了，避免程序空转

充分发挥行政复议化解行政争议的主渠道作用，实现多数行政争议通过行政复议机制解决的目标，要求行政复议机关关注行政行为实质性合法的同时，也要关注行政争议背后的真实利益诉求，并利用行政机关统筹调度资源能力更强的优势，真正解决老百姓的合法合理诉求，将行政争议彻底化解在行政复议程序中。因此，行政复议机关在办案过程中，应当持续提升实质性化解争议能力，坚持依法办案与化解争议并重，"应收尽收、应调尽调、应纠尽纠、应赔尽赔"。加大调解和和解工作力度，将调解贯穿于行政复议的全过程，利用案前协调、实地调查、救助劝导、案中约谈等多元手段，充分调动行政资源，在合法适当的前提下满足当事人实质诉求，让行政争议在行政复议阶段实现定分止争，案结事了。

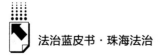

（三）充分发挥两级行政复议机构能动性，形成化解行政争议合力

习近平总书记强调，基层强则国家强，基层安则天下安。① 要更好地贯彻落实新行政复议法以及党和国家关于行政复议的文件精神，实现行政复议作为化解行政争议主渠道的既定目标，必须不断增强县级行政复议机构能力，特别是因地制宜抓好落实、切实完成行政复议工作任务的操作能力。要提高行政复议监督效能，积极适用纠错决定，用好行政复议建议书、意见书制度，加强对规范性文件的附带审查，促进依法行政。要落实"繁简分流"、听取意见等程序要求，加强质量管理和类案规范。要发挥行政复议委员会作用，全面增强办案中立性和公正性。要强化业务培训和工作保障，提升队伍专业化、职业化水平，锻造政治坚定、业务精湛、作风过硬、清正廉洁的高素质行政复议队伍。

---

① 《习近平关于城市工作论述摘编》，中央文献出版社，2023，第 161 页。

司法建设

B.7
行为类民事执行案件的困境与破解*

——以珠海法院 2020 年至 2023 年 8 月行为类执行案件为样本

珠海市中级人民法院课题组**

摘　要：　行为类民事执行案件"执行难"的根源在于审执脱节导致执行依据缺乏可执行性以及部分案件天然具有执行难度。构建行为类民事案件执行专属机制应当从以下四个方面入手：建立审执衔接机制，通过审判阶段兼顾执行、执行阶段落实"解释—征询—答复或补正"事后救济机制，提升裁判文书可执行性；建立执行联动机制，与行政机关、专业性机构形成执行合力；健全执行威慑机制，通过充分预告信用惩戒措施和司法制裁手段、循序渐进逐步升级强制措施强度、完善行为类民事执行案件的迟延履行金制

---

* 如无特殊说明，本文数据均来自珠海市中级人民法院。

** 课题组负责人：徐素平，珠海市中级人民法院党组成员、副院长。课题组组长：温建鸿，珠海市中级人民法院执行局局长。课题组成员及执笔人：谭炜杰，珠海市中级人民法院执行一科科长；徐烽娟，珠海市中级人民法院执行二科科长；何龙英，珠海市中级人民法院五级法官助理；高培翔，珠海市中级人民法院五级法官助理；邓茜，珠海市中级人民法院五级法官助理；胡滨，珠海市中级人民法院五级法官助理。

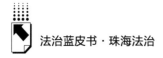

度，加大司法惩戒力度；建立执行规范机制，针对案件本身具有相当执行难度的家事执行案件、强制腾退类案件，建立体系化、规范化的执行工作机制，因案施策推进执行。

关键词： 非金钱债权执行　裁判文书可执行性　审执一体化　"执行难"

相较于金钱债权执行案件，行为类民事执行案件①一直具有低量化的特点，但近年来呈现增长趋势。例如，珠海法院 2013 年至 2016 年行为类民事执行案件年均收案量仅为 52 件，而 2020 年至 2023 年 8 月已达 180 件。尽管行为类民事执行案件的体量不大，但其申请执行内容的复杂多样性、所涉矛盾纠纷的尖锐程度使其"执行难"的特点更加突出。同时，当前行为类民事执行案件面临执行规范供给不足、缺乏系统性的执行工作机制、缺乏类型化的执行思路等问题。从建立健全切实解决"执行难"长效机制的角度出发，对行为类民事执行案件进行规范具有极大的现实必要性。

一　行为类民事执行案件的实证考察

（一）案件基本情况

1. 收结案情况

珠海法院 2020 年至 2023 年 8 月共受理民事案由的行为类执行案件 720件，办结 694 件（见图 1）。近四年来，民事案由的行为类执行案件收案量、结案量总体而言较为均衡，其中收案量出现小幅上升后回落。

2. 执行依据类型

在 2020 年至 2023 年 8 月受理的 720 件民事案由的行为类执行案件中，

---

① 民事强制执行主要分为金钱债权执行、非金钱债权执行两种类型，其中非金钱债权执行包括交付物的执行、完成行为的执行。本文所称行为类民事执行案件即非金钱债权执行案件。

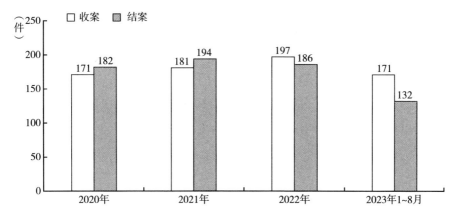

图1 2020年至2023年8月珠海法院行为类民事执行案件收结案情况

以人民法院生效判决书为执行依据的有440件，以人民法院生效调解书为执行依据的有181件，以生效仲裁裁决书为执行依据的有63件，以其他生效法律文书为执行依据的有36件（见图2）。可见，人民法院作出的生效判决书、调解书是此类案件执行依据的主要类型。

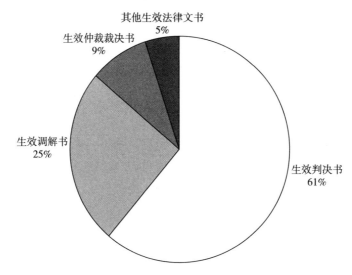

图2 2020年至2023年8月珠海法院行为类民事执行案件执行依据情况

3.案由分布

在以人民法院生效法律文书为执行依据的657件案件中，合同纠纷类案件有241件，婚姻家庭、继承纠纷类案件有290件，物权纠纷类案件有57件，与公司、企业有关的纠纷类案件有41件，其他案件有28件（见图3）。婚姻家庭、继承纠纷和合同纠纷为行为类执行案件的主要民事案由，其中合同纠纷以房屋买卖合同纠纷（125件）为主要案由。

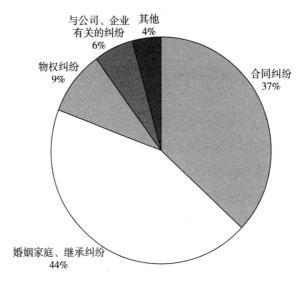

图3　2020年至2023年8月珠海法院行为类民事执行案件案由分布情况

4.结案方式

在2020年至2023年8月办结的694件民事案由的行为类执行案件中，以执行完毕方式结案的有495件，以终结执行方式结案的有135件，以终结本次执行程序方式结案的有37件，以驳回申请方式结案的有25件，以销案方式结案的有2件（见图4）。

5.结案用时

2020年至2023年8月，珠海法院民事案由的行为类执行案件结案平均用时虽然整体上呈下降趋势（见图5），且大部分案件均能在6个月以内办结，结案用时在6个月至1年的案件数量逐年减少（见图6），但主要案件

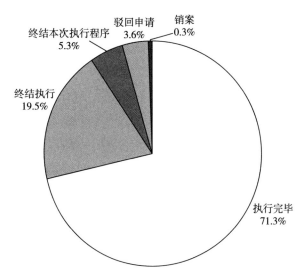

图 4　2020 年至 2023 年 8 月珠海法院行为类民事执行案件结案情况

类型平均用时较长的特点比较突出，如四类主要案件中除婚姻家庭、继承纠纷类案件外，其他三类案件的结案平均用时均超过 100 天/件，其中与公司、企业有关的纠纷类案件结案平均用时最长，达 142.65 天/件（见图 7）。同时，每年均有 1~2 年长期未结案件产生（见图 6）。

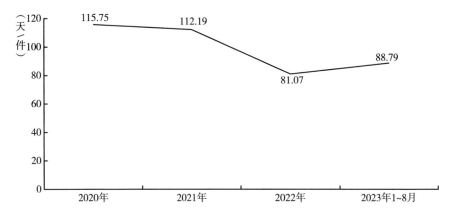

图 5　2020 年至 2023 年 8 月珠海法院行为类民事执行案件结案平均用时

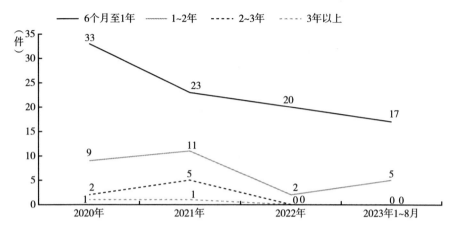

图 6　2020 年至 2023 年 8 月珠海法院行为类民事执行案件结案用时情况

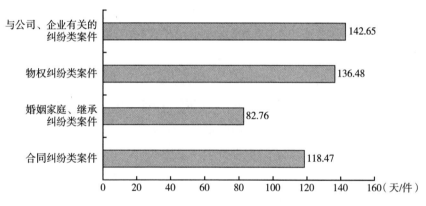

图 7　2020 年至 2023 年 8 月珠海法院四类主要案件结案平均用时

（二）案件执行困境

1. 执行内容不明确

相较于金钱债权执行，执行依据的义务给付内容不明确导致双方当事人产生争议，案件执行无法推进的情况在行为类民事执行案件中更为普遍。同时，金钱债权执行中执行内容不明确通常集中表现为利息计算方法不明，而行为类民事执行案件案由类型丰富、行为给付内容多样，执行内容不明确导致执行障碍的情形也更为复杂（见表1）。

表1 行为类民事执行案件中执行内容不明确导致执行障碍的情形

行为给付内容	所涉案件纠纷	执行内容不明确情形	造成的执行障碍
返还原物类	解除合同纠纷	返还物品的名称、品牌、数量、规格、型号等不明确	进入执行后双方当事人对于返还物品的意见不一致,实践中可能出现被执行人返还原物但申请执行人不认可从而拒不接收的情形①
排除妨害类	相邻关系纠纷	(1)需要修复受损财产的,执行依据对于修复方式、修复标准、修复面积、修复结果的验收等具体内容不明确; (2)需要拆除或移除设施、物品等的,执行依据对于排除妨害的范围不明确	此类案件执行过程中行为履行义务内容不明确②
股东知情权类	与公司有关的纠纷	(1)查阅的资料范围、方式、时间不明确; (2)是否聘请专业人员进行辅助不明确; (3)是否允许股东复印资料不明确	股东知情权纠纷中,公司股东间的合作关系往往已经趋于破裂,被执行人不配合的情况比较普遍,如果执行依据对于股东知情权执行的相关事项不予以明确,执行法院往往难以协调双方就执行争议达成一致
赔礼道歉类	人格权纠纷	(1)赔礼道歉的内容并未确定,双方当事人对于赔礼道歉的内容意见不一致;(2)执行依据确认被执行人应当口头道歉,但未确定在被执行人主观或客观上不履行的情况下,是否允许登报道歉等代履行方式	口头道歉无法直接强制被执行人履行,因具有极强人身属性也无法替代履行。在执行依据未明确其他履行方式的情况下,被执行人不配合,案件无法执行

续表

行为给付内容	所涉案件纠纷	执行内容不明确情形	造成的执行障碍
权利登记类	房屋买卖合同纠纷或用益物权纠纷	未对权利登记是否具有可操作性进行调查而径直作出要求当事人协助办理权利登记的判决,或组织当事人达成相关调解协议	直接导致部分案件进入执行程序,并非当事人不配合的缘故,而是当地政策或不动产本身导致的。换言之,此类案件在进入执行程序之前甚至在审判阶段已经具备执行不能的情形③

①例如,(2016)粤0404执2080号案件,在德某公司诉淳某公司合同纠纷案件中,法院判决双方解除《供热废气处理设计施工合同书》,同时判决德某公司在判决发生法律效力之日起七日内向淳某公司返还其购买的所有设备。因德某公司未在法定期限内履行判决确定的对淳某公司返还其购买的所有设备的义务,淳某公司向一审法院申请强制执行。在执行过程中,双方对于生效裁判判项中"所有设备"的具体内容产生分歧,主要争议为设备安装所需配件的具体类型、数量、特征的确定。执行法院多次组织双方协商,仍无法达成一致意见。德某公司已经自行拆除设备,并多次通知淳某公司领取,但淳某公司因不认可返还物品的范围而拒不接收。最终,淳某公司提起诉讼,要求德某公司承担拒不返还设备的损失。然而,在此诉讼中,损害赔偿的确定依然以"所有设备"的名称、数量、特征等具体信息为前提,因此法院以淳某公司的诉讼请求不明确为由认为本案不符合受理条件,驳回淳某公司的起诉,同时指引淳某公司可基于合同解除的法律后果另行起诉明确返还设备的内容,进而根据相应设备法律上或事实上可否返还主张相应的救济。

②例如,(2022)粤0403执1315号案件,在某相邻权案件中,被告种植的树木超越宅基地范围进入原告宅基地地界,法院判决被告对越界的树枝进行砍伐。因被告不主动履行义务,原告申请强制执行。然而,由于审判阶段并未对原、被告宅基地的四至予以明确,执行法院难以判断树枝越界的范围,需要通过测绘等方式确定,执行的费用、时间成本均增加。

③例如,(2022)粤0402执7688号案件,法院组织双方达成被告协助办理居住权设立登记的调解协议,而事实上居住权设立登记业务在当地根本未开展,因此产生生效法律文书记载的权利未能现实兑现的现象,虽然案件以执行完毕方式结案,但申请执行人权益根本未实际实现,当事人权利保障出现了纸上权利与实践脱节的情况。

2. 申请执行内容复杂多样

行为类民事执行案件的申请执行内容复杂多样,行为给付内容根据案由的不同而变化。例如,以实现探视权、抚养权为申请执行内容的集中于婚姻家庭、继承纠纷,以协助办理房屋过户登记为申请执行内容的多数为房屋买卖合同纠纷,以腾退案涉土地或房屋为申请执行内容的一般见于房屋拆迁安置补偿合同纠纷、农业承包合同纠纷、农村土地承包合同纠纷、租赁合同纠纷，涉及排除妨害或消除危险的申请执行内容多数为物权保护纠纷，以实现股东知情权、变更法定代表人为申请执行内容的则集中于与公司、企业有关的纠纷（见表2）。由于行为给付内容多样，案件类型复杂，不同案件的矛盾纠纷特点不同，单一的执行思路难以满足案件实际需要。

表2　各类民事案由的案件申请执行内容

案由	案件申请执行内容
婚姻家庭、继承纠纷	实现探视权、抚养权
房屋买卖合同纠纷	协助办理房屋过户登记
房屋拆迁安置补偿合同纠纷、农业承包合同纠纷、农村土地承包合同纠纷、租赁合同纠纷	腾退案涉土地或房屋
物权保护纠纷	排除妨害或消除危险
与公司、企业有关的纠纷	实现股东知情权、变更法定代表人
人格权纠纷	赔礼道歉

3. 执行完毕标准不统一

由于行为类执行案件具有人身属性强、行为给付内容复杂等特点，难以统一结案标准。例如，对于探视权相关执行案件，探视权的实现具有长期性，并非一次性行为给付，而实践中法官往往以一次探视权的实现为执行完毕标准，这导致未来胜诉当事人在不能顺利探视未成年子女时无法再次以同样的执行依据申请强制执行，而法官普遍会将之前已执行完毕的案件恢复执行。

4. 裁判结果难以实现

对于以设立用益物权或办理不动产过户登记为执行内容的案件，实践中可能出现因当地不动产登记政策、不动产所涉土地价款或税费未缴清、不动产此前无权属登记等无法办理权利登记的情形。例如，在陶某某、曹某甲诉曹某乙居住权纠纷①中，调解协议载明被告曹某乙应协助两原告办理居住权登记。在执行过程中，不动产登记中心告知"至今尚无相应法律法规、规范

---

① （2022）粤0402执7688号案件。

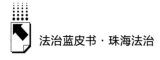

性文件对居住权登记的办理予以规范。目前，我中心暂未开展办理居住权登记业务"。此案例反映了生效法律文书确认的权利并未得到现实兑现的问题，而权利无法由应然状态转化为实然状态的原因并不在于债务人主观不配合，而在于客观上无法履行，属于"执行不能"案件，事实上无法实现裁判结果。

二　行为类民事执行案件的困境及成因

（一）审执脱节导致执行依据缺乏可执行性

1. 案件交流机制缺失

法官在审判阶段作出行为给付内容的判项时，通常未征询执行部门意见，受审判思维定式的影响往往只考虑权利义务正当性与否，而不考虑权利是否能实现、如何保障权利实现等现实问题。

2. 反馈机制被束之高阁

虽然《最高人民法院关于人民法院立案、审判与执行工作协调运行的意见》第 15 条对于执行内容不明确问题规定了审执征询答复、补正裁定等解决机制，但实践中一方面执行部门向审判部门反馈执行内容不明确的情况较少，另一方面执行部门发出书面征询函后，审判部门不答复或答复不明确的现象依然存在，且往往不会按照前述意见规定，层报院长启动督促答复程序。

3. 衔接机制被忽略

就同一矛盾纠纷的解决而言，审判部门比执行部门具有更熟悉案件事实、掌握更多化解矛盾纠纷的专业资源等优势，而实践中，审判部门的优势和审判阶段的资源未能引入案件执行阶段。

（二）案件执行的天然难度高

1. 家事类案件人身属性强

家事类案件的行为执行主要集中在探视权纠纷与抚养权纠纷两类。此类执行案件人身属性较强，天然存在执行难度。一是双方情感矛盾突出，双方难以就协助探视和移交抚养的细节达成一致。二是难以采取刚性强制措施，考虑到被执行人是案涉未成年人的父母，贸然采取拘留、追究刑事责任等强力措施易对未成年人造成心理创伤。三是涉及未成年人自身意愿，如未成年人不愿与申请执行人沟通或一同生活，执行法院亦不宜违背未成年人意愿强行执行。

2. 腾退类案件权益矛盾大

在农业承包合同纠纷中，腾退问题尤为突出。一是双方对开发投入的补偿问题争议较大。被执行人通常为农民、渔民，往往会在承包的土地、鱼塘上添置或搭建生产经营设施，但在诉讼阶段未意识到承包租赁合同解除后添附物的归属及补偿问题，导致进入执行阶段后才提出补偿请求，否则不予腾退。此时要求双方再次通过诉讼解决矛盾显然不现实，只能由执行法院组织双方以和解方式进行处置。二是生鲜农产品处置困难。农业承包合同纠纷执行案件通常涉及青苗、养殖鱼、牲畜等生鲜农产品的处置，而农产品具有生长周期且变价处置需考虑时令性，为避免给农户造成生产经营损失，通常不宜简单强行腾退，而执行法院一方面缺乏有效途径快速处置农产品，另一方面处置费用的承担亦难以落实。

（三）执行措施适用随意性强

由于行为类民事执行案件的个案差异性较大、被执行人对抗情绪激烈、阻碍执行的不确定因素较多等，对于执行措施的适用难以建立统一普适的标准，实践中行为类民事执行案件适用执行措施的随意性较强。

1. 与金钱债权执行思路混同

金钱债权执行侧重于对财产的调查、处置，执行思路比较直接单一，大部分案件由法院以依法行使职权的方式可以顺利执结，而行为类民事执行面临更复杂的现实，需要通过协调解决当事人之间的矛盾纠纷、现场调查等方式确定个案执行思路，且法院"单打独斗"难以破解执行困境，需要借力于多部门执行联动、多元化解决纠纷机制。

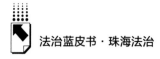

2. 类型化执行思路缺乏

目前，此类案件执行存在未建立分类施策理念、对特定案件未统一执行思路、未根据案件类型区分执行措施适用强度等情况，而行为类民事执行案件的执行内容复杂多样，每一特定案由所牵涉矛盾纠纷特点各不相同，如不根据案件特点对执行方法加以类型化、规范化细分，可能产生案件办理长期无法有效推进的情况。

3. 违反比例原则

比例原则是对法院公权力的限制，虽然未以成文形式规定于执行案件办理规范中，但从法理上看，执行法官不能随心所欲对被执行人施加限制或随意解除限制措施以致申请人或被执行人合法权益受到损害。在部分案件中，法院为对被执行人施压而采取较为强硬的执行措施，使被执行人不得不从事相应行为，但部分行为类民事执行案件需要被执行人自愿配合，如一味地向被执行人施压可能会进一步激起被执行人的反抗情绪，且可能加剧双方当事人之间的矛盾，从长远来看不利于解纷止诉。

（四）司法制裁手段运用不足

1. 对纳入失信名单、限制高消费、限制出境措施的误读

实践中，大多数执行员在行为类民事执行案件中较少适用纳入失信名单、限制高消费、限制出境措施等强制措施。事实上，根据《最高人民法院关于限制被执行人高消费及有关消费的若干规定》《最高人民法院关于公布失信被执行人名单信息的若干规定》等规定，"被执行人未按执行通知书指定的期间履行生效法律文书确定的给付义务的"或被执行人具有履行能力而不履行生效法律文书确定的义务且具备法定情形的，并未排除纳入失信名单、限制高消费、限制出境措施对行为类民事执行案件的适用。

2. 罚款、拘留、追究刑事责任等司法制裁手段运用不足

查人找物难是金钱债权执行难的突出表现，因此金钱债权执行中罚款、拘留等司法制裁手段的运用效果并不理想。相较之下，行为类民事执行案件通常不存在找人障碍，罚款、拘留、追究刑事责任等司法制裁手段实施效果会更理想。然而，行为类民事执行案件的司法制裁手段运用不够充分，导致不能有效发挥强制执行措施对被执行人的威慑作用。

3.迟延履行金制度在行为类民事执行案件中极少运用

根据《民事诉讼法》第 264 条的规定，被执行人未按判决、裁定和其他法律文书指定的期间履行金钱给付义务的，应当加倍支付迟延履行期间的债务利息；被执行人未按判决、裁定和其他法律文书指定的期间履行其他义务的，应当支付迟延履行金。《最高人民法院关于适用〈中华人民共和国民事诉讼法〉的解释》第 505 条规定，对于非金钱给付义务的迟延履行，造成损失的应当双倍补偿；没有造成损失的由人民法院根据具体案件情况决定。与金钱债权执行相比，行为类民事执行案件中迟延履行金的给付标准等内容缺乏明确规定，缺乏可操作性，直接导致司法实践中迟延履行金的使用率极低，起不到通过利用迟延履行金弥补申请执行人损失（如垫付代履行费用）、惩戒被执行人的目的。①

三　行为类民事案件执行专属机制的构建

（一）建立审执衔接机制，提升裁判文书可执行性

对于裁判不明引发执行障碍的行为类民事执行案件，如以返还原物、实现股东知情权、排除妨害、赔礼道歉、权利登记等为行为给付内容的案件，提升裁判可执行性是从源头上解决"执行难"的重要手段。《最高人民法院关于深化执行改革健全解决执行难长效机制的意见——人民法院执行工作纲要（2019—2023）》第 19 条规定："严格贯彻裁判的执行内容必须明确具体的要求，2019 年底前，各级人民法院要出台规定，将调解和裁判内容的可执行性作为考核案件质效和工作绩效的重要因素。"基于审执一体化理

---

① 参见郑宇彤《行为请求权执行案件的困境与出路》，载齐树洁主编《东南司法评论》（2017年卷·总第 10 卷），厦门大学出版社，2017。

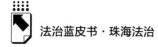

念，要真正完成对权利的司法救济，保障胜诉权益的现实兑现，就要将提升裁判文书可执行性贯穿于审判与执行的始终。

1. 审判阶段兼顾执行，"三明"裁判

要提高裁判文书的具体性、明确性、可执行性，避免裁判内容不具有明确性、可执行性而导致执行不能情况的发生，应当从案件事实查明、释明权行使、判项表述三方面入手。

（1）案件事实查明应当详尽

审判法官在判决前，应充分考虑案件执行需要，对判项执行所必需明确的事实进行充分查明。例如，对于返还原物类判项，应查明标的物是否灭失、是否存在严重毁损等情况。对于解除合同引发的返还原物，应查明双方当事人在此前履行过程中所交付物的名称、数量、具体特征等细节。对于排除妨害类判项，应查明权利人受到妨害的具体范围，需要排除妨害的具体内容。

（2）适当行使释明权

审判法官应引导当事人在考虑执行可能性的前提下明确诉讼请求，向当事人释明可选择将诉讼请求变更为替代性金钱给付，或者增加不履行行为时给付金钱的诉讼请求。在审理涉及交付特定物、恢复原状、排除妨害等诉讼案件时，对于标的物已经灭失、严重毁损等不能恢复原状或无法排除妨害的，应告知当事人变更诉讼请求。确实不宜恢复原状、排除妨害或标的物已经灭失的，应引导当事人提出替代性金钱赔偿的诉讼请求。在审理鱼塘、山林等承包合同纠纷时，涉及农户租赁腾退的，应充分考虑农民法律意识淡薄、承包地原始状态多为荒地、农民生产经营投入建设多等基本事实，引导农民提出补偿或赔偿的反诉请求，避免此类案件进入执行阶段后被执行人以农业生产投入建设损失得不到赔偿为由抗拒腾退，同时也可以避免农户为了主张权利而需要另行提起诉讼，有利于节约司法资源。

（3）判项表述应当具体明确

审判法官在作出判项时，应保证行为给付的义务主体、义务内容具体明确，不会在执行中引发争议。对此，一方面，要畅通审判执行的对话渠道，从执行视角来明确判项表述的具体要求。审判部门对于拟裁判内容可能存在执行性争议的，应加强与执行部门的沟通研判。执行部门在处理裁判文书缺乏可执行性的案件时，应及时将此类裁判问题反馈给审判部门，避免同样问题重复出现。另一方面，有必要对裁判不明问题较为突出的案件类型，制定统一的判项表述要求。例如，对于股东知情权纠纷案件，相关判项应当明确查阅资料的清单、查阅方式、查阅时间等。

2. 执行阶段落实"解释—征询—答复或补正"事后救济机制

对于执行依据不明确引发执行障碍的案件，应根据执行依据的不明确程度、对执行工作的影响程度，采取执行员根据裁判主文解释、向审判部门书面征询，以及审判部门答复或补正的方式弥补裁判文书可执行性的缺陷。

（1）执行员根据裁判主文解释判项

针对裁判不明问题，对于判项文义性不明，而权利义务内容已在裁判说理部分予以充分论述的，执行员应当根据裁判主文对判项予以阐释说明，但仅适用于不需要对权利义务进行实体性审查的情形。

（2）执行机构书面征询审判部门

若通过裁判主文仍不能准确识别权利义务内容，或权利义务的确定仍存在争议，执行员应当向审判部门发出书面征询函，要求审判部门对判项予以明确或说明，而不能凭主观认知作出实体判断。[①] 执行员应在征询函中说明判项不明的具体情况，并从便于执行的角度明确提出要求审判部门予以说明的内容，如相邻权纠纷中的修复标准或修复方式、返还原物纠纷中的原物型号等，不可空泛笼统。

（3）审判部门书面答复或作出补正裁定

对于判项表述有歧义且当事人存在对立解释的，审判部门必须对执行部门的征询函予以书面答复，明确解释判项所确定的权利义务内容。对于判项缺乏实现权利义务的实质性内容的，如返还原物纠纷中原物的具体所指，应通过补正裁定予以明确。

---

① 参见陈斯、谢奕《民事判项给付内容不明的理性思辨与路径构建——基于"审执衔接三元法"的分析》，《法律适用》2020年第19期。

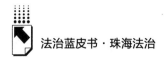

（二）建立执行联动机制，凝聚执行难攻坚合力

1.建立与基层群众自治组织的执行联动机制

对于涉及强制腾退的农村土地承包合同纠纷、拆迁安置补偿合同纠纷等案件，应利用村（居）委员会熟悉当地社情民意、掌握信息较为全面、贴近被执行人生活、时空距离近等优势，与基层群众自治组织联合开展沟通协调、走访、释法说理，提升矛盾纠纷化解能力。

2.建立与公安机关、民政部门等行政机关的府院联动机制

在涉及城市更新项目的拆迁安置补偿合同纠纷中，法院应加强与相关镇街部门的沟通协调，确保被执行人拆迁补偿权益落实到位，在保障被执行人与案件相关合法权益的前提下再推进腾退工作。对于符合救助条件的生活确有困难的被执行人，应积极与民政部门衔接，及时启动司法救助、社会救助程序。在涉及抚养权、探视权实现的家事执行案件中，应与妇联等部门协调联动，充分调动社会各方力量，积极参与婚姻家庭纠纷预防化解工作，优化家事执行工作方式。例如，珠海市香洲区人民法院在广东省维权与信息服务站挂牌设立了"抚养探望案件协助执行中心"，专门辅助执行法官对涉及子女探望、抚养费支付、子女交付等事项的执行工作，具有缓和矛盾、减少伤害、促成和解等优势。

3.建立与行业协会等专业性机构的执行联动机制

在涉及鱼塘腾退等案件中，由于法院不掌握鱼的合适上市时间、上市价格等专业知识，以及不具备捕捞鱼的专业能力，应建立与渔业协会等专业性机构的对话协作机制，通过行业协会引入专业力量协助执行。例如，珠海市斗门区人民法院与渔业协会建立审判执行协作机制，充分发挥渔业协会掌握专业能力、专业资源且在养殖户中有一定话语权的优势，化解案件矛盾。

（三）健全执行威慑机制，加大司法惩戒力度

1.执行通知阶段，充分预告信用惩戒措施和司法制裁手段

执行法院应当在执行通知书正文部分明确载明指定履行期限，并在正文

中告知逾期不履行面临纳入失信名单、限制高消费、限制出境、支付迟延履行金等不利后果，同时告知拒不执行、妨害执行情节严重的可采取罚款、拘留、追究刑事责任措施。

2. 指定履行期限届满后，逐步升级强制措施强度

按照法律规定的适用条件的严苛程度，由弱至强逐步采取威慑惩戒措施，原则上适用顺序为限制高消费、限制出境、纳入失信名单、罚款、拘留、追究刑事责任。强制措施应当逐步采取，强度逐项升级，形成持续施压的威慑力度。对于情节特别严重的可以在满足法定适用条件的情况下直接适用威慑力度更高的惩戒措施。

3. 采取强制措施前应发出预告知文书，采取强制措施后应及时送达法律文书

执行法院在采取信用惩戒措施或司法制裁手段前，应向被执行人发出预限制高消费、预纳失信、预限制出境等预告知文书，并在文书中明确相关法律依据及不利法律后果，对被执行人形成心理震慑。

4. 完善行为类民事执行案件的迟延履行金制度

（1）起算时间和截止时间

若生效法律文书规定了义务履行期限，则从期限届满之日起算。若未确定履行期限，则从法律文书生效之日起计算。迟延履行金计算至被执行人履行完毕之日。

（2）计算标准

没有产生损失的，根据被执行人迟延履行的情节、对抗执行的严重程度、家庭状况及收入水平等因素在一定幅度内自由裁量。已经产生损失的，由申请执行人向法院主张具体损失数额并提供证据，法院对损失数额合理性进行判断后，以认定损失数额的双倍裁定迟延履行金数额。例如，在涉及强制腾退案件中，具体损失数额应根据被腾退场地的租金标准来确定，当事人有承包合同或租赁合同约定的以合同约定的租金标准确定，没有约定的按照当地同类场地的租金标准确定。

（3）告知程序

执行法院应在每一份督促履行文书（包括执行通知书、预纳失信等预

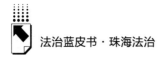

告知文书、纳入失信决定书、罚款决定书等）中特别提示支付迟延履行金的法定义务。

（四）建立执行规范机制，分类施策推进执行

针对天然具有执行难度的案件，如涉及抚养权或探视权实现、强制腾退的执行案件，破解"执行难"困境的出路在于根据案件特点，结合行之有效的经验做法，形成体系化、规范化的执行工作机制，因案施策推进执行。

1. 家事执行工作机制

为破解家事案件"执行难"困境，珠海市香洲区人民法院执行局与家事审判团队积极推动家事案件执行工作机制改革，逐步建立"审执联动""专项执行""多元联动""执后帮扶"的创新工作机制，着力打造专业化执行、多元化参与、综合化治理的家事执行工作机制，维护社会和家庭安定和谐、保障未成年人合法权益最大化，实现家事执行政治效果、法律效果、社会效果的统一。

（1）"审执联动"协作促进执行

执行法官与审判法官定期召开"座谈会"，对判决主文内容、裁判说理、探望权行使方式等问题进行交流讨论，审判法官根据案件情形决定在判决书中是否需要明确具体事项，既避免后期执行产生争议，又给后期执行留有灵活空间。建立联动执行工作机制，对执行过程中"执行难"的案件，组织召开审执部门"碰头会"，协商联动工作方案，共享家事审判中"心晴屋""社会调查""社会调解员"等资源，实现家事审判和执行的有效衔接，提高执行水平和效果。

（2）"专项执行"提升执行质效

优化分案机制，设立家事案件专门执行团队，集中办理家事执行案件，将同一当事人的案件由同一法官办理，方便法官了解案件，与当事人之间建立信任。专业的执行团队总结经验做法，对家事案件执行善用说服教育、加强情感疏导、善意文明执行、活用强制措施、广开执行思路、优化执行策

略、注重预防和教育等执行的理念和方法，强调将调解贯穿家事案件执行始终，促进执行和解，追求终局性化解纠纷，促进执行质效的提升。

（3）"多元联动"合力化解纠纷

与外部社会力量建立家事案件联动机制，动员社会多元力量参与，合力化解家事纠纷。珠海市妇联设立了"探望权案件协助执行中心"，专门辅助执行法官对涉及子女探望、抚养费支付、子女交付等事项的执行工作。在涉家暴案件中，加强与公安的协同合作，确保人身安全保护令实施效果。借助妇联、社区、人民调解组织、当事人工作单位等基层组织和机构的作用，积极促成双方调解，保护妇女和未成年人的权益。

（4）"执后帮扶"延伸司法关怀

珠海市香洲区人民法院在家事案件执行中建立心理疏导、执后跟踪及帮扶机制。对需要心理干预的未成年人，及时进行心理疏导以及执后回访，减少家庭纠纷对儿童健康成长的影响。帮助解决困难家庭的未成年人读书问题，保障未成年人的受教育权。发现父母一方经济困难无法履行经济给付义务的，给予司法救助，并积极与民政部门、街道社区等部门共同开展社会救助工作。

2. 强制腾退类执行工作机制

珠海市金湾区人民法院在强制腾退类案件中创新建立了"四预告"执行威慑机制，成效明显。根据不同执行阶段对债务人发出执前履行告知书、财产处置预告书、处罚预告书、刑事责任风险告知书，高效敦促被执行人自动履行义务。2022年采取"四预告"举措以来，共执结腾退类案件61件，被执行人自动履行率达98%。根据珠海市金湾区人民法院强制腾退类执行案件的先进工作经验，结合全市法院强制腾退成功案例，对于民事执行程序中不动产强制腾退问题，可以采取如下执行方法。

前期完成三项调查工作，对案件来龙去脉、被腾退不动产情况、被执行人基本情况进行摸底，进行案件风险评估。在强制腾退土地、鱼塘、海域、房屋等不动产前，执行员应通过查阅执行依据、询问审判部门等熟悉案情，对案件是否涉及"三农"、城市更新拆迁工作等特殊问题作出初步判断；对被腾退的不动产进行实地调查，根据被腾退不动产的类型调查地上建（构）筑物的类型和数量、用地经营企业状况等；对被执行人的基本情况进行调查，通过约谈当事人，以及走访居委会、村委会等基层群众自治组织，对被执行人家庭情况、收入水平、生活条件、精神状态、身体健康状况等进行调查核实。

（1）柔性执法督促履行

一方面，保障被执行人合法权益。对于涉及城市更新拆迁的，应向有关镇街部门、城市更新项目主管部门核实被执行人的拆迁安置补偿权益是否落实到位；发现生活确有困难、符合社会救助条件的被执行人，应当积极与民政部门等行政机关沟通协调，尽可能提供社会救助、政策帮扶。另一方面，组合运用柔性执法手段督促履行。联合村委会、居委会等基层群众自治组织和特定行业协会积极开展释法说理、教育引导工作，充分阐明不配合强制执行的不利法律后果。同时，对于被执行人为养殖户或养殖企业的，应当考虑养殖业的季节性、时令性特点，坚持善意文明执行理念，灵活运用执行宽限期、执行和解、分期履行等手段，制定兼顾双方利益的执行方案。例如，在某公司与郭某某等租赁合同纠纷系列执行案中，鱼塘腾退涉及500多亩养殖水域、11家养殖户，法院调查发现被执行人大多负债经营，且放养的鱼苗尚不具备上市出售条件，如强行清塘腾退将导致鱼苗、饲料等成本无法收回，给渔民造成重大损失，故协调申请执行人同意待鱼苗长大售出后再交付鱼塘，双方当事人达成适当延长腾退期限、继续支付租金的方案，最终，各被执行人依约主动腾退鱼塘。在上述案例中，执行法院充分考虑养殖户的现实困境，避免机械执行给渔民带来损失，既促使主动腾退，避免耗费大量人力物力强制清场，又实现渔业增效、渔民增收。

（2）刚性执法督促履行

对于不存在不适宜强制腾退的情形，经过释法说理、教育劝导在指定期限内仍未履行腾退义务的被执行人，应当采用限制高消费、纳入失信名单、限制出境、罚款、拘留、移送追究刑事责任等强制措施。落实迟延履行金制度，对不履行行为给付义务的被执行人科以金钱赔偿责任。

（3）启动强制腾退程序

对于采用柔性、刚性间接强制措施均无法促使被执行人履行腾退义务的，应由法院组织完成涉案不动产的强制腾退工作。例如，在某企业集团申请强制执行杨某某等系列执行案①中，涉案需腾退的 14 套房屋已被规划用于北山历史文化名村更新改造项目的公立幼儿园建设，但 13 名被执行人反抗情绪激烈，拒绝配合房屋清退工作，珠海市中级人民法院在确保被执行人拆迁安置补偿到位的前提下，通过逐户约谈、释法说理、灵活运用预处罚等执行威慑手段，教育劝导 12 名被执行人主动搬离，对于多次劝说无果的被执行人，与南屏镇政府等部门多方联动进行强制清场，最终通过刚柔并济、软硬兼施的执行策略，循序渐进地采取执行措施，成功腾退土地及地上建筑面积 6393 平方米，顺利执结 16 件涉北山旧村改造用地腾退的执行案件，大力推动了北山历史文化名村更新改造项目进程，为珠海地区城市更新建设注入了强劲的司法动能。

---

① （2022）粤 04 执 936 号等 13 件案件。

B.8
珠海选任港澳籍陪审员工作的
实践与展望

珠海市司法局课题组*

摘　要：　选任港澳籍陪审员工作是粤港澳大湾区推进司法领域改革的一项重要创新举措，随着《人民陪审员法》的颁布实施，选任工作由以前的基层人民法院牵头负责变为司法行政机关牵头负责，选任模式由以组织推荐制为主转为以随机抽选制为主，选任工作成为司法行政机关当前面临的重要课题。在珠海选任港澳籍陪审员实践中，存在港澳籍陪审员选任工作配套制度不足、港澳籍人士参与度不高、资格审查路径不清晰、选任工作部门间协调配合有待提升等问题，未来需要围绕顶层设计、协同交流、联席会议、对外宣传四个方面加强港澳籍陪审员工作。

关键词：　港澳籍　陪审员　纠纷化解　珠海实践

粤港澳大湾区建设是国家重大战略，旨在推动区域经济一体化和深度融合。在此背景下，司法领域也需同步推进，以保障区域内规则衔接和法治融合，降低经济发展成本，促进司法公正。广东作为改革开放的排头兵、先行地、实验区，与港澳毗邻且关系密切，具有先天区位优势。涉外涉港澳商事案件增多且往往涉及复杂的法律问题和多元化的法律体系，需要具备相关法律背景的人士特别是港澳专业人士参与审理。随着司法改革的不断深入，引

---

　　* 课题组负责人：邱东红，珠海市司法局党组成员、副局长。课题组成员：吴振、李芳、巫文辉、曹雅静。执笔人：巫文辉，珠海市司法局公共法律服务管理科副科长。

入港澳籍人士以人民陪审员身份参与涉外涉港澳案件审理成为一项重要的司法改革措施。广州市南沙区人民法院先行先试，于2014年在全国率先聘任香港籍和澳门籍人士担任该院人民陪审员①，开启了由基层人民法院牵头负责选任及在组织推荐制的主体选任模式下产生港澳籍陪审员的先河，但社会各界对此有诸多争议，认为选任不分离，淡化了人民陪审员理应具备"大众化、民主化"特性。2018年，我国颁布实施《人民陪审员法》，对选任工作进行系统改革，该法首次确立司法行政机关选任、人大常委会任命、人民法院使用的工作机制，明确人民陪审员选任工作由以前的基层人民法院牵头负责变为司法行政机关牵头负责，同时还确定以随机抽选制为主、以个人申请和组织推荐为辅的选任方式。

随着新的选任主导机关以及新选任模式的改变，加强港澳籍陪审员选任工作，成为司法行政机关面临的一项重要课题。

一 加强选任港澳籍陪审员工作的重要意义

（一）深化司法体制综合配套改革的必然要求

党的二十大报告指出，深化司法体制综合配套改革，全面准确落实司法责任制，加快建设公正高效权威的社会主义司法制度，努力让人民群众在每一个司法案件中感受到公平正义。人民陪审员制度是中国特色社会主义司法制度的重要组成部分，新中国成立后几经起伏，以人民陪审员职权变迁为主线划分，人民陪审员制度分为"职权同一""职权分离""二元模式"三个时期②；以发展时间轴划分，人民陪审员制度则分为"雏形形成期，始于20世纪30年代初到40年代末""确立及发展期，始于1949年""恢复和发展

---

① 刘冠南、唐易婷、夏江丽、马伟锋：《广州首批港澳籍陪审员即将上岗》，《南方日报》2015年1月25日，第A3版。

② 蒋凤鸣：《建党以来人民陪审制的历史变迁——以人民陪审员职权变迁为主线》，《南华大学学报》（社会科学版）2021年第3期。

期，始于 1978 年""逐渐完善期，始于 2004 年《决定》"四个时期。[①]
2018 年《人民陪审员法》正式颁布后，人民陪审员制度发生了四个重大转变：一是人民陪审员选任方式主要由组织推荐产生向随机抽选转变；二是人民陪审员参审职权由全面参审向只参与审理事实问题转变；三是人民陪审员参审方式由 3 人合议庭模式向 5 人以上大合议庭陪审机制转变；四是人民陪审员审理案件由注重陪审案件"数量"向关注陪审案件"质量"转变。港澳籍陪审员选任工作也随之变化。

（二）优化粤港澳大湾区营商环境的现实要求

2023 年，粤港澳大湾区经济总量突破 14 万亿元，以不到全国 0.6%的土地面积，创造了全国 1/9 的经济总量，综合实力再上台阶。[②] 广东法院近五年审结的涉港澳民商事案件数量约占全国 2/3，其中，涉港案件占到八成多，广东法院受理的涉港澳民商事案件基数大，案件特点之一是涉及适用港澳法律的情形较多。[③] 选任港澳籍陪审员参与内地案件的审理，以化解港澳人士在内地的纠纷，不仅体现了社会主义司法制度的开放性，也有效提升了国际区际司法公信力。加强选任港澳籍陪审员工作，特别是在广州南沙、深圳前海、横琴粤澳深度合作区等法院的实践，显示了其在促进司法公正、提高司法效率方面的积极作用。这些法院通过《全国人民代表大会常务委员会关于完善人民陪审员制度的决定》赋予的牵头选任职责进行前期试点，通过选任具有金融保险、知识产权、互联网、现代物流或融资租赁等方面专业知识的陪审员，更好地处理涉及港澳台及涉外的复杂案件，增强了审判工作在粤港澳大湾区建设中的法治示范功能。法治是最好的营商环境，营商环境越好，经济就越繁荣，法治就越优秀。选任港澳籍陪审

---

① 张先明：《我国陪审制度的历史沿革与现状》，《人民法院报》2015 年 4 月 21 日，第 1 版。
② 叶前、吴涛：《粤港澳大湾区经济总量突破 14 万亿元 综合实力再上台阶》，新华网，2024 年 4 月 1 日，https：//www.news.cn/politics/20240402/f949a95f1e3c4fc98a6fc590d3b31a4a/c.html。
③ 董柳、吁青：《广东法院审结涉港澳民商事案件中涉港案件占八成多，省高院：为〈安排〉实施夯实基础》，金羊网，2024 年 1 月 30 日，https：//news.ycwb.com/2024-01/30/content_52472468.htm。

员作为涉港澳案件审判中的新实践，是构建"和气生财"营商环境的重要因素之一。

（三）健全《人民陪审员法》的根本要求

港澳籍人士担任内地法院港澳籍陪审员的法律依据是首先要解决的关键问题。《人民陪审员法》是规范人民陪审员制度的核心法律，但《人民陪审员法》并无条款明确港澳籍人士能否担任人民陪审员，仅在第5条规定人民陪审员选任的一般条件。此外，根据《香港特别行政区基本法》《澳门特别行政区基本法》的相关规定，港澳籍居民可以分为永久居民和非永久居民，其中中国公民依法有权参与国家事务的管理，并依法享有当选全国人大代表参与国家权力机关的权利，但未对其参与内地法院给予规范。相关部门政策多以鼓励为主，在实践中标准不统一，执行不统一。最高人民法院相继出台为深圳、海南、南沙等地提供司法服务和保障的文件[1]，但文件中只涉及"支持符合条件的港澳台人士担任人民陪审员参与涉外涉港澳台商事案件审理"，并未对港澳籍陪审员的选任工作等程序进行细化规定。粤港澳大湾区"一点两地"全新定位，必然要求加快制度创新和先行先试，加强港澳籍陪审员选任工作，这也是健全完善《人民陪审员法》的根本要求。

二 选任港澳籍陪审员的珠海实践与困境

（一）珠海司法机关选任港澳籍陪审员

珠海横琴新区人民法院于2013年12月26日揭牌成立，2021年12月1

---

[1] 《最高人民法院关于支持和保障深圳建设中国特色社会主义先行示范区的意见》《最高人民法院关于人民法院为海南自由贸易港建设提供司法服务和保障的意见》《最高人民法院关于人民法院为北京市国家服务业扩大开放综合示范区、中国（北京）自由贸易试验区建设提供司法服务和保障的意见》《最高人民法院关于为广州南沙深化面向世界的粤港澳全面合作提供司法服务和保障的意见》。

日起更名为横琴粤澳深度合作区人民法院（以下简称"横琴法院"）。2013年12月，香洲区人民法院被最高人民法院指定为全国首批十家人民陪审员制度改革试点法院之一，也是广东省基层法院中首批首个改革试点法院。最高人民法院于2014年12月指定横琴法院集中管辖珠海市辖区一审涉外涉港澳台民商事案件。鉴于横琴没有同级人民代表大会常务委员会设置，2015年10月，香洲区人民法院负责为横琴法院选任10名港澳籍陪审员，任期5年。其中9人通过组织推荐制为主模式从港澳籍市政协委员中选任，确保了港澳籍陪审员来源的可靠性，符合基层人民法院对港澳籍陪审员的"私人定制"，选任工作更为简单。2016年至2021年9月，横琴法院共适用域外法审理案件21件，其中16件适用澳门法律，占比达76%。从案件类型来看，涉外涉港澳台民商事案件占全院受理民商事案件的70%以上，其中涉澳民商事案件占广东省涉澳民商事案件的60%，且以房地产、婚姻家庭、民间借贷、机动车交通事故案件为主要类型。10名港澳籍陪审员在其中发挥了积极作用，使法官更专注于核心审判工作，提升了审判质量。

（二）珠海司法行政机关首次选任港澳籍陪审员

2020年10月，上述10名港澳籍陪审员任期届满。鉴于《人民陪审员法》对选任牵头机关的改革，珠海市香洲区司法行政部门作为选任工作牵头部门，于2022年4月专门为横琴法院开展首次港澳籍陪审员选任工作。该部门联合其他部门向社会公告选任港澳籍陪审员30名，并明确其中24名通过随机抽选方式选任、6名通过个人申请和组织推荐选任。报名期间，公安机关依托人口户籍管理系统，从所有常住香洲区、横琴粤澳深度合作区的港澳籍居民中，随机抽选出300名候选人。① 珠海市香洲区司法行政部门逐一联系上述300名候选人，仅采集到5名有意愿担任港澳籍陪审员的候选人信息。另有6名港澳籍同胞向珠海市香洲区司法行政部门提交报名资料，均

---

① 《人民陪审员法》第9条规定："司法行政机关会同基层人民法院、公安机关，从辖区内的常住居民名单中随机抽选拟任命人民陪审员数五倍以上的人员作为人民陪审员候选人，对人民陪审员候选人进行资格审查，征求候选人意见。"

为个人申请，无组织推荐人选。至此，珠海市香洲区司法行政部门建立的港澳籍陪审员候选人信息库共有 11 人（随机抽选 5 名、个人申请 6 名、组织推荐 0 名）。由于实际名额少于公告名额，对于是否直接对上述 11 人进行资格审查后继续实施选任步骤，各部门意见不一致，最终首次选任港澳籍陪审员工作停滞。

（三）珠海司法行政机关第二次选任港澳籍陪审员

2023 年，珠海市香洲区司法行政部门作为选任工作牵头部门，再次开展港澳籍陪审员选任工作，并将其纳入全区人民陪审员选任的总盘子，向社会公告明确全区人民陪审员选任名额共 429 名（其中港澳籍陪审员不超过 30 名），其中通过个人申请和组织推荐方式选任人民陪审员名额 85 名，通过随机抽选方式选任人民陪审员名额 344 名。公告发布后，经各方协调配合，香洲区共有 644 人（含港澳籍候选人 19 人）进入候选人信息库。其中，个人申请和组织推荐产生候选人 186 人（含港澳籍候选人 2 人），由公安机关通过上述随机抽选产生候选人 458 人（含港澳籍候选人 17 人），上述候选人信息及操作须同步到司法部开发的"人民陪审员选任管理系统"，以确保选任工作公平、公正、公开。依据《人民陪审员法》，候选人信息库完全满足选任公告 429 名（其中港澳籍陪审员不超过 30 名）的选任要求，司法行政机关依据《人民陪审员法》操作即可，但横琴法院基于大量港澳企业进驻，涉港澳案件数量增加，案件类型趋于多元化、新型化的现实需要及作为负责珠海市辖区一审涉外涉港澳台民商事案件集中管辖法院的相关规定，提出确保有 30 名港澳籍陪审员才能更好地适应案件审理的要求，如确实无法满足需求，至少保证已经进入司法部"人民陪审员选任管理系统"的 19 名港澳籍候选人可以入选。依据《人民陪审员法》"两个随机"新规定及司法部"人民陪审员选任管理系统"运行规则，644 名候选人中可以随机产生 429 名人民陪审员，但无法保证 19 名港澳籍陪审员候选人全部入选。为确保第二批人民陪审员选任工作正常进行，市区两级相关部门多次召开协调会议并最终达成共识分两步走：一是留下 30 名港澳籍陪审员名额，先行完成内地 399 名人民陪审员的选任工作;二是对现有 19 名港澳籍陪审员候选人进行资格审查,符合要求则再行考虑是否继续推进。2024 年 4 月,399 名内地籍人民陪审员通过拟任命公示,但对于 19 名港澳籍陪审员候选人资格审查仍无部门给予明确答复。为此,经请示上级机关同意协调港澳相关部门对 19 名港澳籍陪审员候选人进行资格审查,也仅收到部分答复。为保证内地人民陪审员选任工作按节点开展,珠海市香洲区司法行政部门只能先行对内地籍人民陪审员进行选任及提请任命,399 名内地籍人民陪审员于 2024 年 5 月正式获任命,余下 30 名港澳籍陪审员选任工作处于停滞状态。

三 司法行政机关选任港澳籍陪审员遇到问题的原因

在珠海选任港澳籍陪审员的三次实践中,《人民陪审员法》实施前由法院牵头选任,港澳籍陪审员顺利产生,实施后由司法行政机关选任却迎来两次停滞,这不仅与《人民陪审员法》建立的选任模式有很大关系,也与港澳籍人士参与度不高直接相关,主要问题存在于以下几个方面。

(一)配套制度不足,《人民陪审员法》尚有待完善之处

以珠海司法行政机关首次选任港澳籍陪审员为例。各部门对于推进港澳人士担任内地人民陪审员是推进粤港澳大湾区规则衔接、机制对接的重要政治任务是有共识的,但有部门认为需要强力推进、积极探索;也有部门认为探索须依法依规,于法有据。最终落实到具体执行层面各种意见难达统一。依据《人民陪审员法》第 5 条之规定,凡具有中华人民共和国国籍的人,都有成为人民陪审员的可能。在港澳籍陪审员选任过程中,香洲区相关部门在《人民陪审员法》规定的基础上就选任条件新增了"常住香洲区、横琴粤澳深度合作区的港澳籍居民"的内容。有部门认为,新增的条款违反《人民陪审员法》第 5 条规定本意,是对国家法律规定作出的限制性条款;但也有部门认为,为贯彻中共中央、国务院《横琴粤澳深度合作区建设总体方案》,珠海

应举全市之力支持配合服务好横琴粤澳深度合作区建设，且2018年广东省提出"在中国（广东）自由贸易试验区常住的二十八周岁港澳同胞，按照规定随机抽选产生港澳籍人民陪审员候选人"①，珠海更应先行先试。由于两种观念的碰撞，相关制度建设一直缺乏上位法的支持及政策细化。

（二）"三个随机"同时面临港澳籍人士参与度不高的问题

《人民陪审员法》的改革亮点之一便是规定"三个随机"，即随机抽取候选人、随机确定人选、随机选人参审。前两个随机都是由司法行政机关主导，最后一个随机由人民法院主导。珠海司法行政等部门严格落实《人民陪审员法》关于"三个随机"之规定，在首次选任港澳籍陪审员中，从辖区内常住居民中随机抽选产生300名候选人，逐一联系并采集到5名有意愿担任人民陪审员的港澳籍候选人信息；同时从通过资格审查（包括个人申请和组织推荐产生）的候选人中随机选出6名有意愿担任人民陪审员的港澳籍候选人，最终形成11人的港澳籍陪审员候选人信息库，但并未达到计划选任的30名要求。选任工作至此出现两种路径。一是继续由公安机关随机抽选更多的港澳籍陪审员候选人提供给司法行政机关，由司法行政机关再次逐一联系确认，直到有意愿参与的港澳籍陪审员候选人信息库人数至少达到30名，否则无法"随机确定人选"。该方式需进行新一轮甚至多轮信息推送和采集，耗时较长，且辖区内港澳籍常住居民人数是有一定量的，无法保证产生至少30名有意愿参与的港澳籍陪审员候选人。二是继续对现有11名港澳籍陪审员候选人进行资格审查，然后直接报送人民法院，由人民法院提请人大常委会给予任命。此种方式耗时相对较短，但不符合《人民陪审员法》选任程序要求。

（三）"个人申请和组织推荐"与"随机抽选"比例不协调

《人民陪审员法》规定，个人申请和组织推荐人数不得超过人民陪审员

① 《广东省2018年人民陪审员选任工作方案》。

名额数 20%。① 珠海司法行政等部门在第二次选任港澳籍陪审员时，向社会公告选任名额 429 名（其中港澳籍陪审员不超过 30 名），并要求通过个人申请和组织推荐选任人民陪审员名额 85 名，通过随机抽选方式选任人民陪审员名额 344 名。香洲区在司法部"人民陪审员选任管理系统"中建立候选人信息库共有 644 人，其中个人申请和组织推荐产生 186 人（含港澳籍候选人 2 人），随机抽选产生候选人 458 人（含港澳籍候选人 17 人）。假定系统信息库中候选人全部通过资格审查，不考虑横琴法院提出至少保证 19 名港澳籍候选人均入选的要求，则可一次性产生公告规定的选任名额，完成选任工作。但针对横琴法院提出的入选名额问题，假设进入司法部"人民陪审员选任管理系统"候选人信息库人员（含 19 名港澳籍陪审员候选人）均通过资格审查，从 186 人中随机抽选得到 2 名港澳籍候选人的概率为 20.7%，从 458 人中随机抽选得到 17 名港澳籍候选人的概率为 0.7%。如严格按照"个人申请和组织推荐"与"随机抽选"比例及有关规定选任港澳籍候选人，即使循环 N 次随机，也不能保证 19 名港澳籍候选人均入选，且司法部"人民陪审员选任管理系统"也不允许 N 次随机抽选。虽"全国人民陪审员选任管理系统"设计之初有保障"随机抽选"之目的，但相关比例设置导致在无足够候选人的情况下，19 名港澳籍陪审员无法产生。

（四）港澳籍陪审员候选人资格审查缺乏有效路径

《人民陪审员法》第 9 条规定，对人民陪审员候选人应进行资格审查，征求候选人意见。资格审查是依据有关文件要求对陪审员应当具备的基本条件、禁止担任陪审员的人员等是否适格进行审查。内地对人民陪审员候选人进行资格审查时，一般是由司法行政机关发函至候选人所在工作单位、社区

---

① 《人民陪审员法》第 11 条规定："因审判活动需要，可以通过个人申请和所在单位、户籍所在地或者经常居住地的基层群众性自治组织、人民团体推荐的方式产生人民陪审员候选人，经司法行政机关会同基层人民法院、公安机关进行资格审查，确定人民陪审员人选，由基层人民法院院长提请同级人民代表大会常务委员会任命。依照前款规定产生的人民陪审员，不得超过人民陪审员名额数的五分之一。"

及法院、公安机关、纪检监察部门等，对其是否受过刑事处罚、是否被开除公职、是否被吊销律师执业证书或公证员执业证书、是否被纳入失信被执行人名单、是否有其他严重违法违纪行为及可能影响司法公信力等其他情形进行资格审查。在资格审查阶段，相关单位均会通过函件对其所审查的候选人给予意见建议并及时复函司法行政机关。在对港澳籍陪审员候选人进行资格审查时，珠海市香洲区司法行政部门也参照上述模式进行，但不能得到正式复函，无法核实港澳地区情况。此后，虽经上级机关协调港澳地区，但仍未得到全部名单的正式函件。可见，对于港澳籍陪审员候选人资格审查问题，内地没有相对应的单位可以承接，港澳相关部门也不受内地法律法规约束，因港澳籍陪审员资格审查路径无法律明确规定，内地司法行政机关选任工作受阻，无法按正常节点开展。

（五）部门与部门间协调配合有待完善

根据《人民陪审员法》之规定，人民陪审员名额数确定与调整、候选人信息库建立、选任方案制定、候选人资格审查、缺额增补以及培训、考核和奖惩等，均涉及部门间协调配合问题。司法行政机关作为选任工作牵头部门，主导选任工作实施及后续陪审员参审效果，面临较大压力，部门间协调配合有待进一步提升。珠海司法行政部门第二次选任人民陪审员（含港澳籍陪审员）过程中，公安机关需要从户籍人口管理系统中随机抽选候选人信息，由司法行政机关对候选人的身份信息、现实表现、违法违纪记录、个人信用记录、个人参与意愿等进行资格审查、走访调查及询问等。公安机关向珠海市香洲区司法行政部门推送共计约13000名候选人信息需要人工过滤并逐一电话问询，耗时耗力，效率极其低下。而珠海市香洲区司法行政部门具体负责该项工作的科室仅有2人，即便将工作下沉到香洲辖区下的10家司法所，每所基本是3~5人，至少也要完成1300人的过滤与问询，且这些工作基本要在2~3天内完成，加之司法所承担其他职能工作，导致工作人员不堪重负、疲于应付。此外，港澳籍陪审员候选人资格审查还存在部门拒绝提供资格审查书面意见的情形。

四 加强选任港澳籍陪审员工作的对策与建议

推进粤港澳大湾区建设，是以习近平同志为核心的党中央作出的重大决策，是习近平总书记亲自谋划、亲自部署、亲自推动的重大国家战略。全世界四大湾区中，粤港澳大湾区蕴藏的活力和潜力最大，它联结起港澳和珠三角九市，经济腹地覆盖中国南方多省，未来的粤港澳大湾区不仅是"9+2"城市群，而且更是中国最具活力和代表性的开放性区域，在"一国两制"的制度框架下，加强港澳与内地司法交流协作，建立完善国际商事审判、仲裁、调解等多元化商事纠纷解决机制，支持在北上广深等改革开放重要区域及关键环节大胆创新，推进规则衔接、机制对接，打造具有中国特色、彰显"两制"优势的区域开发示范地，选任港澳籍陪审员参与内地案件审理是一项沟通港澳、加强衔接的具体工作，珠海司法行政机关在《人民陪审员法》实施后的实践与探索，可以为其他湾区城市提供一些思路与示范，窥一斑而知全豹，据此提出以下对策与建议。

（一）适时对《人民陪审员法》进行修改

随着粤港澳大湾区的全面建设和深度融合，为满足"一国两制三法域"的实际需求，建议全国人大常委会加强港澳籍陪审员制度调研，争取对《人民陪审员法》进行修改，特别是就港澳籍陪审员候选人的基本条件，资格审查部门、方式、路径，参审范围、比例，参审案件方式与数量，参审程序以及名额不够情况下的选任程序、中止程序等单独设置条款，如针对港澳籍陪审员候选人少于公告名额时，可以规定通过资格审查后直接由法院提请人大任命，不需要再次启动随机抽选。此外，对港澳籍陪审员候选人资格审查，可以指定内地港澳办等部门为资格审查部门，进一步畅通审查路径，减少部门间推诿扯皮，其他如个人申请、组织推荐与随机抽选的比例问题可以不适用于港澳籍陪审员等，这些实践中出现的情况均可以在对《人民陪审员法》进行修改时给予研究，为构建粤港澳大湾区港澳籍陪审制度作出方向指引。

（二）省级层面统一推进粤港澳大湾区港澳籍陪审员选任工作

由省高级人民法院、省公安厅、省司法厅牵头组建联席会议机制，统一针对粤港澳大湾区珠三角九市需要选任的港澳籍陪审员出现的问题进行指导、释疑，可以视情况推动有关地市开展粤港澳大湾区港澳籍陪审员协同立法工作，将港澳籍陪审员选任工作的事项和活动进行统一部署、统一协调，协同解决粤港澳大湾区港澳籍陪审制度中的共性问题与困难，避免大湾区九市选任标准不一，促进区域协同发展。

（三）市级层面就港澳籍陪审员选任工作成立相应部门协调小组

可以由市委政法委牵头，组织市中级人民法院、市公安局、市司法局及有关部门，就港澳籍陪审员选任工作中的具体环节进行协调处理，如公安机关提供的人口户籍信息保密与标准问题，司法行政机关选任管理系统的数据对接问题等，加强避免借助非正式关系解决选任过程中需要协调配合的问题，提高港澳籍陪审员选任效率，在现有条件下选任产生符合条件的港澳籍陪审员。

（四）粤港澳大湾区相关部门加强港澳籍陪审员选任工作的宣讲活动

当前，选任港澳籍陪审员参与内地案件审理仍处于起步阶段，港澳同胞因制度理念、生活环境差异、个人信息保护等，对内地陪审员制度的认识薄弱、参与意愿普遍较低，甚至对陪审员选任机关不信任，港澳同胞对内地陪审员制度存在距离感，如港澳籍同胞对内地司法行政机关随机发送的信息存在误解等，需要我们充分运用传统媒体和网络、微信等新媒体，不断提高他们对内地陪审员制度的知晓度，为推动全面系统构建粤港澳大湾区港澳籍陪审员选任工作营造良好的社会环境。

B.9
香洲法院全流程无纸化办案调研报告

珠海市香洲区人民法院课题组*

摘 要: 香洲法院围绕群众关心关切的审执质效问题、法院面临的案多人少困局和改革配套发展障碍,深入推进全流程无纸化办案模式改革,重塑案件办理流程模式,按照"试点—调整—推行"循序渐进的实施方略,成体系地解决了电子卷宗从形成、流转、存储、利用到归档的一系列问题,打造了具有推广意义的无纸化办案体系,让群众感受到司法审判的公平正义和司法服务的方便快捷,让办案人员享受办案模式改革带来的"数字红利",达到方便群众诉讼、助力审执质效提升的双重效果。

关键词: 无纸化办案 电子卷宗 办案模式改革 在线办案

最高人民法院在顶层设计上将法院信息化建设作为重要目标,在政策上予以高度重视和大力支持。2019 年,全国智慧法院建设从初步形成迈向全面建设。全流程无纸化办案作为智慧法院建设的重要场景,是信息技术与司法办案的融合,是技术应用便利与办案流程再造的协调,是法院在收案量高位运行的背景下缓解"人案"压力的一大重要途径。香洲区人民法院(以下简称"香洲法院")立足司法实践、突出问题导向,深入推进全流程无纸化办案模式改革,加快智慧法院建设迭代升级,破解制约法院工作高质量发展堵点难点问题。

---

* 课题组负责人:黄伟锋,珠海市香洲区人民法院党组书记、院长。课题组成员:王刚宝、郭道贵、蒋马俊、刘璐、马瑞、缪雨倩。执笔人:刘璐,珠海市香洲区人民法院二级法官;缪雨倩,珠海市香洲区人民法院法官助理。

一 需求来源——时代发展与司法升级的双重作用

（一）信息化时代的发展要求

随着信息技术的快速推进，大数据、云计算、区块链、人工智能等现代科技手段正在不断进步与普及，持续推动人们的生产生活方式产生深刻变化。人民法院也面临着新一轮的科技革命，司法在更深层次上与社会化信息平台、个人信息终端形成紧密联系与对接。

习近平总书记指出，要把深化司法体制改革和现代科技应用结合起来，不断完善和发展中国特色社会主义司法制度。[1] 2022 年，最高人民法院网络安全和信息化领导小组第二次全体会议强调，紧扣党的二十大关于坚持全面依法治国、推进法治中国建设，关于加快建设网络强国、数字中国等重大部署，找准法院工作的结合点、着力点，立足司法职能，以审判体系和审判能力现代化服务全面建设社会主义现代化国家，要坚持科技赋能，全面深化智慧法院建设，推动审判体系和审判能力现代化。[2]

法院向科技要生产力已势在必行，而科技对法院产生的重要影响是将办案工作从线下全部搬到线上，通过全流程、全业务在线无纸化办案，实现诉讼效率的提升。2021 年，广东省高级人民法院发布《广东法院信息化建设五年发展规划（2021—2025）》，以在"十四五"期间实现具有广东特色的广东法院信息化 4.0 版本为建设目标，实现智能化、一体化、协同化、泛在化、自主化，要求各法院秉持求真务实精神，推动建设智慧法院新格局。2021 年 8 月，香洲法院电子卷宗深度应用项目入选省法院"抓示范促改革惠民生"改革培育计划，以此为契机，香洲法院大力推进信息技术与审判

---

[1] 《坚定不移推进司法改革走中国特色社会主义法治道路——习近平总书记对司法体制改革作出的重要指示引起热烈反响》，《经济日报》2017 年 7 月 12 日，第 2 版。

[2] 《周强主持召开最高法网络安全和信息化领导小组会议强调 加快完善中国特色互联网司法模式》，《法治日报》2022 年 11 月 5 日，第 1 版。

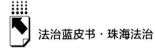

工作深度融合，以电子卷宗为核心，依托辅助事务集约办理和全流程在线办案，不断优化办案工作运行机制，努力打造智慧法院建设"香洲样本"。

（二）司法实践的现实需求

1. 回应群众司法期待

随着信息化时代的发展，我国互联网普及率已达 76.4%，网民规模达 10.79 亿人，数字基础设施持续加快，万物互联格局不断加强，全民数字素养不断提高。① 群众通过网络在线办事已经是一种生活习惯，在司法诉讼方面也需要更加便捷、智能的方式以降低诉讼参与成本，提高诉讼活动便利性，提升诉讼参与的满意度与获得感。在新冠疫情防控常态化时期，这一需求更是对法院工作提出了直接、强烈的要求，倒逼法院必须进行办案机制改革，为群众提供全流程、全方位的在线司法服务，实现人民群众的司法需求延伸到哪里，法院的司法服务就跟进到哪里，以满足新时代人民群众对司法工作的新期待。

2. 提升法院审判质效

香洲法院作为珠海主城区唯一的基层法院，每年案件的承载量近 5 万宗，在编制不增的情况下，人均办案压力巨大，缓解人案矛盾、解决司法服务供需矛盾迫在眉睫、势在必行，不仅需要持续控制案件的增量，还需要释放司法生产力，消化旧案存量。推行无纸化办案试点工作，以信息化带来的高效、快捷、便利充分释放司法潜能，化解案多人少矛盾，提升审判工作质效。

3. 优化办案工作体验

在传统有纸化办案模式下，办案人员面临诸多影响办案效率的堵点和困扰，如纸质案卷与纸质材料流转慢、纸质材料易损毁和遗失、办案事务易遗漏、司法送达推进难、庭审形式单一、文书撰写费时费力、归档事务堆积

---

① 《10.79 亿网民如何共享美好数字生活？——透视第 52 次〈中国互联网络发展状况统计报告〉》，新华网，2023 年 8 月 28 日，http://www.news.cn/2023-08/28/c_ 1129830951.htm。

等，严重影响法院工作人员的办案体验。亟须打破传统有纸化办案模式，通过一套全生命周期、伴随式在线辅助办案的系统，借助及时、完整、可靠、智能的电子卷宗及其深度应用，实现通过一面屏幕完成案件从收案到结案、归档全过程的工作。同时，香洲法院也将辅助事务从办案人员身上剥离进行集约化管理，让办案人员得以专注核心办案事务，产生更多获得感。

二 实现路径——重塑案件办理流程模式

随着法院案件数量持续增长，纸质卷宗数量规模也持续飞速增长，诉讼档案类别多元化趋势持续增强，对卷宗的收集、整理、归档、利用及保管等环节提出了更高的要求。① 传统纸质卷宗已不能满足现代司法审判工作的需求，需引入更具生命力的卷宗形式来激发司法潜力，释放司法生产力。2016年，最高人民法院下发了《关于全面推进人民法院电子卷宗随案同步生成和深度应用的指导意见》，电子卷宗应运而生，开始在诉讼过程中生成与应用。

香洲法院坚持需求导向，改革传统办案模式，以电子卷宗随案同步生成为基础，以电子卷宗深度应用为核心，丰富和拓展在线办案功能，大力推行全流程全业务在线办案。2022年6月22日，香洲法院发布《关于推进首批无纸化办案试点工作的实施方案》，开始在17名办理建设工程、商事合同案件的法官中试点全流程无纸化办案，随后不断有法官主动申请加入，试点人员逐步增加至32名。2024年4月15日，香洲法院全面推行民商事案件无纸化办案。香洲法院重塑案件办理流程模式，配套出台了相应制度，建设诉讼材料智能流转与存储系统，升级法官阅卷和庭审显示硬件，成体系地解决了电子卷宗从外部来源、形成、流转、存储、利用到归档的一系列问题，从立案、审理、判决到归档全过程无须产生纸张，所有工作均通过系统在线上

---

① 参见冷立新、张卫东、李海军《智慧法院背景下档案管理模式创新研究》，《北京档案》2020年第3期。

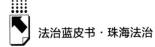

完成，打造了具有推广意义的无纸化办案体系，为法官提供有获得感的办案模式。

（一）一体化扫描，外部材料数字化加工

根据 2018 年发布的《最高人民法院关于进一步加快推进电子卷宗随案同步生成和深度应用工作的通知》，目前全国法院电子卷宗随案生成有分散生成模式①和集中生成模式。香洲法院电子卷宗随案生成采取集中生成模式。

通过规范诉讼材料递交渠道，香洲法院将立案材料与诉讼过程中当事人提交的材料统一归口在诉讼服务大厅进行集中收转，纸质材料经扫描后流转至诉讼材料电子化集成中心进行数字化加工，经历了规范化扫描、精细化编目、要素化梳理的精细工程后，诉讼材料由电子附件升级成为具备多重利用效益的电子卷宗（见图 1）。

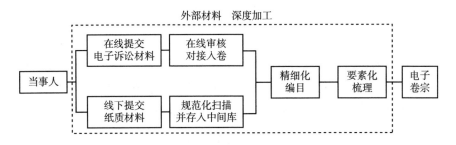

图 1 诉讼材料数字化加工流程

规范化扫描是将案件纸质材料按照标准规范化扫描后形成电子文档的过程。全面推行无纸化立案以来，香洲法院倡导当事人通过线上提交完整清晰的电子材料，这部分电子材料已实现通过线上渠道直接进入编目环节。

精细化编目分为两个阶段。基础编目强调高效，通过 OCR 文字识别

---

① "分散生成模式"是指案件办理各环节人员各司其职，负责本阶段电子卷宗同步制作工作，案件办理团队在各自工作岗位即时扫描，智能化后台集中分类排序处理，电子卷宗一键转化归档。

抓取，实现系统自动编目，根据材料内容自动将材料标记为主体材料、证据材料等十三种不同类别。精细编目注重精确，通过人工干预，细化编目名称，如材料为借条时，基础编目自动识别为"借条"，精细编目将其细化为"借条（金额+时间）"，便于法官检索定位材料，提升电子卷宗阅卷效率。

要素化梳理是通过人机耦合的方式对材料内容进行识别分析，智能提取当事人信息、代理人信息、诉讼请求、事实与理由等要素信息，自动回填至系统并加入案件要素库，为后续文书智能辅助生成、司法大数据分析等深度应用提供基础电子数据。

经过数字加工厂的深度加工形成的电子卷宗具备高质量、多层次、可视化的优点，为全流程无纸化办案提供了基础条件。

（二）规范化存储，诉讼材料智能化管理

经数字化加工完的纸质材料通过机器人转运的方式安全流转至诉讼材料智能流转与存储中心（简称"中间库"）。中间库是在无纸化办案模式下，案件审理过程中纸质材料的临时存放场所。法官不再利用纸质卷宗进行办案，案卷管理模式由"卷随人走"转变为"人卷分离"，诉讼中确需保留的纸质材料经数字化加工成电子卷宗后，统一进入中间库进行安全存储、智能流转和集约管理。

中间库采取以机器人为主、以人工为辅的模式，案卷材料出库和入库全部由程序控制，库房机器人进行精准定位，通过自助一体机、机器人、云柜等一系列智能装备组合运作，完成纸质案件材料的收集、转运以及卷宗的借阅和归还等实体材料流转，避免了纯人工管理档案的低效率和易出错的问题。中间库对安全性和保密性有极高要求，仅允许管理员和机器人进出；档案盒采用"一盒一锁"制，需系统指令方可打开；所有档案材料的出入系统都进行登记留痕，确保诉讼材料转交安全规范。除了库房机器人外，院内还设置了不同业务类型的机器人，分别负责自动定时巡楼和接收上门指令以收取各类诉讼中产生的需交至中间库保管的纸质材料。

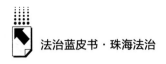

（三）集约化送达，有效破解送达难题

为破解送达难题，香洲法院于2021年10月成立集约送达中心，率先在全省基层法院中构建了"以电子送达为主、以其他方式为辅"的智能化集约送达新模式，将送达工作从审判工作中剥离出来交由送达专员集约进行，实现了送达工作专人专岗专事办理。

1. 一个中心集约办理送达任务

书记员在系统中将送达任务一键打包给集约送达中心并限定办理时限。中心依托电子平台，对送达任务智能排序、集约管理、集中送达，并及时将流程信息及办理情况回传系统，办结任务后将任务流转回办案人员处进行效力核定。

2. 一套流程规范送达办理过程

香洲法院出台《香洲法院集约送达工作指引》《香洲法院集约送达工作流程规范》等规范性文件，明确送达流程规范与集约送达标准，确保送达专员开展集约送达工作规范有序、有章可循。

3. 多种方式协同开展送达任务

中心设有话务岗、邮寄岗、外勤岗。依托"失联修复"锁定当事人的电话号码，优先采用"电话询问+电子送达"方式，在当事人同意电子送达的情况下，通过短信一键发送文书材料，电话录音和送达记录同步上传系统，送达进程和结果随时可查。送达系统直接对接EMS系统，集约送达中心能够实时跟踪物流信息，规范邮寄送达的流程，提高邮寄送达的效率，邮寄送达结果在线可查。外勤送达人员根据送达地址合理规划送达路线，批量集中处理上门直接送达任务、留置送达任务，送达全程佩戴执法记录仪，送达照片加注实时定位水印，保证送达过程真实、送达结果可靠。2024年，集约送达实现跨境突破，香洲法院开发启用"珠澳电子送达通"平台，全国首次实现向港澳手机号码进行电子送达，揭开了涉港澳案件司法送达的新篇章。

（四）智能化办案，推进全流程智慧审判

香洲法院遵循"有纸"办案习惯，秉持"材料驱动事项、卷宗驱动流程"理念，不断拓展电子卷宗深度应用场景，为法官提供更加智能化的办案体验。

1. 材料跟踪与事项管理

系统及时推送提醒当事人提交的材料，自动识别材料类型并进行标记，对于保全、评估鉴定、管辖权异议、调查取证等申请类事项，系统自动发起待办事项，列入重要事项管理范围，督促、提醒办案人员及时处理并追踪进展，确保材料的接收和处理快捷高效。办案人员通过事项交办可实现在线卷宗共享和多人协同办案。

2. 案件画像与类案推送

系统自动从起诉状、答辩状及庭审笔录等关键材料中提取案件特征，经过法官复核后形成准确的案件画像，在此基础上自动推送符合法官需要的示范案例，确保法律适用的统一性。

3. 智能阅卷与在线笔记

办案人员在阅卷过程中可通过全文搜索实现对关键信息的溯源定位，可随手对材料内容进行批注、标记，对于待证事实、关键信息等内容可在线创建关联笔记并自动链接相关材料，对于案情复杂的案件还提供案情时间线梳理功能供办案人员理清案情。

4. 文书生成与在线审签

在关键节点，系统综合案由、适用程序、审判组织等因素，一键自动生成成套程序性文书。系统内置的智能文书模板支持智能辅助生成完整度较高的裁判文书。系统说理库功能中配置有专人梳理的近 800 条说理词，覆盖香洲法院收案量排名靠前的 14 个案由，为法官撰写文书说理部分提供参考。改变传统文书审签方式，通过推行电子化审签实现在线审签文书、在线签名确认笔录、在线电子签章等工作，实现文书在线流转、实时入卷。

香洲法院基于全流程无纸化办案，深入探索"人工智能+场景运用"，

于 2024 年 9 月底推出全国首个基层法院研发训练的 AI 司法大模型——"香法 AI·云上智审"平台。该平台成为破解案多人少矛盾、提升审执质效的参照样本，获上级法院及央级媒体广泛关注。AI 大模型优化阅卷、检索、文书撰写等工作以助力法官办案。为进一步优化功能，香洲法院接入 DeepSeek 大模型，推出"香法 AI 2.0"版本，成为全国首家接入 DeepSeek 应用思维链技术办案的法院。"香法 AI 2.0"具备多重法律关系分析、超强信息关联能力，为法官提供多样化思维路径，并通过多轮批判性思维验证逻辑关系。智能解构要件事实、提供举证责任指引，帮助法官快速梳理证据，构建证据时空拓扑图，提示缺失证据，交叉验证多源证据，辅助发现漏洞。以深度学习功能预测争议焦点、归纳类案规则、预警裁判偏离，辅助法官做好庭审准备并校准裁判尺度。"香法 AI 2.0"尊重法官主体地位，深度嵌入人机问答，确保法官全程参与、主导决策。通过人机协作，提升文书生成质量，精准反映法官裁断，实现更透彻地释法说理。

（五）超融合法庭，构建智能庭审新模式

香洲法院对审判庭内的开庭设备进行了迭代升级，融通电子卷宗、语音识别、人脸识别、实时监控、视频回传等系统，建设超融合法庭，支持多方异地远程庭审，可实现在线质证、电子签名、语音转录等功能。推行在线庭审，推广使用语音转录辅助庭审记录，推行简易程序案件以庭审录音录像替代庭审笔录，为当事人和法官提供更加便捷的庭审体验。

除了院内法庭改造，香洲法院还积极与院外机构合作，不断丰富开庭场景，向院外延伸拓展超融合法庭的应用，通过内外网交互、音视频实时在线等功能，实现线上线下庭审场景全覆盖的新庭审模式。

1. 搭建家事诉联网法庭

香洲法院改革传统家事审判方式，依托智慧法院建设成果在广东省维权与信息服务站（珠海站）搭建智慧云法庭，挂牌全省首个"家事诉联网法庭"。在广东省维权与信息服务站搭建的家事诉联网法庭能够为当事人提供人性化、安全的诉讼环境，原告在家事诉联网法庭通过在线庭审的方式参与

诉讼，法官与被告当事人则在法院通过超融合法庭进行庭审，隔离双方当事人开展庭审的方式能够有效避免双方发生冲突，同时也减轻了当事人的压力，保障了当事人的人身安全，实现庭审活动的顺利展开。

2. 建设高新科创诉联网法庭

香洲法院打通法院与司法所之间的壁垒，联合高新区在唐家湾镇司法所建设高新科创诉联网法庭，创新推出"互联网+司法服务""司法所现场调解+法院司法确认"新模式。周边群众与企业可通过高新科创诉联网法庭内设的超融合法庭，实现远程法官咨询、一键法律检索、诉前风险评估、多方云端调解、智能自助立案、在线司法确认等多种司法需求。

3. 设立全国首个海岛诉联网法庭

香洲法院与桂山镇联合打造桂山岛诉联网法庭，整合香洲法院的专业力量和桂山镇司法所的解纷资源，推进"调解前置+司法确认+参与治理"的综合工作模式，居民足不出岛便可进行线上立案、跨地域立案、云端调解、在线司法确认、异地庭审、领取诉讼文书等诉讼活动，还可满足远程法官咨询、一键法律检索、诉前风险评估、普法宣传等多种司法需求，降低海岛群众维权成本，将矛盾预防化解阵地前移，就地化解岛上大小纠纷。

4. 在镇街设立社区诉讼服务站

香洲法院与翠香街道、前山街道联合打造翠香街道诉联网法庭、前山街道诉联网法庭，叠加"法院+综治中心+司法所"多重解纷力量，打造综治中心在前分流解纷、司法所人民调解中端助力、法院在后指导化解的联调联动新模式，为辖区群众、企业提供专业、便捷、高效的线上诉讼服务，将矛盾纠纷化解在源头、解决在基层。

（六）数字化档案，电子卷宗一键转档

2023年1月1日，珠海市中级人民法院（以下简称"珠海中院"）经调研后发布《珠海市中级人民法院关于同意香洲区人民法院开展无纸化办案相关改革试点工作的批复》，同意在香洲法院推行"电子档案代替纸质档

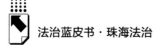
案进行案卷归档"。不同于许多地区法院实行的纸质档案与电子档案双套制档案管理模式,香洲法院大力推行"混合单套制"归档模式(见图2),实行"以电子卷宗归档为主、以纸质卷宗归档为辅"的案件归档模式。"外部材料数字化加工+内部材料自动入卷"的电子卷宗随案同步生成模式,充分保证了电子卷宗的及时性、完整性、真实性、安全性与高质量,进行归档的电子卷宗材料是完整与准确的,而归档的纸质卷宗材料则是确有必要进行保存的纸质材料。

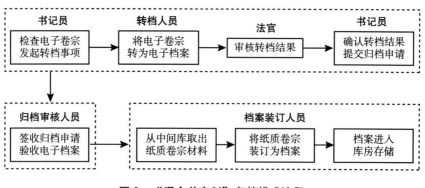

图 2 "混合单套制"归档模式流程

无纸化办案模式下归档事项依托系统在线流转展开。书记员检查完电子卷宗材料后发起"转档案卷"事项,档案室转档专员对电子卷宗材料进行"一键转档"操作整理出电子档案卷,法官负责对转档结果进行审核;转档事项结束后自动驱动归档审核事项,由档案审核人员负责签收归档申请、验收电子档案;电子卷宗归档完成后,自动驱动纸质卷宗归档事项,由档案室装订专员负责纸质卷宗的出库(中间库)装订和档案上架工作。将归档工作模式从以往的"纸质卷宗驱动"变更为"在线事项驱动"。

三 样本观察——办案模式改革的运行成效

香洲法院聚焦人民群众"急难愁盼",紧盯审判实践"痛点堵点",通过规范的制度构建保障无纸化办案改革规范运行，通过系统的功能优化确保无纸化办案顺畅运转，通过硬件的合理配置拓展无纸化办案的应用场景。推行无纸化办案试点工作以来，香洲法院的诉讼服务能力、司法审判能力稳步提升。

（一）诉讼服务更加高效，减轻群众诉累

线下诉讼和线上诉讼的关键区别之一，即前者基本上是法律人设计给法律人用的，而后者是给没有接受过法律训练的人直接使用的。[①] 无纸化办案改革工作通过"让数据多跑路，让当事人少跑腿"的方式，减少了群众参与诉讼的时间成本和经济成本。通过大力推行电子送达，让诉讼材料实现分秒送达，超80%的电子送达率让越来越多的当事人通过手机即可第一时间查阅案件材料；通过失联修复，将送达成功率提升至92%，平均送达周期为2.5天。[②] 线上诉讼既缩短了等待开庭的时间，也提升了被告出庭应诉率。在线庭审功能打破了时间与空间的限制，当事人可随时随地通过手机参与庭审，也可至家事诉联网法庭、高新科创诉联网法庭等诉联网便民法庭在专人指导下进行远程开庭。2024年，各基层解纷站点开展远程庭审65次，指导调解1063宗，接受法律咨询1973人次。[③] 一系列无纸化办案改革，进一步推动了诉讼服务能力的提升，为当事人减轻诉累，便民利民效果更加凸显。

（二）辅助事务集约办理，分工科学合理

为有效解决案多人少矛盾，香洲法院将分散在各环节的审判辅助事务整合集约，形成全链条辅助事务集约管理新机制，将办案人员从繁杂的业务性工作中剥离出来，专注于案件办理本身。在无纸化办案模式下，电子卷宗集

---

① 参见〔英〕理查德·萨斯坎德《线上法院与未来司法》，何广越译，北京大学出版社，2021，第123页。
② 数据来源：2024年度珠海市香洲区人民法院工作报告。
③ 数据来源：2024年度珠海市香洲区人民法院工作报告。

中扫描编目、必要纸质材料集中管理、诉讼材料集约送达、归档事项集约办理，将这些辅助性事务交由外包人员集约处理，在一定程度上减轻了办案人员的事务性负担。2024 年 4 月 15 日起，香洲法院全面推行民商事案件无纸化办案，所有新收案件的必要纸质材料均由中间库进行统一存储和管理。香洲法院与全市其他法院开展合作送达，由"全域协同+集约共享"理念引导，实现资源整合、效率提升，自"1+N"全域集约送达中心建立以来完成全市法院线上送达任务 71.5 万单，各法院开展线下互助送达近 6235 宗，有效破解了跨区送达路程远、耗时长、效率低等难题。

（三）在线办案智能便捷，优化办案体验

依托电子卷宗开展的无纸化办案，为办案人员提供了许多便利性的功能与工具。在传统办案模式下，办案人员面临纸质卷宗不能在办案小组成员之间同时使用、阅卷时因做笔记而破坏证据原件、诉讼事务遗漏办理、撰写文书需要寻找模板打字输入等令人苦恼却又难以解决的问题。这些问题在无纸化办案模式下都可迎刃而解，以电子卷宗为基础的深度应用为办案人员提供智能便捷的在线办案功能，材料跟踪与事项管理、案件画像与类案推送、智能阅卷与在线笔记、文书生成与在线审签等功能让办案人员通过一面屏幕、一个系统就可以完成案件的整个审理过程，办案人员的办公室里、桌面上再也不会出现堆积如山的纸质案卷。系统的便捷功能提高了审理的便捷性，优化了办案人员的司法办案体验，也让办案人员有着更加深切的获得感。

（四）智慧审判释放动能，提升案件质效

无纸化办案试点工作以办案机制上的改革释放办案动能。"工欲善其事，必先利其器"，香洲法院从硬件设备的升级、事务性负担的减少、在线办案系统的优化等多方面齐抓共管，激发司法生产力。

通过改造庭审阅卷电脑，法官开庭再也不需要携带厚重的卷宗材料当庭进行翻找，直接点开系统即可自由查阅电子卷宗材料、随时记录庭审笔记。庭审记录人员可采用语音转录方式取代全程手打记录，避免打断当事人发言影响庭审进程，通过语音转录进行无感、快捷记录的方式助力庭审效率的提升；庭审结束后也无须再将笔录打印出来给当事人签名，当事人可直接通过签名板或触摸屏进行手写签名，或是通过手机扫码在线签名，签完名的电子版笔录自动入卷，省去了打印完笔录签名再扫描的过程。对于适用简易程序的案件，根据珠海中院发布的《珠海市中级人民法院关于同意香洲区人民法院开展无纸化办案相关改革试点工作的批复》，上级法院同意香洲法院进行庭审记录方式改革，以庭审录音录像代替法庭笔录，更是实现了无书记员开庭，确保了庭审过程真实、完整、全面的记录，节约了人力资源。据统计，2024 年香洲法院全院案件法定审限内结案率达95.01%，同比上升 15.5%；平均结案时间为 64 天，同比缩短 36 天，其中速裁团队人均结案 796 件，同比上升 14.2%，金融团队人均结案 1503 件，审判效率大幅提升。[①]

四 未来展望：进一步推进无纸化办案工作

全流程无纸化办案是香洲法院在审判实践过程中进行试点推行的办案模式改革，涉及法院组织结构、职能分工、设施设备、制度保障、信息安全等多方面的问题。试点工作在取得较好成效的情况下，具有全面推广的价值。目前全流程无纸化办案模式存在集约送达覆盖不全面、新型庭审方式推行不彻底、诉联网建设不丰富、归档改革推进不深入等问题，制约了香洲法院推进全面信息化建设，需要不断以科技赋能法院办案，通过贯彻落实精准化、体系化的改革措施，将法院传统的工作模式转变为科学规范、便捷高效、人民满意的新型办案模式，进一步促进香洲法院审判能力现代化。

---

① 《今天，每一个人都是主角！》，"香洲法院"微信公众号，2025 年 1 月 17 日，https：//mp.weixin. qq. com/s？。

（一）深入推进集约送达，实现集约送达全覆盖

目前香洲法院采用集约送达的案件范围是全院的民商事审判案件，但案件体量较大的执行案件尚未纳入集约送达的覆盖范围。运行三年多来，集约送达取得了较好的效果，整体运行态势稳定，运行模式成熟，已经具备扩大适用案件范围的条件。但执行案件存在一定的特殊性，这类案件已经经历过审理程序，在送达标准方面与普通的民商事审判案件存在一定差异，在推行集约送达之前需要根据案件类型制作不同的送达标准，以优化集约送达流程规范，进一步提升送达成功率与电子送达率。

（二）推行新型庭审方式改革

目前，香洲法院已对大部分的审判法庭进行了改造升级，共有 39 个超融合法庭与电子质证法庭。为进一步提升当事人参与诉讼的体验，还需继续推进超融合法庭和电子质证法庭的建设，推行在线庭审和电子质证，通过超融合庭审为当事人提供更加便捷、多元化的司法服务，为办案人员提供更加智能化的办案体验，通过内外网交互实现功能更加强大的在线诉讼功能，让当事人享受无接触、零跑腿、在线审的便捷化现代庭审。

虽然语音转录已有技术支撑，但办案人员受到不敢用、不擅用、不想用等多种惯性思维的影响，在庭审中运用语音转录智能识别进行庭审记录的频率不够高，亟待通过转变思想、鼓励应用、加强培训、优化功能等方式促进语音转录在庭审记录中的应用。

简易程序案件以庭审录音录像替代笔录已获得上级法院的肯定与支持，这种新型庭审记录方式改革需事先对当事人进行解释说明、取得当事人的书面同意，庭审后不需签署笔录，只需对庭审录音录像的真实性与完整性的校验值进行确认即可，实现从"归纳式庭审记录"向"镜像式庭审记录"转变，庭审过程不因记录而停顿，确保庭审的流畅性与实质化。但该方式还未进行推广普及使用，亟待通过规范的制约、硬件的保障、流程的完善进行推广以进一步提升庭审质效。

（三）深入推进诉联网建设

近年来，香洲法院正以诉联网法庭为依托，与基层服务组织联合在镇街社区、工业园区、各大海岛等地设立综合性智能化司法服务平台，努力打造全域诉联网便民服务生态圈。虽然目前诉联网已初具规模，为部分当事人参与诉讼提供了家门口一站式的诉讼服务，但诉联网的辐射与服务范围还有待继续扩大，香洲法院将继续推进诉联网示范站点建设，并发布站点建设标准，鼓励更多符合条件的基层服务单位接入诉联网，拓宽诉联网的服务范围。同时，香洲法院还将通过建设诉联网指挥中心，统一协调推进各站点与法院工作人员的工作对接，增强法院能动司法服务群众的能力。

（四）推进归档方式改革

纸质卷宗数量持续增长，但法院档案存放空间不足，额外租赁院外档案存放场所又存在库房租赁、档案运输、人力跟踪等成本压力，以及实体档案借阅不便的问题。未来需进一步推行"以电子卷宗归档为主、以纸质卷宗归档为辅"的归档改革。通过"开源节流"的方式，一方面，需要推行文书在线制作在线签章、推进电子送达方式提升电子送达成功率，在诉讼过程中减少纸质卷宗的产生，以电子卷宗归档为主减少个案纸质卷宗的厚度甚至不产生纸质卷宗；另一方面，也需继续积极推行先扫描后立案、网上立案等无纸化立案方式，在立案环节不收取外部纸质材料，从源头上减少纸质材料，实现"档案瘦身"。

（五）持续优化升级 AI

继续升级开发"香法 AI·云上智审"平台，与软件公司共同打磨升级"香法 AI"，为法官打造线上办案"全能工具箱"，以科技为审判工作赋能。升级开发"香法 AI·云上智审"平台，探索人工智能辅助办案规则。重构司法知识体系，重点解决法律规则与人工智能技术融合中的知识图谱构建、类案裁判逻辑建模等基础性问题；创新人工智能介入司法权运行的边界与模式，探索解决人工智能从"工具辅助"向"决策协同"演进中的人机权责配置、裁判风险防控等制度性难题；构建司法技术治理体系，围绕数据安全、算法伦理、技术依赖等系统性风险，建立符合司法规律的技术应用标准和治理框架。

B.10
检察公益诉讼服务保障"绿美横琴" 建设的思考与实践

广东省横琴粤澳深度合作区人民检察院课题组*

摘 要: 横琴粤澳深度合作区作为粤港澳大湾区建设的重要极点之一,承载着为澳门经济适度多元化发展提供空间的初心使命。横琴粤澳深度合作区人民检察院在生态环境方面积极开展公益诉讼检察实践,聚焦民众关注的空气质量、水资源保护利用、垃圾处理、食品药品安全等民生热点问题,结合海洋检察新模式的探索、大数据法律监督模型的应用等新领域,有效保障"绿美横琴"建设。面对公益诉讼中检察履职成效不够、职能部门配合缺乏主动、证据固定难、法律责任冲突等问题,横琴粤澳深度合作区人民检察院将依法进一步加强能动履职,提升公益诉讼监督办案的精准性、规范性,发挥司法解释工作的指引作用,创新公益诉讼跨区域司法协作机制,依托技术与人力,提升证据收集与调查水平,推动完善"绿美横琴"生态环境治理体系。

关键词: 检察公益诉讼 横琴粤澳深度合作区 绿美横琴建设

自 2009 年 6 月 24 日国务院常务会议原则通过《横琴总体发展规划》,横琴岛正式纳入珠海经济特区的宏伟蓝图,并于同年 8 月 14 日获得正式批复,珠海横琴新区应运而生,踏上了设立与发展的新征程。[①] 2019 年 12 月

---

* 课题组成员及执笔人:周明,广东省横琴粤澳深度合作区人民检察院一级检察官;吴楠,广东省横琴粤澳深度合作区人民检察院书记员。

① 胡健、贺林平、洪秋婷:《横琴粤澳深度合作区:奋力书写高质量发展新篇章》,《人民日报》(海外版) 2024 年 5 月 9 日,第 10 版。

20 日，在庆祝澳门回归祖国 20 周年大会上，习近平总书记发表讲话："集中精力发展经济，切实有效改善民生，坚定不移守护法治，循序渐进推进民主，包容共济促进和谐，让澳门焕发出蓬勃向上的生机活力。"① 2021 年 9 月 5 日，中共中央、国务院印发《横琴粤澳深度合作区建设总体方案》（以下简称《总体方案》），2023 年 12 月 10 日正式批复《横琴粤澳深度合作区总体发展规划》，这标志着国家对横琴粤澳深度合作区（以下简称"横琴合作区"）建设的坚定支持与高度重视。横琴合作区位于珠海市南部的横琴岛，毗邻港澳，与澳门一水之隔，与香港一桥相连，处于"一国两制"交汇点和"内外辐射"结合部，总面积约 106 平方公里，于 2021 年 9 月 17 日正式挂牌成立。2024 年 3 月 1 日起，横琴合作区正式分线管理，其中横琴与澳门之间设为"一线"，横琴合作区与内地其他地区之间设为"二线"，实施货物"一线"放开，"二线"管住政策。

法治服务成为推动粤澳深度交流合作的关键要素。自 2017 年中央正式确立公益诉讼制度以来，检察公益诉讼在维护国家和社会公共利益方面发挥了不可或缺的作用，公益诉讼作为检察机关的"四大检察职能"之一，成为检察机关积极担当、发挥检察职能、营造和谐稳定的法治营商环境的重要抓手。全国人大代表、民众建澳联盟主席施家伦也曾强调，公益诉讼的创新协作将成为推动横琴合作区建设的重要力量。② 不断拓展便利澳门居民生活的新空间，提供宜居宜业的"绿美横琴"新家园是横琴合作区检察机关重要的历史使命。近年来，横琴合作区检察机关践行绿色发展理念，严格执行环境资源保护，紧密围绕民生热点问题，积极开展公益诉讼检察服务，确保横琴合作区的建设能够切实、安全、绿色、健康、可持续地推进，为横琴合作区的繁荣稳定提供坚实的法治保障。

---

① 《习近平在庆祝澳门回归 20 周年大会上的讲话》，"新华社"百家号，2019 年 12 月 20 日，https：//baijiahao.baidu.com/s? id = 1653445124380863457&wfr = spider&for = pc。

② 《施家伦代表：以公益诉讼创新协作助推横琴粤澳深度合作》，最高人民检察院网站，2024 年 3 月 11 日，https：//www.spp.gov.cn/zdgz/202403/t20240311_ 649182.shtml。

一 检察公益诉讼服务保障绿美横琴建设的政策基础

2021年9月，中共中央、国务院印发的《总体方案》强调了在法治建设、司法协作、法律监督等方面与澳门形成更加紧密的合作关系，构建粤澳共商共建共管共享的新体制，为检察公益诉讼在横琴合作区内的开展提供了宏观的政策支持和方向指导。在具体的立法依据上，检察机关依据《人民检察院组织法》《民事诉讼法》《行政诉讼法》等相关法律法规，以及"一国两制"方针，为横琴合作区的建设提供公益诉讼服务，确保在横琴合作区内开展公益诉讼工作时能够有法可依、有章可循。

在澳门特别行政区相关法律中，对推进横琴合作区公益诉讼亦有规定。如《澳门特别行政区基本法》第93条规定："澳门特别行政区可与全国其他地区的司法机关通过协商依法进行司法方面的联系和相互提供协助。"《澳门民事诉讼法典》第59条规定了环境保护公益诉讼的主体，鼓励粤澳两地检察机关充分发挥公益诉讼职能，维护社会生态环境，推进横琴合作区绿色健康的建设。

2017年7月1日，粤港澳三方共同签署的《深化粤港澳合作 推进大湾区建设框架协议》指出，要建立宜居宜业宜游的横琴国际休闲旅游岛，并与澳门世界旅游休闲中心建设联动发展，这与两地检察机关的公益诉讼服务中的环境保护领域息息相关。2020年7月29日通过的《广东省人民代表大会常务委员会关于加强检察公益诉讼工作的决定》强调，要进一步加强检察公益诉讼工作，促进依法行政、严格执法，维护国家利益和社会公共利益，维护宪法法律权威和社会公平正义。

相关法律法规和政策的出台，为检察机关在横琴合作区内开展公益诉讼工作提供了更加明确和具体的指导，能够更加精准地把握法律要求，更好地服务于横琴合作区的建设和发展。检察公益诉讼在服务保障横琴合作区建设方面已经具备了一定的立法基础和政策支持。未来，随着横琴合作区建设的不断深入和发展，检察机关将继续发挥公益诉讼职能作用，依法履行法律监督职责，加强与澳门等地的司法协作，共同推动横琴合作区法治建设和社会公平正义的实现。同时，检察机关也将密切关注横琴合作区建设的新形势、新任务和新要求，不断完善公益诉讼工作机制和方法，为横琴合作区的建设和发展提供更加有力的法律保障。

二　检察公益诉讼服务保障绿美横琴建设的司法实践

横琴合作区检察院立足法律监督机关主责主业，锚定绿美横琴生态建设目标，发挥检察公益诉讼在保护公共利益和促进国家治理中的制度优势和治理效能，加强检察监督与行政执法和刑事司法的协调联动，推动完善生态环境治理体系，凝聚公益保护合力，共同对山水林田湖草沙进行一体化保护，深化对生态环境的系统治理、依法治理、综合治理、源头治理，以高质效检察履职助力绿美横琴生态建设走深走实，让横琴的天更蓝、山更绿、水更清、环境更优美，人民群众生态环境获得感、幸福感、安全感不断提升。

（一）积极探索海洋公益诉讼检察新模式

横琴合作区拥有广阔的海域、漫长的海岸线、丰富的水产资源。随着横琴合作区开发建设热潮不断掀起，海水污染以及海洋资源开发问题备受关注。在开展海洋公益诉讼工作中，横琴合作区检察院横向发力探索建立海陆一体联防公益诉讼格局。一方面，横琴合作区检察院联合珠海海警局横琴工作站率先成立了全市首家"海洋检察工作室"，与海警单位在公益诉讼线索移送、信息共享、办案协作、人员培训等方面初步建立合作交流机制，形成了公益保护合力，进一步提升了横琴合作区海洋公益诉讼检察工作质效；另一方面，横琴合作区检察院专门设立公益诉讼专项经费，并在全市率先出台《公益诉讼案件线索举报奖励办法》，鼓励社会公众依法举报公益诉讼线索，借助群众力量，全力守护国家利益与社会公共利益。同时，横琴合作区检察院纵向推动形成泛珠三角区域公益诉讼协作机制。早在2021年，横琴合作区检察院就与南沙、前海检察院联合签订了《广东自由贸易试验区海洋生态环境保护检察公益诉讼协作工作意见》，双方从定期会商、信息共享、线索移送、联合调查等方面作出了详细规定与指引规范，形成了一套完善的保护自贸区海洋生态环境资源的长效机制，进一步加强了前海、南沙、横琴三地自贸区检察机关在泛珠三角海域海洋生态环境公益诉讼工作中的统筹协调和配合，形成了相互支持、相互协作的监督合力，有效促进了大湾区海洋生态环境治理体系和治理能力现代化。2024 年 6 月，横琴合作区检察院与前海、东莞二区院、中山一区院、新会、台山共七地检察机关齐聚南沙区人民检察院，举办"'益'起守护 美丽湾区"系列主题活动，联合会签《大湾区环珠江口红树林湿地物种保护公益诉讼协作机制》，探索红树林碳汇开发和交易，加强陆海统筹及系统治理监督，推进红树林湿地公益诉讼保护高质量发展，为大湾区实现"水清、岸绿、滩净、湾美、物丰"提供精准有力的检察服务保障。

（二）探索创新案件来源，用"大数据"赋能公益诉讼检察工作

检察公益诉讼案件线索来源少，主要依靠检察机关的"单兵作战"，缺乏行政机关以及人民群众的参与和支持。为深入贯彻落实数字检察战略，提升大数据赋能法律监督效能，横琴合作区检察院通过搭建洗车行业经营主体违规排放污水监督模型，加强对合作区内污水排放管理。横琴合作区检察院利用大数据法律监督模型平台，筛查出违规排放污水线索 15 件，并通过实地核查方式，确定了 6 家存在违规排水可能的洗车行业经营主体。针对上述情形，横琴合作区检察院与城镇排水与污水处理主管部门开展调研座谈，要求主管部门对辖区内洗车行业的排水情况进行完整摸排，督促管理部门对排查出来的问题进行相应整改。同时加强法治宣传工作，推动辖区内排水户依法主动办理污水排入排水管网许可证，促进合作区企业合法合规经营。

（三）强化扬尘污染治理，及时启动公益诉讼诉前程序

横琴合作区自挂牌成立以来，项目开发如火如荼，各个建筑工程都在抢时间、拼速度。然而，效率提升的同时却往往容易忽视生态环境，横琴合作区检察院公益诉讼部门在走访调查建设工地时发现，多个建设项目存在施工

现场裸露存放砂堆，未采取有效措施进行严密遮盖、围挡，空气中扬尘、砂石颗粒较多，造成大气污染的情况。为有效遏制扬尘污染源对空气质量的不利影响，正确引导建筑工地合法合规施工，横琴合作区检察院及时启动行政公益诉讼诉前程序，与相关职能部门磋商协调，要求督促施工单位采取有效防扬尘措施，杜绝在施工过程中对区域环境造成污染，同时按照"抓源头、控途中、查终点"的治理思路，加大机动巡查执法力度，切实强化扬尘污染治理，有力保护和改善了周边大气环境。

（四）聚焦水环境治理，着力打造"绿美"横琴

横琴岛内山、海、林、湿地、岸线等生态资源丰富多样，水环境是维系河湖生态系统结构和功能的基础，对河湖生态环境健康和流域可持续发展具有重大意义。横琴合作区四面环海、岛内水体众多，各排水口分布在横琴岛四周，地域跨度大，日常水体巡查工作中无法做到面面俱到，部分水体问题不能第一时间发现并处理，久而久之容易造成水体污染。横琴合作区检察院在开展"守护海洋"专项监督活动中发现，横琴合作区长湾隧道南附近暗藏两处排污口，污水流经附近沙滩表面出现白色漂浮物，且附近海岸存在大量垃圾。发现相关线索后，横琴合作区检察院公益诉讼部门利用无人机突破空间与地形限制，对该海岸垃圾分布和污水排放情况等进行立体航拍固定证据，并委托有环境鉴定评估资质的第三方检测机构进行水质检测。经检测，排污口水质 pH 值严重超标，水体为劣 V 类。之后办案组依据国家法律法规的相关规定，向负有自然生态系统和环境保护与推进生态文明建设职责的行政机关依法发出检察建议，督促其依法履行环境监管职责，协同相关部门查清上述污水来源和责任主体，对超标排放、非法设置或设置不合理的排污口依法限期整治和清理，消除陆域污染物未经处理或不符合排放标准直排入海，确保入海排污口达标排放，同时要求其协同相关部门对辖区内入海入河排污口进行全面排查，摸清数量、位置、规模等，防止责任主体瞒报漏报，规范入海排污口的设置和管理，并将海岸的管养纳入横琴市政管养采购项目，加大巡查检查力度，恢复海洋生态。

三　检察公益诉讼服务保障绿美横琴建设面临的问题

随着我国社会主义现代化建设进入新发展阶段，深入贯彻新发展理念，加快构建新发展格局，对加强生态文明建设提出了新的要求。检察公益诉讼作为一项年轻的司法制度，在实践中面临相关法律依据不足、相关规范还比较原则等问题，横琴合作区的检察公益诉讼实践也呈现出诸多与传统诉讼不同的特点。

（一）检察履职成效不够显著

及时发现损害公益的违法情形是做好检察公益诉讼工作、提升公益监督实效的重要前提。当前阶段的公益诉讼工作，有价值的公益诉讼线索来源存在局限性，绝大部分公益诉讼案件线索主要靠检察机关依职权主动发现，群众举报或行政机关移送的案件线索极少。这主要是由于检察公益诉讼制度相对其他三大检察职能较为年轻，群众普及力度不够。行政机关主动配合协作的意愿不高，横琴合作区各行政机关权责高度集中，如横琴合作区所有的行政执法权集中于横琴合作区商事服务局，横琴合作区自然资源主管部门、生态环境主管部门、林业主管部门、住房和城乡建设主管部门等部门职能集中于横琴合作区城市规划和建设局，行政管理与执法职能的高度集中意味着检察公益诉讼监督对象相对集中，考虑到检察机关应与行政机关保持良好的沟通协商机制，横琴合作区检察院在案件数量上难有大的突破。此外，检察机关的办案质效仍有较大提升空间。在横琴合作区的发展过程中，检察机关公益诉讼案件的受案范围主要集中在生态环境和资源保护、食品药品安全等传统领域，而对于横琴合作区建设中涉及的其他重要公共利益领域，如公共安全、知识产权、消费者权益等则较少涉猎，在办理重大、典型案例方面缺乏突破性进展。检察公益诉讼工作未能突出大湾区、深度合作区元素，尚未形成规模效应和地域特色，有待未来的改进与展望。

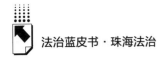

（二）相关职能部门配合缺乏主动性

行政机关认为社会公益问题往往涉及人员多、影响面广，难以通过检察公益诉讼制度取得实质性成效。同时，横琴合作区组织领导架构与其他地区差异较大，与之相配套的机制仍不够健全，在横琴合作区各部门之间的联动协作、线索移送、情况通报、信息共享等方面还需进一步凝聚共识，形成合力。特别是针对一些重大项目建设，往往存在审批程序不完善、管理不到位的情况，个别部门对公益诉讼工作有所顾虑甚至抵触，配合主动性不强。

（三）证据固定难、损害量化难、修复费用确定难等问题

《人民检察院公益诉讼办案规则》等文件对调查取证工作作出了一些规定，但在实际操作中，仍缺乏强制性措施的支持，导致检察机关难以有效地开展调查取证工作。对于不配合调查的单位或个人，检察机关缺乏必要的制裁手段；对于涉及商业秘密或敏感信息的证据，检察机关难以直接获取等。生态环境和资源保护案件需要依靠鉴定评估查明损害事实，但鉴定领域覆盖、鉴定质量和效率还不足以满足办案需求，检察机关又因为技术手段力量有限，在办案取证的过程中，往往不能及时有效固定证据。

（四）"同案不同判"现象仍然存在

生态环境案件相较于一般的诉讼案件通常更复杂，往往会出现民事法律关系与刑事法律关系交叉、行政法律关系与民事法律关系交叉等复杂情形，如果分别办理则容易出现"同案不同判"、法律责任冲突失衡等现象，难以做到公平公正。

四　检察公益诉讼服务保障绿美横琴建设的推进路径

《国民经济和社会发展第十四个五年规划和2035年远景目标纲要》中，设专篇对"推动绿色发展　促进人与自然和谐共生"作出具体部署和安排，

明确要求实施可持续发展战略，推动经济社会发展全面绿色转型，建设美丽中国。检察机关将持续准确把握公益诉讼检察与服务大局的关系，找准工作切入点和落脚点，把"双赢、多赢、共赢"理念贯穿生态环境公益诉讼检察工作始终，推动形成公益诉讼助力行政机关依法行政、依法履职的良好风气，切实把公益诉讼工作做实做牢，努力维护好国家利益和社会公共利益。

（一）基于能动履职，以可诉性引领案件办理的精准性和规范性

对于检察公益诉讼而言，应将精准性、规范性作为检察公益诉讼高质效的基本要求，将可诉性作为促进提升办案质效的重要标尺。检察机关应坚持"在办案中监督，在监督中办案"，在通过行政公益诉讼和民事公益诉讼开展监督的同时，要以可诉性促进提升公益诉讼监督办案的精准性、规范性，敢于以"诉"的确认体现司法价值引领。

精准是高质效履职的前提。要牢固树立质效优先导向，按照立案精准、严把入口关，办案精细、严把程序关，效果精优、严把结案关，不断提升检察办案的精准性。要进一步夯实公益诉讼诉前调查，完善调查取证措施，确保发现真问题，找准症结所在。关注群众急难愁盼的问题，以切实保护公共利益为着眼点，增强公益诉讼检察建议的针对性和合理性，分析问题令人信服，提出建议切实可行，督促行政机关依法履行监管职责、督促违法主体恢复受损公益。要聚焦难题精准发力，实现以"诉"促"治"，推动类案治理，体现司法价值引领。紧紧围绕横琴合作区中心工作大局，准确把握法律政策界限，恪守检察权运行边界，尊重横琴合作区特殊的行政权运行规则，既敢于监督，又善于监督，防止"简单化""一刀切"，具体问题具体分析，把高质效办好每一个案件的要求贯彻到履职全过程中，力求实现"三个效果"的统一。

强化检察公益诉讼的"规范性"。推动检察公益诉讼高质量发展，必须着力强化规范性，规范是高质效履职的保障。按照《2023—2027年检察改革工作规划》的部署，健全与审判机关、行政机关工作协调长效机制，健全不同领域公益诉讼办案指引。检察机关对内要优化一体化办案机制，统一

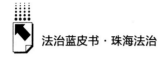

办案目标、办案标准和办案流程，以上率下提升办案规范化水平。实践中要充分发挥检察公益诉讼典型案例、指导性案例的指导作用，统一司法理念和司法尺度。

（二）基于法定受案范围，加强司法解释的更新和修订工作

随着我国改革开放的不断深入和法治建设的日益完善，法律解释工作的重要性愈发凸显。法律解释不仅是法律适用过程中的重要环节，更是确保法律正确、统一、有效实施的关键。在完善检察公益诉讼服务保障绿美横琴建设的过程中，法定受案范围是检察机关在公益诉讼中必须严格遵循的基础。为了完善检察公益诉讼服务，检察机关需要在法定受案范围内进行深入研究和探讨，明确各类公益诉讼案件的受理条件、审查标准和处理程序。在明确法定受案范围的基础上，通过加强司法解释工作，对法律条文的含义、适用范围和具体操作进行明确和解释，为检察机关在公益诉讼中提供具体的指导。包括对法律条文的字面解释、历史解释、目的解释等方法进行综合运用，结合具体案件情况，提出合理的解释和适用建议。① 同时，还需要加强对司法解释的更新和修订工作，及时反映法律变化和司法实践的需求，确保司法解释的时效性和适用性。

（三）借助合作平台，建立公益诉讼跨地区协作机制

2020 年 7 月，广东省检察院提出在横琴新区检察院设立中国与葡萄牙语国家检察交流合作基地，为中国与葡萄牙语国家之间的检察交流、司法协作、信息共享提供便利。该平台将成为澳门特别行政区、葡萄牙语国家与内地检察机关之间沟通的桥梁，为双方提供一个固定的、常态化的交流渠道，实现案件信息的实时共享，确保双方对公益诉讼案件有全面的了解和掌握。着眼未来，该平台主要有以下六点运行方向：一是承担举办中国与葡萄牙语

---

① 郭宇燕、王宇琪：《检察公益诉讼调查核实权的运行现状及制度保障》，《河北科技大学学报》（社会科学版）2024 年第 1 期。

国家间的检察论坛，积极推动建立机制化的检察交流访问；二是充分搜集、展示中国与葡萄牙语国家的检察制度、法学研究等领域的最新发展情况，推动深化检察领域务实合作；三是不定期在基地举办专题研修班、理论研讨班，接受葡萄牙语国家检察人员到基地培训；四是应葡萄牙语国家检察机关邀请，组织中国检察人员到葡萄牙语国家培训；五是推动中国与葡萄牙语国家之间进一步建立完善司法协助的制度性安排，为更好地打击跨国犯罪、化解跨境纠纷、共建绿美家园营造良好的法治环境；六是推动中国与葡萄牙语国家间的法律信息、案例信息等共享，为中国与葡萄牙语国家商贸投资提供法律咨询和规则指引。

澳门和内地的检察机关在运用粤澳检察合作交流实体平台的过程中，应通过设立由澳门和内地检察机关共同组成的联合委员会，负责平台的日常管理和运行，讨论和决定平台的工作计划和重要事项；同时制定详细的运行规则，明确平台的信息共享、案件协调、经验交流等工作的具体流程和标准，确保平台的高效运行。澳门与内地的检察机关可以借助该平台加强信息的互联互通，定期发布案件信息，包括案件类型、立案标准、调查取证情况等，确保双方对案件有全面的了解和掌握，实现数据的共享和互通有无，提高协作效率。澳门与内地检察机关之间也可以通过该平台开展公益诉讼案件的协调与配合，共同制定案件处理方案，协调案件办理进度，确保案件处理的公正性和高效性。还可以在该实体平台上定期举办研讨会、培训班等活动，邀请专家学者和办案能手进行授课和分享经验，加强检察经验交流，在此基础上，建立公益诉讼跨地区协作机制，推动公益诉讼工作的深入发展，这是完善检察公益诉讼服务保障横琴粤澳深度合作区建设的重要举措，不仅能够促进澳门与内地检察机关之间的紧密合作，还能有效应对公益诉讼中的跨地区挑战，为合作区的法治建设提供坚实的支撑。

（四）依托技术与人力，提升证据收集与调查水平

检察公益诉讼服务离不开证据收集与调查，其能力水平的高低直接关系到案件的成败。除了跨地区协作机制可以提升证据收集与整理的水平，还可

以充分依托技术与人力资源，推动证据收集与调查水平向更深层次发展。

在信息化、数字化快速发展的今天，技术已经成为推动公益诉讼工作进步的重要力量。为了提升证据收集与调查的效率，必须构建智能化证据收集系统，通过引入大数据、人工智能等先进技术，对与案件相关的各类信息进行搜集和整合，通过人工智能算法对信息进行深度分析和挖掘，从而发现潜在的证据线索，减少人工查阅、整理资料的时间，提高信息的准确性和完整性。另外，在处理公益诉讼案件时，传统的调查方法对现场环境、地形地貌等进行实地勘察和调查耗时耗力，且难以全面覆盖。而利用无人机、卫星遥感等高科技技术则可以实现对现场环境快速、全面、准确地勘察和调查，提高调查效率。实践中，可以采用专业的电子证据收集工具和技术手段，对电子设备进行取证和分析，加强对电子证据的收集与保全工作，确保电子证据的真实性和完整性，以及在诉讼过程中的可采性。

加强队伍建设，提高检察人员的专业素质和业务能力，有助于提高工作的效率。一方面，应当加强对检察人员的培训和教育，提高其法律素养、业务能力和职业道德水平。上级检察机关可以邀请下属其他部门，为检察人员定期举办培训班、研讨会等活动，邀请专家学者和办案能手进行授课和分享经验；同时，还可以建立业务考核机制，对检察人员的业务能力进行定期评估和考核。另一方面，针对公益诉讼案件的特点和需要，可以组建包括法律专家、技术专家、调查人员在内的专业化团队，发挥专业优势，共同协作完成证据收集与调查任务，提高证据收集与调查的专业性、准确性，提高办案效率和质量。由于公益诉讼案件涉及的领域较为繁杂、多样，在提起诉讼前阶段应当加强与行政机关、社会组织的协作联动，推动落实信息资源共享、案件线索移送、配合调查取证等工作机制，强化检察公益诉讼与生态环境损害赔偿衔接，形成公益保护合力。鼓励公众参与，借助数字赋能，充分发挥"益心为公"检察云平台志愿者和大数据法律监督模型的作用，聚力攻坚"老大难"问题。

公共利益就是人民的利益，检察公益诉讼是一项民心工程。检察机关需更加自觉地坚持以习近平新时代中国特色社会主义思想为指导，深入贯彻习近平生态文明思想、习近平法治思想，提升检察公益诉讼的"精准性""规范性"，检察履职更多关注群众所需，坚持生态惠民、生态利民、生态为民，积极探索生态检察监督路径，推动筑牢"美丽中国""绿美珠海""绿美横琴"司法保护屏障。

B.11
侵害未成年人案件强制报告制度的
实施困境及应对

珠海市金湾区人民检察院课题组*

摘　要：　侵害未成年人案件强制报告制度自颁布实施以来，取得了一定成效，但从总体上看，该制度的适用率仍然不高，在实施过程中存在强制报告责任主体范围较窄、报告内容存在局限性、受理部门与处置流程不明确、对报告责任主体的保障不足、追责机制不健全等问题。为突破上述困境，应适当借鉴国外成熟做法，进一步优化强制报告制度的顶层设计，细化强制报告责任主体、完善强制报告的内容和方式、明确强制报告处置流程，使强制报告制度更具可操作性。同时，加强与强制报告制度相配套的制度建设，进一步优化强制报告责任追究及奖励机制，以加大对强制报告责任主体的保护力度，稳步提升报告主体的责任意识及报告积极性等。并结合珠海本地检察机关在推动落实强制报告制度方面的经验做法，从而提出具体的完善路径。

关键词：　侵害未成年人案件　强制报告制度　分级干预

　　为解决侵害未成年人案件发现难、维护权益难等问题，切实加强对未成

---

*　珠海市金湾区人民检察院课题组负责人：李中原，时任珠海市金湾区人民检察院党组书记、检察长，三级高级检察官。课题组成员：李闽粤，珠海市金湾区人民检察院党组成员、副检察长，一级检察官；邓培旺，珠海市金湾区人民检察院第二检察部副主任、未检办负责人，二级检察官；黄秀敏，珠海市金湾区人民检察院第二检察部检察官助理；黄家俊，珠海市金湾区人民检察院第二检察部检察官助理。执笔人：邓培旺，珠海市金湾区人民检察院第二检察部副主任、未检办负责人，二级检察官。

年人的综合司法保护，2020 年 5 月，最高人民检察院联合九部门共同发布了《关于建立侵害未成年人案件强制报告制度的意见（试行）》（以下简称《意见》），规定未成年人遭受 9 类不法侵害情形时，有关单位和个人须立即报案。这是我国首次在国家层面确立侵害未成年人案件强制报告制度。2021 年 6 月，该制度被新修订的《未成年人保护法》吸收并发展。我国强制报告制度的建立在一定程度上破解了侵害未成年人案件发现难、报案不及时等问题，对及时发现犯罪、固定相关证据、阻断和干预违法犯罪行为，让未成年人尽早脱离被侵害的危险，全面维护未成年人合法权益，提升全社会对未成年人的综合保护水平，起到了十分重要的作用。

一　我国侵害未成年人案件强制报告制度的现实困境及成因

（一）现实困境

强制报告制度对于及时发现侵害未成年人权益的相关线索、打击和预防侵害未成年人犯罪、提升全社会未成年人保护意识具有十分积极的意义，是建立未成年人权益保障体系的重要举措。但强制报告制度在落实过程中尚存在一些问题，影响了该制度效能的发挥。

1. 强制报告制度适用率不高

最高人民检察院发布的有关数据显示，2020 年 5 月至 2023 年 12 月，全国检察机关共起诉强制报告发现案件 9282 件[①]，相较庞大的侵害未成年人案件总数，其适用率较低。2020 年 5 月至 2024 年 9 月，珠海市检察机关共办理侵害未成年人案件 368 件，其中涉及强制报告案件 62 件，占比约为 16.8%。据办案统计，其中履行强制报告义务的案件共 13 件，占比约为 21%；应当履

---

① 《最高检发布落实强制报告制度典型案例 高质效推动强制报告制度落实落细》，最高人民检察院网站，2024 年 7 月 5 日，https：//www.spp.gov.cn/spp/xwfbh/wsfbt/202407/t20240705_659652.shtml#1。

行而未履行强制报告义务的案件共 49 件，占比约为 79%。① 也就是说，约八成案件存在应当履行强制报告义务而实际未报告的情形（见图 1）。

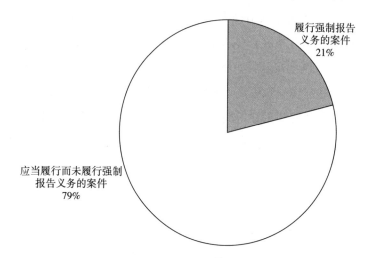

图 1 珠海市侵害未成年人案件履行强制报告义务情况

2. 强制报告制度的社会知晓度有待进一步提升

近两年来，随着普法工作的持续开展，强制报告制度为越来越多的公众所知晓。珠海市检察机关每年定期联合相关部门对儿童主任、儿童督导员、社工组织等开展强制报告专题培训讲座，通过法律解读、以案释法等加强强制报告制度普法宣传，充分运用"两微一端"等网络媒体，线上、线下普法相结合，部分领域儿童工作者对强制报告制度的知晓率已达 100%。但从全社会层面来看，强制报告制度的普及仍存在薄弱之处，针对医院、学校、酒店、网吧等最易发现侵害未成年人线索的重要场所，强制报告制度宣传力度有限，很大一部分从业人员对强制报告制度不够了解，部分行业亦未制定强制报告制度实施细则、报告流程等，导致通过强制报告发案率仍普遍较低。

3. 强制报告主体责任意识不强

《意见》明确规定了 9 种应当报告的情形，其中明确只要发现未成年人

---

① 数据来源：珠海市人民检察院业务数据统计。其中，未履行强制报告义务的案件已包含报告主体虽未按照强制报告制度要求上报，但已告知监护人报案或通过第三人报案的情形。

遭受或疑似遭受侵害，以及面临不法侵害危险时，均应及时履行强制报告义务。但实践中，一些报告主体责任意识不强，在面对应当报告的情形时因各种顾虑而未及时报告：一是侥幸心理，部分报告主体存在重利益、轻安全的侥幸心理，负有查验未成年人身份信息职责却未尽责甚至明知故犯，对未成年人权益是否遭受侵害漠不关心；二是恐惧心理，担心对未成年人权益是否遭受侵害、存在危险等判断错误，害怕报告后会遭到他人打击报复；三是矛盾心理，部分领域从业人员，如心理医生等更加注重隐私权保护，《医师法》等相关法律也未对该类情况予以明确规定，种种因素导致强制报告主体在面对相关情形时陷入两难境地，不愿意报告或者不及时报告。

4. 未履行强制报告义务追责率较低

随着我国强制报告制度的不断推行，相应的追责方式和力度也在同步增加，截至 2023 年 5 月 31 日，全国检察机关共对 14 名未履行强制报告义务导致严重后果的人员追究刑事责任，制发检察建议 2829 份，督促行政主管部门追责 1143 人①，但被追责的比例仍然较小。珠海的情况也一样，截至 2024 年 9 月 30 日，珠海市检察机关针对强制报告制度实施以来至今应当履行而未履行强制报告义务的 49 件案件，考虑到案件后果的严重程度、报告主体的过错程度等具体因素，目前仅针对其中 4 件情节相对严重的案件进行追责，追责率只有 8.2%。

其追责方式主要有以下几种：一是检察机关对涉案单位或个人的上级主管部门开展行政公益诉讼立案调查，以诉前磋商或制发检察建议等方式，督促相关职能部门对涉案单位或个人进行行政处罚；二是检察机关直接向未履行强制报告义务的单位制发检察建议，督促其加强落实强制报告主体责任，目前，珠海市暂未出现检察机关对强制报告主体进行刑事、民事追责的具体案例；三是针对虽未纳入强制报告主体，但对未成年人具有特定监护职责的人员，若其有发现而未报告的情形，检察机关可通过制发"督促监护令"

---

① 《〈未成年人检察工作白皮书（2023）〉发布，涉性犯罪突出》，京报网，2024 年 5 月 31 日，https：//news. bjd. com. cn/2024/05/31/10790330. shtml。

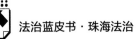

或采取训诫等方式予以纠正。实践中，追责程序之启动、追责方式之选取、追责后果之承担等尚缺乏统一标准，较大程度上取决于执法、司法部门的决策、把握，尚未形成完善的追责机制及配套制度。

（二）原因分析

1. 强制报告主体存在认知偏差

通过个案剖析，部分报告主体积极性不高，主要原因有以下几点：一是受传统观念影响，秉着"多一事不如少一事""事不关己，高高挂起"的态度，对他人的事情关切不足的现象普遍存在；二是对强制报告制度理解不够深入，对应当报告的情形、向谁报告、报告流程、免责情形不甚了解，甚至认为只有发生犯罪时才应当报告，而对于一般侵害行为或者疑似侵害情形不予报告；三是对不履行报告义务的法律后果不甚清楚。实践中由于对未履行强制报告义务进行追责的情况少之又少，报告主体对于未报告的法律后果缺乏认知和重视。从立法上看，各类法律文件之间缺乏统一协调性，在强制报告责任适用范围、报告内容、受理部门与处置流程、追责机制等方面的具体规定不统一、不完善，导致强制报告制度的效能未能得到充分释放。

2. 强制报告的责任主体范围较窄

2020年5月至2024年9月，珠海市受理侵害未成年人案件497件，其中涉及强制报告的案件有62件，仅占12.5%。侵害未成年人案件之所以发案率低，一方面是因为该类案件往往作案手段隐蔽、未成年被害人法治意识较低，导致侵害行为难以被发现，另一方面则是未将普通公民纳入强制报告主体。从已经履行强制报告义务的13件案件来看，报告主体主要是学校、医疗机构、酒店或旅馆这三类，报告主体范围较小、种类较少，具体分布如图2所示。

《未成年人保护法》的相关规定表明，强制报告制度赋予一般组织与个人的检举、控告权是一项法律权利而非强制义务。① 作为权利，即具备行使

---

① 《未成年人保护法》第11条第1款规定："任何组织或者个人发现不利于未成年人身心健康或者侵犯未成年人合法权益的情形，都有权劝阻、制止或者向公安、民政、教育等有关部门提出检举、控告。"

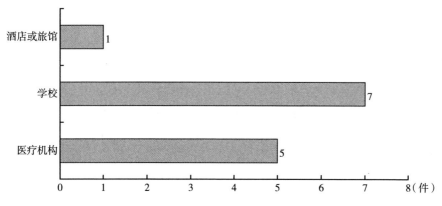

图2 珠海市侵害未成年人案件履行强制报告义务主体分布情况

与否的选择性，不具有强制性。法律仅赋予部分特定主体如国家机关、村（居）民委员会以及密切接触未成年人的有关单位及人员以强制报告的义务，通过法律条文的方式进行了不完全列举，很明显可以看出，我国法律主要通过行业领域划分将强制报告的义务赋予了有关单位而非一般个人。其中，法定监护人、其他监护人作为与未成年人关系最为紧密的人员，却未被纳入强制报告主体的范围，甚至也没有针对监护人未履行强制报告义务的追责规定，检察机关针对该种情况一般是通过对监护人进行训诫或制发家庭教育督促令的方式进行处理，惩处手段和力度均十分有限，柔性有余而刚性不足。

3. 强制报告的内容存在局限性

《意见》第4条明确列举了强制报告主体面对未成年人遭受或疑似遭受不法侵害时应当及时报告的9种情形，这9种情形大多属于未成年人遭受或疑似遭受人身伤害、性侵害的情况，而《未成年人保护法》总则部分对需要履行强制报告义务的情形作出类似较为笼统的规定，而分则对上述内容进行进一步限缩，明确需要强制报告的情形主要限于两种情况：一种是违法犯罪行为；另一种是侵害未成年人合法权益且达到情节严重的程度。"严重"的要求大大限缩了《意见》以及《未成年人保护法》总则规定的强制报告的内容，从珠海市已经履行强制报告义务的刑事案件来看，13件案件均为性侵案件，暂未发现报告未成年人其他权益遭受侵害的情形。

我国《未成年人保护法》在"网络保护"一章重视网络对未成年人的不良心理影响，但仅限于通过网络方式传播的不良信息内容，并未将其范围扩大为一切对未成年人可能造成精神损害的行为，并以此将心理和精神遭受侵害的情形纳入强制报告的范畴，实践中亦未发现涉及未成年人精神损害的强制报告。而在域外，强制报告的范围一般除了身体遭受侵害，还包括精神损害，如在实行儿童侵害强制报告制度已有 50 余年历史的美国，其 48 个州都规定了精神虐待的强制报告，可见其对于儿童心理和精神损害的同等重视及保护程度。

4. 受理部门与处置流程不明确

从珠海市检察机关办理的 13 件履行强制报告义务的案件来看，其中 11 件均系发现侵害的人员通过本人拨打报警电话或委托他人代为报警的方式直接向公安机关进行报告，其余 2 件系报告主体先向其所在单位、主管部门报告后，再向公安机关报告，报告形式主要为口头报告，并未严格按照其所在行业、部门规定的报告流程进行。可见，强制报告义务在履行过程中存在受理部门不明确、报告流程不明确等诸多问题。

首先，受理部门不明确。《意见》及《未成年人保护法》关于强制报告的受理部门的表述不一致，前者规定受理部门是公安机关，后者规定受理部门除了公安机关外，还包括民政、教育等多部门。值得注意的是，在对各个不同领域的报告部门进行分别说明时，也存在规定不统一、缺乏认定标准的情形。如《未成年人保护法》规定学校及老师在履行强制报告义务时，对应的受理部门除了公安机关外，还有教育部门，而针对网络商家或相关人员，强制报告的受理部门仅为公安机关。从实践操作来看，受理部门过多且标准、范围不清晰，法律规定不一致，极易导致报告主体不知该向谁报告，对于有多个受理部门的，究竟是同时报告还是随机择一报告也未明确。对于报告的方式，是电话或者线下方式，还是网络途径等也未作出明确规定，这些都是强制报告适用率低的原因。

其次，报告流程不明确。《意见》规定了公安机关在接到强制报告后的大致处理流程、期限，但规定得较为模糊，对初查等重要环节的期限未加以规定，对公安机关以外的其他受理部门亦未作出相关规定；而《未成年人保护法》虽规定全部受理部门应依法及时受理并处置强制报告线索，但对处置流程、时限、反馈结果等均未作出明确规定，可操作性不强。

5.对报告责任主体的保障不足

《意见》中明确要求对报告人的个人信息进行保密，且对因报告产生的纠纷，报告人不承担法律责任。这一规定旨在免除报告主体的后顾之忧，但因其规定得较为笼统，报告人往往会担心保护措施不够完善、保护力度不够强大而不敢报告、不愿报告。笔者曾在办案过程中遇到居委会、医疗机构工作人员在遇到疑似应当报告的情形时因害怕实名举报会遭到当事人报复、遭受法律风险等而不敢及时报告的情形。进一步明确保护报告主体的细则，让报告者放心大胆地履行报告义务，是有效贯彻强制报告制度的重要保障之一。

6.追责机制不健全

法律制度的有效实施离不开强有力的追责机制。由于法律规定不够明确、细致，责任追究之启动缺乏相应标准，与各行业法律缺乏有效的衔接，部分报告主体即使未履行强制报告义务也难以被追责，这也是强制报告制度适用率和追责率不高的重要原因之一。

其一，《未成年人保护法》虽明确规定对未履行强制报告义务并导致严重后果的相关主体进行追责，但是由于未对"严重后果"这一前置条件的具体情形、判断标准进行清晰界定，实践中可能会出现追责门槛被拉高、追责条款虚置的问题。

其二，《未成年人保护法》规定了未履行强制报告义务主体的行政责任，但《治安管理处罚法》并无与之对应的行政处罚依据，导致两法衔接不畅。

其三，《意见》和《未成年人保护法》规定了未履行强制报告义务的法律后果包括行政责任、民事责任和刑事责任，而由于我国在民法、刑法上缺乏配套规定，针对部分责任主体追究其刑事责任、民事责任均于法无据。在最高人民检察院通报的典型案例中，有的国家机关工作人员因未履行强制报告义务而被追究刑事责任，其对应的罪名为渎职犯罪，但针对其他非国家工作人员不履行强制报告义务并导致严重后果的，刑法上并无专门的罪名与之对应，那么，又该以何种方式追究其刑事责任？同样，《未成年人保护法》虽明确规定，未成年人的合法权益遭受侵害时，除了追究当事人的刑事责任，还可追究相应的民事责任，但由于《民法典》中未对该情形作出配套规定，追究报告主体的民事责任同样于法无据。从实践来看，最高人民检察院发布的典型案例中有遭受侵害的被害人向未履行强制报告义务的宾馆成功追索精神损害赔偿的情形，但实际上系双方调解结案，一般法院对未履行强制报告义务引起的精神损害赔偿案件往往不予立案，即使立案也大多采取调解方式结案。

二　完善强制报告制度的途径

习近平总书记强调，少年儿童是祖国的未来，是中华民族的希望。[①] 因此，我们要全面准确把握未成年人保护，对侵害未成年人犯罪保持"零容忍"。[②] 及时发现、及时报告，是法律赋予报告主体的神圣职责和使命。针对强制报告制度的不完善之处，需要借鉴域外经验并结合我国国情，通过立法和实践探索加以改进。检察机关作为强制报告制度的推动者、监督者，应立足法律监督本职，以监督促履责、促治理、促保护，督促各部门持续扩大强制报告制度宣传范围并加大宣传力度，不断提升强制报告制度的公共知晓度和适用率，持续加强数字化建设，充分运用大数据平台，加强多部门间协作，凝聚社会力量，以司法保护促"六大保护"融合发力，共同照亮"隐秘角落"，让侵害未成年人的行为无处遁形。

（一）细化强制报告责任主体

国际上，强制报告主体的设置大致分为三种模式：一是以日本、德国为代

[①] 中共中央文献研究室编《习近平关于青少年和共青团工作论述摘编》，中央文献出版社，2017，第5页。

[②] 《应勇：对侵害未成年人犯罪要"零容忍"》，新浪网，2024年4月8日，https://news.sina.com.cn/c/2024-04-08/doc-inarctkq3929224.shtml。

表的大陆法系国家,将与未成年人有密切接触机会的组织机构均列为强制报告主体;二是以美国为代表的英美法系国家,将强制报告主体扩展到任何发现或者怀疑未成年人遭受虐待或被忽视的人;三是将前两种模式进行结合,根据具体侵害的情形来设置报告义务主体。例如,加拿大针对未成年人遭受一般侵害与性侵害时,分别对强制报告主体进行单独划分:针对一般侵害时,强制报告主体即与未成年人密切相关的从业人员;而针对未成年人遭受性侵害时,所有人都是报告主体。① 这种采取列举与概括相结合的方式划分强制报告主体的做法,将强制报告主体规定为各类职业群体中的个人而非单位,能够更好地明确责任主体的权利和义务,也更有利于对不履行强制报告义务者进行追责。

从强制报告制度的立法本意来看,强制报告主体应当是接触或发现未成年人受侵害概率最高的人,我国应借鉴域外做法,将强制报告主体细化到具体的个人而非单位,并适当将强制报告主体范围扩大至下列人员:未成年人的父母或其他监护人、家政服务人员(保姆、月嫂、钟点工等)、学校及校外培训机构教职员工、婴幼儿照护机构人员、村(居)民委员会工作人员、儿童游乐场所的工作人员、警察、律师,以及医疗、教育、卫生、民政、儿童救助、福利机构、社工组织、妇联、共青团、关工委等单位工作人员。考虑到公共场所是侵害未成年人案件的高发地,可将车站、机场、码头、公园等公共场所的从业人员纳入强制报告主体范围。

鉴于性侵未成年人犯罪的隐蔽性和危害后果的严重性,原则上所有人在发现未成年人遭受性侵害或陷入相关危险时都应具有强制报告义务。比如,加拿大规定一旦发现未成年人参加网络色情活动时,任何人都是强制报告主体。此外,实践中儿童遭受隔空猥亵这类性侵案件频发,严重污染网络环境,此类案件也应将所有人纳入强制报告主体范围。

(二)完善强制报告的内容和方式

建议取消《未成年人保护法》分则关于强制报告制度适用情形中侵害

---

① 余为青、秦鑫鑫:《侵害未成年人强制报告的规范缺陷、完善措施和未来展望》,《阜阳师范大学学报》(社会科学版)2023 年第 2 期。

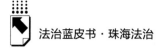

未成年人合法权益须达到"情节严重"这一限制，使之与总则保持统一，即发现侵害或疑似侵害未成年人身心健康的行为均属于应当报告的范畴，同时鉴于父母系与未成年人接触最紧密、监护责任和保护义务最为直接的人，应将其明确规定为第一强制报告主体。此外，有研究表明，那些虽未直接遭受家庭暴力但通过各种途径直接或间接感受到家庭暴力的儿童，无论是家庭暴力导致家庭解体，还是家庭暴力伴随家庭持续存在，对于孩子的心理和精神健康而言，其伤害不言而喻。检察办案中亦发现，未成年人目睹家庭成员之间相互辱骂、殴打，久而久之会养成乖张、冲动的性格，乃至走上犯罪的道路。这些目睹家庭暴力所带来的伤害，均可归为"精神虐待"，有必要将其一并纳入强制报告的情形，以符合儿童最大利益原则。[①]

随着网络信息时代的到来，强制报告的方式也应与时俱进，不论是口头还是书面报告，当面还是电话报告，也不论是通过自媒体还是新媒体途径报告均应被许可。这需要在信息网络配套设施方面不断完善，如开设未成年人保护热线或强制报告专线，设置专门的邮箱、微信、微博、私信等多渠道报告途径。国内部分地区检察机关联合卫健部门共同研发"强制报告智能报告系统"，并嵌入医院诊疗系统，医生在诊疗时若发现未成年人疑似遭受侵害，可通过该系统将相关信息"一键推送"给检察、公安、卫健部门[②]，这不仅很好地解决了医务人员因担心引发医患纠纷、占用工作时间而不敢报告、不愿报告等问题，更加强了各部门之间的信息共享、协作配合，提升了履行强制报告义务的质效，值得推广。

（三）明确强制报告处置流程

强制报告受理部门根据报告情况的轻重缓急、严重程度等采取相应的处

---

① 兰跃军、李欣宇：《强制报告制度的实施困境及破解》，《中国青年社会科学》2021年第6期。

② 2024年7月5日，最高人民检察院发布《落实强制报告制度典型案例 高质效推动强制报告制度落实落细》，详见案例三《姚某甲强奸案——医务人员主动报告，助力惩治性侵害犯罪》。

理措施是落实强制报告制度的根本目标。

首先，设置强制报告专门受理机构。公安机关虽系制止违法犯罪的法定部门，但若将大量精力花费在对强制报告内容的前期审查分析上，势必会造成警力浪费，公安机关在涉案事实尚未查明的情况下即向遭受侵害的未成年人进行调查核实，可能会给未成年人带来不必要的心理负担。[1] 因此，建议由各地政府负责协调儿童保护工作的机构初步统一受理，借鉴美国设置调查员的做法，安排经验丰富的调查员专门办理，并设定统一的风险等级标准，将案件划分为低风险、中风险和高风险三种，调查员在受理案件后进行调查核实，迅速判断其风险等级并制作调查报告，同时进行分级干预，实现各部门的信息衔接和共享，并向报告主体及时反馈。

其次，推行分别响应模式。当报告的案件为高风险或中风险时，应立即向公安机关报案。公安机关经审查认为"有犯罪事实"发生的，及时开展立案侦查工作，依法、全面搜集涉案的全部证据材料，并可适时邀请检察机关介入引导侦查。而针对低风险的情形则可分别处置：需要行政处罚的，及时移送相关行政部门依法处置；需要对未成年人及时开展救助的，可将线索移送给妇联、司法等相关职能部门，并做好持续跟踪回访，确保救助工作落到实处[2]，若存在家庭教育不当、监护失职的情形，建议由相关部门及时开展家庭教育指导、督促监护等工作。

最后，对未成年被害人进行分级干预。调查员根据调查结果对遭受侵害的未成年人建立个人信息档案[3]，定期对其所处环境作出准确评估，包括对未成年人成长环境、受教育环境以及精神、心理状况等进行量化管理，通过综合评估未成年被害人的相关情况，将其划分为一般保护、特殊保护和重点

① 杨雯清、李泳霖：《中国未成年人强制报告制度的检视与完善》，《汕头大学学报》（人文社会科学版）2021年第3期。
② 唐玺、徐平平：《侵害未成年人强制报告制度问题研究与对策》，《上海公安学院学报》2022年第4期。
③ 陈永峰、张艾嘉：《侵害未成年人案件强制报告制度及其适用的反思与优化》，《四川警察学院学报》2023年第5期。

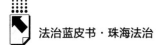

保护三类人员，以此进行分级干预。① 针对一般保护人员，只需要通过及时关注其动态信息，结合其相关需求，适时提供引导、指导即可；针对特殊保护人员，则需要密切关注其需要特殊照顾的方面（如心理健康、家庭氛围等），并提供该领域专业人员（如心理咨询师、家庭教育指导师等）对其进行个性化的干预指导；针对重点保护人员，因其情况复杂且较为严重，需要对其进行紧急干预，并联合多部门进行长期帮助，以此实现分级干预、精准保护。

（四）加大对强制报告责任主体的保护力度

履行强制报告义务体现了报告主体的社会责任及担当，是惩恶扬善、弘扬社会正义感的充分体现，国家应为强制报告主体提供全面的保障措施。其一，允许个人匿名报告。针对单位履行强制报告义务，原则上可要求实名，但基于匿名报告一方面可有效防止报告主体的个人信息泄露，另一方面也可减轻报告者担心遭受报复等心理负担，可允许个人以匿名方式进行报告。为了防止匿名报告可能产生虚假报告、恶意报告、无效报告等情形，相关部门在受理报告主体匿名报告时，应对报告的内容进行仔细审核，同时告知匿名报告者故意提供虚假报告应承担的法律责任。其二，在无证据证明报告者系恶意报告时，即使经调查核实，属于重复报告、错误报告，亦不宜追究报告主体的法律责任，以提高其报告的积极性。其三，若报告主体因履行强制报告义务而遭受损失或信息泄露时，国家应及时为报告主体提供有效的保护，并根据具体情况提供经济赔偿、法律服务、心理辅导等。此外，针对打击报复报告主体的行为，应依法严厉打击，从严追究其法律责任。

（五）优化责任追究及奖励机制

各地对强制报告的奖惩机制做法不一，部分地区重在对未履行强制报告

---

① 何挺、周思余：《侵害未成年人案件强制报告的响应处置机制：域外经验与完善路径》，《青少年犯罪问题》2023 年第 4 期。

义务的人员进行责任追究，部分地区则主要通过对积极履行强制报告义务的人员进行奖励，以提高报告主体的积极性，但尚未形成统一标准。强制报告主体的责任追究主要包括四个方面。其一，报告主体未履行强制报告义务，并导致未成年人权益遭受损害的，报告主体应根据具体情况承担相应的民事责任。其二，作为强制报告主体的单位未履行强制报告义务或未承担强制报告行业监管责任时，应依法追究其行政责任，这是各国的共同做法，也是落实《未成年人保护法》、加强未成年人权益综合保护的内在要求。同时，应对行政处罚的具体形式加以明确，《行政处罚法》、《治安管理处罚法》以及《公职人员政务处分法》等均应制定配套的行政处罚依据。其三，强制报告主体未履行报告义务并导致严重后果的应追究其刑事责任。目前，针对国家机关工作人员发生此种情形的，可以渎职犯罪追究其刑事责任。而针对其他非国家机关工作人员未履行报告义务而造成严重后果、需要予以刑事处罚的，建议修订《刑法》，增设罪名"不履行强制报告义务罪"，并明确相应的入罪标准、量刑情节，切实增强"不报告入刑"的可操作性。其四，对于积极履行报告义务并有效促使未成年人免遭侵害的情形，可根据具体情况给予适当的物质和精神奖励，具体可借鉴我国《见义勇为人员奖励和保障条例（草案公开征求意见稿）》，制定"履行强制报告义务人员奖励和保障条例"，建立统一的奖励机制。唯有做到赏罚分明，才能持续激发报告主体的积极性，使强制报告得以更深入、广泛落实。①

三　珠海市检察机关推动落实强制报告制度的经验做法

（一）多部门联动，加强机制保障

1. 联合开展专项督查

自强制报告制度实施以来，珠海市检察机关多次牵头组织相关单位，成

---

① 徐垒、张伶俐：《侵害未成年人案件强制报告制度及落实机制研究》，《重庆科技学院学报》（社会科学版）2023 年第 1 期。

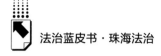

立工作组,对辖区内学校、校外培训机构、医院、村（居）委会、酒店、营利性娱乐场所的强制报告制度落实情况进行专项监督。通过走访座谈、查看台账等方式全面了解相关单位建立落实强制报告制度工作流程和规范,以及实行专人负责制并开展培训学习的相关情况,认真听取各单位在落实强制报告制度过程中遇到的困难,针对宣传力度不够、监督追责机制不健全等问题提出整改建议。

2. 建立联席会议制度

珠海检察机关积极对接监委、教育、公安、民政、卫健、团委、妇联等部门,主动听取意见、深入沟通协调,与相关职能部门建立联席会议制度,确定强制报告工作专门联络员,加强工作衔接和信息共享,整合多方资源以形成保护合力,致力解决侵害未成年人案件发现难、报告难、干预难、联动难、追责难等现实问题。

3. 促进完善相关机制

多部门就落实侵害未成年人案件强制报告制度联签《关于落实侵害未成年人案件强制报告制度的工作办法》等相关规定,进一步细化各部门职责分工、明确"报警+备案"双报要求和流程、加强组织保障等,凝聚各领域未成年人权益保护的共识和合力。定期开展强制报告专项整治、"回头看"及侵害未成年人案件倒查机制等,对不依法履行强制报告义务的单位或个人以制发检察建议或向相关部门移送线索等形式,促进完善强制报告追责机制和奖励机制,深入推动强制报告落地生根。

（二）全方位普法,推动制度落地

1. 打造"护未"检察品牌

珠海检察机关积极打造未成年人权益保护相关品牌,聚焦未成年人综合保护,形成品牌效应,充分运用青少年法治教育实践基地、各镇检察室、珠海电台直播间、"南方 plus"、人大直播间等本地平台,创新开展"小金贝"空中课堂、模拟法庭、"法治剧本杀"游戏、情景剧巡回演出等法治实践活动,采取"线上"与"线下"相结合的方式,针对各社会群体广泛开展强制报告专题讲座，广泛印发强制报告宣传海报、标语，普及侵害未成年人案件强制报告制度的相关法律知识，促进强制报告制度落地生根，筑牢未成年人健康成长的法治屏障。

2. 开展"以案释法"法治宣传

强化"在办案中普法，在普法中办案"的工作理念，深入落实"谁执法谁普法"普法责任制，将普法工作与检察办案同部署、同落实。充分发挥新媒体矩阵效应，通过微信公众号、新浪微博、新闻客户端等开展以案释法，通过发布与强制报告相关的法律法规、典型案例、成功经验等，不断提升强制报告的公众知晓度和适用率。

3. 珠港澳三地同频共振

为进一步提高普法辐射面，珠海市检察机关还联合珠海市涉外公共法律服务中心等单位，由检察官、人大代表、港澳律师代表，共同录制与落实侵害未成年人案件强制报告制度相关的视频节目。面向大湾区群众，详细介绍珠、港、澳三地关于未成年人保护的法律规定与主要特点，普及三地未成年人保护法律知识，共同营造三地未成年人法治保护的良好氛围。通过在十字门商都、湾仔口岸等珠海地标地段和人口流动密集区域的电子大屏、社区电子终端屏幕等媒体上播放节目，不断扩大强制报告制度的影响力和覆盖面，有效推动强制报告制度的落地实施，护航大湾区青少年健康成长。

（三）数字化检察，提升未保质效

1. 广泛应用"数字化"监督模型

珠海检察机关贯彻"数字化检察"新理念，通过制作"医疗机构履行强制报告义务监督模型"及广泛应用相关模型开展强制报告监督，通过定期向相关部门调取数据并筛选、碰撞、分析，高效、及时、批量发现未履行强制报告义务的线索，并因地制宜进行监督，监督模型可推广、可复制，充分运用大数据赋能强制报告制度执法监督，批量发现相关单位或个人是否依法执行强制报告制度、行政主管部门是否履行监管职责、公安机关是否存在怠于侦查等监督线索，通过刑事、民事、行政及公益诉讼"四大检察"融

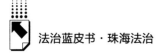

合履职，使强制报告线索收集从"大海捞针"转向"围网捕鱼"，推进强制报告制度落地落实，以点带面，全面提升对未成年人保护的社会综合治理质效。

2. 多部门共享"智慧未检"云平台

基于未成年人分级干预需要及时、充分掌握相关人员的动态信息，为打破信息壁垒，实现多部门信息共享与协作，2024 年 5 月，珠海市检察机关正式上线应用"智慧未检精准帮教和精准保护云服务平台"，借助大数据技术实现跨部门信息共享并进行数据分析，检察官、各领域专家、社工人员等可根据平台的数据分析结果、推送建议等，及时对罪错未成年人及遭受侵害的未成年人进行经济救助、法律援助、心理干预、转学安置、家庭教育等，实现联合干预、保护，规范、高效、精准开展未成年人帮教和保护工作，让未成年人感受到社会的温暖和司法的温度，早日走出阴霾，重拾生活的阳光。

B.12
检察机关服务保障乡村振兴的基层实践[*]

珠海市斗门区人民检察院课题组[**]

摘　要： 民族要复兴，乡村必振兴。党的二十大擘画了以中国式现代化全面推进中华民族伟大复兴的宏伟蓝图，全面建设社会主义现代化国家进程中，最艰巨最繁重的任务仍然在农村，习近平总书记强调要举全党全社会之力全面推进乡村振兴。斗门区人民检察院坚持依法履职、发挥一线优势，找准检察职能的发力点和切入点，紧紧围绕护安维稳责任和"实体经济为本、制造业当家"战略，紧扣绿色发展理念，践行检察为民的使命，为加快建设和美、富美、绿美、甜美、善美的"五美"乡村提供强有力的检察服务和保障。面对服务乡村振兴存在的理念还不到位、联动机制还需完善以及服务能力还需提高等短板和弱项，斗门区人民检察院将进一步深度融合检察职能与乡村振兴，加强检察力量下沉，平衡检察资源，整合优化检察功能，探索出一条具有检察特色的检察助力乡村振兴的模式，为实现农业农村现代化贡献检察力量、法治力量。

关键词： 检察机关　乡村振兴　基层实践

一　检察机关服务乡村振兴的意义阐释

（一）检察机关服务保障乡村振兴的政策背景

改革开放以来至 2024 年底，党中央共出台了 26 份"中央一号"文件，

---

[*] 如无特殊说明，本文数据资料均来自珠海市斗门区人民检察院。

[**] 课题组负责人：白俊，珠海市斗门区人民检察院党组书记、检察长。课题组成员：汤凯，郑州大学商学院副院长、副教授、博士生导师；曾震，珠海市斗门区人民检察院办公室主任；李炀森，珠海市斗门区人民检察院办公室检察官助理。执笔人：李炀森。

这些文件紧紧围绕"三农"工作重点，完整地呈现了国家经济社会发展的基本脉络①，梳理"中央一号"文件，可以发现改革开放以来的乡村治理分为探索发展、转型推进、全面发展、高质量发展四个阶段。②

20世纪80年代，我国开始了乡村治理现代化探索，以家庭联产承包责任制为制度探索，打破旧有的统购统销的生产分配模式。这一阶段探索发展的成果主要体现在两个方面：一方面，生产分配模式的变革，打破了"大锅饭"的旧有形式，激发了农民积极性，促进农业生产；另一方面，社队制度的消解和城乡二元制的逐渐松动，解放了乡村富余劳动力，实现市场流通顺畅，为城市现代化建设提供了充足的劳动力资源。

2004年，党中央、国务院开始重视"三农"现代化发展问题，"三农"工作的目标从"吃得饱"转向了"要素齐全"。"中央一号"文件围绕乡村基本公共服务、基础设施建设、农业科技创新等方面，着力推进社会主义新农村建设。同时，国家在基本公共服务、基础设施建设、工业科技创新等方面加大投入力度③，力图构建要素全面的乡村建设格局。

党的十八大后，我国的乡村建设重点逐渐向"治理"方向转变，主要体现在新型农业经营体系的建立、新型农业经营主体的培育、生态农业发展的推动、供给侧结构性改革的推进等方面。在这一阶段，中国式乡村治理现代化主要是以建设社会主义现代化农业为主，同时为下一阶段乡村振兴战略的部署推进打下基础。

党的十九大以来，乡村建设步入高质量发展阶段。党和国家从城乡融合高质量发展、党建引领乡村治理高质量发展、数字乡村高质量发展三个方面入手，在广大农村地区扎实推进"三变"改革，在习近平生态文明思想的

---

① 参见习近平《加快建设农业强国 推进农业农村现代化》，《求是》2023年第6期。

② 参见朱新武、王智垚《中国式乡村治理现代化的政策演进、理论逻辑与实践路径》，《云南社会科学》2023年第5期。

③ 参见张赛玉、史志乐《乡村振兴高质量发展实现中国式现代化的路径探索》，《贵州社会科学》2023年第5期。

指导下，从宏观整体层面整合和使用乡村各类资源，推动实现从传统农业向智慧农业的有序转型。

（二）检察机关服务保障乡村振兴的区域背景

2023 年初，广东省委印发决定，要在全省范围内实施"百县千镇万村高质量发展工程"（以下简称"百千万工程"），促进城乡区域协调发展。"百千万工程"的实施，目的是更好地解决城乡区域发展不平衡不充分问题，方案指出，广东实现高质量发展最艰巨、最繁重的任务在农村，县镇村内生动力不足，一体化发展政策体系不健全，资源要素从乡村向城市净流出的局面尚未扭转。事实上，广东省的经济社会发展情况与党的十九大提出的我国社会主要矛盾的变化完全相符。因此，"百千万工程"的实施，既是广东省贯彻落实党中央决策部署的重要举措，也是实现本省经济社会新突破、"再造一个广东"的具体行动。

"百千万工程"方案中指出，要建设宜居宜业和美乡村，具体措施从构建现代乡村产业体系、稳步实施乡村建设行动、加强和完善乡村治理三个方面展开，最终目的是全面推动乡村产业、人才、文化、生态、组织振兴，实现农业高质高效、乡村宜居宜业、农民富裕富足。可以看到，无论是具体措施还是政策目标，"百千万工程"方案可以被看作广东地区乡村振兴建设实践的重要指引。自方案印发以来，广东全省积极贯彻省委决策部署，在落实"百千万工程"方案部署的过程中开展了乡村振兴建设的广东实践。

（三）检察机关服务保障乡村振兴的现实意义

检察机关在乡村振兴进程中承担着不可或缺的重要使命，这源于其特定的角色定位。

首先，作为法律监督机关，检察机关肩负着保障法律在乡村地区精准施行的重任。乡村法治环境相对薄弱，存在假冒伪劣农资坑农、黑恶势力侵扰等违法现象。检察机关通过监督执法部门，打击违法犯罪，切实维护乡村法治秩序。在农村土地相关事务中，无论是承包还是流转，检察机关通过监督

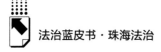

司法机关公正司法，能够有效防止农民土地权益受损，稳固农村土地制度基石，为乡村经济稳健发展筑牢根基。

其次，作为公共利益代表者，乡村振兴涵盖的众多公共利益事项均在检察机关职责范畴之内。农村生态环境关乎乡村长远发展，面对企业非法排污、农用地破坏等损害公益之举，检察机关可提起公益诉讼，责令污染者修复环境，守护乡村绿水青山。在农村基础设施建设进程中，饮水工程、公路修筑等项目的质量与资金合规性亦受其监督，一旦发现违法违规，即刻依法彻查，全力维护农民公共设施使用权益。

最后，作为社会治理参与者，检察机关积极投身乡村社会稳定构建。通过开展法治宣传教育，向农民普及《民法典》中婚姻家庭、财产继承等知识，以及防范电信诈骗等犯罪常识，提升农民法治素养，从源头上减少矛盾纠纷与犯罪滋生。在处理农村矛盾纠纷时，灵活运用刑事和解、民事检察调解等手段，促进当事人相互谅解，修复社会关系裂痕，营造和谐稳定的乡村社会环境，全方位助力乡村振兴战略顺利推进。

二　检察机关服务保障乡村振兴过程中面临的困难

检察工作现代化是中国式现代化、政法工作现代化的重要组成部分，检察工作现代化包含法律监督理念、机制、能力的现代化，具体落实到服务保障乡村振兴事业上，目前存在理念还不到位、联动机制还需完善、服务能力还需提高等问题，制约了检察服务乡村振兴的水平和效果。

（一）检察服务乡村振兴的理念还不到位

一是对中央精神的实践转化不够。习近平总书记关于"三农"工作的重要论述，把"三农"工作摆在了突出位置。近年来，检察机关在服务乡村振兴方面已经采取了一系列积极措施，并取得了显著成效。例如，斗门区人民检察院（以下简称"斗门区检察院"）围绕市检察院工作部署，汲取外省市先进经验，制定《珠海市斗门区人民检察院关于建设"枫桥式检察室"的工作方案》（以下简称《工作方案》），通过派驻村干部、建立乡村振兴检察服务站、开展专项行动等方式，积极参与乡村产业发展、生态环境保护、基础设施建设、文化遗产保护等方面的工作。检察机关在其中扮演了"法治保障提供者"、"公共利益守护者"和"产业发展促进者"的角色。党的二十届中央委员会第三次全体会议通过《中共中央关于进一步全面深化改革　推进中国式现代化的决定》，为我们进一步健全治理体系、提升治理效能提供了根本遵循。目前，从全国范围上看，仅有浙江省在全省检察机关范围内开展"枫桥式检察室"建设行动，其他省份虽有相关行动，但还处于单打独斗、不成体系的阶段；回看珠海地区的情况，斗门区检察院围绕珠海市检察院工作部署，制定了《工作方案》，汲取了浙江先进经验，但从检察系统纵向范围内的规章制度上看，还需进一步提高重视程度，努力打造乡村振兴的"治理参与者"和"矛盾化解者"。

二是融合度不够、针对性不强。检察机关立足自身主责主业，以"办案"为切入点，主动融入乡村振兴的工作中，但是从实践来看，因检察机关未参与到乡村振兴整体规划决策部署中，且受自身职能的限制，服务乡村振兴举措的针对性不强，整体规范性不强。珠海市在市区两级均设有"百千万工程指挥部（办）"，该机构在事实上与市委（府）办、区委（府）办为一套人马、两块牌子，相关职能部门工作人员不参与决策，因此，服务乡村振兴的整体规划中涉及检察机关直接参与的内容较少。此外，多数基层检察机关在制定方案、开展行动时，将工作重点集中于涉农案件办理，忽略了与乡村社会治理深度融合的路径探索，导致检察机关服务乡村振兴的举措呈"点状"特征，具有一定的局限性和滞后性，无法实现与乡村治理体系完善的有机融合。

（二）检察与乡村联动机制还需完善

一是上位文件不健全导致联动依据缺失。上级单位的制度规范是基层工作的行为指引和行动依据，在检察机关与乡村联动建设中，需要最高检、农业农村部及其下属的乡村振兴局提供制度依据。目前，上述机关单位并没有

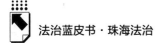

签署过总体性、统摄性的文件用以规范检察机关的履职与乡村振兴事业之间的关系。最高检、国家乡村振兴局联合下发的《关于开展"司法救助助力全面推进乡村振兴"专项活动的通知》等文件①聚焦具体领域，内容覆盖面不够；而且单一文件不具有系统性，无法对检察机关服务乡村振兴提供统摄性、指引性的依据。

二是具体实施规范缺乏体系性。根据法的效力位阶原则，上位法没有规定的，下位法在不与上位法相抵触的前提下可以作出规定，在最高检、农业农村部没有关于乡村联动机制文件的情况下，基层检察机关可以探索并设立相关规范。在实践中，部分地区基层检察机关针对服务乡村振兴出台相关文件，如贵州省从江县检察院与该县民政局、教育局、农业农村局、退役军人事务局、妇联、残联等单位签订《国家司法救助与社会救助工作的衔接机制（试行）》②，珠海市斗门区检察院出台检察机关服务保障"百千万工程"工作方案。此外，珠海市、斗门区两级检察院均联合本级人民政府，围绕"府检联动"出台了相关工作机制及其实施意见。但从总体上看，基层制定的行动方案还不成体系，其内容覆盖性、条文系统性都有待提升。基层检察机关出台的文件，若与相关部门联动，则集中于特定领域，若面面俱到，则易局限于自身职能，未能与相关部门及服务对象有效联动。

三是短期治理无法形成长效作用。短期治理是指在特定时期内，为了解决某一或某些紧迫问题，政府或相关机构采取的非常规、集中力量的治理方式。检察机关在履职过程中，有时也会采用短期治理的方式来解决问题。如针对特定类型的犯罪行为或社会问题发起专项行动，通过集中资源和力量进行整治。这种做法在短期内可能会取得显著效果，但也存在过度依赖短期治理、忽视制度建设和长效机制的风险。检察机关通过开展相关专项行动助力

① 《最高检与国家乡村振兴局联合开展"司法救助助力全面推进乡村振兴"专项活动》，最高人民检察院网站，2023年2月24日，https：//www.spp.gov.cn//zdgz/202302/t20230224_603853.shtml。

② 《贵州从江：建立国家司法救助与社会救助衔接机制》，最高人民检察院网站，2024年2月11日，https：//www.spp.gov.cn/dfjcdt/202406/t20240611_661039.shtml。

乡村振兴，珠海市、区两级检察机关 2024 年度的工作重点也是由专项行动贯穿起来的，即最高检"检察护企""检护民生"、广东省检察院"未成年人性侵犯罪治理""醉驾治理""盗窃治理"、市检察院"枫桥式检察室建设""检察官在身边"，统称为"2+3+2"专项部署。专项行动的形式能够在短时间内有效解决部分问题，但其非制度化、不可持续的特点，也使得这种短期治理模式不利于在乡村振兴事业上形成长效力量。

（三）检察服务乡村振兴的能力还需提高

检察机关未在农村基层设置专门的机构，履职"触角"受到一定限制，同样，在服务保障乡村建设大局上也存在天然的弊端与不足。乡镇中与司法相关的机构，主要是公安派出所、司法行政机关所属司法所和人民法院派出法庭，而应当与之形成"分工负责、互相配合、互相制约"权力配置与运行格局的检察监督机构，在基层乡镇中普遍缺位、失能，这导致在乡镇中无法形成与省、市、县一样的公检法司共同发力的治理格局。实践中，检察机关常常以派驻检察室的形式作为治理主体参与乡村司法体系建设。目前，珠海市、区两级检察院根据辖区实际情况，设置了派驻乡镇检察室，例如，斗门区检察院结合斗门区"五镇一街"中的莲洲、乾务、白蕉三镇相对偏远的情况，对应设置了三个派驻检察室，市检察院出于全市通盘考量，设置了高新万山检察室和高栏港检察室。但与派出所、司法所、派出法庭相比，检察室在设置上没有明确的法律依据，其自身功能定位和属性比较模糊，在发挥职权的过程中缺乏法律保障，且由于检察室仅设置到镇街一级，其无法与其他司法机关的基层派驻单位有效对接，无法找到建立沟通协作机制的规范依据，致使派驻检察室的效能无法有效发挥。

二是检察机关自身职能特点与乡村法治需求存在错位。[①] 在反贪、反渎职能转隶后，刑事检察成为检察机关力量最大、投入最多的职能，民事检察和行政检察投入较少、力量相对较弱，在珠海市区一级检察机关中，行政诉

---

① 参见张鹏飞《发挥法治助推乡村振兴的效能》，《求是》2022 年第 4 期。

讼案件由金湾区检察院集中管辖，除金湾区检察院外，斗门、香洲两个区基层检察院由于不参与行政诉讼办案，在民事、行政检察部门安排人员相对较少。但在乡村治理中，群众之间的矛盾纠纷以民事纠纷为主，上升到刑事层面的比例并不高，民事诉讼需求相对较多。调研发现，部分村居在处理邻里纠纷的过程中，形成了该村独有的固定模式，村居、村民与行政机关的沟通交流较少，这导致民事纠纷上升到需要行政机关介入的程度时，行政争议实质性化解工作的难度较大，产生的历史遗留问题造成社会治理类检察建议的效果无法切实发挥。①

三是检察人才建设存在短板。在人员结构上，由于检察机关编制数量有限，人员配置不宽裕，事多人少矛盾明显，加之在当前政策背景下，检察人员还要兼顾处理职务犯罪工作、民营经济发展、知识产权保护等诸多大小事务，这些都在客观上增加了检察人员的压力，不利于提高其参与乡村社会治理的积极性。此外，检察工作具有专业性强、职业化程度高等特点，有些长期忙碌在办案一线的检察干警，习惯用法言法语、法治思维和法治方式思考问题、解决问题，在面对部分文化程度不高、法治意识淡薄的群众开展工作时，不善于讲群众语言，导致群众"听不见""听不进""听不懂"，造成部分检察人员与群众沟通联系不顺畅、开展工作不顺利。

三　检察机关服务保障乡村振兴的斗门实践

斗门区是粤港澳大湾区传统农业大区，农村人口占珠海市农村人口的91.8%，是乡村振兴的主战场、主阵地。加强法治乡村建设是实施乡村振兴战略的重要方面。基层检察工作要找准参与法治乡村建设的切入点、着力点，为全面推动乡村振兴提供有力司法保障。② 斗门区检察院深入贯彻

---

① 《宁夏检察机关出台意见深化基层法治建设》，宁夏新闻网，2024年5月26日，https：//www. nxnews. net/yc/jrww/202405/t20240525_ 9361273. html。

② 《最高检调研组在青海调研》，最高人民检察院网站，2023年10月12日，https：//www. spp. gov. cn/spp/tt/202310/t20231012_ 630398. shtml。

习近平总书记关于乡村振兴战略和"三农"工作的重要论述精神，以高度的政治自觉、法治自觉、检察自觉把涉农检察工作摆在更加突出的位置，紧扣护安维稳责任、"实体经济为本、制造业当家"战略、绿色发展理念、检察为民使命及治理体系建设，创新能动履职，全面助力和美、富美、绿美、甜美、善美"五美"乡村建设，为推进"百千万工程"促进城乡区域协调发展提供了有力的检察服务和保障。

（一）紧扣护安维稳责任，助力打造"和美"乡村

斗门区检察院积极参与平安乡村建设，依法起诉各类涉农犯罪 157 人；重点打击把持农村基层政权的黑恶势力，成功办理林某某等 7 人聚众扰乱社会秩序、破坏选举、寻衅滋事涉恶集团案；坚决打击"蝇贪""蚁贪"等微腐败犯罪，起诉虚报冒领、套取侵吞惠农资金等职务犯罪 12 人。在加强对未成年人、老年人等特殊群体的权益保障方面，针对涉未成年人性侵等案件多发高发态势，率先开展"守护未成年人健康成长"公益诉讼专项监督活动，与公安、文广旅、市场监管等部门及各镇街形成合力，对学校周边酒吧、旅馆等场所进行整治排查，推动形成未成年人综合保护大格局；深入开展"全民防诈"及"断卡"专项行动，不断加大电信网络诈骗惩治力度。针对反诈工作中发现的社会治安、快递物流、金融管理、信息网络等相关部门、行业、企业存在的监管或治理漏洞，通过检察建议等方式提出整改建议并督促落实，结合深化源头治理，办理全市首例养老诈骗案，帮助 7 名被害老年人挽回全部损失。① 加强涉劳动者行政审判和执行活动的法律监督，针对区人社局申请执行违法拖欠工人工资行政处罚决定存在逾期申请强制执行的情形，开展行政非诉执行监督，以制发检察建议的方式督促行政机关依法纠正其在行政非诉执行中存在的问题，推动完善实名制管理、失信联合惩戒、申请强制执行等机制，协助农民工追回欠薪 3000 万余元。与贵州省余

① 侯敏、裴学伟：《以法治化方式消除"绊脚石"——四川北川：落实代表建议助力无障碍环境建设》，《检察日报》2023 年 5 月 29 日，第 7 版。

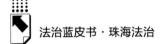

庆县检察院联签《关于建立余庆在斗门务工人员权益保护跨区域协作机制的实施意见》，共同维护弱势群体合法权益。

（二）紧扣"实体经济为本、制造业当家"战略，助力打造"富美"乡村

"工业+农业"双轮驱动，是斗门区推动"百千万工程"落地见效所依循的基本思路。斗门区检察院找准服务农业、工业高质量发展的切入点，筑牢传统农业根基、护航特色产业发展、助力安全生产溯源治理。围绕耕地"非农化""非粮化"突出问题，通过"诉前磋商—公开听证—检察建议—移交犯罪线索—提起刑事附带民事公益诉讼"综合办案模式，成功督促相关部门修复农用地9.3万平方米，切实守住耕地保护红线。围绕特色产业发展，针对珠海首个国家地理标志保护产品"白蕉海鲈"存在的知识产权保护意识薄弱、地标品牌建设不足、产业发展瓶颈难以突破等一系列问题，办理了全省首例地理标志保护公益诉讼案，通过专项调研、检察建议、公开听证及联席会议等方式凝聚共识、汇聚合力，助力"白蕉海鲈"产业健康发展，相关建议被全国首部地理标志保护地方性立法采纳。①办理的"检察机关督促履行预制菜食品安全监管职责行政公益诉讼案"，针对预制菜领域发现的食品安全隐患、侵害消费者知情权等问题，综合运用大数据赋能、公开听证等方式，督促行政机关依法全面履职，推动预制菜生产销售端、运输贮存端、餐饮消费端的"三端"全链条依法规范发展，为一体保护预制菜食品安全、保障消费者合法权益与促进产业发展提供了检察履职的"广东样本"。案件先后入选最高检互联网新业态食品药品安全典型案例、全省检察机关助力建设法治化营商环境典型案事例。②聚焦"四好农村路"建设，针对农村公路存在建设项目占用施工后未按原标准

---

① 《"白蕉海鲈"也有知识产权》，"正义网"百家号，2023年2月23日，https：//baijiahao. baidu. com/s？id=17585 86465291292273&wfr=spider&for=pc。

② 《我院4个公益诉讼案件获评典型案例》，珠海市斗门区人民检察院网站，2024年10月18日，http：//www. zhuhaidm. jcy. gov. cn/gyss/202410/t20241018_ 6690534. shtml。

修复、项目发包方对在建项目监督管理不到位损坏农村道路桥梁、路面破损、路基沉降、雨季路面排水不畅、路面水浸问题严重、桥梁涵洞固体废物和建筑淤泥堆积引发安全隐患等 7 类监管养护问题，依托"府检联动"机制，将问题及时反馈给斗门区政府，推动相关职能部门以专题会议纪要的形式明确责任归属，细化监管职责，进一步明晰占用农村公路施工项目的验收、修复流程和标准以及相关单位道路恢复责任，从监管职责、验收流程、追责机制等方面加强了对占用公路施工行为的管控，有效提升了农村公路监管养护力度。

（三）紧扣绿色发展理念，助力打造"绿美"乡村

生态文明建设事关中华民族永续发展，检察机关在生态文明法治建设中承担着重要使命。斗门区检察院结合本地生态保护实际情况，多角度入手助力生态文明建设。聚焦土壤环境保护，坚决守护农用地保护红线，依法督促清理"永业围岛"固体废物约 10 万吨、复绿整改土地 107.39 万平方米，案件入选最高检"公益诉讼守护美好生活"专项监督活动典型案例，成功督促 2000 余亩被非法占用的耕地恢复种植条件，经验被《人民日报》报道。积极助力水环境保护，扎实开展"守护西江流域珠江河口辖区生态环境"公益诉讼专项监督，督促保护澳门供水一级水源保护区行政公益诉讼案入选最高检"千案展示"活动案例。加强跨区域协作配合，与江门市新会区检察院联签办案协作机制，共同守护虎跳门、崖门水道生态环境和资源。① 加强生物多样性保护，依法起诉非法捕捞水产品、非法狩猎等犯罪 32 人；率先开展"守护古树年轮"公益诉讼专项监督，有力维护生态环境和国家利益，经验被最高检推广。

（四）紧扣检察为民使命，助力打造"甜美"乡村

民有所呼，检有所应，人民检察来自人民、根植于人民，必须关心群众

---

① 《广东：跨区域、跨部门协作共护大湾区生态环境》，"光明网"百家号，2023 年 7 月 20 日，https：//baijiahao.baidu.com/s？id=1771898007713208276&wfr=spider&for=pc。

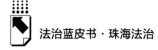

急难愁盼，回应群众所需。斗门区检察院加大对食品药品案件惩治力度，对制售硼砂肉、麻黄凉茶等犯罪从严追诉、从重处罚。2024年以来受理审查起诉生产、销售有毒有害食品等犯罪2件2人，在办理2023年受理审查起诉的陈某某等6人涉嫌生产、销售有毒、有害食品案中，采用"刑事公诉+公益诉讼"双惩治模式，在提起刑事公诉时一并提起附带民事公益诉讼，从单一的刑事打击到"刑事公诉+公益诉讼"的双惩治，积极探索一体履职守护食药品安全。深入开展"红色历史文化遗产保护"专项监督活动，摸排线索8条，立案8件，促进解决文物保护重点难点问题，进一步弘扬革命文化传统、传承红色基因。率先开展"三古"（古镇、古村、文化古迹）保护公益诉讼专项监督活动，摸排线索15条，对古树存在监管不到位的情形，立案6件，推动相关部门建立机制、完善管理，让古树乡愁得以长留。积极开展"无障碍环境建设"专项活动，针对部分公共场所未设置无障碍路线、无障碍厕所维护不及时、无障碍机动车位被占用等问题，解决残疾人、老年人出行隐患30余处，保障了特殊群体出行安全。

（五）紧扣治理体系建设，助力打造"善美"乡村

建立自治、法治、德治融合的乡村治理体系，是治理体系和治理能力现代化在乡村的具体体现，检察机关服务乡村的履职行为，为乡村振兴的法治元素贡献力量。斗门区检察院充分发挥党建引领作用，深化党建共建互促机制，与白蕉镇白蕉村共同签订党建共建协议书，在司法救助、支持起诉、生态环境保护等工作及班子建设和村干部素质能力建设方面加强沟通协作，全力推动党建工作与乡村振兴深度融合、一体推进。派驻莲洲检察室以建优"枫桥式检察室"为抓手，主动融入"1+6+N"基层社会治理体系，完善服务联络点、检察听证室、未成年人检察工作室一体化建设，深入推进"一村一检察官"工作机制，深化运用检察联络员制度，加强对来访群众的诉讼引导，认真受理群众举报、控告、申诉，接待群众来访，并做好释法答疑，引导群众依法维权、理性维权、有效维权。深入落实院领导接访和包案办理首次信访工作，7日内告知、3个月内办理过

程或结果答复率 100%，连续四届持续 12 年被最高检评为全国检察机关"文明接待室"。充分发挥司法救助"雪中送炭""救急解困"功能，与区法院、民政局构建司法与社会联合救助机制，为 87 名生活困难当事人发放救助金 73.05 万元，让困难家庭重燃生活希望。积极引领法治意识，立足本区基本农田面积占全市七成，是全市农产品主产区这一特点，组织开展田间普法，通过面对面普法、发放宣传资料等方式对村民普及土地承包、基本农田保护等法律法规，针对辖区客家话、水上话等多种方言并存，村民听不懂普通话的问题，选派能听会说的检察官点对点开展双语普法，让宣传活动"走心"又"入心"。

四 深化能动检察服务保障乡村振兴的对策建议

要推动公正高效权威的中国特色社会主义检察制度的建设，应当紧扣以检察工作理念、体系、机制、能力四个方面现代化的总体要求，进一步深化检察改革。检察机关在服务保障乡村振兴的过程中，面临理念还不到位、机制还需完善、能力还需提高的问题，可通过加强力量、平衡资源、优化功能三条路径入手解决。

（一）加强检察力量下沉促进监督功能发挥

一是加强派驻检察室建设。我国国家治理资源集中于市县两级，在乡村分布较为分散，且存在"人少事多""权小责大"的情况，基层组织力量不足、专门性较低，即使是在乡镇安全管理、环境资源管理、市场管理事务等重点领域，乡镇层级的派出机构也较为缺乏。2024 年以来，为解决上述突出问题，斗门区检察院依托"枫桥式检察室"建设专项行动，努力加强莲洲、乾务、白蕉三个检察室建设，多项工作经验入选全省检察机关服务保障"百千万工程"典型案事例、全省检察机关党建与业务深度融合精品事例。一方面，检察机关派驻乡镇检察室的设置补足了广大农村地区"公检法司"（公安派出所、司法局所属司法所和人民法院派出法庭）的政法机构完整

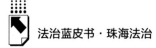

性；另一方面，设置派驻检察室需要真正"派驻下去"，部分派驻检察室没有独立的办公场地，常与乡镇政府、司法所共用场地，应设置专门办公场所，做好设置配套，为派驻检察室的建设提供硬件支撑。

二是加强下沉乡村的检察人员力量供给。通过"检察+党建结对"，扎根村居一线，深入了解民风民情。斗门区检察院结合斗门区委政法委部署的政法力量下沉工作，选派熟悉社情民意、工作能力突出的检察骨干人员挂点到辖区村居，选派员额检察官及部分优秀检察官助理与相对落后村居一一对接，积极参与到村重要会议、重大村务、重点项目的运行中。在进一步深化检察机关党支部与农村党支部结对共建、互帮互助的同时，深入开展"检察官在身边"法治宣传专项活动，常态化开展学习宣讲、好事互办、普法教育、帮扶群众等工作，积极发挥党员干部战斗堡垒和检察干警履职尽责的作用，实现干部到群众、群众带动群众的"以点带面"效果，全方位、多举措推进乡村建设和振兴。此外，为确保检察人员专心、安心服务基层、服务农村，应当加强派驻检察室的人员编制保障和绩效激励机制，以正向鼓励的形式促推检察力量下沉。

（二）平衡检察资源利用深化治理效能兑现

作为法治建设的重要参与者、推动者，检察机关在做好本职工作的同时，要以执法办案为契机，转移工作重心，打通个案办理与社会治理的共治渠道，以检察建议推进社会治理共建共治共享，这也是检察机关贯彻落实党的二十大报告中"健全共建共治共享的社会治理制度，提升社会治理效能"要求的具体体现。检视乡村案件办理、检察建议及群众信访的工作数量上的关系，可以看到，检察机关积极追求实现"一案一建议"参与乡村社会治理的工作模式，但在实践中，执法办案的重心依然围绕案件本身，存在"就办案而办案"的路径依赖和工作惯性，通过办案提出社会治理检察建议的案件数在办案总数中占比较低，重打击轻防治的问题依然突出。这表明，仅就乡村而言，检察机关案件办理的数量与检察建议所直接体现的治理效能的发挥并无直接联系。因此，应当进一步平衡办案与治理之间的关系，加大治理层面的检察资源投入。①

通过资源平衡从而推进治理效能兑现，这一过程涉及优化检察资源配置、强化检察建议的价值功能，以及通过检察机关的主动履职促进社会治理现代化等多方面的努力。在资源配置上应坚持"党管干部"原则，通过建立动态分析研判制度，形成一盘棋的工作格局，确保检察资源的高效利用。注重资源配置的质量和结构，通过结构调整实现检力倍增效应，关注检力资源产出的典型案例、理论与实务研究成果对乡村治理的效果；通过检察建议促进被建议单位堵漏建制，提高防范违法犯罪的能力，并达到警示一批、教育一片的良好效果，充分发挥检察建议在法治建设中的独特价值功能，推动立法型检察建议、督促监管型检察建议的实施。以检察建议、调研报告、检察听证等多种方式，形成立体化矩阵，实现办案最大效果。在办理案件的同时，强化以"我管"促进"都管"的理念，更加注重总结研判类案反映问题，突出对策建议，促进从根源上、管理上系统解决相关问题。

（三）整合优化检察功能凝聚乡村治理动能

从自身职能来看，当前检察机关强调"四大检察"融合发展，但从资源配置和发展状况来看，由于全国绝大多数检察机关为市级及基层两级，其视角多从市县两级出发，因此"四大检察"建设是以市、县的实际情况为社会背景的，对于乡村的检察服务现实需求，无法实现无缝衔接和全面供给。在乡村治理中，民事诉讼需求较多，对于行政检察，法院、行政机关主动接受监督理念有待提高，有的案件人数较多、时间较长，已经形成了"矛盾纠纷固化"的局面，行政争议实质性化解工作的难度较大，导致社会治理类检察建议的效果无法切实发挥。

想要解决上述问题，检察资源的整合重塑势在必行。检察机关要加强与

---

① 《优化检力资源配置激发结构性组织性动能》，最高人民检察院网站，2024 年 7 月 8 日，https：//www.spp.gov.cn/llyj/202407/t20240708_ 659881. shtml。

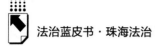

其他单位的协作，加强与环保、农业、林业等部门的沟通联系，形成推进乡村振兴工作合力。深化打造"检察+"模式，通过打造实践"检察+粮食安全""检察+司法救助""检察+送法下乡""检察+平安建设"等工作模式，直接参与乡村治理和服务乡村振兴的各个方面。同时，加大法治宣传教育力度，持续开展"检察官在身边"法治宣传专项活动，将法治宣传推行至新时代文明实践所（站），借势于新时代精神文明建设，提高乡村群众法治意识，促进乡村社会的和谐稳定。

结　语

检察机关作为党领导下的司法机关、国家法律监督机关，履职成效不仅要突出"检察"特色，更要为实现农业农村现代化贡献检察力量、法治力量，以检察工作现代化更好地支撑和服务中国式现代化。斗门区检察院立足"五美"乡村建设，系统开展基层检察机关服务保障乡村振兴的实践探索。从全国范围来看，检察机关服务保障乡村振兴工作中，面临理念还不到位、机制还需完善、能力还需提高等问题。通过加强检察力量下沉、平衡检察资源利用、整合优化检察功能，可以有效助推上述问题破解。本文虽以斗门区检察院服务保障本地区"五美"乡村建设为切口，但从小切口出发助力大事业推进的思路，不仅可以适用于检察机关，也可以适用于其他机关，且不应仅仅局限在服务乡村建设这一命题上。在推进中国式现代化的征途中，各类党政机关、事业单位乃至公民个人，都应从实践出发，结合自身工作的普遍性和特殊性，找准履职担当的小切口，融入时代进步的大潮流。

跨境法治 ▷

B.13
横琴粤澳深度合作区分线管理海关监管制度样板间的法治探索与实践

拱北海关所属横琴海关课题组*

摘　要：　横琴粤澳深度合作区分线管理政策自 2024 年 3 月 1 日正式落地实施，一批制度型开放创新举措落地见效，服务澳门经济适度多元发展成效初显，得到社会各界认可。拱北海关立足横琴合作区处于"一国两制"最前沿的区位实际，结合打造分线管理海关监管制度样板间中面临的相关法律问题，把法治思维和法治方式贯穿于分线管理政策落地全过程，推动"一二线"职能科学配置、双线联动共进，集成监管制度创新成果，构建分级分类监管制度体系，探索开展琴澳执法合作，为分线管理政策高效实施提供"横琴法治样本"。

* 课题组负责人：欧阳曦，拱北海关所属横琴海关副关长、三级高级主办。课题组成员：何中龙，拱北海关所属横琴海关旅检七科科长；林晓明，拱北海关所属横琴海关监控法制科副科长、三级主办；胡苑，拱北海关所属横琴海关监控法制科副科长。执笔人：胡苑。

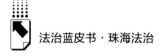

关键词： 横琴合作区　分线管理　海关监管区域　法治

建设横琴粤澳深度合作区（以下简称"横琴合作区"）是习近平总书记亲自谋划、亲自部署、亲自推动的重大决策。自《横琴粤澳深度合作区建设总体方案》（以下简称《总体方案》）颁布以来，拱北海关深入贯彻落实习近平总书记关于横琴合作区建设的重要讲话和重要指示精神，始终牢记开发建设横琴的初心，对照"三个要看"检验标准①，在法治轨道上进一步全面深化海关改革，探索分线管理海关监管制度创新，以制度型开放的生动实践服务国家发展战略。

一　横琴合作区分线管理下"海关监管区域"法律内涵的辩证思考

分线管理脱胎于《京都公约》中"自由区"（Free Zone）的概念，逐步发展成熟于综合保税区等"海关特殊监管区域"②，拓展应用到横琴等新兴区域，其空间、功能、制度等呈现新发展阶段的时代特征。《总体方案》明确横琴合作区的实施范围为横琴岛"一线"和"二线"之间③的海关监管区域。这是"海关监管区域"概念首次出现在国家文件中，是《总体方案》赋予横琴合作区的专有概念，也是研究横琴合作区分线管理政策的逻辑起点。

---

① "三个要看"检验标准：检验合作区开发建设的成效，要看在促进澳门经济适度多元发展、便利澳门居民生活就业上，有没有实实在在的举措和成果；要看在发挥"两制"之利、推进两地规则衔接和机制对接上，有没有创造新的制度性成果；要看在以琴澳一体化推进粤港澳大湾区市场一体化建设上，有没有发挥先行先试的作用。
② 海关特殊监管区域是经国务院批准，设立在中华人民共和国关境内，实施围蔽监管的特殊经济功能区域，基本具备货物免税、保税、退税等政策功能。
③ 《总体方案》明确，横琴与澳门特别行政区之间设为"一线"；横琴与中华人民共和国关境内其他地区之间设为"二线"。

（一）"海关监管区域"与"海关特殊监管区域"的差异

"海关特殊监管区域"与改革开放相伴而生，自 1990 年我国第一个"海关特殊监管区域"——上海外高桥保税区设立以来，国家先后批准设立了 6 类"海关特殊监管区域"①。而"海关监管区域"目前仅适用于横琴合作区，其与"海关特殊监管区域"之间既有相似之处也有明显差别，既是承续关系更是迭代关系，将二者进行比较有助于更好地把握横琴合作区海关监管制度集成创新的方向和内容。

1. 目标定位不同

保税区、综合保税区等"海关特殊监管区域"虽然各具特色，但均因服务国家外向型经济发展的需求而生，业务呈现出"两头在外、大进大出"的结构特点。当前，我国宏观经济形势和政策要求已经发生巨大转变，党的二十大报告提出"加快构建以国内大循环为主体、国内国际双循环相互促进的新发展格局"的要求，为"海关特殊监管区域""海关监管区域"等的发展和改革指明了方向。横琴合作区地处粤澳合作最前沿，围绕"为澳门产业多元发展创造条件"的初心，需紧扣其一端连着澳门，另一端连着内地的鲜明特征，通过构建内地与澳门一体化高水平开放的新体系，打造贯通"双循环"的融合发展平台，推动澳门更好地融入国家发展大局。

2. 监管模式不同

"海关特殊监管区域"依托围网、卡口等方式在物理形态上实施围蔽管理，对进出区的货物未完全区分内、外贸差异建立有效的分级分类监管方式，基本实施"双侧监管"。但横琴合作区与之不同，其与内地之间先期已经存在密切的人流、物流以及商贸联系，本身即已处于国内循环的重要一环，必须改变传统监管模式，以更加开放的姿态设计海关监管制度，促使其从便利进出境的"单开门"向便利进出境、进出区的"双开门"转变。

———————————
① 6 类海关特殊监管区域分别是保税区、出口加工区、保税物流园区、跨境工业园区、保税港区、综合保税区。

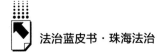

3. 业务场景不同

"海关特殊监管区域"要求区内不得住人，也不得建立营业性生活消费设施，且综合保税区等"海关特殊监管区域"并没有普通旅客进出境、进出区的场景，故不存在普遍性的行李物品监管业务，仅针对运输工具服务人员设计了特殊的行李物品监管制度。而横琴合作区区内居民、澳门居民、内地旅客等3类人群共存，可携带自用、合理数量物品从澳门免税进入横琴合作区，进而产生免税物品出区进入内地的场景，必须统筹设计相关监管制度，覆盖全领域业务形态。

4. 治理机制不同

长期以来，受海关"特殊监管区域"传统"两头在外"定位影响，以及"境内关外"等理念误导，相关部门单位认为特殊区域是海关专属管辖区域，区域综合治理效能发挥不够充分。但横琴合作区前期已有一套成熟的行政体系，目前更是开创了"一国两制"下特别行政区政府与内地地方政府之间的"府际合作"新模式。在粤澳共商共建共管共享的"四共"新体制下，海关与地方政府的联系愈加紧密，必须深化关地合作，实现横琴合作区各部门单位一体联动、协同发展。

（二）理解"海关监管区域"需要把握的几对关系

横琴合作区作为深化改革、扩大开放的试验田和先行区，既有改革发展创新带来的良好机遇，又有新形势新任务新要求带来的现实挑战。结合《海关法》修订情况，横琴合作区可概括为海关会同有关部门按照国家有关规定依法实施监管的特殊区域。理解其特殊之处，应当准确把握以下四对关系。

1. "差异"与"融合"的关系

内地与澳门在海关法律制度方面有所不同，内地海关执法的主要依据是《海关法》《国境卫生检疫法》等法律，但上述法律并未纳入《澳门基本法》附件三，不能在澳门直接适用；二者在关税政策、贸易管制、物品监管、检验检疫等诸多方面均存在差异。横琴合作区作为内地与澳门的交汇点，需不断推进琴澳一体化发展；但一体化并非直接套用澳门相关规则，而是需要在两种制度之间深入推进规则衔接、机制对接，为"咸淡水"交融创造一片"缓冲地带"，搭建内地与澳门间的制度"转换插头"，促进人流、车流、物流等跨境要素便捷流动。

2. "放开"与"管住"的关系

《总体方案》明确，货物"一线"放开、"二线"管住，人员进出高度便利。"一线"之所以强调"放开"，是相对传统进出境口岸严密监管而言的，但并非一放了之、只放不管，仍有相关职责需在"一线"履行。"二线"之所以强调"管住"，概因"二线"原来并未设立海关，故当前突出监管的必要性，但同时也需着力保障要素顺畅流动。放开与管住辩证统一，放中有管、管中有放、放管结合、互为一体。

3. "一线"与"二线"的关系

"分线管理"中的"一线"即传统意义上的关境实体线，"二线"是在"一线"放开给惠的基础上，需履行相应监管职责的海关职能线。相对"一线"而言，"二线"是新增的、派生的，正是因为将传统关境线向后拉伸出了一条新的海关职能线，才为放开、创新腾出空间。海关监管制度设计必须把握"分线"概念中的关境"实体线"和海关"职能线"，统筹谋划"一二线"职责、优化职能实现方式，"一线"作有利减法，"二线"作科学加法，"一线"放开事项需能在区内管住或"二线"兜底，推动双线联动、双向共促，实现职能均衡配载、动态平衡。

4. "各管"与"共治"的关系

横琴合作区定位为"海关监管区域"，虽冠以"海关"之名，但并非海关专属管辖，而是相关部门依法共管。海关与地方需加强协调联动，强化协同治理，充分发挥地方政府在横琴合作区内安全生产、交通组织、反走私综合治理、信用体系建设等方面的主体责任，最大限度整合横琴合作区各部门优势资源，推动职能优势互补、关地协作共享、区内一体联动，构建各有侧重、密切合作、齐抓共管的综合治理格局。

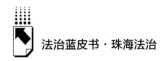

二 横琴合作区分线管理下海关职能配载的整体设计

横琴合作区是我国全面深化改革、扩大开放的重要载体,《总体方案》对横琴合作区相关税收、监管等政策作出原则性规定,海关必须紧紧围绕促进澳门经济适度多元发展主线,把握"海关监管区域"的丰富内涵,科学配载"一二线"职能,在"一站式监管、一二线联动、一码通溯源、一体化管控"理念引领下,设计与之相匹配的监管制度,贯通形成分类、风险、信用、协同、智慧"五维一体"监管模式,为高效履职提供支撑,实现"一线"放得开、"二线"管得住。

(一)"一线"基本放开

"一线"在严守国家安全底线及综合考量"二线"职能承接能力的前提下,需深化政策供给、提高开放水平,实行准入放宽、税收放开、手续简化。一是释放税收政策红利。货物方面,进境货物予以免税或保税,免税享惠主体①、货物范围②和适用途径③进一步扩大。物品方面,经横琴口岸进出的个人携带、寄递物品以自用、合理数量为限,除法律、行政法规明确规定不予免税的外,海关予以免税放行④。二是检验检疫精准放开。卫生检疫方面,海关与澳门有关部门实行卫生检疫"合作查验、一次放行"便捷通关模式。动植物检疫方面,全国首创允许在横琴合作区学习、就业、创业、生活的澳门居民,携带规定重量的7大类⑤300余种动植物产品进入横琴合作

---

① 在独立法人资格企业的基础上,免税享惠主体增加了合作区内的行政机关、事业单位、法定机构、社会团体、民办非企业单位。

② 负面清单大幅压缩。

③ 不再限制用于生产。

④ 根据《关于横琴粤澳深度合作区个人行李和寄递物品有关税收政策的通知》相关要求,对经"一线"进入合作区的自用、合理数量行李物品予以免税放行;对短期多次往返旅客,只放行其旅途必需物品。

⑤ 7大类:熟肉、熟蛋、奶、蔬菜、水果、菌菇、鲜切花。

区。商品检验方面，对符合条件的原产澳门工业品采取"合格保证+符合性验证"的检验监管模式。三是大幅简化海关手续。对经横琴口岸进出的不涉证不涉检的免（保）税货物实行"极简"申报，仅需填报28个栏目，申报要素压缩60%；对涉证涉检的免（保）税货物实行"次简"申报，仅需填报32个栏目，申报要素压缩34%。四是通关体验持续提升。首创"粤澳联合一站式"客货车监管模式，率先实施大型集装箱/车辆检查设备图像信息共享、货运核辐射监测协作等，全面提升通关效能和通关体验。

（二）"二线"高效管住

紧密连接国内市场，在进出区管理上突出单侧监管、进行差别化制度设计，确保风险可控、安全顺畅。一是管住出区免（保）税货物。从横琴合作区进入内地的免（保）税货物，应当向海关如实申报，接受海关监管；其中对于横琴合作区内企业生产的含进口料件在横琴合作区内加工增值达到或超过30%的货物，免征进口关税，按规定征收进口环节增值税和消费税。二是管住出区涉税物品。经横琴合作区的对外开放口岸免税放行入区的物品，通过个人携带或寄递方式从横琴合作区进入内地时，以自用、合理数量为限，海关参照自澳门进入内地进境物品有关规定实施监管。三是入区享受退税政策。从内地进入横琴合作区的报关货物视同出口，按规定予以退税。

（三）区内实现自由

横琴合作区具有独特的粤澳资源禀赋和发展基础，需紧扣发展目标，由"货"及"企"，转变监管理念，实施顺势监管、信用管理、风险管理，不断优化营商环境，实现既"放得活"又"管得住"。一是支持"四新"产业发展。海关支持横琴合作区开展保税加工、保税仓储、保税研发、保税维修等业务。除另有规定外，区内保税存储货物不设存储期限。二是免税物品正常消费使用。旅客经横琴合作区的对外开放口岸携带入区的自用、合理数量物品免税放行，并可在区内自由消费使用。三是区内货物自由流转。海关保税货物实行电子账册管理，允许企业自主选择核销周期、自主办理账册报核。保税货物可以在经营保税业务的企业间自由流转。

三 横琴合作区分线管理的执法合作实践

多维度深化跨境执法合作、关地协同共治，是推动琴澳加快融合发展的必然要求，也是构建高水平开放新体系的有力引擎。海关不断加强基础设施"硬联通"、规则机制"软联通"、琴澳居民"心联通"，积极探索横琴合作区场景下规则衔接、机制对接的实现路径，丰富各部门单位合作共治的内涵，推动"1+1>2"倍增效益加速显现，助力横琴合作区治理体系现代化。

（一）推动琴澳规则衔接、机制对接

横琴合作区不同规则和机制交错共存，为保障分线管理政策更好地落地实施，海关紧紧扭住"澳门+横琴"新定位，在规则衔接、机制对接上持续发力，探索在人、车、货、物等方面的跨境执法合作模式，扩大执法合作的辐射效应，助力琴澳融合发展持续加速。

1. 人员卫生检疫"合作执法"

实施人员卫生检疫"合作查验、一次放行"通关模式，在该模式下，出境方负责检疫风险筛查，发现异常人员移交入境方进一步排查处置，将原本由出境、入境方分别开展的两次卫生检疫流程，整合为双方合作实施的一次流程。实施以来，在节约口岸监管资源、提升旅客通关体验、深化琴澳联防联控方面成效明显。

2. 运输工具验放"一站式执法"

创新实施"粤澳联合一站式"客货车监管模式，拱北海关联合边检以及澳门海关、治安警察局、卫生局等5家联检单位，首次在同一通道、同一平台上完成对通关车辆及人员信息的一次采集、分别处置、联合验放，实现通关车辆"一次放行"，内地海关环节平均验放时间缩短至23秒，车辆通关时间压缩超40%。

3.货物查验"共享执法"

实施货车"单向查验、信息共享"执法合作监管模式，开展大型集装箱/车辆检查设备图像信息共享，对进出境运输工具及其所载货物实施"一次机检"，出境方将监管结果及时传输至入境方，入境海关通过共享的机检图像辅助监管，加快货车通关速度；建立口岸货运核辐射检测执法协作机制，各自只在出境方向安装门户式、非侵入式核辐射监测设备，由出境海关承担通关货车及其所载货物的核辐射初筛监测职责，通过信息互通，有效开展监测、验放、拦截等方面的执法协作，实现口岸资源集约高效利用。

4.动植物产品"联通执法"

内地海关创新实施澳门居民携带动植物产品便利通关模式，推动琴澳法律法规双向衔接，双方协同开展规章调整与政策创新，拱北海关与横琴合作区执委会联合发布公告，允许在横琴合作区学习、就业、创业、生活的澳门居民携带 7 大类动植物产品进入横琴合作区；澳门同步修订法规，允许上述澳门居民携带特定品类动植物产品经横琴"一线"口岸进入澳门。

5.检验检疫"互信执法"

创新实施供澳花卉苗木及供澳食用水生动物"检疫前推、合作监管"、澳门制造食品"一码通溯源"通关等模式，实现多项检验检疫结果互信；实施供澳冰鲜水产品"三联三同"，通过与澳门联合、与企业联通、与地方联动，以"同企、同料、同线"的生产周期为监管单元，综合实施合格评定，实现风险可控下的供澳冰鲜水产品"随产随检、随检随放"。

（二）强化海关与地方高效协同、共管共治

横琴合作区具备"二线"点多面广，区内免税和完税物品交织、内外贸货物共存等诸多特点，实现关地协同共治是推动分线管理政策取得实效的重要基础。海关持续深化与横琴合作区各部门协同联动，推动在反走私综合治理、交通组织、信息共享等诸多方面形成工作合力，构建各有侧重、相互依托、同向发力的治理机制，打造全域综合治理新格局。

1. 用好地方立法权,构建反走私综合治理体系

《总体方案》要求用足用好珠海经济特区立法权,允许珠海立足横琴合作区改革创新实践需要,根据授权对既有法律法规做变通规定。海关推动珠海市人大常委会在《珠海经济特区反走私综合治理条例》专章设立"横琴粤澳深度合作区特别规定",明确职责分工、数据共享、信用管理等工作机制。同步推动建立出区物品来源综合研判等机制,构建"企业+个人"特色信用体系,形成"失信名单"管理机制,实施限制享惠等联合惩戒措施,建立健全反走私综合治理相关配套制度。

2. 执法力量协同互补,实现通道协同治理有序

打通"二线"通道"点对点"联动节点,发挥海关、公安等"关地 5 人小组"①效能,用好"分类通关""智慧验放""一机双屏、一次过检"等创新举措,从而形成各有侧重、密切合作、相互支撑的监管格局,充分保障联防联控等措施有力实施,实现"二线"交通组织、应急处突、安全生产等管理科学有序。

3. 数据信息交互共享,实现数字化联合执法有力

研发横琴合作区海关智慧监管平台,搭建"横琴合作区智慧口岸公共服务平台",深化海关与其他部门数据信息联通共享,有效拓宽海关大数据池和延伸海关监控指挥"触角"。同时,推动制定各部门信息、数据共享规则,开展情报信息交换和风险联合研判,营造海关与横琴合作区各执法部门之间便捷安全、协同高效、数据可溯、风险可控的信息交互共享环境,实现"数字化"联合执法。

四 横琴合作区分线管理海关监管的法治构建

横琴合作区作为区域发展的新事物、新探索、新场景,更需要坚持法治

---

① 5人小组:由海关,横琴合作区城市规划和建设局、经济发展局、公安局,物业管理部门相关负责人组成。

与改革相统一、相衔接，在法治轨道上纵深推进改革并及时固化改革成果，积极发挥法治引导、推动、规范、保障改革的作用，做到科学立法、文明执法、多维普法，为横琴合作区发展提供长远的制度支撑和法治保障。

（一）科学立法，切实保证改革发展于法有据

发挥立法引领和推动作用，综合《海关法》等7部法律的要求，构建"1+9+14+19+20"[①]的科学规范、运行高效、分级分类监管制度体系，适配横琴合作区分线管理特殊监管体制，涵盖查验、征税、检验检疫、打私等全业务领域，确保有法可依、执法有据。

1.制定一部海关监管办法

坚持以《总体方案》为遵循，聚焦促进澳门经济适度多元发展主线，借鉴海关特殊监管区域等立法经验，综合考虑各方诉求，推进监管模式创新，深化监管合作，重构海关作业模式，制定一部集通关监管、检验检疫于一体的《海关对横琴粤澳深度合作区监管办法》（以下简称《监管办法》），构建横琴合作区海关监管法治保障的"四梁八柱"，实现管整体、管原则、管方向，保障横琴合作区海关业务在法治轨道上有序运行。

2.发布一系列业务配套公告

在服务横琴合作区建设发展过程中，海关制定了9份海关业务公告作为落实《总体方案》的业务根基，包括《海关总署关于横琴粤澳深度合作区免保税货物简化申报要求的公告》等3份署级公告、《关于进出横琴粤澳深度合作区个人携带行李物品监管事项的公告》等4份关级公告和《拱北海关、广东省邮政管理局、横琴粤澳深度合作区执行委员会关于进出横琴粤澳深度合作区寄递物品管理事项的公告》等2份关地联合公告，上述公告5份涉及货物监管、4份涉及物品监管。同时，制定14种海关监管制度作为最小落地方案，从而将《监管办法》、业务公告的要求转化为具体落实措施的

---

① 即1部综合性监管办法、9份海关业务公告、14种海关监管制度、19个跨境合作机制、20种关地执行制度。

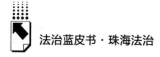

规范指引。

3. 签订一揽子跨境合作协议

海关立足"一国两制"实践，创新琴澳两地海关法律协作机制，积极推动区域软法建设，构筑跨境治理新模式。与澳门市政署、澳门海关、澳门卫生局等部门分别签署《拱北海关与澳门特别行政区政府市政署关于检验检疫技术合作的框架协议》《出入境卫生检疫合作安排备忘录》《拱北海关与澳门海关关于横琴口岸执法协作备忘录》等 19 份跨境合作协议，通过制度固化监管创新成果，建立更紧密的合作交流机制，推动琴澳规则衔接、机制对接，深化琴澳区域间海关执法合作，实现信息互通、执法互助。

4. 形成一整套关地执行制度

海关综合考虑横琴合作区分线管理政策落地后复杂的业务场景，推动地方政府出台 20 种配套管理制度，包括交通优化类、财税配套类、监管配套类等，明确了"二线"通道通行功能、人员及车辆出岛方式、免税进口主体审核认定、出区物品来源及其缴税情况认定等方面内容，通过将上述要求固化为制度文件，为海关履职提供支撑。

（二）文明执法，精准赋能基层执法能力建设

横琴合作区地处"一国两制"规则交融点、国内国际双循环交汇点、意识形态斗争交锋点，海关监管执法充分考虑各方诉求，加强执法规范性建设，做到严格执法与高效便民相统一。

1. 优化履职方式

结合横琴合作区分线管理政策落地后"一二线"并行作业、点多面广、作业时间长等特点，集中货运、旅检等渠道行政处罚职能，打造"集约+机动+预约"处置模式，实现行政处罚案件统一办理。立足监管实际，完善"简快案件"处置作业，实现 7×24 小时即时响应，提升处置效能。

2. 提升执法能力

开展行政执法质量提升行动，引导执法人员强化把关服务、专业技术等能力。结合岗位实际系统梳理法律法规，细化行邮监管、货物监管、后续处

置三大线条共 98 项业务操作指引，实现现场执法"一岗位一清单"。结合分线管理特点，编写涵盖 18 个特色场景的分线管理旅检渠道文明执法语言库。依托拱北海关业务实训点，开展旅检业务、货物监管、后续处置等专题业务培训 120 余场次。

3.加强执法反哺

深入研究"一二线"执法相关法律适用等问题，复盘行政复议、行政诉讼案件情况，编发执法提示单，选编"一二线"典型案例，提升队伍执法能力。践行新时代"枫桥经验"，不断提升矛盾纠纷预防化解法治化水平。

（三）多维普法，促进守法意识更加深入人心

横琴合作区区内居民、澳门居民、内地旅客等 3 类人群并存，人员结构多样。海关严格落实"谁执法谁普法"责任制，创造性开展多角度、深层次、全领域的普法宣传，将普法活动与海关改革发展紧密结合，将执法现场变成普法主场，推动法治观念深入人心。

1."嵌入式"普法，促进守法便利

擦亮"琴澳关心"普法品牌，通过"关长送政策上门""一企一策"等方式，全流程帮助指导企业搭建惠澳惠企政策落地场景，让政策支持变"零散式"为"套餐式"。构建"上门送法+指尖学法+现场释法"普法矩阵，在"一二线"通关作业现场打造"海报宣传+标本展示+现场讲解"情景化宣传阵地，全覆盖宣讲横琴合作区通关等法律问题，增强行动自觉，净化通关环境。

2."联动式"普法，拓展亲法空间

联合珠海市司法局，横琴合作区法律事务局、商事服务局，横琴国际知识产权交易中心等部门单位，开展集中宣传、法治文化集市活动。联合横琴合作区内学校、社区、企业等开展专题普法活动，"点菜式"宣讲横琴合作区通关、生活、就业等场景相关法律问题，持续增强横琴合作区企业、人员的法治素养。

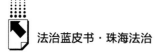

3."精准式"普法，服务琴澳融合

制作 3 期迎接澳门回归祖国 25 周年《归·家》普法宣传视频，为"澳门新街坊"等居民重点宣讲安家物品入境、携带宠物入境等政策，上门办公做好服务。面向"二线"出区快递企业、网约车司机、公交司乘人员等不同群体，通过专题座谈、编印出区须知等，宣传财税政策和监管规定。

下一步，海关将深入践行习近平总书记关于横琴开发开放重要指示批示精神，锚定横琴合作区建设目标任务，保持战略定力、坚持久久为功，以智慧海关建设、"智关强国"行动为总抓手，纵深推进分线管理海关监管制度样板间建设，服务推动澳门更好地融入国家发展大局。

B.14
数字时代下的琴澳跨境普法的实践与探索

横琴粤澳深度合作区法律事务局课题组*

摘　要：　　新时代新征程，澳门融入国家发展大局成为粤港澳大湾区的重要议题。横琴粤澳深度合作区作为"一国两制"实践的前沿阵地，面对跨境普法新需求和随之而来的新挑战，在数字时代下积极探索精准普法新路径，通过构建多媒体平台、探索趣味激励机制及实施双向普法策略，有效推动了粤港澳大湾区的法治融合进程。然而，横琴粤澳深度合作区跨境普法工作仍面临诸多考验，如重点群体普法力度不均、两地普法媒介差异导致的普法效果不佳、全民参与普法活动的覆盖面有限以及涉外涉港澳法律服务人才数量不足及队伍结构不合理等。针对这些问题，横琴粤澳深度合作区未来将进一步制定差异化普法方案，创新跨境普法方式，拓宽跨境普法渠道，加强跨境法律人才队伍建设，以提升横琴粤澳深度合作区的公众法律素养，为澳门更好融入国家发展大局、推动粤港澳大湾区法治融合提供有力保障，促进区域一体化发展迈上新台阶。

关键词：　　跨境普法　数字时代　粤港澳大湾区　"一国两制三法域"

　　"一国两制三法域"① 是粤港澳大湾区拥有的独特优势，三地经济的飞跃发展为三地做好相关规则衔接、机制对接提出了现实要求。粤港澳大湾区

---

　*　课题组负责人：钟颖仪，横琴粤澳深度合作区法律事务局局长。课题组成员及执笔人：沈正，横琴粤澳深度合作区法律事务局法治宣传业务骨干；姚俊君，北京师范大学硕士研究生。

　①　冯玉军：《当代中国法治的多重内涵与战略前瞻》，《学术前沿》2014 年第 22 期。

三地法治融合，离不开公众的主动参与。公众的法治意识和素养不仅是衡量一个社会法治水平的重要标志，也是推动粤港澳三地法治融合、构建一流湾区不可或缺的要素。① 随着横琴粤澳深度合作区（以下简称"合作区"）的建设和发展，普法工作的针对性和实效性显得尤为重要。

一 琴澳跨境普法的新需求

近年来，合作区凭借其独特的地理与政策优势，吸引了大量港澳地区居民，特别是澳门居民前来生活、就业和定居，这一趋势丰富了合作区的人口构成，同时也对普法工作提出了新的挑战。澳门与内地虽同属一个中国，但在法律体系、法律制度及法律文化方面因历史、教育等因素而存在显著差异，导致澳门居民与内地居民在法律需求上呈现出明显的不同。澳门居民更加聚焦于跨境生活、工作、投资等领域的法律问题，如税收、薪酬、跨境婚姻等；而内地居民则更侧重于合作区内的创业、就业、置业、权益保障等法律法规。

多元化的法律需求更是凸显了合作区跨境普法工作的必要性和紧迫性。基于不同受众群体的法律需求，普法工作需根据受众的认知特点进行差异化设计，既要确保基础法律知识的普及，又要注重提升居民的法律素养和法治观念。② 通过精准定位受众的法律需求，跨境普法工作不仅能够增强居民的法律意识，还能够促进合作区内的法治建设，为居民提供更加全面、有效的法律服务，从而推动合作区的和谐稳定与繁荣发展。

在数字时代的大潮中，传统的普法形式已难以适应琴澳深度融合背景下法治建设的新需求。数字技术的迅猛发展为跨境普法工作提供了前所未有的机遇，其打破了时间和空间的限制，使跨境普法内容可以更加便捷、及时、高效地传递给公众。借助大数据技术，普法机构能够广泛收集并分析诸如案

---

① 李霞：《粤港澳大湾区法制融合：基础、挑战和前景》，《中国发展观察》2021 年第 23 期。
② 朱国斌：《推进粤港澳大湾区建设的法律困境与进路》，《深圳社会科学》2024 年第 3 期。

件信息、法律咨询记录、公众法律需求等海量数据，这不仅让普法机构能够更精准地把握公众的法律需求，进而提供个性化、多样化的普法服务，还能深度挖掘多种数据[①]，预测普法工作的发展趋势，为跨境普法工作提供前瞻性的指引与支持。

在数字时代的大背景下，合作区法律事务局（以下简称"法律事务局"）开展了一系列琴澳跨境普法工作的新实践，通过社交媒体、在线课程等，以多媒体形式丰富普法内容，提升公众学习兴趣与接受度。同时，法律事务局还借助大数据技术实现了跨境普法个性化与定制化，精准对接公众需求，强化普法效果，进而促进了三地法治文化的深度交流与融合。

二　数字时代下的琴澳跨境普法实践与成效

（一）针对重点群体开展精准普法

琴澳两地通过互联网、社交媒体、政府数据平台等多渠道统计相关数据，运用机器学习算法、用户画像技术等手段，识别不同群体的法律需求、兴趣点和学习习惯，有针对性地开展普法宣传，为琴澳学生群体、初创企业和新横琴居民等不同重点群体定制个性化的普法内容，进行精准普法。一是针对琴澳青少年提供网络安全、未成年人保护、反校园霸凌等方面的内容，打造了"法润童心"——合作区走进澳门校园项目。在澳门中小学普法课堂增设有关合作区的普法课程，将合作区常识和地标内容通过 PPT 形式以趣味形象在澳门中小学课堂展示，为澳门中小学生全方位介绍合作区概况。2023 年 1 月至 2024 年 9 月，"法润童心"——合作区走进澳门校园项目覆盖 13022 余名澳门学生，进一步增强了澳门学生了解合作区的意愿。这一举措不仅增强了青少年的法律意识，更为他们未来在合作区的学习与生活奠定了坚实的法治基础。二是针对合作区初创型企业，合作区于 2023 年和 2024

---

① 周玉鑫：《数字时代的全民普法：语境分析与路径探寻》，《中国司法》2022 年第 7 期。

年连续提供免费"法律专项服务",帮助企业进一步规避法律风险。同时,合作区还通过组建法律服务团队,两年内累计为50余家在合作区实质性经营且契合《横琴粤澳深度合作区建设总体方案》四大产业发展方向的初创企业及个体工商户,提供为期一年的免费法律服务,帮助初创企业特别是澳资初创企业了解合作区政策法规,协助其完善法人治理结构和管理制度,降低企业经营生产全过程的法律风险。

通过精准普法,不同群体的法律需求得到了有效满足,法律知识的普及率与接受度均得到了显著提升。同时,这些举措也为合作区的法治建设注入了新的活力与动力,推动了法治文化的深入传播与广泛认同。

(二)构建全方位的数字化多媒体普法平台

琴澳两地融合多元化媒体平台与传播渠道,以创新的信息传播方式,跨越时空界限,实现法律知识与社会各界的广泛对接与深度渗透,开展普法宣传工作。通过抖音、小红书、微博等居民常用平台载体,适时适量匹配居民法律需求和兴趣点,针对性投放普法内容。充分运用澳门居民常用的新媒体渠道,推出"动画视频"、"网上说法"以及"法现琴澳"等节目,助力琴澳居民认识合作区。定期邀请熟悉两地不同领域的法律人士生动讲述琴澳两地在出入境通关、生活居住、教育医疗、社会保障等领域相关的法律规定,以场景化案例化解读和剖析两地差异,立体展现两地的法律异同。如澳门广播电视台(TDM)及《澳门日报》,在对应的电视、专属App等新媒体渠道投放宣传关于澳门居民便利携带动植物产品政策措施内容。这些渠道的广泛宣传极大地提高了政策的普及度与认知度,自澳门居民便利携带动植物产品政策落地实施以来,截至2024年12月31日,已有超过3500名澳门居民在"琴澳口岸通"App上进行申报。

自2022年起,合作区执委会官网上线"琴法视界"专栏,相继推出"齐来认识'深合区'"普法动画短视频、"法现琴澳"节目情景剧等,推动在澳门主要媒体渠道、澳门新福利公交车显示屏以及横琴主要地标楼宇等上线播放,以通俗易懂的语言和方式将合作区法律知识带到琴澳居民身边,让两地居民切实掌握在合作区生活中遇到的法律问题及解决策略。其中，在澳门 705 辆新福利公交车投放"齐来认识深合区"系列普法动画（10 期），平均每期每日曝光量超过 260000 人次，项目播放周期（7 个月）总曝光量超 50000000 人次。① 通过多媒体平台，将普法宣传的对象从合作区居民延展到持续关注合作区动态的众多澳门居民，多样化的节目形式和场景化案例化的解读方式，使法律知识更加贴近居民生活，加深了澳门居民对合作区法律政策的认知。

合作区执委会通过编撰《横琴生活锦囊知多D》等系列小册子，以人物问答的形式，生动呈现通关、交通、置业及房屋租赁、教育医疗养老及社区服务和争议解决等 12 个版块内容，涉及 100 余条两地居民常见的生活疑惑及对应锦囊妙招。同时结合合作区实行的"分线管理"政策内容，形成《澳门居民和澳门企业通关事项知多D》小册子和配套宣传视频。相关小册子等宣传物品投放至横琴市民服务中心办事大厅、横琴口岸、澳门新街坊等琴澳两地人流量密集的区域以及两地线上媒体渠道，让更多的居民随时方便取用。"知多D"系列小册子精准匹配了琴澳居民需求，以生动、形象的方式展现了琴澳两地的法律异同，成为琴澳居民的贴心锦囊。有助于居民更好地理解和遵守合作区的法律政策，促进法律政策的顺利实施。

（三）探索全民参与的趣味普法模式

合作区通过设立多层次、多领域的奖励机制，结合创意无限的法律知识竞赛与互动问答活动，让琴澳两地居民在趣味普法活动（线上竞答、趣味游园、绘画涂鸦等形式）中实现"看中玩、玩中学、学中记、记中会"，进而掌握法律知识，寓教于乐。一是以"闯关游戏"促进澳门居民了解合作区社会和自然生态。面向琴澳两地居民全面介绍合作区发展情况，普及合作区相关的法律法规或者政策文件内容，通过玩游戏、答问题、得奖品，让澳

---

① 数据来源于横琴粤澳深度合作区法律事务局 2022~2023 年度在澳门的法治宣传和政策推广项目媒体曝光情况报告。

门居民从游戏中了解合作区相关政策法规。如在 2024 年"民法宣传知识竞答"活动中，仅用 3.5 天时间便吸引了 1637 名用户答题，并引流到后续民法典主题宣传活动（游园会）现场。通过趣味互动的普法游戏，合作区的法律法规与政策规范在多样化阐释下更加通俗易懂，通过寓教于乐的方式激发居民学法热情和兴趣，进一步降低居民学习成本。同时，线上趣味活动相较于单独的普法活动而言，也起到助推普法活动形成系列活动的连接作用，极大地降低了普法宣传成本。二是以"我为琴澳规则衔接献一策"征集活动为切口，连续三年面向琴澳居民征集在合作区发展建设中有关产业、就业、通关、居住、教育、医疗等方面的现存问题及推动琴澳一体化发展、吸引澳门居民到合作区生活、就业的意见建议，结合多场线下沙龙活动，鼓励居民主动建言献策。三是通过开展宪法、民法典主题宣传游园活动，增强全民法治意识和法治观念。珠琴澳三地共同举办多场大型户外活动，多样化创新普法形式，结合体验式投壶、情景华容道、川剧变脸等中华优秀传统文化，开展法治文化表演、民法典游园集市、宪法游园会、"云·律道"学法打卡等活动，将宪法、民法、澳门基本法等国家法律以及生活法律常识、合作区最新政策传播给两地居民，让居民主动学习法律知识，培养公民意识和法治观念。

精心设计的趣味普法激励机制与知识竞赛体系成功吸引了琴澳两地居民的广泛参与。线上趣味活动与线下沙龙、游园会等相结合的方式构成了系列化普法活动，更在深层次上增强了普法的持续性和影响力。

（四）"引进来""走出去"相结合开展琴澳双向普法

随着横琴开发建设的推进，琴澳不断融合与发展，涉外涉港澳法治工作，特别是涉外涉港澳法治人才培养越来越重要。合作区通过整合社会资源，以及横琴国际仲裁中心和横琴珠港澳（涉外）公共法律服务中心等平台，吸引了境内外的法律专业人才在横琴开展涉外法治工作，助推合作区跨境普法工作不断取得实效。目前横琴国际仲裁中心仲裁员共 959 名，其中港澳台及外籍仲裁员人数 179 名，占比 18.67%。自 2023 年以来至 2024 年 12 月，横琴珠港澳（涉外）公共法律服务中心累计为在大湾区工作生活的琴澳居民及企业提供线下服务超过 11555 人次、线上咨询服务超过 4731 宗，走进澳门开展现场法律咨询服务 12 场次，服务对象超过 600 人。[①] 这些专业人才有效解决了港澳籍企业和居民面临的复杂法律问题，极大地促进了琴澳法律服务的交流与合作。

合作区通过琴澳国际法务集聚区构建了一站式涉外涉港澳法律服务平台、琴澳仲裁合作平台、跨境公证服务平台，陆续引入法律查明、司法鉴定等服务，为合作区企业和居民提供优质公共法律服务。同时通过横琴珠港澳（涉外）公共法律服务中心、横琴粤澳深度合作区创新发展研究院等智库平台开展赴澳跨境普法和涉外法治相关工作，共同开展粤港澳大湾区法律研究，共建常态化学术交流平台。一是"引进来"澳门法律人士到横琴开展相关法律交流活动。精心打造湾区公法菁英培养计划、珠澳法律大讲堂、涉外法律培训中心等有影响力的"公共法律服务"湾区品牌，举办粤港澳大湾区涉外法律服务交流研讨活动、"澳门研究系列讲座"等。围绕澳门法律体系、澳门基本法、澳门商法、澳门民法典等主题开展多轮交流互动，从不同角度深入剖析澳门法律文化，激发相关学者、法律人士进行琴澳法律和规则衔接对比研究的热情。二是"走出去"开展"你问我答"珠澳法律直播间、"法先锋"涉外涉港澳法治宣讲，以及"合作区法律进澳门"普法行系列活动。邀请熟悉两地不同领域的法律人士赴澳普法，为澳门街坊会联合总会、澳门工会联合总会、澳门智库机构、澳门普法义工团的成员讲授两地消费者权益保障、劳动权益保障、就业创业、交通规则等不同主题的法律差异。

通过上述一系列"引进来"与"走出去"相结合的举措，合作区不仅成功搭建了一站式涉外涉港澳法律服务平台，更在琴澳两地间架起了法律交流的桥梁。这些努力不仅提升了合作区法律服务的质量和效率，更为构建法治化、国际化的营商环境奠定了坚实基础。更重要的是，它们促进

---

① 数据来源于横琴珠港澳（涉外）公共法律服务中心 2004 年度工作报告。

了琴澳两地法律文化的深度融合，加深了两地居民对彼此法律体系的了解和认同。

三　琴澳跨境普法实践中的问题与挑战

法律撰之于民，用之为民。在琴澳跨境普法实践中，法律事务局作为"数字时代普法"与大湾区跨境普法融合的先行者，结合琴澳两地文化差异、法律体系的不同，以及跨境人口的高度流动性等特点，开展了针对重点群体精准普法、构建多媒体普法平台、探索全民参与趣味普法模式以及"引进来""走出去"双向普法等措施，在此过程中尽管取得了显著成效，但对于如何创新普法形式，提高普法效率，增强法律服务体系协同性仍然是当前跨境普法亟待解决的问题。

一是针对重点群体普法力度不均，服务效果评估机制缺失。虽然对于青少年和初创企业的普法工作取得了积极成果，但仍存在一些问题。如针对从澳门移居至横琴的老年人、外来务工人员等群体，普法工作的力度和效果仍有待加强。这些群体获取信息的能力较弱，且由于年龄、文化、语言、生活习惯等因素，对法律知识的理解和接受程度有限，在制定针对性普法方案时，需要使普法内容和方式贴近他们的生活实际。此外，虽然合作区组建了法律服务团队为初创企业提供免费法律服务，但在实际操作中，如何确保服务的及时性和有效性，如何避免服务过程中的形式主义，缺乏完善的服务效果评估机制，难以准确衡量免费法律服务带来的实际效果和影响力。

二是跨境普法面临两地媒体平台差异带来的传播困境。由于两地普法媒介不同，内地与澳门在获取信息渠道上存在显著差异，特别是内地民众主要使用抖音、小红书、视频号、B站、知乎等平台，而澳门居民则更倾向于使用Facebook、Instagram等社交媒体，这种差异给跨境普法工作带来了困难。视频类媒介在内地拥有庞大的用户基数，信息传播速度快，覆盖面广，平台的算法推荐机制能够根据用户的兴趣和行为进行精准推送，可以提高普法内容的触达率和接受度。而Facebook、Instagram等平台与内地平台相互独立。

这些平台的算法和内容审核机制与内地平台不同，导致普法活动在传播过程中受到了限制。

三是全民参与的普法活动覆盖面有限，居民建言献策活动存在局限性。具体而言，首先，线上竞答活动如"合作区政策与法律知识闯关游戏"和"民法宣传知识竞答"吸引了数千名琴澳居民参与，但相对于合作区整体人口而言，覆盖面仍然较小。特别是不太熟悉数字平台的群体难以参与其中。其次，在"我为琴澳规则衔接献一策"活动参与方面，居民积极性还需进一步调动。而且，参与活动建言献策的往往是两地社会团体、协会组织等成员代表，这些代表能否准确传达所代表群体的真实想法、部分居民的真实需求和意见等，需要长期观察。

四是涉外涉港澳法律服务人才数量不足且队伍结构不合理，澳门引进与留住人才困难，内地法律工作者"走出去"的意愿不强。横琴国际仲裁中心和横琴珠港澳（涉外）公共法律服务中心等平台已经吸引了大量法律咨询、调解、法律援助、法治宣传等领域专业人才，但在如国际商事仲裁、跨境投资并购、知识产权法等特定涉外涉港澳法律领域，专业人才的数量和质量仍显不足，难以满足日益增长的涉外涉港澳法律服务需求。熟悉澳门法和内地法律体系的内地人才仍较少，这在一定程度上限制了琴澳法律服务交流与合作的深度和广度。虽然合作区采取了一系列措施吸引澳门法律人士到横琴开展相关法律交流活动，但在人才引进和留用方面仍存在困难。部分澳门法律人士对内地工作环境和待遇有所顾虑，部分内地法律人士也由于语言、文化、法律体系等方面的差异，对赴澳开展普法工作或提供法律服务持观望态度，缺乏积极性和主动性。

目前跨境普法项目因实操时长不足 3 年，实操经验积累尚不丰富，部分环节仍需进一步完善，这也需要更多的跨境普法工作者的努力，以助及时优化跨境普法策略和内容，确保项目实施路径能够持续满足社会需求，促进数字时代下的跨境普法新路径彻底走通和不断延伸。未来，法律事务局将携手更多跨境普法工作者不断探索实践，纵深推进粤港澳大湾区法治建设，助力港澳融入国家发展大局，推动"一国两制"事业发展的新实践不断取得丰硕成果。

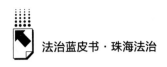

四 优化琴澳跨境普法工作的策略与路径

（一）制定差异化普法方案，系统性规划普法内容

持续实施差异化普法方案。一是面向初创企业，建立及时有效的法律服务机制，确保法律服务的及时性和有效性。定期举办法律讲座、工作坊，提供一对一咨询服务，帮助企业解决跨境投资、贸易、税务等方面的法律问题。二是对于琴澳两地青少年，加强法治教育宣传，通过发挥粤港澳大湾区青少年宪法与基本法教育馆平台载体作用，以校园讲座、模拟法庭、法律竞赛等形式，提升其法律意识和自我保护能力。三是针对澳门移居至横琴的老年人、外来务工人员等特定群体，设计贴近其生活实际、易于理解的普法内容和方式。考虑年龄、文化、语言等因素，采用方言讲解、图文并茂的宣传册、社区讲座等形式，增强普法工作的针对性和实效性。四是构建全面的法律知识框架。针对合作区的实际需求，构建涵盖跨境贸易、投资、居住、就业等多方面的法律知识框架。深入解析两地法律法规的差异，介绍跨境纠纷解决机制及税收优惠政策等，确保信息的全面性和准确性。

（二）创新跨境普法方式，利用数字化信息化手段提高普法互动性和吸引力

一是建立跨境法律服务平台，为澳门居民和内地居民提供便捷的法律咨询服务。平台可涵盖法律查询、在线问答、律师预约等功能，实现跨境法律服务的无缝对接。利用大数据和人工智能技术分析用户行为和需求，根据用户的浏览历史和咨询记录，精准推送跨境法律知识或案例给目标受众。

二是推广跨境 App 联动应用，鼓励两地政府、企业和第三方机构合作，开发联合普法 App，这不仅能使两地居民有效获取一致的法律信息，还可探索推动内地 App 与澳门社交软件之间的 API 接口对接，实现数据共享和功能互通。

三是在合作区内建立跨境数据交换中心，探索实现澳门与内地之间的数

据安全、高效、合规的流动。同时加强监管与执法，建立健全网络安全监管机制，加大对跨境网络活动的监管和执法力度。对于违反网络安全法律法规的行为，应依法追究责任。

（三）拓宽跨境普法渠道，激发居民建言献策活力

一是持续拓宽合作区的普法活动渠道，提高全民参与度。除了如竞答活动这样的线上普法外，还可利用横琴基层社区、琴澳合办学校、涉澳资本企业等基层单位党组织（支部）的力量，组织普法志愿者队伍，深入基层开展普法宣传活动，提高普法的覆盖面和影响力。

二是深度优化建言献策机制，激发居民积极性。在"我为琴澳规则衔接献一策"活动基础上，增设多种建言献策渠道，如线上论坛、意见箱、电话热线等，方便居民随时提出意见和建议。同时，注重邀请琴澳不同社会群体、不同利益相关方的代表参与，确保建言献策的广泛性和代表性。另外，要优化完善居民意见征集、筛选和反馈机制，对收集到的意见和建议进行认真梳理和分析，确保能够准确反映各群体的真实想法和需求，并及时回应居民关切，确保居民的建议和意见能够得到重视与处理。

（四）加强涉外人才队伍建设，推动琴澳法律合作深化发展

优化涉外涉港澳法律服务人才的结构和数量。首先，应着力优化人才培养体系，加强与国内外知名法学院校的合作，定向培养具有国际视野和跨文化沟通能力的法律人才。同时，加大人才引进力度，通过提供更具吸引力的薪酬福利、职业发展机会以及完善的生活配套措施，吸引更多优秀的涉外涉港澳法律人才到合作区工作。此外，建立人才留用机制，关注人才的工作生活需求，提供个性化服务，减少人才流失。

其次，持续强化跨境法律培训与交流，提升琴澳两地法律人士对彼此法律体系的了解和掌握程度。推动两地法律机构之间的合作与交流，建立常态化的互访机制，增进相互理解和信任。

最后，积极打造国际化法律服务品牌。依托横琴国际仲裁中心和横琴珠

港澳（涉外）公共法律服务中心等平台，提供优质、高效的法律服务，树立品牌形象，吸引更多的国际客户。持续优化法律服务环境，推动创新，打造具有国际竞争力的法律服务产业集群，进而满足日益增长的涉外涉港澳法律服务需求，推动琴澳法律服务交流与合作向更深层次、更广领域发展。

B.15
移民管理机关保障"两车北上"
政策实施的实践与展望

港珠澳大桥出入境边防检查站课题组*

摘　要：　"两车北上"政策作为粤港澳大湾区规则衔接、机制对接的典范，推动湾区"硬联通"日渐完善、"软联通"加速推进、"心联通"逐步交融，与此同时也产生了一些新情况新问题。为保障"两车北上"政策顺利实施，移民管理机关坚持以习近平总书记"用好管好大桥"重要指示精神为指导，围绕创新突破查验模式、优化口岸设施、健全政策规定等方面探索提质增效之策，争取以高水平安全保障粤港澳大湾区高质量发展。

关键词：　港车北上　澳车北上　移民管理机关

　　党的二十届三中全会明确提出"深化粤港澳大湾区合作，强化规则衔接、机制对接"。2023年1月1日和7月1日，"澳车北上""港车北上"（合称"两车北上"）两项专属创新政策相继落地港珠澳大桥。"澳车北上"与"港车北上"的政策依据来自《广东省关于澳门机动车经港珠澳大桥珠海公路口岸入出内地的管理办法》和《广东省关于香港机动车经港珠澳大桥珠海公路口岸入出内地的管理办法》。这两项管理办法规定，凡年满18周岁的澳门、香港居民均可申请一台不超过9座、8座的非营运机动车（最多可备案两名驾驶人），经指定大桥口岸进入内地，限广东省范围内行驶，每次停留不超过30

---

　*　课题组负责人：陈发球，港珠澳大桥出入境边防检查站党委书记、站长。课题组成员：刘志强，港珠澳大桥出入境边防检查站办公室副主任、一级警长。执笔人：陈发球、刘志强。

日，全年累计不超过 180 日。据统计，在"两车北上"政策落地时，符合政策条件的澳门私家车约 8 万辆①、香港私家车约 45 万辆②。

在"一个国家、两种制度、三个法域"的独特制度优势下，"两车北上"助推粤港澳大湾区日益呈现出深度融合新景象，"硬联通"日渐完善、"软联通"加速推进、"心联通"逐步交融，成为全球最有前景的增长极之一。港珠澳大桥车畅人旺，北上南下双向奔赴，口岸客流车流节节攀升、频破纪录。为保障"两车北上"政策顺利实施，移民管理机关深入贯彻落实习近平总书记"用好管好大桥"的重要指示精神，多措并举提升法治化水平，持续促进严格规范公正文明执法，努力实现法律效果、政治效果和社会效果的有机统一。

一 "两车北上"政策实施后港珠澳大桥口岸客流车流变化情况

经统计，"两车北上"政策实施以来，经港珠澳大桥珠海口岸出入境客流、车流增势明显。2024 年截至 7 月底，客流累计 1518 万人次，同比增长 103%，月平均增速 4%，日均超 7.10 万人次（约为 2023 年日均客流的 1.61 倍），单日最高客流超 14.4 万人次；车流累计 304 万辆次，同比增长 7.1%，月平均增速 3%，日均达 1.4 万辆次（约为 2023 年日均车流量的 1.57 倍），单日最高车流达 1.96 万辆次；客流、车流总数均已接近 2023 年全年验放量。"两车北上"政策所带来的集聚效应十分明显，作为"两车北上"唯一指定通行口岸，港珠澳大桥珠海口岸客流、车流累计 30 次刷新纪录，车流量稳居全国口岸第一（见图 1）。③

---

① 《澳门宣布"澳车北上"开始接受申请　最早 2023 年元旦可驶入广东》，中央人民政府驻澳门特别行政区联络办公室网站，2022 年 12 月 20 日，http://www.zlb.gov.cn/2022-12/20/c_1211711089.htm。
② 《"港车北上"6 月起接受申请　7 月起可经港珠澳大桥往返》，中国政府网，2023 年 5 月 1 日，https://www.gov.cn/yaowen/2023-05/01/content_5753888.htm。
③ 数据来源：移民管理机关统计数据。

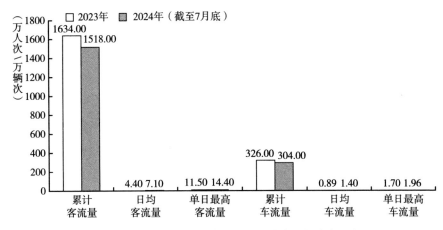

图 1 "两车北上"政策实施后港珠澳大桥珠海口岸
客流车流情况（2023 年与 2024 年截至 7 月底）

（一）客流情况分析（2024年截至7月底）

1. 香港居民成为客流主力

从客流成分角度进行分析，港珠澳大桥珠海口岸共验放香港居民 624 万人次，同比增长 162%，占总量的 41.1%；澳门居民 296 万人次，同比增长 34%，占总量的 19.5%；台湾居民 5 万人次，同比增长 159%，占总量的 0.3%；内地居民 569 万人次，同比增长 104%，占总量的 37.5%；外国人 24 万人次，同比增长 259.8%，占总量的 1.6%。尤其是 2024 年 6 月 8 日至 10 日端午节假期，出入境香港居民累计超 17.7 万人次，占客流总量的 58%，成为通关量最高的群体（见图 2）。①

2. 随车人员数量大幅增长

对不同查验场地和查验方式的验放量进行分析，香港方向旅检大厅共验放 486 万人次，占总量的 32%；澳门方向旅检大厅共验放 214 万人次，占总量的 14%。出境方向随车人员查验厅共验放 250 万人次，占总量的 16%；入境方向随车人员查验厅共验放 243 万人次，占总量的 16%。出入境车检通

---

① 数据来源：移民管理机关统计数据。

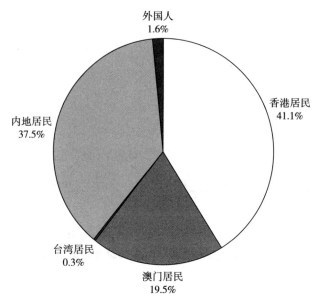

图2 "两车北上"政策实施后港珠澳大桥珠海口岸客流成分占比
（2024年截至7月底）

道共验放司机304万人次，占总量的20%；随车人员23.1万人次，占总量的1.5%，同比增长57%（见图3）。①

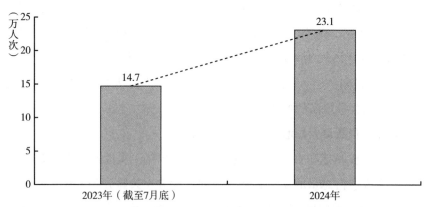

图3 "两车北上"政策实施后港珠澳大桥珠海口岸出入境车检通道随车人员
验放量对比

① 数据来源：移民管理机关统计数据。

3. 香港青少年数量增幅大

2024 年截至 7 月底，港珠澳大桥珠海口岸累计验放出入境香港青少年（22 周岁以下）约 95.9 万人次，占香港籍旅客总数的 13.9%，同比增长 168.2%，日均约 4570 人次。① 经对比近五年出入境数据，并排除疫情年度，香港青少年数量逐年增加，体现出香港青少年对祖国内地的了解逐步深入，融入国家发展大局的意愿日益强烈（见表 1）。

表 1　出入境香港籍青少年占香港籍旅客比重

单位：万人次，%

年份	香港籍青少年数量	香港籍旅客总数	占比
2019	51.2	488.8	10.5
2020	5.6	56.4	9.9
2021	2.0	28.6	7.0
2022	2.0	30.4	6.6
2023	70.2	571.4	12.3
2024（截至 7 月底）	95.9	690.3	13.9

（二）车流情况分析（2024 年截至 7 月底）

1. 车流受港澳假期影响明显

从对港、对澳方面进行分析，港珠澳大桥珠海口岸日均验放对港方向车辆 7125 辆次，对澳方向车辆 7101 辆次，对港方向与对澳方向验放车辆数基本持平。当遇到港澳公众假期时，对港方向验放车辆能达到对澳方向验收车辆的约 1.6 倍（如 2024 年复活节、端午节）。尤其是香港单牌车受节假日影响最大，潮汐效应明显，节假日日均查验量较平时上浮 19%，接近工作日日均查验量的 1.5 倍（见图 4）。②

2. 小客车相比货车增幅明显

2024 年截至 7 月底，港珠澳大桥珠海口岸累计验放出入境小客车 265

---

① 数据来源：移民管理机关统计数据。

② 数据来源：移民管理机关统计数据。

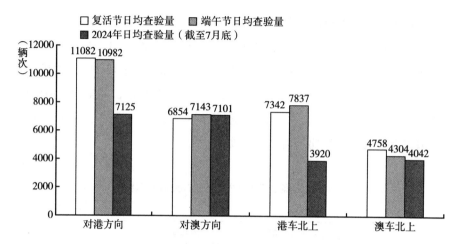

图4 节假日车流查验量与日均查验量对比

万辆次（与2023年小客车全年验放量基本持平），占出入境车流总量的87%，同比增长41%，日均1.24万辆次（约为2023年日均验放量的1.7倍）；货车35万辆次，占出入境车流总量12%，同比增长6%，日均0.17万辆次（与2023年货车日均验放量基本持平）（见图5）。①

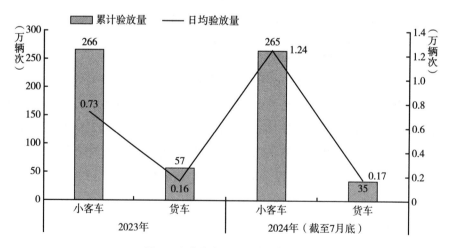

图5 小客车与货车验放量对比

---

① 数据来源：移民管理机关统计数据。

3. 香港单牌车数量持续攀升

从单牌车验放量角度进行分析，2024 年 1~7 月港珠澳大桥珠海口岸累计验放香港单牌车 83.66 万辆次，日均 3928 辆次，占车流总量的 27.5%，占小客车总量的 31.6%，其中单日最高验放量为 8844 辆次；累计验放澳门单牌车 86.37 万辆次，日均 4055 辆次，占车流总量的 28.4%，占小客车总量的 32.6%。香港单牌车以 6.8% 的月平均增速，从 1 月的 8.69 万辆次增至 7 月的 13.81 万辆次，澳门单牌车每月查验量基本持平（见表2）。[①]

表2　2024 年 1~7 月港澳单牌车数量

单位：万辆次

月份	香港单牌车	澳门单牌车
1 月	8.69	12.17
2 月	11.19	11.78
3 月	11.64	12.13
4 月	12.18	12.64
5 月	12.91	12.26
6 月	13.24	12.42
7 月	13.81	12.97

"两车北上"政策实施一年多以来，"澳车北上"每日通关配额长期约满，车流量基本保持稳定，"港车北上"车流量呈现快速增长趋势，成为口岸车流量持续增长主力，周末、节假日潮汐出行特征显著。主要原因在于随着"港车北上"政策宣传推广力度的加大，吸引了更多符合资格的香港私家车车主参与，周末及节假日"家庭式"出游需求旺盛，加之优化了"港车北上"预约安排，缩短了预约出行或取消出行的时间要求，为香港车主提供了更加便捷、自由的通关服务保障。同时，移民管理机关也增加了内地赴港澳"个人游"城市，出台多项便民利企出入境管理政策措施，促进内地居民与港澳居民双向奔赴，加强三地交流。

---

① 数据来源：移民管理机关统计数据。

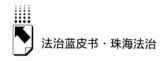
二 服务保障"两车北上"政策实施的实践与成效

"两车北上"政策实施的一小步,是"一国两制"伟大实践的一大步。随着"两车北上"政策红利的逐步释放和硬件软件的不断完善,三地居民相互奔赴、换城生活,推动粤港澳大湾区不断突破区隔、促进融合,一体化建设、协同化发展更加高质高效,呈现全面接轨、区域联动的新态势,政治互通、民心相通、社会融通的新格局加速形成。"港车北上""澳车北上"两项政策均入选第二批《广东省推进粤港澳大湾区规则衔接机制对接典型案例》,为粤港澳大湾区规则衔接、机制对接提供了更多新方案、新思路、新模式。

（一）立足主责主业,创新移民管理配套措施,加速促进"一国两制"向更深层次探索

建设粤港澳大湾区是习近平总书记亲自谋划、亲自部署、亲自推动的国家战略,是支持港澳融入国家发展大局、增进港澳同胞民生福祉、保持港澳长期繁荣稳定的重要政策。"两车北上"促使港澳居民活动范围大幅扩大,有利于拓宽港澳居民生活空间和提高生活质量,解决现在城市化当中面临的各种问题,也有利于香港特区政府、澳门特区政府克服空间制约释放发展动能,对推进粤港澳大湾区国家战略、提升港珠澳大桥使用效能具有重大意义。为保障"两车北上"政策顺利实施,移民管理机关坚持"小切口"带动"大变化",积极探索创新20余项配套措施,研究制定《港澳机动车经港珠澳大桥珠海公路口岸出入境查验及监护管理规定》[1],涵盖车辆备案、查验、监管全流程、各环节;组建专业信息采集备案队伍,统筹负责"两车北上"采集备案业务,解决部分司机车辆无法正常使用"一站式"系统便捷通关问题;全面简化边检备案手续,实现无纸化、电子化备案;实行

---

[1] 数据来源:移民管理机关内部规定。

"一站式"查验和移动查验，不断精简查验流程、升级查验系统，提高车辆识别率和系统稳定性，提前开足开满查验通道，优化口岸通关环境，将口岸单边小客车每小时饱和验放量从 440 辆次提升至 1100 辆次以上，确保在"管得住"前提下实现"通得快"。据统计，2024 年截至 7 月底，港珠澳大桥珠海口岸完成"港车北上"审批备案程序的车辆 7.43 万辆次，完成"澳车北上"审批备案程序的车辆 3.71 万辆次，港澳单牌车经港珠澳大桥珠海口岸出入境累计约 310 万辆次[①]，在港澳公众假期期间常态化出现"春运式"北上热潮，粤港澳大湾区从一纸蓝图到满目繁华，切实让港澳同胞同内地人民一道，共担民族复兴的历史责任、共享祖国富强的伟大荣光。

（二）提升服务质效，保障三地居民往来日益紧密，加速促进"三地民心"向更亲关系融合

"两车北上"促进粤港澳大湾区形成"一小时生活圈"，"一脚油"逛湾区成为港澳新风尚。从"一桥连三地"到"一日游三城"，从"便民桥"到"心通道"，移民管理机关服务保障三地居民相互奔赴，潜移默化地产生心心相印的"化学反应"。为进一步满足港澳老年人返回内地探亲需要，移民管理机关主动研发推行移动查验模式，随车人员无须下车即可办理通关手续，帮助老年人、婴幼儿、残障人士等行动不便人员，实现从港澳家门上车至内地家门下车。香港青少年从小跟随长辈返乡探亲、游历内地，感受同根同源的血肉亲情，系统全面了解内地的发展变化，逐步认识内地、融入内地，能有效增强作为中国人的国家认同感、民族自豪感和内心归属感。针对入境车道车体检查区在口岸建设阶段存在的设计缺陷，移民管理机关主动作为，积极改善口岸现场执法环境，增强旅客通关体验，有效解决了通关司机在日晒雨淋时接受车体检查的困扰，保障了执勤安全，提高了疏导效率，受到广大"两车北上"司机旅客的一致好评。

---

① 数据来源：移民管理机关统计数据。

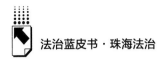

（三）直面难点困点，破除规则机制互联互通障碍，加速促进"社会发展"向更优质效协同

在"两车北上"政策实施初期，受体制机制障碍影响，政策实施未能达到港澳居民的高期望值，移民管理机关直面问题症结，主动协调推动通堵点、解难点。允许持港澳居民来往内地通行证的非中国籍人员申请"两车北上"，进一步扩大人员申请范围；推动粤港澳三地相关职能部门建立联席会商机制和信息共享机制，加强沟通协作和信息交流，共享车辆预约出行数量和港澳口岸客流动向信息；协调推动粤港澳三地通过官方网站、微信、微博等网络平台发布车流高峰预约提示，有效引导旅客及车辆错峰出行；在"湾事通 OneStop"微信综合服务平台开设"出入境服务"专区，用户点击后可直接进入"移民局 12367"微信小程序，并开设大湾区出入境动态专栏，为近 9000 万湾区居民提供"三地同城、无感跨境"的便捷服务体验。通过一系列针对性措施，"两车北上"规则衔接机制对接障碍实现有效破除，促使港珠澳大桥充分发挥"一桥连三地"独特优势和辐射作用，成为促进粤港澳协同创新、融合发展、民心回归的纽带。

三 "两车北上"政策实施引发的新情况新问题

"两车北上"推动港珠澳大桥效用步步提升，流量节节攀升，各界更期待尽快落地增加"两车北上"配额、推行"粤车南下"等举措。"大桥效应"释放越多，三地居民得益就越多，但是受限于多方面因素，"两车北上"落地实施后产生的一些新情况、新问题仍需要重视。

（一）需要探索更高效能的新型查验模式

港珠澳大桥现有的最大载荷量与建设需求不相符合，影响内地与港澳间人流、物流、信息流等要素流动。如港珠澳大桥珠海公路口岸单日最高验放量为 2.29 万辆次[①]，已远超口岸车道 1.77 万辆次的单日设计流量，单日车

---

① 数据来源：移民管理机关统计数据。

流量仍处高位增长态势,每逢周末、节假日,集中出入境的车辆经常需要等候较长时间。随着港珠澳大桥口岸客流车流快速增长,口岸现有的查验场地空间、通道数量、设施设备等已无法满足港澳公众假期通关需求,如果后期再叠加"两车北上"配额增加、"粤车南下"政策实施等通关措施,将造成大桥口岸严重拥堵,容易影响三地居民通关热情,引发负面舆情,以大湾区内设施"硬联通"和机制"软联通"为目标的新型通关模式创新迫在眉睫。

(二)通关体验感与旅客期望值存在差距

港珠澳大桥口岸自 2018 年开通至 2024 年已有 6 年,查验场地硬件软件均为口岸开通时建设,大部分设施设备老化、腐蚀严重,车道"一站式"查验系统故障频发,系统稳定性不够,影响查验疏导效率;口岸交通流线、指引标识不同程度出现破损、模糊等情况,且交通流线规划不合理,存在易堵点,影响车辆通行效率;"两车北上"首次驾车入境司机不熟悉车道"一站式"查验系统操作流程,影响查验效率;车道查验场地候检区蓄车量不足,节假日高峰时段候检车辆反堵在大桥桥面、珠海市市政道路甚至高速公路上,这些因素严重影响查验效率和通关体验,与港珠澳大桥"国之重器""湾区名片"形象和"两车北上"通关需求,也与广大出入境旅客的期待不相匹配。

(三)影响政策实施的非法营运值得关注

由于"澳车北上"管理办法未对单牌车从事非法营运情形作出惩戒性规定,也并未明确车辆从事非法营运的监管部门,部分闲散人员利用政策规定漏洞,在大桥口岸外围或通过微博、小红书、抖音等社交平台揽客,引带乘客在大桥珠海口岸持港澳通行证和香港签注以前往香港为由通关后,将乘客载至大桥澳门口岸,再利用澳门口岸区内的车辆调头流线返回珠海口岸,并未实际入境澳门,以此规避澳门特区政府限定每台车每月仅能预约通关 3 次的规则,达到在大桥口岸限定区域内多次往返、"兜圈"拉客的目的,个别澳门单牌车通关最高达 170 次/月①，非法载客等违法行为受利益驱使变换形式、隐蔽发展，监管难度大，风险隐患一直存在。

四 保障"两车北上"政策深度实施的新思路新举措

唯改革者进、唯创新者强、唯改革创新者胜。党的二十届三中全会提出"推动粤港澳大湾区更好发挥高质量发展动力源作用""深化粤港澳大湾区合作，强化规则衔接、机制对接"，为"两车北上"政策深度实施进一步明确了方向、提供了遵循、坚定了信心。"两车北上"政策作为粤港澳大湾区规则衔接、机制对接的典范，针对实施过程中产生的新情况新问题，移民管理机关需要始终围绕习近平总书记"要用好管好大桥，为粤港澳大湾区建设发挥重要作用"的指示精神，勇于变革、敢于创新，努力为粤港澳大湾区高质量发展贡献智慧和力量。

（一）创新突破查验模式，争取通关效能最大化

从短期来看，应加快"免刷证"② 便捷通关系统升级改造应用，加快研发、推行智能车体检查系统，优化"一站式"查验系统，实行小客车分级、分区查验，探索设置"常车辆"专道通行，多措并举提升通关效能和通关体验，尽力满足"快进快出""大进大出""优进优出"通关需求。从中长期来看，建议将珠海口岸分别整体迁移至香港、澳门口岸一侧。目前大桥主体工程处于口岸限定区域内，港澳与内地只有部分符合条件的车辆可以进入，大桥使用效能并不高，如果内地口岸整体迁移至香港、澳门，则符合上桥资质的车辆将实现数量级增长，大桥效能发挥能够实现最大化。在此基础上，继续探索港珠澳大桥香港、珠海、澳门三地口岸"单边验放"查验模式，即在实现三地口岸查验结果互认的基础上，在港车、澳车出境时，道闸

---

① 数据来源：移民管理机关统计数据。
② "免刷证"是指持有效出入境证件的旅客使用快捷通道通关时无须使用实体证件，通过面部识别等方式即可实现自助通关。

识别车牌后直接放行,实现港澳车辆"出境无感通关、入境正常查验"。而在人员方面,对港澳居民参照车辆同样采取"出境无感通关、入境正常查验"的模式。

(二)优化完善口岸设施,增强顺畅出行体验感

随着"两车北上"配额增加,"粤车南下"新政落地,为保证"湾区居民"顺畅通行,实现粤港澳人员车辆自由流通,应当加大投入力度,系统研究,着力优化改善口岸及周边软硬件服务。一是优化口岸内部查验设施。围绕大客流大车流形势需要和"粤车南下""香港口岸停车场计划""深圳车辆借道香港通行大桥"等系列新政,加强科技赋能,加快货车通道兼容小客车验放改造项目建设,更换老旧设备,优化软件逻辑,更新完善交通流线、标识,提升查车效率、查验质量,增强人员车辆通关体验感。二是完善口岸外围基础设施。进一步优化口岸周边交通流线,形成口岸至市区主干道路交通环线,提高车辆通行效率。在口岸外围、市政道路、主要景点等醒目位置增设车流电子提示牌,靠前引导出入境人员车辆错峰出行,提升交通出行舒适度。在关键路口、道路盲区增设"红绿灯"、反光镜等交通设施,增强行车安全性。增加口岸查验人员、管理人员的投入,确保事事有人管、有人跟。三是加快口岸周边商圈建设。在港珠澳大桥珠海口岸周边加速"商业综合体"建设,港澳居民在珠海口岸入境后、出境前,可在口岸人工岛休息、购物等,使港澳居民非必要无须前往珠海市区,可以缓解大桥口岸人工岛至珠海市区的交通拥堵情况,同时,可以有效实现珠海口岸人工岛"蓄水池"功能,变"流量"为"留量",改变仅能提供单一通关功能的现状。

(三)健全完善政策规定,掌握主流舆论话语权

一是积极解决非法营运难题。参考"港车北上"管理办法关于车辆从事非法营运的条款,完善"澳车北上"管理办法,加大对利用澳门机动车从事非法营运情形的惩戒力度,通过以案警示等手段维护口岸机动车合法运

营的良好舆情氛围。充分了解出入境旅客个性化出行需求，协助合法个性化租车服务发展，营造有利于合法个性化租车服务发展的舆情环境，挤压非法拉客、非法营运生存空间。二是着力提升舆论引导能力。港珠澳大桥社会关注度高，针对"两车北上"实施过程中产生的一些问题，要始终围绕习近平总书记"着力提升新闻舆论传播力引导力影响力公信力"① 的重要指示要求，强化斗争意识，增强斗争本领，发现舆情风险抢抓最佳时机发声，加强正面宣传，有力回击不良言论，实时关注舆情走向，广泛凝聚社会共识，牢牢掌握主流舆论话语权。

---

① 《习近平对宣传思想文化工作作出重要指示》，中国政府网，2023 年 10 月 8 日，https：//www.gov.cn/yaowen/liebiao/202310/content_ 6907766.htm。

B.16
珠海市香洲区湾仔街道涉外涉港澳法律服务实践与探索

珠海市香洲区湾仔街道课题组*

摘　要： 随着粤港澳三地经贸合作和人文交流日益密切，港澳居民对相关法律服务具有迫切的现实需求。湾仔街道坚持和发展新时代"枫桥经验"，创新推出湾仔"580"一站式纠纷调解平台，打造"一问三答"珠港澳法治宣传品牌，探索粤澳毒品治理与社戒社康服务等领域实现法治衔接，涉港澳法律服务取得一定成效。未来，面对涉外涉港澳法律服务中存在的不同程度的痛点、堵点和难点，湾仔街道将围绕珠海涉外涉港澳法治工作重点，进一步补齐法治人才短板，加快数智赋能延伸法律服务触角，深化禁毒帮扶多方协作，构建一条独具特色的涉外涉港澳法律服务湾仔新路径，推动湾仔街道涉外涉港澳法律服务迈上新台阶。

关键词： 涉外法治　涉外涉港澳法律服务　枫桥经验　湾仔街道

湾仔街道隶属于珠海市香洲区，位于香洲区南端、珠江口西岸，东与澳门隔濠江（内港）相望，相距不足 500 米；西倚风光秀丽的加林山，西南与珠海保税区为邻；南临马骝洲水道，与横琴岛一桥相连；北接南屏镇，与珠海城区连成一体；直面香港，位于港珠澳大桥延长线落脚点，成为珠海对接港澳的桥头堡区域。辖区内现有港澳居民 2000 余人、港澳劳工及港澳户

---

* 课题组负责人：庞耀东，湾仔街道党工委副书记。课题组成员：潘庆均，湾仔司法所所长。执笔人：朱冰红，湾仔街道平安法治办公室主任；刘珊珊，湾仔街道平安法治办公室试用期公务员。

籍亲属上万人，湾仔口岸每日通关 3000 余人。随着港珠澳深度融合，港澳居民的法律服务需求日益增加，对街道涉外涉港澳法律服务供给能力提出了新的考验与挑战。

一　当前湾仔街道涉外涉港澳法律服务存在的难题

（一）历史遗留问题化解难

受客观环境影响，湾仔街道存在一些长期争论不休或未得到彻底解决的问题，随时间演变而成为历史遗留问题，而利益相关方反应非常强烈，迫切需要解决。因时间跨度长、部分问题资料不全、牵涉范围广、利益盘根错节，加上法律法规政策变化、居民法治意识薄弱，问题化解难度大，成为涉外涉港澳法律服务路上的"拦路虎""绊脚石"。例如，2023 年 12 月，湾仔街道冰厂码头出现水产品走私问题，为堵住走私漏洞需要永久关停该码头。但该码头的存在有一定历史背景，对于珠澳渔民有特殊意义。湾仔街道积极摸排、理清该码头历史沿革，本着尊重历史、遵守法律的原则实施清退工作，从源头解决走私违法犯罪隐患，确保依法依规彻底关停冰厂码头，筑牢湾区反走私防线。

（二）涉港澳纠纷复杂且机制不完善

湾仔街道位于港珠澳大桥延长线落脚点，与澳门、香港相邻，三地居民来往密切，社会各层面高度融合。一是湾仔街道老旧小区、历史遗留问题多，旧城改造本身存在困难大、矛盾多、情况复杂的问题。随着街道旧城改造不断推进，涉及越来越多的港澳群体，牵扯利益大，法律关系错综复杂，风险多样，极易引发不稳定因素。二是赴港澳务工人员数量多，粤港澳法律适用规则的制度藩篱尚未打破，跨境劳动争议协同治理和纠纷处理衔接不畅，纠纷化解仍存在困难。三是在三地法域碰撞背景下，三地居民对法律理解存在偏差，与之相对的诉讼、仲裁、调解、公证等相关机构纠纷解决规则衔接机制也存在欠缺，不同法系、跨境法律的纠纷化解保障机制"软联通"亟须完善。

（三）法律服务资源欠缺而居民需求增强

人才队伍是开展涉外涉港澳法律服务的关键和根本。[①] 随着湾仔街道与港澳社会经济等各方面联系越来越紧密，打破内地和港澳三地法律制度带来的法律服务壁垒，吸纳港澳法律人才提供跨境法律服务，已成为珠港澳法治融合的迫切需求。[②] 一是内生动力不足。湾仔街道内缺乏高等院校、仲裁机构、涉外涉港澳商事调解组织等，亟须构建一支精通三地法律和熟悉港澳社会风俗习惯的法律服务人才队伍。二是外在推力缺乏。由于与港澳法律服务机构缺少实质性沟通交流，同时受限于财政资金紧张等，引进和培育涉外涉港澳法治人才路径和机制尚不完善。三是社会力量薄弱。湾仔街道内自主发展与培育的涉港澳社会组织数量较少，与港澳社会服务机构交流受阻，其中涉外涉港澳高端法律服务更是缺乏孵化基础。四是新矛盾问题不断凸显。随着银坑社区改造完成，十字门片区成为港澳居民落地珠海的好去处，高档小区林立，但受周边问题楼盘影响，住房与建设相关问题层出不穷。该类小区业主法律素养高，对于依法处置和化解纠纷矛盾的要求也更高。

二 湾仔街道涉外涉港澳法律服务的实践及成效

（一）湾仔"580"护稳定，促进涉外涉港澳纠纷化解

湾仔街道坚持和发展新时代"枫桥经验"，聚合多部门力量，于2023年11月创新推出湾仔"580"调解工作室。其中，"5"为公检法司律5部门联动，"8"为人民、司法、行政8类调解合一，"0"为矛盾纠纷归零。此外，湾仔街道在湾仔、作物、桂园、富兴、银坑和连屏等6个社区综治工作站设立"580"调解分站点，以"调解员+民警+社区工作人员"3人小

---

① 崔晓静：《"五位一体"涉外法治人才培养的实践育人路径探索》，《武汉大学学报》（哲学社会科学版）2025年第1期。
② 廖明山、陈奕樊：《打造港珠澳法治融合新高地》，《珠海特区报》2024年8月12日，第2版。

组，打造"1+6"矛盾纠纷调解便民新模式，延伸调解服务触角。

1. 文化碰撞，"咖啡+茶"调解解纷更快

一是讲好"情与法"的故事。为优化湾仔"580"调解平台，湾仔街道与珠海市涉外公共法律服务中心（以下简称"涉外中心"）形成良性互动，共同搭建"咖啡+茶"涉外人民调解工作法首个镇街平台——"咖啡+茶"涉外调解工作法湾仔街道工作站，将广东传统茶文化与港澳同胞喝咖啡的习惯相结合，一杯饮品凝聚了两地居民化矛盾、求和谐的共识，拉近了情感距离。[①] 2024年3月22日，澳门居民徐家三兄妹之间持续近两年的拆迁安置房屋补偿纠纷在"580"调解工作室顺利画上了句号。徐家三兄妹因安置补偿房屋分配问题争执不下，剑拔弩张。湾仔街道调解委员会与涉外中心的调解员从"情"与"法"两个角度对徐家三兄妹进行劝解，徐家三兄妹在边喝咖啡边喝茶边谈心中放下芥蒂，双方很快就达成了一致意见。随着调解协议的签署，兄妹间的隔阂也尽数消除。此次调解经验得到多个省级媒体的宣传推介，成为推动珠澳法治融合发展的一环。

二是奏响"法治与发展"的乐章。湾仔街道结合澳门产业多元十字门中央商务区服务基地内港澳企业法治需求，联合北京市京师（珠海）律师事务所在珠海中心大厦设立涉港澳调解工作站，由公益律师为澳门产业多元十字门中央商务区服务基地20余家港澳企业、职工提供看得见、摸得着、用得到的纠纷化解服务，以高质量法治服务护航产业发展。此外，湾仔街道通过在各社区搭建纠纷化解平台，为社区提供多元化解纷渠道，让居民通过议事协商把"小纠纷"化解在社区。如富兴社区将"580"调解平台与"大榕树议事亭"融合，采取"红色+"引擎和"萝卜十三条"议事规则，妥善处理身边事；湾仔社区将"580"调解平台与湾仔回归广场议事角融合，于情于理于法把握"钉子户"的思想脉搏，并协调爱心企业给予适当补偿，最终顺利完成老旧小区电梯加装任务，通过居民自治妥善化解邻里纠纷，打造和谐社区。

---

① 章宁旦：《珠海打造大湾区涉外法治建设新高地》，《法治日报》2024年2月4日，第2版。

2.数智赋能，"云上调解室"效率更高

湾仔街道强化数智赋能，加快推进"互联网+多元化解纠纷"机制建设，依托"580"调解工作室，以"一屏、一线、一终端"为标准配置，打造全区首个镇街层面矛盾纠纷"云调解"平台。

一是依托远程设备软件，多方联动实时调解。通过线上智慧平台，为港澳居民和涉旅人员搭建"云沟通"桥梁，打破调解时空限制，同时人民调解员、律师、检察官及人大代表等多方调解力量可以通过云平台实时联动，搭建"云上检察室"等窗口，共筑矛盾纠纷化解新格局。2023年12月，涉旅人员段先生在湾仔街道发生财产损害纠纷，向省平台申请在湾仔进行线上调解。街道调解员经双方当事人同意，通过在"580"调解工作室智慧平台线上"会面"的方式，当天"一站式"化解了纠纷，高效、快捷的调解获得当事人一致好评。2024年，"580"调解工作室共调处矛盾纠纷172宗，涉及人员1210人。

二是推动政法力量下沉，"府检联动"双向赋能。湾仔街道充分发挥"1+6+N"基层社会治理体系中的政法力量，建设多平台响应、多力量参与的"枫桥式"调解平台。2024年8月，湾仔街道联动香洲区人民检察院派驻南湾检察室打造"580"检察室云平台，向群众提供线上求助、检察官咨询通道，相关职能部门亦可依托该平台同综治中心、检察室强化线上协作，联动开展涉港澳矛盾纠纷化解、社会关系修复及重大矛盾纠纷研判等。近期，湾仔街道联动香洲区人民检察院派驻南湾检察室，依托"580"调解平台，以"调解员+检察官"专业组合，成功化解了一起人身损害赔偿纠纷，不仅使当事人免于诉讼之累，减少社会对抗，还快速解决了群众急难愁盼的问题。

三是打通企业园区通道，"跨区联动"无缝衔接。2024年4月，原鹤洲新区筹备组解散后，保税区社会事务由湾仔街道承接。湾仔街道积极对接保税区信访超市，将"580"调解平台、保税区信访超市与"粤平安—群众信访诉求矛盾纠纷化解综合服务应用平台系统"无缝衔接，建立信访维稳工作联动机制，以定期会商研判的方式化解"保十片区"物业管理、问题楼

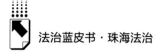
盘、劳资纠纷等矛盾突出问题，收到群众致谢锦旗 20 余面。

3. 人才驱动，"调解智囊团"队伍更强

近年来，湾仔街道秉持"湾仔人解湾仔事"、法德并用和多方共建的理念，搭建诉调对接、访调融合和劳司协同平台，挖掘社区能人、法律明白人和立法信息员等群体，持续培育整合基层调解队伍。

一是能人巧用，激活群众力量。湾仔街道通过积极挖掘港澳居民能人、社区能人和"五老资源"等方式，培育了包括金牌调解员在内的调解智囊团成员 6 名、法律明白人 26 名，形成"1 社区法律顾问+N 法律明白人"模式的群众队伍。调解智囊团成员及法律明白人还积极参加珠海市司法局、珠海市调解协会联合开展的"法先锋"调解行业系列培训班暨"法先锋"粤澳法治讲坛，深入学习粤港澳纠纷调解知识，提高自身化解新形势下涉外涉港澳矛盾纠纷的能力和水平。①

二是匠人善用，培育专业力量。湾仔街道注重发挥珠港澳三地律师力量，与涉外中心以及 7 家律所进行法治共建并签订《湾仔"580"法治共建协议》，将涉外中心及珠港澳三地律师纳入调解智囊团，强化调解专业性队伍建设。同时，不断培育公益心理服务力量，发挥心理力量在纠纷化解中的"巧劲"，联合香洲区人民检察院派驻南湾检察室和社会组织，打造"湾心驿站"粤澳公益心理服务工作站，选聘粤澳两地公益心理咨询师为群众提供心理健康服务。现工作站有粤澳背景的"湾心导师"各 1 名，为群众"心病"开出一剂"良方"，化矛盾解"心"结。

（二）"一问三答"夯法治，创新涉外涉港澳法治宣教

随着粤港澳大湾区、横琴粤澳深度合作区建设深入发展，越来越多的港澳居民入住湾仔，三地居民、企业对于消费、投资经营、婚姻家事、劳动雇佣、医疗等多方面的法律需求不断增长。为做好港澳居民服务工作，弥合三地法律认识分歧，强化规则意识，湾仔街道打造品牌矩阵，创新涉外涉港澳

---

① 《广东省珠海市设立"一中心两基地"加强涉外法治人才建设》，《人民调解》2024 年第 9 期。

法治宣传教育，提升在珠海的港澳居民生活幸福感。

1. 阵地学法，线面结合"广多全"

一是延伸一条线，湾仔街道结合十字门片区"望澳邻琴"地域优势，在十字门海岸沿线建设了首个湾澳两地共融主题公园——湾澳无"私"法治文化公园。公园长3公里，设有特色景观小品、主题法治长廊，以及融入珠港澳三地元素的主题宣传栏，并与珠海市司法局共建"云·律道"，内容上涵盖反走私、禁毒、反诈、未成年人保护相关法治内容及宪法、民法典、刑法有关法律规定，以"漫画+文字解说"的形式吸引来往游客、居民，营造浓厚的法治氛围，实现线上线下同步学法，创新普法服务供给模式。

二是覆盖一个面，电子载体宣传"零距离"。湾仔街道进一步发挥十字门华发商都、湾仔口岸、海鲜街和社区高清大屏、室内外电子屏等现有载体作用，滚动展示涉外涉港澳法律科普视频、海报和标语，电子屏纷纷"化身"智慧学法窗口。同时以视频、图画、文字和声音相结合的方式，将三地有关未成年人保护、劳动权益保障等知识送到居民身边。此外，湾仔街道利用社区大喇叭和短信平台，采用国粤双语普及三地有关法律知识，实现法治宣传"零距离"。

2. 线上学法，掌上媒体"简快丰"

湾仔街道充分发挥新媒体优势，突出涉外涉港澳法治一个重点，擦亮"一问三答"珠港澳法治宣传品牌。2024年11月8日，司法部、全国普法办印发《关于通报表扬全国"八五"普法中期表现突出的单位和个人的通知》，对全国1793个表现突出的单位及1556名表现突出的个人予以通报表扬。其中湾仔街道荣获全国"八五"普法中期表现突出单位称号，为全省唯一获得通报表扬的街道。

一是内容新颖，涉外涉港澳直播间关注度高。湾仔街道联合涉外中心及多个单位，创新推出"一问三答"珠港澳生活指南直播间法治宣传教育栏目。该栏目围绕三地民生相关法律问题，邀请三地法律专家给予不同回答，切实便利三地居民生活与共融。目前该栏目已推出三期节目，围绕珠港澳三地关于侵害未成年人案件强制报告制度、劳动者权益保障和医疗保障制度等进行讲解，观众点赞数超 2 万次，直播视频同步投放至香洲区多个官方视频号。此外，湾仔街道还为直播间配套了多个"一问三答""粤港澳法治知多D"宣传栏、横琴封关政策解读宣传栏，推出多篇涵盖民商法及刑法知识的"一问三答"科普推文，不断扩大"一问三答"品牌的覆盖面及社会影响力。2024 年 11 月，"一问三答"珠港澳法治指南普法项目在 2023～2024 年广东省国家机关"谁执法谁普法"创新创先项目征集评选活动中获评"优秀普法工作项目"。

二是形式多样，普法新栏目趣味强。湾仔街道创新推出《珠港澳法治月报》栏目，每月收集珠港澳法治领域时事、热点，图文并茂讲知识，涵盖新法速递、法律修改、重大政策等内容，制作成法治讯息速递海报，借助湾仔新时代公众号推送扩大宣传，《珠港澳法治月报》成为湾仔特色的普法月报，覆盖读者近 4 万人。2023 年，湾仔街道"可看可听可读"新媒体网格普法项目被评为 2022～2023 年度珠海市国家机关"谁执法谁普法"创新创先项目。

3. 身边学法，便民服务"暖近趣"

一是搭建身边服务站。湾仔街道搭建"港澳驿站"，成立"湾澳帮帮团"，成员包括港澳企业、辖区律所、湾仔口岸和湾仔边检等，为港澳人员开展两地法律政策咨询服务，包括物权、消费、医疗、养老等，做强"涉外涉港澳法律服务"模块。构建"湾澳法治互助会"，培育粤港澳法律明白人，为辖区困难居民提供法律援助，破除澳门居民融入内地生活的法律障碍，维护群众的合法利益。为进一步增进港澳居民自议自治，湾仔社区还邀请港澳居民参加社区治理议事协商、亲子类、技能培训等各类活动，促进港澳人员与湾仔居民的和谐共融。2023 年，湾仔社区珠澳"三治"融合经验入选司法部案例库。

二是开展身边学法事。湾仔街道积极开展"一问三答"珠港澳法治指南主题宣传活动，以"一问三答"+趣味闯关、主题市集、公益晚会和澳门烟花节等多元组合形式，开展居民身边的涉外涉港澳法治宣传教育活动。2024 年10 月 4 日，湾仔街道借助"国庆+漫展"契机，走进"珠海 AS11TH 动漫游戏展"国际会展中心现场，开展"一问三答"珠港澳法治指南趣味互动普法。活动现场，工作人员扮成"次元摊主"，摆出"一问三答"法治问答卡牌，内容涵盖刑事、民商事，干货满满。新颖的互动吸引了众多 coser 和青少年朋友共同参与，并合影留念、打卡分享到朋友圈，活动共吸引 1500 余人参加。

（三）"粤澳禁毒"搭桥梁，法治衔接力护共融

湾仔街道开创粤澳毒品治理"试验田"，加强跨法域衔接机制建设，融合粤澳禁毒领域双方优势，协调多方资源，搭建综合治理桥梁，在毒品治理与社戒社康服务等领域的法治衔接方面作出积极探索。

1. 首创粤澳戒毒更生康复合作服务

一是建设"粤澳向阳关爱之家"。2024 年 6 月，湾仔街道与澳门特别行政区政府社会工作局（以下简称"澳门社工局"）、珠海市强制隔离戒毒所共建的"粤澳向阳关爱之家"正式揭牌成立，其作为广东省"粤澳戒毒研究与禁毒普法基地"和"粤澳更生联络服务中心"平台功能的延伸，为在粤澳门籍戒毒人员提供社区戒毒社区康复（更生）服务，填补境外吸毒人员无法在内地进行社区戒毒社区康复的空白。"粤澳向阳关爱之家"为两地居民提供更多元化的毒品预防及康复服务，着力构建粤澳禁毒防治新体系，促进两地深度融合。

二是打造"向日葵工作室"。"向日葵工作室"既是全市首个关注涉港涉澳禁毒工作的社康社戒中心，也是全区首个"禁毒帮扶+宣教"的主题工作室。同时工作室在全市率先推出"港澳直通车——内地与港澳地区禁毒法律规定比较"模块，进行粤港澳三地禁毒机制、政策及相关法律法规对比，加深三地居民对禁毒规定的理解。此外，工作室还特别设立港澳便民服务窗口和港澳服务热线，不仅可以为港澳户籍社区戒毒社区康复人员提供服务，还可以为港澳居民提供粤语咨询、讲解等一系列便民禁毒服务。

2. 开展丰富的禁毒法治宣传教育

湾仔街道重视涉港澳禁毒宣传教育，以"粤澳禁毒"为主题，多次创

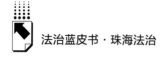

新开展禁毒法治宣传教育。

一是开展珠港澳青少年禁毒戒毒专项宣传教育。湾仔街道联动珠海市强制隔离戒毒所、珠海市公安局拱北口岸分局，香洲区人民检察院、香洲区司法局、湾仔海关及北京市京师（珠海）律师事务所等单位，通过"开学第一课"、缉毒犬进校园、禁毒大宣誓、主题班课及空中课堂等形式开展禁毒主题活动。禁毒社工通过"禁毒微积分""禁毒小达人"等禁毒互动制度，共组织 20 批次辖区粤澳青少年前往禁毒宣传教育馆、"向日葵工作室"等开展禁毒研学活动，让港澳青少年从"室内"走到"室外"学习禁毒知识，在具体的研学实践中，增强港澳青少年识毒拒毒的能力，让港澳青少年对毒品有了更深层次的认识，至今湾仔街道未发生港澳人员涉毒违法犯罪。

二是打造特色粤港澳禁毒文化展区。湾仔街道以"墙绘+禁毒"模式设计建造了"禁毒打卡巴士""湾仔禁毒号列车"禁毒宣传长廊，打造了融合粤港澳三地地标元素及粤语文化的港范国潮风禁毒主题宣传栏，宣传栏获得 2024 年香洲区禁毒宣传栏评比第一名。新颖时尚的禁毒宣传阵地也成为街道禁毒打卡新地标，吸引了许多三地居民前来打卡学习。2024 年 6 月，湾仔街道与珠海市强制戒毒隔离所、澳门社工局联合承办的粤澳禁毒普法嘉年华活动以"构建一体两翼新格局，打造湾区禁毒新矩阵"为主题，集科技体验、运动康复、非遗、游戏答题等元素于一体，多元化多维度宣传粤澳禁毒政策法规。现场吸引 900 余人参与体验，线上 1.5 万人观看直播、点击量达 3.7 万人次，相关活动信息被央省市级媒体和新媒体等 29 个单位转发报道，总阅读量超 200 万次，本次活动是推动跨境法治融合、涉外涉港澳法律服务衔接、探索粤澳深度合作的一次生动实践。

三 提升涉外涉港澳法律服务水平建议

党的二十届三中全会专章部署"完善中国特色社会主义法治体系"，对"加强涉外法治建设"作出系统安排，提出了一系列改革任务，为当前和今后一个时期推进涉外法治工作提供了根本遵循、指明了实施路径。① 珠海深入推进涉外涉港澳法律服务建设，加快建设一流涉外涉港澳法治人才队伍，持续打造"五个一流"平台载体。接下来，湾仔街道将紧紧围绕珠海涉外涉港澳法律服务重点工作，补齐人才短板，数智赋能，扩大品牌效应，开创涉外涉港澳法律服务新局面。

（一）挖掘资源，补齐法治人才短板

湾仔街道根据前期与涉外中心、北京市京师（珠海）律师事务所和香洲区人民检察院派驻南湾检察室结对共建、跨域联动的经验，就涉外涉港澳法律服务进一步挖掘资源，壮大涉外涉港澳法律服务队伍，填补湾仔街道在涉外涉港澳法治人才培养方面的空白。

一是聘任能人。在全面摸排辖区律师、公证员、仲裁员、港澳法律人才等法治人才底数和统计现有调解智囊团、法律明白人队伍的基础上，挖掘精通三地法律和社会风俗习惯的能人进行聘任，提供人员支撑。二是政校直通。注重与中山大学珠海校区、暨南大学珠海校区、北京理工大学珠海校区等本市重点高校围绕涉外涉港澳法律服务协作、组建课题研究团队等方面开展深入交流合作。将"外部引智"与"内部育才"有机结合。三是政企共建。与辖区港澳企业共同选聘公益"法治代言人"，"法治代言人"将作为港澳法治交流青年代表参与湾仔街道涉外涉港澳法律服务，凝聚三地共治共融共建共享合力。

（二）突出特点，延伸法律服务触角

一是抓住"智能"，高效利用"580"数据资源。湾仔街道将继续落实"一网统管"部署，搭建"580"法治共建治理网格，将"580"云平台与法院的诉联网系统、"数智香洲"及"珠联必和"等智能网络平台进行对接，

---

① 何勤华、金逸菲：《中国式法治现代化的新篇章——党的二十届三中全会的法治意涵》，《法治社会》2024 年第 6 期。

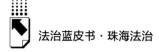

实现数据赋能 1+1>2 的效果。二是抓住"涉外涉港澳",深化推广"咖啡+茶"湾仔实践。以茶为媒,以咖啡为界,用一杯咖啡、一杯清茶解群众心结。化解基层矛盾纠纷,延伸好涉港澳调解服务触角,共促粤港澳融合一家亲。三是抓住"共建"。设立驻点与联络站,以湾仔"580"共建为契机,选取珠港澳三地具有代表性的涉外涉港澳法律服务机构、企业开展法治共建,设立湾仔"580"调解驻点和联络站,将涉外涉港澳法律服务触角延伸到湾仔街道,降本增效。

（三）创新帮扶,深化多方协作

湾仔街道将从多个维度加强社戒社康群体的帮扶工作。一是抓住三地合作契机,通过视频会议、网格系统等平台,用好黄丝带帮教基地、心理服务工作站等落地资源,深化粤港澳三地机构协作,为特殊户籍的社戒社康人员破除法域藩篱。二是利用多方共建平台,以共建形式将人大代表、心理服务及就业服务人员等多方资源汇集到帮扶中心,为社戒社康人员提供深入的身心帮扶。三是优化服务供给模式,通过"直播间+宣传站+工作室"的形式,为社戒社康人员提供线上线下的防毒拒毒知识,提高其对毒品犯罪的认识,实现"帮扶一人、带动一家、影响一群"的效果。

（四）构建体系,放大品牌效应

湾仔街道牢牢把握"涉外涉港澳法律服务"重点,将所有涉外涉港澳矛盾纠纷化解和法治宣传教育集中到湾仔"580"调解平台、"一问三答"珠港澳生活指南直播间和"粤澳禁毒"品牌上,形成"工作站+直播间+推文+宣传栏+身边阵地+主题活动"的一体化涉外涉港澳法律服务体系。通过新媒体宣传、调研交流学习等路径,持续扩大湾仔"580"特色调解品牌和"一问三答"品牌的覆盖面及社会影响力。同时以品牌推广为引擎,不断优化品牌,以品牌"小杠杆"撬动涉外涉港澳法律服务"大效应"。

B.17
珠港澳跨境信用合作和规则机制衔接的实践与探索

珠海市发展和改革局课题组*

摘 要: 珠海从政策对接、法规协调、平台支撑、数据共享等方面积极探索珠港澳跨境信用合作和规则机制衔接,推出国内首个支持简繁体字双向查询的珠港澳跨境信用服务平台和国际化信用服务超市,在国内首次开展国家机关统筹组织的信用数据出境风险评估工作,率先建立跨境信用互认与联合激励机制,推进珠港澳三地在消费领域实现信用规则有效衔接。珠海通过构建跨境信用合作框架发挥珠海、澳门、香港三方强强联合的引领带动作用,积极寻求两种制度规则下的"最大公约数",为开创跨境信用合作发展新局面提供了具有实践意义的样本,也为其他地区开展信用创新提供有益的参考与借鉴。

关键词: 珠港澳跨境信用合作 信用体系建设 规则机制衔接 粤港澳大湾区合作

习近平总书记强调,"要抓住粤港澳大湾区建设重大历史机遇,推动三地经济运行的规则衔接、机制对接,加快粤港澳大湾区城际铁路建设,促进

---

* 课题组负责人:郭圣勇,珠海市发展和改革局二级调研员;刘晓萌,珠海市发展和改革局信用建设(财政金融)科副科长(主持工作)。课题组成员:于冰,珠海市发展和改革局信用建设(财政金融)科职员;陈晓冰,珠海市发展和改革局信用建设(财政金融)科职员;郑宝楹,珠海市跨境信用协会秘书长;陈婉盈,珠海市跨境信用协会副秘书长。执笔人:于冰,珠海市发展和改革局信用建设(财政金融)科职员。

人员、货物等各类要素高效便捷流动，提升市场一体化水平"。① 随着港珠澳大桥通车，以及"港车北上""澳车北上"等利好政策叠加，珠海开放发展的优势进一步彰显，对珠海涉外法治建设也提出了更高要求。粤港澳大湾区具有"两制"、三个关税区、三种法律体系的特点，有利于粤港澳三地发挥各自所长，实现优势互补、协同发展，但也在客观上形成了一些体制机制障碍和问题。珠港澳三地在法律制度上存在差异，信用评价标准规则不统一，信用服务互认机制不畅通，如何在合作中有效衔接这些差异，实现合作的合法性和有效性，是亟待解决的问题。珠海始终坚持以习近平法治思想为指导，积极为区域协调发展及珠港澳信用合作体系建设破解法治难题，致力打造湾区法治创新高地。

一　推进珠港澳跨境信用合作和规则机制衔接的必要性和可行性分析

（一）必要性分析

习近平总书记高度重视粤港澳大湾区规则衔接、机制对接的作用，并作出了一系列重要指示。党的二十大报告指出，要"推进高水平对外开放""稳步扩大规则、规制、管理、标准等制度型开放"。党的二十届三中全会审议通过的《中共中央关于进一步全面深化改革 推进中国式现代化的决定》提出，要"健全社会信用体系和监管制度"。"深化粤港澳大湾区合作，强化规则衔接、机制对接。"习近平总书记还明确提出，要完善社会信用等方面的法律制度。② 珠海连接澳门、香港，作为粤港澳大湾区的重要板块，三地间加强跨境信用建设和规则机制衔接是落实大湾区发展战略的重要举措之一。大湾区建设越往深入推进，其面临的困难挑战就越大，

---

① 习近平：《在深圳经济特区建立 40 周年庆祝大会上的讲话》，人民出版社，2020，第 11 页。
② 金轩：《健全社会信用体系 构建高水平社会主义市场经济体制》，《经济日报》2024 年 12 月 8 日，第 3 版。

因此需要处理好各种矛盾问题；且港车、澳车北上实现了珠海、澳门、香港三地经贸互联互通，而频繁的经贸活动和人员交流带来了信用需求的增长。但由于澳门、香港与内地在法律、制度方面存在差异，以现有制度安排促进粤港澳三地规则衔接效率较低、效果欠佳，在此背景下，珠海弘扬法治精神，加强法治交流与合作，建立跨境信用合作和规则衔接机制显得尤为重要。

珠港澳跨境信用合作和法治建设推动区域经济一体化高质量发展。珠海市作为内地唯一一座与香港、澳门均陆地接壤的城市，在粤港澳大湾区建设中举足轻重，且珠海与澳门、香港在产业结构、资源禀赋等方面存在较强的互补性。跨境信用合作需要在法治基础上突破三地法制差异，推动三地法律制度的衔接与协调，为跨境信用活动提供法治屏障。通过跨境信用合作，能够促进三地资源要素自由流动和优化配置，加快粤港澳大湾区整体的经济一体化进程。

（二）可行性分析

1. 政策制度为珠港澳跨境合作制度体系建设提供依据

"一国两制"方针为珠港澳跨境信用合作和法治建设提供了坚实的政策基础。2019 年 2 月，中共中央、国务院在印发的《粤港澳大湾区发展规划纲要》中提出"'一国两制'，依法办事。……把维护中央的全面管治权和保障特别行政区的高度自治权有机结合起来，尊崇法治，严格依照宪法和基本法办事"。在这一方针下，珠港澳三地可在保持社会制度、法律体系相对独立性的同时，加强法治领域的交流与合作。

2021 年，深圳市前海管理局、深圳市信用促进会联合境内外知名信用服务机构共同制定了《基于跨境活动的企业信用报告格式规范》，跨境信用服务的路径得以清晰，为跨境信用服务"铺路搭桥"。[①] 2021 年 9 月，中共

---

① 《〈基于跨境活动的企业信用报告格式规范〉正式发布》，前海深港现代服务业合作区、深圳前海蛇口自贸片区网站，2021 年 12 月 8 日，https：//qh. sz. gov. cn/sygnan/qhzx/dtzx/content/post_ 9434810. html。

中央、国务院印发《横琴粤澳深度合作区建设总体方案》，其中提出"建立粤澳共商共建共管共享的新体制……逐步构建民商事规则衔接澳门、接轨国际的制度体系"。2023年2月，广东省人民政府办公厅印发《建设高标准信用服务市场 促进信用广东高质量发展的若干措施》，提出"开展与港澳的跨境信用标准体系建设，依托相关行业协会建立粤港澳跨境信用服务联盟，促进大湾区信用服务机构开展技术、标准、人才等方面合作交流，推动大湾区信用领域规则衔接和机制对接"。2023年12月，国家发展改革委发布《粤港澳大湾区国际一流营商环境建设三年行动计划》，强调要"打造市场化法治化国际化一流营商环境，将法治化作为优化粤港澳大湾区营商环境的重要目标"。2024年《中华人民共和国社会信用体系建设法（征求意见稿）》已由社会信用体系建设部际联席会议审议通过，正向社会公开征求意见，国家发展改革委将加快推进该法立法进程，进一步夯实社会信用建设法治基础。[1] 诸多政策制度为珠港澳开展跨境信用合作和机制衔接工作提供了根本遵循。

2. 琴澳一体化发展和法治保障为珠港澳信用服务和规则机制衔接提供了条件

横琴粤澳深度合作区（以下简称"合作区"）地处"一国两制"的交汇点，是涉澳法治建设和法治创新的"主阵地"。[2]《横琴粤澳深度合作区发展促进条例》（以下简称《条例》）在治理体制、信用监管、权益保护等方面作出明确规定，确保信用服务在合法、合规的轨道上运行。2023年5月，珠海市人大常委会出台《澳门特别行政区医疗人员在横琴粤澳深度合作区执业管理规定》《澳门特别行政区药学技术人员在横琴粤澳深度合作区药品零售单位执业备案管理规定》两部法规，成为合作区继《条例》后出台的第一批专项法规，是用足用好珠海经济特区立法权开展"小切口"立法创

---

① 《国家发展改革委：推动加快社会信用体系建设法等立法进程》，信用中国（天津）网站，2023年6月8日，https：//credit.fzgg.tj.gov.cn/detail.do？contentId=7b684e83000a45e79c538dad0922e1d7。

② 《推进对澳规则衔接 横琴加快打造法治创新先行示范地》，广东省人民政府网站，2023年9月7日，https：//www.gd.gov.cn/gdywdt/zwzt/ygadwq/zdhzpt/hq/content/post_4249979.html。

新的首批成果。2024 年 11 月 21 日，珠海市第十届人民代表大会常务委员会第三十次会议表决通过全国首部规范商事调解活动的地方性法规——《横琴粤澳深度合作区商事调解条例》，这是合作区运用珠海经济特区立法权深化调解制度改革的生动实践，有利于促进商事调解市场化、法治化发展。合作区致力于打造公平、透明、可预期的法治环境，这种法治环境有助于降低市场主体的交易成本和风险，增强其对信用服务的信任和使用意愿，为推广粤港澳信用服务提供了条件。

3. 珠港澳跨区域跨法域合作为珠港澳规则衔接提供了经验借鉴

在粤港澳合作的组织架构下，基于深化跨区域、跨法域合作的需要，考虑到"一国两制三法域"的区位特点，三地跨境信用合作仍存在难点堵点。珠海市坚守"一国"之本、善用"两制"之利，加强珠港澳跨区域跨法域合作，着力构建规则衔接澳门、香港，接轨国际的制度体系。

2021 年，珠海国际仲裁院制定《珠海国际仲裁院仲裁规则》，对标国际通行商事仲裁制度和商事惯例，在仲裁领域推动珠澳两地规则衔接。2021 年 12 月，合作区法治保障论坛的参会专家从法学专业不同视角发表了精深的专业意见，为推动粤澳深度合作规则衔接、机制对接等领域的法治保障工作提出了新思维、打开了新思路。2022 年 1 月，最高人民法院印发《关于支持和保障全面深化前海深港现代服务业合作区改革开放的意见》，从提升法律事务对外开放水平、推动规则衔接和机制对接、促进粤港澳司法交流与协作、全面深化改革创新等多个方面提出措施。前海率先探索域外法适用机制，在依法扩大涉外涉港澳民商事案件受案范围、完善域外法查明和适用机制、建设国际商事争议解决中心等具体方面先行先试，为推进法律服务业高水平开放积累了新鲜经验。2023 年 4 月"珠海探索粤港澳大湾区医保衔接新模式""横琴打造琴澳跨境法律服务新模式"被评为广东省第一批粤港澳大湾区规则衔接机制对接典型案例。[①] 珠海在

---

① 《朱伟副主任主发布粤港澳大湾区规则衔接机制对接典型案例（第一批）新闻发布会》，广东省发展和改革委员会网站，2023 年 4 月 7 日，https：//drc.gd.gov.cn/zxft5660/content/post_ 4149822.html。

法律服务中加强合作,与驻外使(领)馆共同开展海外远程视频公证业务试点工作,珠海公证处、横琴公证处入选司法部海外远程视频公证机构名单,在全省率先将港澳居民纳入法律援助告知承诺范围,首次实现跨境法律援助服务融合衔接。

二 推进珠港澳跨境信用合作和规则机制衔接的 实践做法及实际成效

(一)多渠道互联,共筑跨境信用信息互联互通之基

1. 推进珠港澳跨境信用合作制度化建设

珠海积极推动建立珠港澳信用常态化合作交流机制,就跨境信用合作促进区域协同发展的探索路径达成共识,建立珠港澳三地的跨境信用信息共享机制。珠海市发展和改革局(以下简称"市发展改革局")多次前往澳门、香港拜访相关部门和协会,寻求信用合作思路和跨境信用信息共享可行路径。通过创新实施"一处汇集、三地互查"的数据共享机制,汇聚珠港澳三地政府及企业经营状况、履约记录、行政处罚等相关信用信息,助推关键信用信息在三地间实现无缝对接与互通互认,有效避免"信息孤岛"现象。

2. 搭建跨境信用合作交流新平台

以珠港澳跨境信用数据为基础,打造不同国家和地区间跨境信用数据的互联、互通、信用标准互认体系,提供跨境企业信用信息查询服务,包括企业基本信息、经营状况、信用记录等,实现信用信息的跨境共享。建立信用互认与共建平台,推动不同国家和地区之间的信用评价结果互认,助力跨境开展信用互认及信用激励工作。为加强珠港澳三地企业往来搭建信用核查通道,促进粤港澳大湾区贸易畅通、资金融通提供了重要基础设施。

3. 构建跨境信用合作与交流新桥梁

珠海依托"珠港澳跨境信用服务平台"(以下简称"跨境信用平台"),创新性地整合了珠港澳企业公共信用信息查询和信用报告下载、珠港澳三地

"诚信店"展示和查询、海关高级认证企业名单查询、珠港澳优质诚信企业专版宣介、珠海市调解机构和调解员信息查询、信用服务产品展示、中小企业贷款绿色评定服务等全链条的信用服务场景，支持用户"免费查"珠海市企业信用报告、"授权查"湾区合作版信用报告、"快速找"优质诚信的合作伙伴、共享国际化信用服务超市资源、共享湾区信用激励政策、共享跨境信用调解服务资源以及拓展推广港澳信用评级服务等，为三地企业提供更加便捷、高效、安全的信用服务。该平台可供港澳企业查询珠海市40万家市场主体信用状况，同时归集展示1000多家重点澳门企业信用信息，初步实现珠港澳三地信用跨境互查互认。2024年底，跨境信用平台已有43项国内外信用服务产品，提供了100多个国家/地区的企业信用报告和企业身份核查服务，为内地信用服务"走出去"，海外信用服务"引进来"保驾护航。

4. 探索公共信用数据出境安全评估

为让信用数据出境安全可控，根据《数据出境安全评估办法》《促进和规范数据跨境流动规定》等法律法规相关要求，2024年8月，珠海市对跨境信用平台的信用数据出境业务场景、出境目的、范围、方式的合法性、正当性与必要性进行分析。市发展改革局在市委网信办指导下，构建了科学严谨的信用数据出境风险评估体系，分别完成《数据出境风险自评估报告》《信用数据中拟出境个人信息保护影响评估报告》，打通信用数据出入境环节。这是对公共信用信息数据出境安全评估的首次探索，也是首次由国家机关统筹组织的一次数据出境风险自评估活动，为其他地市探索政务数据出境提供了路径和样本。

（二）多领域协同，共推跨境信用规则机制衔接

提升跨境信用法治化规范化水平。珠海市结合香港、澳门及国际标准，探索建立粤港澳大湾区诚信消费领域湾区标准。为推进"信用珠海"建设高质量发展促进形成新发展格局，推动珠港澳三地消费领域信用体系规则衔接、机制对接、先行先试，市发展改革局联合珠海市消费者权益保护委员会（以下简称"市消委会"）经深入调研和科学论证，联合香港、澳门共同打

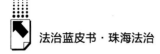

造"诚信店评价规范"标准，以跨境诚信消费为突破口，建立珠港澳跨境信用合作机制，促进珠港澳诚信店合作共建，深化三地消费领域信用融合，共创安全放心的消费环境。

市发展改革局创新诚信消费模式，联合市消委会对标"澳门诚信店认可计划"及 19 个行业守则，结合香港"优质旅游服务"计划中关于餐馆、零售商户、旅客住宿服务等评审标准，于 2024 年 12 月 31 日正式发布《诚信店评价规范》团体标准，评价规范主要由经营资质、违法行为、消费者权益保护和评价管理 4 项一级指标和 12 项二级指标的关键项目指标，以及经营场所、人员、价格与交易、消费者权益保护、投诉争议处理、诚信承诺和公共信用标准 7 项一级指标和 35 项二级指标的通用项目构成。通过科学、客观的评价体系，在零售、餐饮、服饰、旅游，民宿等行业筛选出符合高标准要求的诚信店铺，以良好的信用环境引导各类资源要素充分流动与优化配置。

为推动粤港澳大湾区诚信营商环境建设，珠海率先在国内建立跨境信用互认与联合激励机制。2024 年 3 月，拱北海关与珠海市人民政府签署《关于建立信用互认与联合激励机制支持高信用企业发展合作备忘录》，共同以信用要素赋能实体经济，双轮驱动支持拱北海关所辖 AEO 企业和珠海市优质诚信企业高质量发展，首次将三家澳门 AEO 企业纳入珠海市优质诚信企业，它们将在珠海市享受融资便利、项目优先审批、税收优惠等一系列优惠政策和服务，实现信用资源在跨境领域的共享与互认，推动更多高信用企业享受政策红利。

（三）多方力量汇聚，共促国际化信用服务市场繁荣

为贯彻落实《建设高标准信用服务市场 促进信用广东高质量发展若干措施》，支持信用服务业发展，2024 年 10 月 30 日珠海市跨境信用协会（以下简称"市跨境信用协会"）正式成立，该协会将整合珠海、香港、澳门三地信用服务资源，推动建立信用行业自律机制、行规行约、服务标准，加强企业的自律意识，协助推动全市信用服务规范化、制度化、标准化和品牌化发展，为珠海跨境信用工作体系建设培育协会力量。

1. 推动协会建立国内首个珠港澳跨境信用调解中心

依托市跨境信用协会，市发展改革局整合珠海、香港、澳门三地信用行业内外资源，发挥会员行业优势，培育成立跨境信用调解中心，引入跨境调解员，将公证员、司法鉴定人、法律服务工作者以及相关行业领域的专业人员，纳入"珠联必和"大调解数字平台，成立信用调解专家库，对标港澳商业账款管理规则，推进商业账款管理规则与国际化标准对接，"动之以情、晓之以理、施之以信"解决三地市场主体商业账款和合同履约纠纷，致力于应用信用手段预防和化解澳门、香港和珠海中小微企业应收账款纠纷等经济领域矛盾纠纷，帮助企业打通应收账款回款"最后一公里"，填补跨境信用调解服务的空白。

2. 搭建信用大数据实验室

探索信用数据联合建模新路径，由信用大数据实验室汇聚政务、商务、社会等领域的信用样本数据，按照信用信息"可用不可见"的理念，以"政府主导、信用协会牵头、会员单位参与"的运作模式，积极探索平台资源开放、社会数据融合、行业信用赋能的实验室运行机制，解决数据使用与安全的"两难"问题。

3. 打造国内第一个国际化信用服务超市

依托跨境信用平台推出首批 24 项内地优质信用服务产品，包括文旅行业信用监管服务、企业信用数字尽职调查、信用监督纠纷系统、品信信息查询系统、商账管理及清收等，面向全球重点推介，让内地信用服务"走出去"。同时积极与香港征信管理机构、澳门信用及商账管理专业协会交流合作，发挥港澳"背靠祖国、联通世界"的优势，引进资信评估报告、香港个人征信报告、海外企业信用调查、KYC 报告等 19 项首批海外信用服务产品，把海外信用服务"引进来"，持续拓宽全球信用服务产业的合作版图。

（四）多渠道形式，建立珠港澳跨境信用教育与宣传机制

通过电视、广播、报纸等传统媒体，结合社交媒体、短视频平台等新媒体手段，打造全方位、多层次的宣传攻势。定期发布最新政策解读和信用建

设动态，广泛传播珠港澳三地的诚信文化精髓与跨境信用合作的成功案例，增强公众对诚信价值的认同感和跨境合作的信心。针对企业、金融机构、政府部门等群体，开展跨境合作知识培训，涵盖政策法规、市场趋势、风险管理、案例分析等多个维度，帮助学员深入了解跨境合作的内涵与外延，掌握必备的知识与技能。建立长效宣传合作机制，汇聚多方力量普及跨境信用合作知识。邀请具有丰富实践经验的专家进行指导，确保培训内容的实用性与前沿性。与政府部门建立紧密合作关系，搭建宣传合作平台，拓宽宣传推广渠道，加强与媒体、行业协会、商会等机构的沟通与合作，共同推动跨境合作知识的宣传普及。开展对跨境信用合作宣传与教育工作及成果的定期评估，并根据评估结果及时调整宣传推广策略，确保跨境信用合作宣传与教育工作的持续性与有效性，加深公众对诚信价值的认识和理解，营造以诚信为本的社会氛围，为推进跨境合作奠定坚实的道德基础。

三　建立珠港澳跨境信用合作和衔接机制尚存障碍

（一）信用数据跨境流动机制对接困难

首先，信用数据出境规制尚不明确，导致信用数据出境难。目前我国数据跨境流动的制度体系主要为企业提供数据出境制度工具，但对于政务数据出境方面的制度尚不明确，公共信用信息数据尚未建立系统化的分级分类安全监管标准，导致无法有效区分核心数据、重要数据和一般数据，无法为不同层级的数据制定并实施差异化的数据出境安全管理措施。其次，澳门、香港信用数据分散、规制更严格，导致信用数据入境难。澳门企业数据分散在各个职能部门，部门间暂未实现互联互通，且珠澳两地在数据标准、数据制式、数据安全、数据公开等方面差异较大；另外，香港十分注重个人隐私问题和数据安全问题，信用数据规制充分考虑数据的真实性、时间性、平衡性，以及误导性，导致珠港澳三地信用数据共享对接难度较大。

（二）信用合作法治机制互通困难

澳门、香港与内地在制度方面存在很大差异，以现有制度安排促进珠港澳三地信用合作存在规则衔接、法律适用诸多障碍，需构建多层次的立法体制机制予以保障。《粤港澳大湾区发展规划纲要》《粤澳合作框架协议》、CEPA 经济技术合作协议等粤港澳跨境合作文件属于行政规划或贸易协议，可以起到指导和指引作用，但欠缺强制性和约束力。在跨境融资、企业信用评价等方面，珠港澳三地需根据不同的法律标准进行操作，增加了合作的复杂性和不确定性。而且，澳门、香港施行较内地更为严格的个人资料保护法，两地在司法体系、监管机制等方面存在差异，难以形成有效的法律执行与监督合力，需要在法律上实现协同创新。

四　未来展望

为进一步推进珠港澳跨境信用合作和规则机制衔接，珠海将立足湾区、协同港澳、面向世界，持续深化粤港澳全面合作，充分发挥经济特区立法权优势，推进大湾区要素流动"软联通"，逐步完善跨境信用合作机制，持续深化规则衔接、机制对接，积极打造湾区法治创新高地，促进三地规则联通、机制贯通、人心融通。①

（一）深化跨境信用信息共享机制

珠海市在全国首创推出跨境信用平台，初步实现珠港澳三地企业信用信息跨境互查互认，为跨境信用合作提供了坚实的数据基础。在现有基础上，进一步联合港澳地区及周边城市，拓展信用信息的归集范围，包括行政管理、合同履约、司法判决等多个方面的信用信息，推动双方在信用信息归集、处理、共享等方面的规则衔接，降低区域经济活动中的信息不对称风

---

① 吴轼：《推动机制对接，打造大湾区法治创新高地》，《南方日报》2024 年 1 月 18 日。

险。随着跨境信用信息共享机制的深化，政府部门、金融机构、行业协会等之间的信用信息共享已初步实现，未来可以逐步构建起涵盖企业、个人、政府机构等多个层面的全方位、多层次的跨境信用体系，为跨境贸易、投资等活动提供更加可靠的信用保障。同时，制定统一的信用信息交换标准、数据格式和分类体系，推动信用信息的标准化处理，建立跨境信用信息的互认机制，确保两地信用信息在共享过程中的准确性和一致性。

（二）加强法律法规体系与政策对接

在符合总体国家安全观和法律法规底线的前提下，出台符合珠港澳实际且与经济和社会发展相适应的法律法规与保障政策，确保政策创新有法可依、有章可循。一方面，推动信用立法进程。完善跨境信用信息使用、信用信息管理、信用修复管理等相关信用建设配套法规，并对现有的法律体系进行梳理和评估，识别其中与跨境信用合作不相适应或存在空白的部分。借鉴国际先进经验，结合珠港澳三地实际情况，出台具有前瞻性和可操作性的法律法规和标准，逐步推动三地法律体系的对接与协调。另一方面，完善相关法律法规及标准，开展关于企业合规诚信经营规范、涉企数据信用评估等一系列先行先试的政策探索，通过试点实践，验证政策的可行性和有效性，为后续的政策制定和推广提供有益的经验和借鉴。促进政策与法律法规在信用建设领域相互协调、相互补充，对政务诚信、商务诚信、社会诚信和司法公信建设作出了系统安排，实现了无缝对接，形成政策引导、法治保障的良好局面。

（三）推动规则机制衔接与标准化建设

在跨境信用合作共建中，珠海与澳门、香港通过分别签署合作协议、建立高层对话机制等方式，在商贸往来、人员流动、执法司法等领域推动珠海与澳门、香港规则机制的深度衔接，稳扎稳打推进信用合作和规则机制衔接建设工作。加强跨境信用合作领域的标准化建设，共同研究制定跨境信用信息共享、信用评价、信用奖惩等方面的标准和规范，信用规则将更加细化、具体，具有更强的针对性和可操作性，推动珠港澳标准互认机制的建立和实施。三方应注重加强跨境信用合作人才的培养工作，共同举办跨境信用合作培训班、研讨会等活动，提高政府部门、企业和中介机构对跨境信用合作规则和标准的认知度和执行力。通过标准化建设，提高跨境信用合作的效率和准确性，降低因标准差异附带的合作障碍和成本。

（四）强化跨境信用监管合作机制

强化跨境信用监管合作机制是全球化背景下推动全球信用体系稳健发展的重要举措。要建立健全跨境信用信息共享、信用评价、监管协同和奖惩机制，打造一个高效、协同的跨境信用监管网络，对守信者"无事不扰"，对失信者"利剑高悬"，实现对跨境交易活动的全方位、即时性监管，有效防范和化解跨境风险。强化跨境信用监管合作机制将进一步优化对守信主体的服务，提供更加便捷、高效的通关、税收等配套服务，促进跨境贸易和投资便利化。更为重要的是，通过加强跨境信用监管合作机制，各国各地区能够携手共同打击跨境欺诈、逃税等违法行为，维护公平、公正、透明的国际营商环境，促进区域经济可持续发展。

新形势下做好珠海跨境信用合作法治化建设的工作任重道远。珠海将不断拓展与港澳合作的深度、广度，为发展注入动力，以基础设施建设为重点加速"硬联通"，以规则衔接、机制对接为重点深化"软联通"，稳扎稳打推进"信用珠海"建设实现高质量发展，为粤港澳大湾区法治化、规范化、制度化建设提供更多可复制、可推广的珠海经验。

B.18
珠海国际仲裁院打造粤港澳大湾区
涉外涉港澳法治新高地的实践探索

珠海国际仲裁院课题组 *

摘　要： 国际商事仲裁在国家法治体系与能力建设中具有丰富的制度价值。珠海国际仲裁院积极推进粤港澳大湾区涉外涉港澳法治新高地建设，推动仲裁机构治理模式与仲裁机制国际化，不断提升仲裁质效与优化仲裁服务，构建多元化争议解决机制体系，服务促进产业经济发展，开展仲裁理论研究与涉外涉港澳法治人才培养，探索服务粤澳深度合作与推动粤港澳制度融合，取得了一系列高水平创新发展成果。针对仲裁发展中仍然存在的短项或不足，珠海国际仲裁院将持续推进体制机制改革，加强仲裁创新，提升仲裁质效，筑牢仲裁公信力，推动高质量发展；同时，创新仲裁机制，推进仲裁国际化建设，加强仲裁推广，努力建设国际一流的仲裁机构，将珠海建设成为国际商事仲裁优选地。

关键词： 涉外涉港澳法治　体系建设　珠海仲裁

一　国际商事仲裁在我国法治体系与能力
建设中的制度价值

国际商事仲裁是国际商事交往活动中的当事人通过协议自愿将其争议提

---

* 课题组负责人：吴学艇，珠海国际仲裁院党组副书记、副院长。课题组成员：吴锋，珠海国际仲裁院案件审核部负责人、副总监；梁淑廉，珠海国际仲裁院行政部行政秘书。执笔人：吴锋，珠海国际仲裁院案件审核部负责人、副总监；梁淑廉，珠海国际仲裁院行政部行政秘书。

交仲裁解决，由仲裁庭对争议进行审理和作出裁决的一种纠纷解决制度。因其具有意思自治、灵活便捷、一裁终局、专业保密、国际承认与执行便利等特点，而为境内外当事人广泛选用，在国家法治体系与能力建设中具有独特的制度价值。

（一）灵活选择法律与高效解决争议

1.实体法灵活选择与国内法延伸适用

商事仲裁的基本功能在于为商事主体提供争议解决服务，其中以解决合同争议居多，范围涵盖社会经济活动各领域。在国际商事合同争议解决中，合同的法律适用是一个复杂的法律问题。有涉外涉港澳台因素或国际性因素的商事争议案件，可能面临与该案件有联系的两个或两个以上的国家或地区的法律体系竞相要求被适用于争议解决的局面，也即发生法律冲突；因不同国家或地区的法律体系之间存在制度规则差异，适用不同法律解决案件争议，可能会产生不同处理效果，并直接关系到争议双方的切身权益。[1] 适用何种法律解决争议，依据何种方式或规则确定争议解决适用的实体法律，是国际商事争议解决中必须面临的问题。

国际商事仲裁坚持当事人意思自治原则与理念，当事人可以协商确定法律适用，也可以书面约定友好仲裁，只要其约定适用的规则或依据未与仲裁地法律、行政法规的强制性规定相抵触、未违反其公共秩序或公共政策等即可。国际条约或国际惯例也可在仲裁中得到适用。当事人没有约定时，仲裁庭对仲裁地的判断、对适用法律的确定也具有较大的裁量或决定权限。因此，在国际商事争议解决中，仲裁制度能够满足当事人灵活选择实体法律适用的需求，经由当事人约定或仲裁庭的判断也可以在一定程度上实现国内法律在法域外的延伸适用。

2.争议高效解决与权益平等保护

国际商事仲裁以公平和效率为其双重制度价值：其公平性体现为居中适

---

[1] 陈卫佐：《比较国际私法：涉外民事关系法律适用法的立法、规则和原理的比较研究》，法律出版社，2012。

用法律与裁决争议、注重程序的规范和严密、严格的仲裁员选任条件和选任程序、仲裁庭的组成方式、司法的审查救济或为部分国家或地区的法律所允许的内部上诉救济制度等；其高效性体现为为多数国家所采纳的仲裁一裁终局制度，有限的司法审查制度，当事人对仲裁程序或规则可自主约定，对组庭、审限等程序事项以及当事人程序性权利行使的时间期限的严格要求，《纽约公约》对国际商事仲裁裁决的承认与执行规定的便利程序和宽松条件。商事仲裁上述制度体系或特点在公平保障争议双方当事人合法权益的同时，能够高效解决国际商事争议。①

（二）多边经济治理与经贸权益保障

商事仲裁是国际商事争议多元化解决机制体系的重要组成，通过终局性解决商事争议能够推动国际商事活动在法治轨道上有序推进并实现合理预期。我国当前正在积极参与全球治理体系改革和建设，加快构建开放型经济新体制，在国际商事纠纷解决领域积极加强国际法治合作，凝聚各方合力，追求提升全球法治建设水平。商事仲裁以其开放包容的制度气质，国际化、中立化和专业化的制度特征和众多制度优势，对于加快构建国际争端解决机制体系，提高涉外涉港澳台法律服务水平，维护多边贸易体制主渠道地位，促进国际贸易和投资自由化便利化，巩固多边经济治理机制和推进全球法治建设意义重大。同时，支持商事仲裁发展壮大，培育一批国际一流的本国仲裁机构，对我国企业走出去参与国际竞争具有直接的助益，能够为我国企业在投资风险防范和争议解决方面提供更多制度性选项或工具，有利于平等保护我国企业在国际商事交往中的正当合法权益，维护我国经贸发展权益和产业发展利益等。

（三）跨境法治创新与营商环境优化

商事仲裁以其国际性、民间性、自治性等特点，更容易跨越国家或地区

① 石现明：《国际商事仲裁——当事人权利救济制度研究》，人民出版社，2011。

之间在法律制度与法律文化背景上的差异，在国际法治创新中更容易取得突破，在法制比较研究、制度融合与规则对接中更容易取得共识或发现路径；在跨境法治理论与实践创新中，更容易兼收博取、跨越分歧形成最佳制度性解决方案或创新成果，能够有效促进国际法治融合、减少法律冲突，增进国际合作与互信、推动国际商事法律体系及国际商事仲裁制度不断完善与进步。

商事仲裁以其开放性、专业性、服务性和竞争性，可以吸纳来自不同法系、不同国家和地区的专家学者成为仲裁员或专家委员会成员，具有国际性、代表性、中立性与专业性特征。仲裁员和专家委员会成员具备在国际贸易法、国际投资法、金融、股权、建设工程等领域的深厚功底，在其所从事相关专业领域具有公认的影响力等，能够就国际商事交易规则进行解释，就专业性疑难问题作出解答，以及为域外法律的查明和适用作出判断或提供意见，可以实现高效、公正裁决国际商事争议。此外，商事仲裁的公共法律服务属性和行业内的竞争性，也会促使仲裁机构不断提升公信力与优化服务，努力营造稳定、公平、透明、可预期的法治化营商环境。

二　珠海国际仲裁院推进涉外涉港澳法治新高地建设的探索

国际商事仲裁虽然存在上述诸多显著的制度价值，但受制于在地域发展上的不平衡以及在成长进程中的阶段性，我国商事仲裁行业的发展仍然存在较为明显的问题，如仲裁机构治理模式落后、治理能力不足，仲裁机制接轨国际的程度不高，仲裁制度价值发挥的机制依托不够，仲裁案件办理的质量和效率评价不一，仲裁公信力处于提升塑造期，仲裁制度的社会认知不足，仲裁理论研究和人才培养的广度和深度不足等。我国商事仲裁要充分发挥制度价值，深度参与国际竞争，需要补上包括前述常见问题在内的众多短板。针对上述不足，珠海国际仲裁院瞄准粤港澳大湾区涉外涉港澳法治新高地建设的方向，以机构自身为切入口和发力点，不断加强仲裁实践探索与创新。

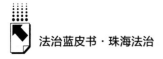

（一）治理模式与仲裁机制国际化

珠海国际仲裁院发扬开拓进取、敢为人先的特区精神，大力推进仲裁体制机制的国际化改革，搭建起仲裁机构现代法人治理结构，确立决策权、执行权、监督权相分立和相协调的治理模式，并推动以地方立法的形式巩固改革成果。新的治理架构凸显了仲裁机构的中立性和独立性，更加符合仲裁机构运行的规律和国际习惯，强化了仲裁机构作为独立第三方公正高效裁决案件的制度优势。设立仲裁员操守考察与评价委员会并制定相应工作办法，加强仲裁员队伍管理，以确保仲裁庭公正、廉洁、高效办理仲裁案件。推进仲裁机制国际化，成功借鉴引入或创设友好仲裁、临时措施、初步命令、紧急仲裁员、内部上诉机制、临时仲裁等一系列国际通行的仲裁机制，推动珠海在仲裁领域率先尝试接轨国际、趋同港澳的制度建设，有利于当事人在涉外涉港澳以及国际商事活动中选择珠海国际仲裁院解决纠纷。

（二）仲裁质效保障与仲裁服务优化

案件质量是仲裁案件办理的生命线，效率与服务是仲裁发展壮大的基础要件。珠海国际仲裁院长期以质量、效率、服务、宣传为仲裁工作着力点。

首先，在案件效率与仲裁服务水平提升方面。优化立案服务，提升当事人服务体验。实行案件分类管理制度，在金融借贷、建设工程、融资租赁等多种类型的案件中，推广类型化、专门化管理，大幅提升案件办理效率和质量。优化提升办公办案信息化水平。严格遵守案件办理的审限管理制度，并与绩效考核制度相挂钩。梳理和修订仲裁机构内部管理制度与规定，规范内部事务管理，优化机构治理效能。实行仲裁秘书培训计划，加强工作人员专业能力培训和服务意识培训，更新机构软硬件设备，打造有温度的仲裁机构。

其次，在案件质量管理保障方面。持续完善专家咨询、委托鉴定、重点案件督促办理等业务制度，建立多层级全流程的案件核阅制度，设置独立的案件审核部门对案件办理质量进行复核和评估，建立案件质量评查制度。设置仲裁员操守考察与评价委员会，加强仲裁员管理，加强仲裁员队伍的业务能力培训和职业纪律培训，多措并举严格保障案件质量，树立仲裁机构公信力。

最后，在宣传推广仲裁方面。紧跟产业经济发展政策，拥抱新技术、靠前服务、深耕市场，采取点线面相结合的宣传推广方式同重点区域、重点行业、重点企业建立联系，主动走访推广仲裁。配合珠海市5.0产业新空间政策和招商引资政策等，持续推广仲裁。邀请广大市场主体、社会组织、机关企事业单位走进仲裁院了解仲裁。丰富仲裁宣传推广方式，利用新媒体工具广泛宣传推广仲裁。开设"众说仲话""秒懂仲裁""珠仲早安""仲裁普法""横琴仲声"等栏目，打造特色宣传品牌。举办各类学术论坛和会议，编写仲裁案例和业务文章，探讨研究仲裁，提高仲裁的社会知名度。仲裁服务中国国际航空航天博览会、亚洲通用航空展、中国（珠海）国际打印耗材展览会等众多大中型会展会议，扩大了珠海国际仲裁院的社会影响力。

（三）构建多元化争议解决机制体系

珠海国际仲裁院积极推动构建珠海市及横琴粤澳深度合作区的多元化争议解决机制体系，协同诉讼、调解、公证等争议解决或预防机制，建立区域一站式纠纷解决平台，完善公共法律服务体系。一是深化诉裁对接。与珠海市中级人民法院共同制定了《关于共建诉讼与商事仲裁工作协调机制的若干意见》，推动商事仲裁与诉讼的工作协调对接。向两级法院派驻工作人员协助办理仲裁案件保全、执行事宜，全面畅通诉裁对接通道，有效打通诉裁对接堵点。二是完善调裁对接。珠海国际仲裁院联合珠海市律师协会、中国国际商会珠海商会、横琴粤澳深度合作区创新发展研究院共同发起成立横琴国际商事调解中心，为横琴粤澳深度合作区当事人提供高质量的商事调解服务。先后出台多项办法，从调裁机制衔接和减费扶持等方面大力支持横琴国际商事调解中心建设，推动横琴国际商事调解中心进入法院委派调解机构名录等。珠海国际仲裁院联合横琴粤澳深度合作区人民法院、横琴公证处共同为横琴国际商事调解中心赋能，签订合作协议，推动建立调解结果三方确认机制，实现纠纷一站式解决，优化提升区域营商环境，吸引更多企业落户横琴粤澳深度合作区。

（四）服务区域经济发展与优化仲裁发展生态

商事仲裁是市场经济的产物，维护市场秩序与市场信用，服务实体经济健康发展和现代化产业体系建设，是仲裁的基本职能之一。商事仲裁也是涉外涉港澳法治建设的重要组成，优化仲裁发展生态，繁荣仲裁理论研究，培育涉外涉港澳法治人才，也是仲裁事业的题中应有之义和发展依托。着眼于此端，珠海国际仲裁院亦积极担当作为。

一是瞄准五大产业集群，配套服务粤港澳大湾区经济新引擎打造。围绕珠海市培育千亿级产业集群的规划布局，针对以集成电路、生物医药、新材料、新能源、高端打印设备为重点的五大千亿级产业集群展开调研形成产业分析报告并配套制定仲裁服务工作方案，主动对接产业协会或各类企业宣传仲裁制度。

二是助力产业体系做强做大，服务 5.0 产业新空间和产业招商引资。珠海国际仲裁院联合市工信局、招商署、5.0 产业新空间运营方等单位共同开展政策宣讲、推广商事仲裁与调解。制定《珠海国际仲裁院服务珠海 5.0 产业新空间实施意见》，为广大企业构建全方位仲裁服务体系，并针对新空间运营方和进驻企业提供降费减负等扶持措施，有效促进产业发展。

三是积极为中国企业"走出去"提供优质精准法律服务。近两年来，珠海国际仲裁院举办"国际商事仲裁理论与实务培训系列课程""国际商事调解发展研讨会"等会议或培训十余场；在医疗器械、科技产业、金融信贷、建设工程、专精特新等行业领域举办法律讲座或宣讲逾百场次；走访调研金融机构、高科技企业和上市公司百余家；宣传仲裁法律制度 400 余场次；接待市场主体、社会组织、机关企事业单位等各界来访百余场次。在投资项目、基础设施建设等方面持续发挥仲裁服务保障作用，增强企业对涉外涉港澳投资法律风险的了解认识，提高企业防范涉外涉港澳法律风险意识和能力，助力中国企业"走出去"。向各类商事主体普及仲裁，鼓励企业选择仲裁化解纠纷，惠及企业数千家。

四是深度服务航空产业，打造特色业务品牌。主动入驻中国国际航空航天博览会和亚洲通用航空展，提供现场法律服务，走访服务航空企业、产业链上下游企业，推动仲裁在航空航天产业中普及应用。联合中国航空器拥有者及驾驶员协会航空业纠纷调解中心、中国政法大学航空与空间法研究中心、中国民航管理干部学院马克思主义学院等单位共同举办第三届中国航空业多元纠纷解决机制沙龙，研讨航空领域纠纷解决机制前沿问题。联合多方签署《多元商事调解促进航空业高质量发展倡议书》，共同推动航空业国际化法治化发展和纠纷解决机制多元化。

五是广泛互联合作，推动培育"仲裁友好型"社会环境。走访广大商会、行业或产业协会、市场主体、政府机关和内地仲裁机构；调研高等院校、科研院所，在多所高校建立奖助学金，共建高校实践基地，开设高校仲裁专业课程；走访香港、澳门等地仲裁机构、调解机构、专业法律部门或学术机构、工商界协会及企业，同境内外社会各界建立起广泛的工作联系或合作关系，不断优化仲裁发展生态。

六是加强理论研究与涉外涉港澳法治人才培养，夯实仲裁发展的文化基石与培育生力军。持续加强仲裁制度理论创新研究并推动研究成果实践转化；举办各类大型学术活动，支持发表期刊学术文章，组织编撰金融案例集、涉外涉港澳典型案例评述等多类仲裁案例文集，并与期刊或杂志社合作共创仲裁专刊、设置期刊栏目以登载优质文章，推动繁荣仲裁理论研究；与合作高校、科研院所联合培养仲裁专业硕士研究生、设立法学教育实践基地、设立奖助学金，开设相关课题、高校仲裁课程与讲座，举办模拟仲裁庭赛事活动等，努力让仲裁机构成为大湾区培养涉外涉港澳法治人才的优质平台与基地，服务仲裁行业长远稳健发展。

（五）服务粤澳深度合作与推动粤港澳制度融合

珠海国际仲裁院深度服务粤港澳大湾区、横琴粤澳深度合作区建设，

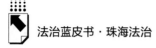
不断创新仲裁工作实践。率先制定发布《珠海国际仲裁院服务横琴粤澳深度合作区建设实施方案》，提出仲裁服务横琴粤澳深度合作区建设具体措施；联合澳门世界贸易中心仲裁中心、澳门律师公会仲裁中心、澳门仲裁协会共建"琴澳仲裁合作平台"，为澳门仲裁机构提供了业务延伸路径，同时为当事人在横琴粤澳深度合作区自主选择横琴或澳门的仲裁机构解决纠纷提供了便利。珠海国际仲裁院还联合珠海、横琴粤澳深度合作区以及澳门等地数十家专业机构共同举办多届横琴粤澳深度合作区仲裁调解周，集中涵盖高端学术论坛和沙龙、研讨会、模拟仲裁庭、专家讲座和网络直播课等活动，积极促进横琴粤澳深度合作区建设与推动仲裁发展。珠海国际仲裁院依托横琴粤澳深度合作区，着力推进内地与澳门民商事规则衔接、机制对接，并促进粤港澳三地仲裁制度的融合发展。制定发布《横琴粤澳深度合作区商事仲裁适用法律指引》，提出两地民商事规则衔接、制度对接的原则和方法；通过举办专题论坛、开展课题研究、参加境内外学术会议或学术交流活动，就横琴粤澳深度合作区民商事规则的仲裁衔接与法律适用问题建言献策，推动横琴粤澳深度合作区法治理论与实践的探索创新。主动对粤港澳大湾区其他仲裁机构的仲裁员开放认定，确立在名册外选定港澳人士或专业人士担任仲裁员的方式与选任条件；在仲裁机制创新中积极借鉴引入港澳两地先进制度经验及国际化仲裁机制，提升珠海仲裁的国际化水平；加强与港澳两地仲裁机构、法律部门、高等院校和工商业界的交流互动，推动三地仲裁制度协同发展与仲裁服务延伸覆盖。珠海国际仲裁院深入探索横琴粤澳深度合作区国际商事调解制度建设路径。推动商事调解机构与调解制度建设，推进横琴粤澳深度合作区构建完善的多元纠纷解决机制体系，并组织开展国际商事调解专题研究。深度参与横琴粤澳深度合作区商事调解立法研究与论证工作，积极推动合作区商事调解条例的制定，着力推进构建横琴粤澳深度合作区接轨国际的商事调解制度等。上述仲裁创新与实践举措，对于推进琴澳一体化发展与粤港澳制度融合，提升粤港澳大湾区涉外涉港澳法治建设的能力与水平，促进大湾区实现更高水平开放与高质量发展意义显著。

三 珠海国际仲裁院打造粤港澳大湾区涉外涉港澳法治新高地的未来展望

珠海国际仲裁院在探索打造粤港澳大湾区涉外涉港澳法治新高地实践中虽然取得一系列创新发展成果，但也存在仲裁机构发展目标不够明确、仲裁案件办理质量和效率具备提升空间、仲裁国际化水平有待提高、仲裁公信力与品牌力塑造有待加强、仲裁宣传推广需要深化和扩大、仲裁文化培育不够等不足。未来，珠海国际仲裁院将持续推进体制机制改革，进一步加强仲裁改革创新和实践探索。

（一）确立发展目标，指引中长期改革

珠海国际仲裁院将扎实推进落实《建设国际一流仲裁机构行动方案》，该行动方案明确了仲裁发展的指导思想、发展目标、发展任务与实施举措。确立将珠海国际仲裁院建设成为国际一流仲裁机构的长期发展目标，将珠海建设成为国际商事仲裁优选地。到2025年底，实现仲裁体制机制领先、区域影响力显著、服务保障能力优秀的基本目标，成为展示珠海市和横琴粤澳深度合作区涉外涉港澳法治创新成果的重要窗口，初步形成具有国际公信力和区域竞争力的仲裁法律服务品牌，为实现远期目标奠定坚实基础。[①]

（二）深化仲裁改革，推动高质量发展

第一，提升仲裁机构治理能力。运用制度框架优势，发扬创新精神，对标国际商事仲裁惯例，遵循国际商事仲裁通用准则，打造具有中国特色的仲裁制度范式，在国内引领商事仲裁体制改革。第二，完善仲裁机构决策机制。规范理事会议事程序，为理事会决策提供必要的专家评估意见，提高决策质量和效率。第三，完善仲裁机构管理机制。建立科学规范的行政决策机

---

① 珠海国际仲裁院：《珠海国际仲裁院建设国际一流仲裁机构行动方案》，2024年10月14日。

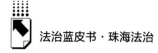

制和高效的管理模式，提升办公信息化水平，持续完善市场化人员聘用机制、系统化职员培养体系和科学的绩效考核评价制度，健全物资管理制度、财会管理制度和财务公开机制等。第四，完善全方位监督体系。完善监督审计委员会工作机制，支持监督审计委员会聘请第三方提供专项咨询服务，强化外部监督机制，健全社会监督体系。

（三）提升仲裁质效，筑牢仲裁公信力

一是构建仲裁案件质量保障体系。落实案件质量责任机制，完善案件质量与绩效考核衔接机制；建立重点案件督办制度；建立机构专家库；协调相关机构和单位，推动落实协助仲裁调查取证机制。二是加强仲裁程序期限管理。明确超审限结案责任追究机制；建立类案专门化办理机制。三是打造特色化、集群化仲裁业务品牌。发挥区位、政策与资源优势，集中力量打造一批特色化、集群化、体系化的仲裁业务品牌。四是科技赋能仲裁发展。以数字技术为依托，建成并优化仲裁智慧服务系统。持续提高系统能力，强化系统功能。

（四）创新仲裁机制，推进国际化建设

一是探索国际化仲裁机制。在涉外涉港澳法治重点领域和关键环节先行先试，形成首创性、标志性创新成果；加强友好仲裁、临时措施等一系列国际化仲裁制度的推广运用；探索国际投资争端仲裁解决机制；推动完善司法支持仲裁调查取证制度等。二是提升涉外涉港澳法律服务水平。提高仲裁员名册中境外仲裁员比例，加强仲裁员和机构工作人员国际商事仲裁专业培训。深化仲裁跨境合作，加强与国际知名仲裁、调解等专业机构的交流。联合高校培养国际仲裁专业法治人才。三是深度服务湾区建设。完善琴澳仲裁合作平台运行机制；持续完善调裁对接体系，支持横琴国际商事调解中心建设；制定名册外选定港澳仲裁员操作指引。

（五）加强仲裁推广，构建友好型生态

构建全方位立体化的仲裁宣传推广格局。坚持面向市场，加大对广大市场主体、企事业单位走访交流力度；坚持深耕行业，加强对重点行业、重点领域的宣传拓展；坚持立足本土、辐射全国，主动加强与各地区律师协会、法律服务机构、政府部门等各类组织的交流、互动与合作。同时，创新丰富仲裁推广模式。与行业组织建立合作伙伴关系；加强运用新媒体传播工具宣传推广仲裁；持续举办年度"横琴粤澳深度合作区仲裁调解周"活动；定期走访澳门、香港的专业机构和行业协会。

（六）繁荣仲裁文化，厚植凝聚力沃土

将仲裁文化建设作为推动仲裁高质量发展的基石，铸就新时代珠海仲裁精神，提升仲裁机构文化软实力。打造文化阵地。建设仲裁文化展厅、仲裁书吧、仲裁历史长廊等阵地；创办主题系列仲裁文化品牌，举办仲裁文化艺术活动。弘扬创新文化，打破成规、推陈出新。倡导实干文化，将笃行实干文化理念贯穿到案件办理全过程。践行服务文化，强化服务意识，完善服务质量评价机制，提升服务质效，努力打造有温度、有文化、有底蕴的仲裁机构。

法治惠民

B.19
珠海校家社协同育人模式的实践与展望

珠海市教育局课题组*

摘　要： 为全面贯彻党的二十大精神，认真学习贯彻习近平总书记关于"注重家庭，注重家教，注重家风"的重要论述，落实《家庭教育促进法》，帮助学生家长解决"想爱不会爱，想教育不会教育"等现实家庭教育难题，促进学生健康成长，珠海市由政府统筹，教育部门主导，首批试点建设了40余个家庭教育指导服务中心。依托该中心，珠海市积极构建"政府统筹·多方联动"的校家社协同育人模式。该模式促进了家庭教育与学校教育、社会教育深度融合，打造了校家社协同育人珠海实践，构建了协同育人新格局。在构建校家社协同育人模式的过程中，珠海市遇到考核力度不足、缺乏创新、示范带动机制薄弱、整合度与针对性不足等挑战。面对这些挑战，珠海市将继续优化组织架构与机制，进一步明确校家社三方职责，发挥

---

*　课题组负责人：习恩民，珠海市委教育工委书记，珠海市教育局党组书记、局长。课题组成员：谢芳、张金伟、江海、董雯瑶、姜欣、刘荣、周威杰。执笔人：张金伟，珠海市教育局思想政治与宣传科原科长；江海，珠海市教育局家庭教育专班成员，珠海市南屏实验小学教师。

各方力量在家庭教育中的作用，切实提高家长的参与度，确保珠海市校家社协同育人模式能有效深化推进。

关键词： 《家庭教育促进法》　校家社协同育人　家庭教育

面对全国范围内学生轻生等极端事件多发的突出问题，以及家庭教育工作中凸显的职责定位不清、协同机制不健全、条件保障不到位等困局，珠海市委、市政府坚持健康第一的教育理念，将加强校家社协同育人，护航未成年人身心健康成长作为全市的工作重点，明确建设全市家庭教育指导服务中心，充分发挥市政府统筹主导职责，健全协同育人机制、增强协同育人共识、引导全社会注重家庭家教家风建设、全面提升家庭幸福感，帮助学生家长解决"想爱不会爱，想教育不会教育"等家庭教育难题，促进学生健康成长，推动高效的育人新模式落地。

一　我国校家社协同育人面临的普遍问题

随着社会对教育的全面关注，学校、家庭、社会三者之间的协同育人显得愈发重要。家庭教育是基础，学校教育是主导，社会教育是重要的补充和延伸。当下我国校家社协同育人工作普遍存在机制尚不完善、社会资源利用不充分、家长参与度有待提高、政策支持和法律保障仍需逐步加强等问题，亟须探索一条实际可行的新路径打破困局。

（一）机制尚不完善

尽管校家社协同育人的理念渐被接受，并有《家庭教育促进法》等政策法规保驾护航，但是校家社协同育人仍然存在诸多问题。其中最为核心的是校家社协同育人机制"谁来主导""如何协同"两大问题。校家社三者的权责不清、边界不明，如学校教育承担哪些内容，哪些方面应该交予家长配

271

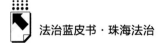
合；家长应当履行怎样的教育责任，是否有能力履行；社会如何介入服务，对特别关爱家庭应该给予何种帮助；等等。这些问题导致校家社合作停留在形式上，校家社协同育人机制缺乏深度和实效性。

（二）社会资源利用不充分

在协同育人过程中，社会资源的利用并不充分。社会教育需要依托现有社会资源与教育力量，促进馆校协同、医教互促、体教互融、家校互动、社教同频、警校同步等多个方面的协同发展。① 虽然一些地方建立了社会实践基地和教育资源共享平台，并在开放社会资源方面作出尝试，但是社会资源的整合和利用还缺乏强有力的主导和调配力量，也没有形成具体的机制进行规范管理，导致出现沟通难、利用难、维护难等问题。

（三）家长参与度有待提高

家长在协同育人中的角色至关重要，目前家长家庭教育的参与度并不理想。部分家长因工作繁忙而缺乏陪伴和教育孩子的时间，在协同育人中的主动性和积极性不够。家庭教育是校家社协同育人的基础，但是现实中不少学生认为家长从不或几乎不与自己沟通。家庭教育的主要问题除了缺乏亲子沟通外，还有严重的成绩本位主义观念，这也是影响孩子成长的一个重要因素。大部分的学生认为自己的家长对成绩有一定要求，并因此感受到压力，但是家长对孩子学业卷入的程度却不高，年级越高，家长卷入程度越低。这也充分说明家长的期望与行动并不一致，其会导致家庭教育产生问题。

（四）政策支持和法律保障仍需逐步加强

随着相关政策的出台和法律保障的加强，校家社协同育人得到了更多的

---

① 曾紫婷、蔡海棠：《深化综合改革 谱写基础教育新篇》，《湖南日报》2024 年 10 月 14 日，第 4 版。

关注。国家以"立德树人"为根本目标，出台了大量的政策文件，从 2004年出台《关于进一步加强和改进未成年人思想道德建设的若干意见》到 2017 年 9 月出台《关于深化教育体制机制改革的意见》，直至 2022 年《家庭教育促进法》的全面实施。然而，政策法规的落实和执行依然存在"不接地气"的情况，仍需进一步加强和监督，在实践中使其内涵得以丰富，实实在在地为校家社协同育人保驾护航。

以上问题不仅影响了教育的全面性和有效性，也对学生的健康成长和全面发展构成了障碍。在这一背景下，珠海市积极探索，勇于创新，针对全国校家社协同育人工作中存在的普遍问题，提出了"政府统筹·多方联动"的校家社协同育人新机制，推动了校家社协同育人工作的高质量发展。

二 珠海市校家社协同育人的实践与成效

（一）完善组织体系，加强校家社协同育人制度建设

珠海市把校家社协同育人工作列入 2024 年十件民生实事和市政府重点工作，成立由市长兼任组长的家庭教育指导服务中心工作专班，由主管教育部门的市委常委具体负责该项工作，优化家庭教育工作的组织体系，从更高层面完善制度框架，形成有效联动，强而有力地推动协同育人工作的开展。这些举措确保了协同育人工作的战略高度，实现了跨部门、跨领域的资源整合与优化配置，提高了工作效率，推动各项政策与措施精准落地，真正惠及广大未成年人和广大家庭，推动珠海市在未成年人教育与家庭教育领域向前迈进。

市政府在优化组织体系的同时，制定了一系列具有前瞻性和操作性的政策文件与规章制度，包括《珠海市关于全面加强和改进新时代未成年人身心健康成长工作行动计划（2023—2025 年）》《珠海市学校家庭社会协同育人行动计划》《珠海市家庭教育指导服务中心建设实施方案》等，为协同育人工作设定了清晰的目标与路径，明确了各级部门、社区、学校及社会组

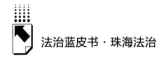

织在其中的角色与职责，为协同育人工作提供了坚实的制度支撑，引领校家社协同育人工作有序进行，提升了珠海市在未成年人教育与家庭教育领域的竞争力，是全国校家社协同育人工作的先行探索。

（二）广布家庭教育指导服务网络，开展普及性家庭教育指导实践活动

2024年，珠海市试点打造41个家庭教育指导服务中心（含40所学校、1个检察院），覆盖全市各区各镇街，明确家庭教育指导服务中心"开展普及性家庭教育指导实践活动，为特别关爱家庭提供针对性家庭教育指导服务，促进家庭教育与学校教育、社会教育深度融合"三大主责，常态化落实"五个一"重点工作，即每周至少推出一条家庭教育"热点问答"，多种途径收集家长在育儿过程中遇到的困惑疑难和社会热点问题，组织家庭教育专家、骨干教师、北师大学者和家长"同题共答"；每月至少制作一期家庭教育微视频；每月各试点校推选一位"家庭教育好榜样"，选树身边的家长好榜样，让广大家长看到榜样，学做榜样；每学期至少推出一份典型案例，择优在各级媒体上推送宣传，把优秀的家庭教育工作方法传播到各区各学校；年底出版一部家庭教育专著。2024年，"珠海特区教育"微信公众号已推送家庭教育"热点问答"45期、"家庭教育好榜样"39期、"工作动态"6期（后续将持续更新），积极营造良好社会氛围。通过"五个一"重点工作，扎实推进校家社协同育人的全面铺开，让更多的家庭掌握科学有效的教育方法，学习到更多有用的育儿经验，享受珠海市家庭教育的红利，惠及广大未成年人。

家庭教育指导服务中心广泛布局，从繁华的城市中心到偏远的乡村地区，实现全面覆盖，为家长提供了专业、便利的家庭教育指导服务，成为联结家庭与社会的核心枢纽，促进了校家社三方的交流与合作。珠海市以家庭教育指导服务中心为联动节点，以点带面，不断提升指导服务质量，积极深化与各职能部门、高校、社会组织等多个方面的紧密合作，成功整合了包括教育专家、心理咨询师、法律顾问在内的丰富专业资源，为校家社协同育人

工作注入了新的活力，提升了服务的专业性和针对性，成为家庭教育与学校教育、社会教育相互融合、相互促进的沟通桥梁。

（三）凝聚社会共识，提升家庭教育质量

为了有效提升家庭教育质量，珠海市政府制定出台一系列具有前瞻性和操作性的家庭教育政策文件与规章制度，明确教育、卫健、公安、文体、妇联等部门职责，全面推进心理健康守护、校家社协同联动、阳光体育赋能、快乐"430"、平安校园护苗、清网整治护航六个行动计划，围绕"治标与治本、当前与长远"从心理、体育、校园安全、网络环境、家庭教育等多个维度提出行动目标与具体措施。珠海市教育局结合教育系统的实际需要，印发《珠海市教育局关于激励教师参加家庭教育若干措施（试行）》《珠海市教育局关于做好家庭教育指导服务中心有关重点工作的通知》《珠海市教育局关于做好"特别关爱家庭"有关工作的通知》等文件，确保家庭教育指导服务中心运转有序、有章可循。香洲区除了 16 所学校纳入市一级家庭教育指导服务中心外，其他学校全部纳入区一级家庭教育指导服务中心，市、区统筹推进、协同联动、全面覆盖。金湾区构建全方位、立体化的"12345"校家社协同育人新样态。斗门区组建区级家庭教育指导服务团队，制定"工作指引"，每月召开专项工作调度会，确保协同育人工作有序进行。高新区打造"家庭教育专家智库、一线三人小组、志愿者队伍"三支专业队伍，充分发挥属地高校、高科技企业两大阵地科技赋能、多元共育功能。

这些实践不仅促进社会各方在家庭教育层面的认识渐趋一致，更给广大家庭带来了观念上的改变，帮助家长正视家庭教育中的问题，注重教育的方式方法，关注孩子的全面发展，积极参与到孩子的教育过程中，提升了家长的教育素养和能力。学校也更加注重与家长的沟通合作，共同为孩子的成长创造良好环境。社会各界对未成年人健康成长更加关注，越来越多的企业、社会组织通过捐资助学、提供志愿服务、提供场地资源等方式积极参与到校家社协同育人活动中，为未成年人教育事业贡献力量，形成全社会共同关

心、支持未成年人教育的良好氛围，为协同育人工作的深入发展奠定了坚实基础。

（四）构建特别关爱体系，加强教育联合

特别关爱家庭是校家社协同育人工作中的重要对象。为了切实解决这些家庭的实际困难，珠海市教育局专门印发了《关于做好"特别关爱家庭"有关工作的通知》，各区各校积极联动妇联、公安、民政、街道、社区等资源单位，建立"特别关爱家庭"台账，提供针对性帮扶，形成了多部门协作排查、分项帮扶、精准跟踪、多方关怀的特别关爱体系。同时，促进各方资源高效联动，为解决"特别关爱家庭"的问题提供途径和方法，提升校家社协同育人工作的精度与准度，让"特别关爱家庭"的未成年人获得更好的成长环境。

珠海市着力推动以"教联体"为抓手，健全校家社协同育人机制，共同为孩子们打造健康快乐成长的"大本营"。[①] 珠海市政府深化校地合作，发挥北师大珠海校区专家力量和课程优势，委托其运营管理40个学校家庭教育指导服务中心，参与组建家庭教育专家指导（咨询）委员会及市级家庭教育指导服务团队，开发普适性家庭教育通识课程，为家庭教育指导服务中心提供专业智力支撑，并将其作为建设珠海北师大家长中心（暂定名）的重要实践和有益探索。珠海市教育局积极联动珠海市检察院打造家庭教育指导服务中心示范基地，由检察院委派检察官担任中心督导员，组织排查全市中小学生被家庭暴力伤害的情况；联合珠海市卫生健康局构建"家—校—医"学生心理健康服务工作联盟，选派1名资深精神心理医生兼任试点学校心理健康副校长，完善"学校—医院"绿色快速就诊通道，通过1年实践，在原有3所市直属高中试点校的基础上，新增4所区属初中加入联盟；联动珠海市妇联梳理特别关爱儿童台账，提供爱心援助；联合公安、社区等部门开展综合援助；联合珠海市中小学心理健康教育指导中心成员、珠

---

① 黄星：《减负增效，风景这边独好——福建"双减"三年观察》，《福建教育》2024年第27期。

海市教育科研专家及高校心康专家等开展入校心理健康督导，近一年来共
60 次走进市属、区属学校，覆盖约 6500 人，并为数十个特殊家庭提供个性
化辅导。珠海市"教联体"以教育部门为主导，以学校为核心，以社区为
依托，以社会组织为补充，形成了全方位、多层次的育人格局。"教联体"
的顺利运行有效解决了未成年人教育中的实际问题，促进了学校、家庭和社
会之间的深度融合与协作，使家庭教育助力学校教育与社会教育的发展，体
现了珠海市在家庭教育领域的创新精神和实践能力。

（五）强化学校主导功能，满足家长需求

2024 年，珠海市教育局率先为各学校做示范，启动打造"香山百万家
长公开课"，邀请全国家庭教育专家学者围绕不同家庭教育热点话题开讲，
为家长提供线上或线下优质家庭教育课程。截至 2024 年 12 月 31 日，公开
课已开展 11 期，邀请清华大学等高校教授、副教授，珠海市一线优秀校长、
教师授课，累计覆盖 489 万人次，打造全市家庭喜爱的"家长课堂"。

学校充分发挥主体作用及教育权威，指导家庭、社会共同参与，齐心育
人。一是秉持开放包容的教育理念，打破传统教育的壁垒，积极构建多元化
的家校沟通渠道，确保信息的及时传递与反馈，增进家校之间的理解和信
任。二是高度重视家庭教育教师队伍的建设与发展，通过组织专业培训、分
享交流、案例研讨等活动，帮助教师掌握家校合作的有效方法和技巧，提高
教师在家庭教育指导、家校沟通、资源整合等方面的能力。三是进一步建立
激励机制，鼓励教师积极参与家校合作和社会实践活动，将协同育人的理念
融入日常教学工作中。四是主动出击，积极整合社会资源，为协同育人工作
注入新的活力。与社区、企业、文化机构等建立长期稳定的合作关系，共同
开发富有特色的教育资源和实践活动。

各试点学校积极探索，成效显著。一是创新合作机制，构建友好环境。
如珠海市第一中学与社区合作成立儿童议事会，共同营造儿童友好社区氛
围，为孩子们提供更多参与和表达的机会。二是注重文化传承与创新，打造
特色育人品牌。如珠海市第一中等职业学校打造"和乐"文化育人理念，

珠海市第一中学平沙校区以"甘蔗"种植传承历史文化,形成独特的育人氛围。三是加强心理健康教育与家庭教育指导。香洲区凤凰中学联合社区打造户外心理健康实践基地,提供心理健康服务。珠海市第一中等职业学校还开展专业家庭教育指导活动,助力家长提升育儿水平。四是推动资源共享与阅读推广,如香洲区凤凰小学开展家庭书屋创建活动,建立专属阅读空间,实现图书共享。金湾区海华小学打造校家社阅读课堂,促进阅读资源的有效利用。五是利用科技手段提升育人效果。高新区金鼎中学铺设智能情绪识别系统,实时跟踪学生情绪状况,提供精准指导服务等。截至 2024 年 12 月 31 日,全市各试点学校共开展家庭教育实践活动 640 场,覆盖家长、学生约 23.5 万人次,为特别关爱家庭开展针对性帮扶 1500 余次,形成了"如家教育、幸福教育、和乐教育、五融教育、领航教育"等多种主题的校家社协同育人品牌,受到广大家长的喜爱,提高了家长对家庭教育的参与度和满意度。

珠海市在校家社协同育人方面所取得的实践与成效,无疑为全国其他地区提供了宝贵的经验和启示。然而,珠海市在推进校家社协同育人的过程中同样面临一些不容忽视的挑战。这些挑战为进一步深化校家社协同育人工作提出了新的课题和要求。

三 珠海市校家社协同育人实践面临的挑战

(一)初步建立组织体系,但动态跟进与考核力度不足

珠海市协同育人组织体系初步建立,为校家社协同育人工作搭建框架,有力地推动了实践与尝试。但是,在建立协同育人体系的过程中,仍然存在"教育部门走在前,后续支援力量不足"的情况,机制缺乏足够的灵活性与高效性,在关键问题的决策与执行中,信息传递不畅、协作效率低下,甚至出现责任推诿与扯皮现象,制约了协同育人工作的推进速度与质量。当前体系在动态跟进与考核方面缺乏一套科学系统的评估机制来实时监测工作进

展，量化评估成效。各部门的工作成果难以被客观、公正地评价，各部门也难以及时发现并纠正执行过程中的偏差与不足，影响了协同育人工作的持续优化与提升，对珠海市构建全方位、多层次、立体化的育人生态体系造成不利影响，难以激发学校、家庭、社会三方的积极性与创造力。

（二）学校积极发挥主导作用，但素质教育缺乏创新举措

在全面深化教育改革、积极践行素质教育理念与"双减"政策的时代背景下，珠海市充分发挥学校的专业引领与主导作用，以学校为中心，联动社区及其他教育力量共同开展协同育人工作。但是，当前部分行政区和学校在实际执行过程中仍显力不从心，素质教育工作方式守旧，缺乏创新，课程设计过分依赖传统学科框架，忽视了课程的多样性和跨学科融合，限制了学生视野的拓宽和创新思维的培养；评价与监测机制依旧偏重考试成绩这一单一指标，忽略了对学生综合素质、创新能力及情感态度等关键能力的全面评估，难以真实反映学生的成长与进步；部分教师固守传统模式，缺乏对学生主体地位的尊重和对创新教学方法的探索，导致课堂氛围沉闷，学生学习积极性受挫；而在课外活动方面，由于资源分配不均、认识局限等原因，课外活动的丰富性和质量均难以满足学生多样化的需求，限制了学生在兴趣培养、实践能力和团队合作能力提升等方面的潜力挖掘。

（三）家庭教育统筹力量初现，但典型示范带动机制薄弱

家庭教育是协同育人的重要一环。尽管珠海市教育局通过新媒体平台积极推出了诸如"家庭教育好榜样""热点问答""工作动态"等一系列创新举措，提升家长的教育观念与知识储备，在整体规划与统筹上有一定程度的提升，更好地推动了全市家庭教育普及化与规范化，但是，当前珠海市家庭教育指导资源依然呈现分散状态，不同渠道、不同来源的信息纷繁复杂，缺乏统一的标准和规范的指导体系，这导致家长在获取家庭教育知识时无所适从。家庭教育指导内容缺乏系统性，难以形成连贯、完整的教育链条，不能满足家长在子女成长过程中的多样化需求。家庭教育领域高质量的典型示范

和有效的激励机制仍有待完善，家长难以找到可借鉴、可学习的优秀案例，也进一步削弱了家长参与家庭教育的积极性和创造性，使家庭教育在协同育人中的潜力未能得到充分发挥。

（四）率先开展"教联体"实践，但是整合度与针对性不足

家庭教育指导服务中心作为本地"教联体"的最小单元及外显形式，逐渐建成区域资源协同平台，联动区域教育力量，开展校家社协同育人工作。但是，在珠海市"教联体"建设过程中，出现共建共享平台构建水平参差不齐的困境，导致大量散布在社会各领域的优质教育资源依然无法有效汇聚，阻碍了协同育人工作的全面铺开，"教联体"的实践仍需加大探索力度。另外，珠海作为经济特区，处于粤港澳大湾区的枢纽位置，家长来自全国不同地域，其文化背景、教育观念、时间精力等有所差异，而前期开展的普适性指导服务对不同类型的家长需求缺乏深入调研，导致指导服务针对性不足，影响协同育人的成效。

四 开展校家社协同育人的展望

党的二十大报告从"办好人民满意的教育"和"深化教育领域综合改革"的战略高度提出了"健全学校家庭社会育人机制"。[1] 为了推动机制的落地，教育部等多个部门多次联合发文，强调校家社协同育人是构建高质量教育体系、促进学生德智体美劳全面发展的关键环节，是新时代教育改革的重要方向，对于培养具有社会责任感、创新精神和实践能力的社会主义建设者和接班人具有深远意义。珠海市正在积极打造校家社协同育人模式的新样本，期待通过深化合作机制，完善政策框架，强化学校主导，创新教育模式，发挥家庭和社会的力量等多种方式与途径，推动形成全社会共同关心和支持教育的良好氛围，为培养德智体美劳全面发展的新时代青少年贡献力量。

---

[1] 《习近平著作选读》第 1 卷，人民出版社，2023，第 28 页。

（一）进一步健全协同育人机制

为了更好地解决协同育人的组织架构和机制问题，珠海市政府应当强化统筹全局，建立以市主要领导为组长的工作专班，进一步完善家庭教育教师的培育与激励措施、家长评价与奖励办法等，形成规范、完整的政策文件，以系统理论与思维推动协同育人工作。各区政府及教育部门应该在市级政策的框架中，积极作为，形成与本区域工作实际情况相配套的政策文件，大力扶持家庭教育发展。各级部门也应该坚持"统—分—导"相结合的原则，明确各职能部门工作职责，落实协同联动机制，真正发挥各方在家庭教育中的最大能效。珠海市政府与教育部门将继续深化与北师大的校地合作，引入第三方评估机构，对协同育人工作进行全方位、多角度的评估与考核，对协同育人工作中联动效能及存在问题进行分析评价，提高协同机制的实际效果。各区党委继续依托《家庭教育促进法》，将协同育人工作纳入工作日程，各区政府（管委会）参照市里做法，成立由各区行政主要负责同志为组长的工作专班，完善相关部门参与的联动沟通机制，加强人力、物力、财力保障，将协同育人纳入基层社会治理和服务体系。

（二）进一步发挥学校育人主导作用

校家社协同育人以学校为主导，赋予学校更高的教育地位，强化学校的教育职能。珠海市应当在前期形成的家庭教育经验的基础上，积极探索"一区一品"模式，打造区级校家社协同育人示范中心，实现市、区试点两结合，全区学校全覆盖，形成一级带一级的示范带动效应。同时，督促各区在素质教育上有所创新，落实美育、劳动教育课程开设刚性要求，积极探索体教融合有效方式，保证每天2小时体育运动时间。落实《珠海市关于全面加强和改进新时代未成年人身心健康成长工作行动计划（2023—2025年）》有关要求，实施学校心理健康教育提质行动，完善"市—区—学校—班级"四级心康服务网络，积极推进建立校长牵头，心理健康教师为主，班主任、科任教师参与的全员心育机制，加强学校心理健康监测，实行"一生一案"。

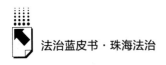

（三）进一步用好家庭教育榜样力量

为挖掘家庭教育榜样力量，珠海市需要进一步规范家庭教育指导服务的标准，制定不同类型的家庭教育榜样标准。同时，对标标准，收集家庭教育典型案例，建立家庭教育榜样库，在全市开展不同类型、不同层次家庭教育榜样的宣讲，让广大人民群众能从身边的榜样中汲取符合自己需求的家庭教育营养。

（四）进一步完善社会共育体系

未来，珠海市还需建立对协同育人参与单位的评价考核制度，深入联动践行。各区政府加强对镇（街道）、村（社区）协同育人工作的领导和统筹，加强《家庭教育促进法》的运用，综合利用基层党群服务中心、新时代文明实践站点等平台，发挥统筹资源协调力量作用，积极组织公益性课外实践活动，特别是假期面向家长学生开展系列活动。以对"特别关爱家庭"提供指导与帮扶为重点，督促各区统筹社会资源单位，整合各方资源力量，出台"教联体"实施方案，深化"校家医"联动机制，建立"校家社警"联合体，充分发挥家庭教育指导服务中心督导员作用，加强"馆校协同"，提供个性化家庭教育指导服务，推出教育资源目录清单，建设共享平台。

（五）进一步提高家长参与度

为进一步有效开展协同育人工作，珠海市教育部门将进一步建立并完善家庭教育专家团队、家庭教育教师团队及家庭教育榜样团队，针对不同家庭开展家庭教育宣讲及指导服务，让家庭教育内容符合广大家长的需求，提升家长参与度。学校继续发挥主导作用，继续深化校长接待日工作，并建立多种渠道，倾听家长在家庭教育中的困惑，畅通对话通道，协调各方力量助力家长解困。

B.20
珠海医保持续打造"七朵云"协议管理新模式

珠海市医疗保障事业管理中心课题组*

摘　要：　定点医疗机构和定点药店是指自愿与统筹地区经办机构签订医保服务协议，为参保人员提供医疗、药品服务的医疗机构和实体零售药店。协议管理则是以维护参保人利益为目标，通过签订服务协议明确各自责任、权利和义务的医疗保险治理方式。为了全面落实国家医疗保险的有关政策，方便广大群众看病就医，珠海创新协议管理模式，进一步优化医药机构的申请签约、宣教学习、药品及住院管理等多个方面流程，打造"云申请""云签约""云承诺""云宣教""云处方""云药价""云查房"等"七朵云"集成云服务，进一步加强定点医药机构的全面管理，保障基金的安全与有效运用。下一步，珠海将加速推进定点医疗机构信息化建设，构建实时监测及精准预警体系，并加强跨部门协同及数据共享，建立全链条智能监管网络，推动医保服务高质量发展。

关键词：　医保基金　基金安全　定点医药机构

医保经办是直接面向广大参保群众和定点医疗机构的一线服务窗口，做优医保经办工作，对于改善民生、解决群众诉求、提高政务服务水平具有十分重要的意义。珠海市医疗保障事业管理中心（以下简称"珠海市医保中

* 课题组负责人：张国斌，珠海市医疗保障局党组成员、珠海市医疗保障事业管理中心主任。课题组成员：徐劲光、李嘉、张帆、吴健良。执笔人：吴健良，珠海市医疗保障事业管理中心医药采购管理科一级科员。

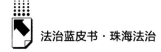

心") 始终坚持利民为本、把人民群众满意作为检验和衡量工作的根本标准，在提升医保经办服务水平方面勇于探索、真抓实干，通过加强经办机构规范管理，紧盯群众所需所盼、所急所忧，把"群众小事"当作"民生大事"，做到贴心服务"有温度"、智能经办"有速度"，全力提供人民群众满意的医保经办服务。

在医保协议管理方面，珠海市现有1900多家医疗保险定点医药机构、近10000名人员的医保医师队伍。2020年，为应对疫情复杂防控形势，珠海市医保中心持续深化"放管服"改革，以数字化智能化驱动管理方式变革、模式创新，依托"珠海社保"微信公众号，持续以流程再造搭建医保协议管理云服务新平台，2023年1月，珠海市医保中心的《珠海医保创新推出"六朵云"打造协议管理新模式》荣获国家医保局组织开展医疗保障经办管理规范建设典型案例定点医疗机构和定点药店结算类三等奖。目前，医保协议管理已从最初的"云申请""一朵云"向"云申请""云签约""云承诺""云宣教""云处方""云药价""云查房"等"七朵云"不断延伸升级，推进医保协议管理效率大提升、管理精准化、服务精细化，实现了医保管理与医疗、医药服务无缝衔接，为全国医保协议管理提供了有益的借鉴。

一 医保定点机构"云申请"，"零见面"即可完成

过去，医药机构申请成为医保定点单位需经历烦琐的线下流程，包括准备纸质材料、排队等候、填表交资料、审核及现场复审等，不仅耗时耗力，还常因信息不对称或材料不全而反复修改补交，增加了成本，降低了服务效率和社会满意度。随着数字化浪潮的推进，珠海市医保中心积极响应国家"放管服"改革，全面再造医保定点机构纳入流程，推出了"云申请"平台。该平台基于智能手机和互联网，医药机构通过手机App或官网即可轻松进入申请界面。按照清晰的操作流程录入基本信息、上传资料，并享受详尽的申请指南和常见问题解答服务。提交申请后，珠海市医保中心3个工作

日内完成初步审核，并通过系统反馈结果及后续安排。整个过程高效透明，减少了人为干预，确保了审核公正准确。

"云申请"模式打破了传统审批模式的时空限制，实现了申请流程的在线化、智能化、便捷化，提高了审批速度，赢得了医药机构的充分肯定，极大地提升了群众满意度和获得感。截至 2024 年底，珠海已有 969 家医药机构成功通过"云申请"平台完成医保定点机构的纳入申请，彰显了"云申请"模式的强大吸引力和生命力，也反映了医保服务数字化转型的深刻影响。

医保定点机构"云申请"模式的成功实践是医保协议管理数字化转型的一个缩影，为医药机构提供了更加优质、高效的服务体验，也为推动医疗保障事业高质量发展注入了新的动力，实现了"让数据多跑路，让群众少跑腿"的便民目标，真正做到了"零见面"即可完成复杂申请手续，开启了医保服务新时代。

二 医保服务协议"云签约"，高效快捷全省首创

传统医保服务协议的签订流程复杂，涉及分类、分批安排、现场签约、身份核验等环节，且归档难、易出错。随着定点机构数量增加，传统模式难以满足高效便捷的服务需求。为此，珠海市医保经办部门主动求变，引入现代信息技术，推动医保服务协议签订方式根本性变革，成功实现"云签约"，极大地简化了签约流程，提升了工作效率，在全省范围内开创了先河。为实现"云签约"，珠海市医保经办部门精心组织，与第三方信息技术开发公司合作引入先进的人脸识别技术，确保签约主体真实有效；积极协调接入"省身份统一识别系统"及"省统一电子印章平台"，为"云签约"提供了坚实的技术支撑；广泛咨询法律专业人士，确保签约过程合法合规。

自 2021 年 2 月"云签约"医保电子协议正式运行以来，珠海市医保经办部门已成功助力多家定点机构完成云签约，包括珠海市人民医院、广东省中医院珠海医院等知名医疗机构。这一创新模式得到了社会各界广泛认可，吸引了多家媒体报道。截至 2024 年底，珠海市已成功云签约 585 家新纳入

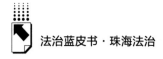

医保定点的医药机构，续签医药机构协议及补充协议达 1913 份，体现了珠海医保经办部门在推动医保服务数字化转型方面的坚定决心和卓越成效。

"云签约"具有三大优势：操作简单方便，定点医药机构负责人通过微信公众号即可完成协议签署并随时查阅；系统安全可靠，借助人脸识别技术和电子印章确保协议的法律效力和不可篡改性；经办效率高，整个签约流程仅需几分钟即可完成，大大缩短了签约周期，减少了服务对象的时间和精力成本。在疫情防控背景下，"云签约"模式更能满足"不见面"经办服务的需求。

三 医保医师反欺诈"云承诺"，"点对点"深入人心

自 2021 年《医疗保障基金使用监督管理条例》实施以来，我国医保监管步入规范化、法治化新阶段。珠海市积极响应，通过组织定点医药机构和医保医师签订反欺诈、诚信经营承诺书，维护医保基金安全，坚定诚信执业决心。然而，传统纸质承诺书签署流程烦琐。为此，珠海市医保中心创新性地引入了"云承诺"模式，依托互联网和人脸识别技术，让医保医师通过手机端快速完成承诺书签署。该模式不仅简化了流程、提高了效率，还确保每一份承诺书都"点对点"落实到个人，实现了宣传教育的精准触达和深入人心。

截至 2024 年底，医保医师在线承诺书签署已超过 1.4 万人次，定点零售药店签订"诚信经营承诺书"已有 2164 家次，进一步扩大了反欺诈承诺的覆盖面，形成了从医院到药店全方位、多层次的医保基金安全防线。"云承诺"模式的成功实施不仅简化了承诺书签署流程、提高了工作效率，也有效加强了行业自律，促进了医疗市场的公平竞争和守法经营，医保医师和定点药店也进一步认识到医保基金的重要性以及自身在维护基金安全中的责任与使命。这种自下而上的自觉行动，不仅为构建风清气正、健康有序的医疗环境奠定了坚实基础，更有效推动了医保基金监管的现代化进程。

四 医保政策法规"云宣教",随时随地完成学习

在信息化高速发展的今天,传统线下培训模式在医保政策法规普及上显得力不从心。特别是基层医护人员工作繁重且时间碎片化,难以频繁参与集中学习。为破解这一难题,珠海市医保中心创新性地搭建了"云宣教"平台,为医保医师、法人代表及定点机构人员提供灵活高效的学习空间。该平台集学习、交流、考核于一体,通过通知公告、热点问题、监管宣传、考试考核以及交流反馈等板块,构建了一个全方位、多层次的医保政策宣教体系。平台及时发布各级医保政策、热点问题解读、通知公告及典型案例剖析,以案释法,警醒从业人员严守法律底线;并允许学习者灵活选择学习时段,实现了学习的"随时随地",提高了学习效率和参与度。

截至 2024 年底,珠海市共有定点机构 1964 家,包括 59 家定点医院(含中江阳 7 家异地定点医院)、615 家定点门诊及 1290 家定点零售药店,签约医保医师近万名,定点零售药店法定代表人(或经营者)1100 余人。这些从业者均成为"云宣教"平台的活跃用户,他们通过平台随时随地学习医保政策,参与热点讨论,形成了良好的学习氛围和积极向上的学习风气。"云宣教"平台成为珠海医保领域"互联网+"技术与医保监管宣教深度融合的又一典范,不仅实现了医保政策宣传的"零距离",扩大了医保政策宣传的阵地和覆盖面,还构建了一支庞大的医保政策宣传队伍,通过身份认证的方式,确保了学习对象的精准性和学习内容的针对性。他们更加清晰地认识到合规使用医保基金的重要性,共同为维护医保基金的安全与健康贡献力量。

五 医保云端取药"云处方",群众不跑腿

在"云处方"平台问世前,传统的医疗服务与药品购买模式存在诸多不便。患者需要经历烦琐的就医流程,包括挂号、就诊、排队取药等,且可

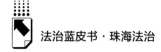

能因各种原因而就医体验不佳。同时，医疗资源的地域和时间限制使部分患者难以享受到优质医疗服务。患者亲自购药，不仅增加出行成本，还可能因药店库存不足而耽误治疗。为满足人民群众对便捷、高效医疗服务的需求，珠海市医保中心推出了"云处方"平台，这一创新举措不仅极大地拓宽了参保患者的用药购药渠道，更在提升医疗服务质量、优化患者就医体验方面迈出了坚实的一步。"云处方"平台打破了传统就医购药模式的时空限制，实现了从医生开具处方到患者查询、结算、取药的全程线上化、智能化。电子处方开具后，处方信息即刻传输至平台，患者可轻松查阅并进行即时联网结算。平台提供"到店取药"与"送药到家"两种灵活的取药方式，满足患者的多样化需求，真正实现了"看病不折腾，取药更省心"。

"云处方"平台上线后广受好评，截至 2024 年底，已成功对接 17 家定点医疗机构和 280 家定点零售药店，形成覆盖广泛、服务高效的医药服务网络。据统计，平台已累计处理超 14 万单药品结算业务，结算金额高达 5.4 亿元，其中仅 2024 年就完成了 52480 单的结算，结算金额达到了 18053.86 万元。数据背后是无数患者享受到的便捷与高效，也是珠海市医保中心在医疗服务数字化转型道路上取得的显著成果。

"云处方"平台不仅有效促进了医疗资源的合理配置和高效利用，让优质医疗资源得以突破地域限制，惠及更多需要帮助的患者，也推动了医药零售行业的数字化转型，提升了药店的服务水平和市场竞争力，更是增强和提高了患者对医疗服务的信任感和满意度，为构建和谐医患关系、推动健康中国建设奠定了坚实的基础。

六　医保线上查询"云药价"，"一键比价"更安心

由于医保药品的价格查询缺乏统一的信息平台，参保人难以快速、便捷地掌握各定点零售药店的药品价格信息。传统方式耗时费力，常因信息不对称而面临高价购药风险。医保部门对药店药品价格的监测也面临数据收集难度大、实时性不足等挑战。为解决这一问题，珠海深入贯彻"信息化＋医

保"战略，于 2022 年 3 月 16 日创新推出了"医保药价通"零售药店药价查询服务。该平台利用大数据、云计算等现代信息技术，实现了定点零售药店医保药品价格的全面覆盖与实时监测。参保人通过"珠海社保"微信公众号即可享受一键查询、实时比价，为购药提供了极大便利和选择空间。同时，"医保药价通"还具备智能排序功能，可以帮助参保人快速找到性价比最优的购药渠道，促进了药店间的良性竞争和药品价格的合理回归。同时，平台融入在线支付和配送到家服务，实现了从查询到支付再到取药的全链条线上化，让参保人享受安全、便捷、高效的医保服务。

"医保药价通"自上线以来，成效显著。截至 2024 年底，该平台已连通全市 1075 家医保定点零售药店，覆盖了所有在售药品品种，真正实现了"一键比价"的目标，不仅为参保群众"买得到、用得上"提供了有力的保障，还极大地提升了他们的幸福感、获得感和满足感。

"医保药价通"在推动药价透明化的同时，还构建了线上线下相结合、行政监督与群众监督并重的药价监测管理体系。通过整合定点零售药店的进销存系统数据，结合日常的监督检查工作，珠海市医保中心能够及时发现并纠正药品价格异常行为，有效维护了市场药价的稳定秩序。这一体系加强了行业的价格自律意识，发挥了社会监督作用，让医保服务更加贴近民心、顺应民意。

七 医保远程监控"云查房"，时时监控提效提质

随着医保领域违规现象层出不穷和医疗费用较快增长，医保基金支付压力倍增，要规范医疗行为、控制医疗费用不合理增长，提升医保信息化监管能力是当务之急。珠海每年住院参保 22 万多人次，对于参保人是否本人住院、是否在病区，是否存在挂床住院情况的核查监管一直是个"老大难"问题，尤其是在新冠疫情期间，医院对住院病区实行封闭式的管理，加大了现场核查的难度。为此，珠海市医保中心根据《珠海市基本医疗保险和生育保险定点医疗机构医疗服务协议》约定，于 2022 年 5 月 5 日上线启用医

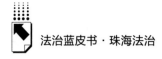

保线上查房 App 服务系统。

该系统运用"人工智能+大数据风控"和"人脸识别+视频监控"等科技模式,实现远程查房,确保住院病人准确率,及时发现冒名顶替住院行为。医保管理部门和医院医务人员随机抽检,病人须在 40 分钟内完成人脸识别和打卡定位,未及时认证者按挂床住院处理,有效防范了欺诈骗保行为。

珠海医保线上查房 App 服务系统以信息化手段实现了医保基金监管的实时性、高效性。随机随时抽检核验,能保障住院病人真实性和准确率、及时发现冒名顶替住院行为,能从源头上遏制挂床住院、虚假住院等违法违规骗保行为,还从根本上解决了医疗机构点多量大难监管、珠海市医保中心检查人手不足等问题。

八 未来发展建议

珠海医保"七朵云"平台作为提升医保服务效率与质量的重要抓手,极大地便利了参保群众,也推动了医保管理体系的现代化进程。面对信息化浪潮的汹涌澎湃,作为维护医保基金安全第一责任人的各定点医疗机构,信息化建设力度仍需进一步加大,以更好地适应时代发展的需求。部分医院在信息化建设上仍存在滞后现象,主要体现在违规问题的事前预警与事中拦截机制不够健全,数据共享与系统对接不够顺畅,以及对大数据资源的深入挖掘与分析利用能力有待提升等方面。这些问题无疑制约了医保服务效能的进一步提升,也影响了医保政策的精准实施与群众满意度的提高。

(一)进一步加大院端信息化建设的推进力度

积极推动和医院的深度沟通与合作,加大对医院信息化建设的指导与支持力度。一是利用国家医保智能监管子系统改造的契机,着力推动定点医院智能监管系统建设,指导定点医药机构主动对接国家医保智能监管子系统,同步智能审核规则,开展医保违约情形的事前预警和事中拦截,通过源头治理，实施医保服务智能监管的闭环管理，形成医保基金安全共管共治的良好局面。二是创新推行院端智能审核系统建设考核评价模式。制定《珠海市定点医疗机构智能审核系统建设考核评分表》，设立系统性能、系统功能、管理考核、效果考核等指标，推动各定点医疗机构智能审核系统的不断完善，提高事前预警的有效拦截率。同时，依托服务商开发专属 App，由定点机构进行指标数据上传并实时查看相关考评结果，珠海市医保中心可在线对机构进行考评并公布结果，实现掌上考评、实时公布。通过提供专业的技术指导、完善信息化建设考核模式等举措，助力医院提升信息系统水平，实现与监管平台的无缝对接，确保数据流通顺畅无阻、功能应用全面覆盖，为医保服务的持续优化奠定坚实基础。

（二）构建更加智能、高效的医保监管体系

秉持科技赋能的理念，进一步引入现代技术手段，及时发现并处理违规行为，有效防范医保基金风险，保障其安全与合理使用。一是强化实时监测与预警。完善覆盖医保全链条的智能监管系统，实时监测医保基金的使用情况，包括医疗服务的提供、药品的采购与消耗、医保费用的结算等关键环节。设定合理的预警阈值，对异常行为进行实时预警，及时发现并处理潜在的违规行为。同时，利用人工智能算法对医保数据进行深度挖掘与分析，识别出潜在的欺诈、滥用等违规行为模式，提高监管的精准度和效率。通过机器学习不断优化算法模型，使其能够适应医保环境的变化，保持监管的时效性和有效性。二是深化数据分析能力。借鉴国家飞检、省交叉检查规则和检查负面清单等，建立相对完备的知识库和规则库，结合地方实际征询医学专家意见，定期完善、修改、增减规则和指标。结合对海量数据的深度挖掘与分析，揭示医保服务中过度医疗、不合理用药等痛点、难点问题，为基金监管提供科学、准确的依据。三是加强监管协同与信息共享。建立跨部门协同机制，加强与卫生健康、市场监管、审计等部门的协同合作，形成信息共享、联合监管的合力，实现对医保服务全链条的监管。

B.21
珠海市落实无障碍环境建设法规的
实践与展望

珠海市残疾人联合会课题组 *

摘　要：　珠海以法治手段推进无障碍城市建设，逐渐形成政府组织统筹，残疾人联合会、媒体与检察机关主力推进，吸纳社会各方力量的"1+3+N"无障碍城市建设工作模式。该模式将无障碍城市建设中的相关主体汇集至统一的工作机制中，发挥各主体自身所长，推动各方共同参与无障碍城市建设，但也存在统筹机制不健全、监督管理措施亟待完善、社会参与积极性有待提升等问题。为进一步推动无障碍城市建设与新时代经济特区高质量发展，珠海应尽快落实联席会议制度等统筹机制、制定有强制性的监督规范措施、推动无障碍理念进一步普及，完善无障碍城市建设工作机制，进一步彰显法规权威。

关键词：　无障碍　城市建设　社会治理　珠海经济特区

引　言

　　无障碍环境建设是指为残疾人、老年人自主安全地通行道路、出入建筑物以及使用其附属设施、搭乘公共交通运输工具，获取、使用和交流信息，获得社会服务等提供便利，是残疾人、老年人等群体权益保障的重要内

　＊　课题组负责人：成文锋，珠海市残疾人联合会四级调研员。课题组成员：王靖豪、张景淞、李江琦、梁文锐。执笔人：王靖豪，南方都市报社高级记者；张景淞，南方都市报社助理研究员；李江琦，香港浸会大学副研究员；梁文锐，马来亚大学在读博士。

容，对于促进全民共享经济社会发展成果具有重要价值。在党的二十大报告强调"坚持全面依法治国，推进法治中国建设"的背景下，以法治手段推动无障碍环境建设，有利于保障残疾人、老年人等特殊群体权益，促进社会各界对无障碍环境建设提高认识与重视程度，进一步推动无障碍环境建设高质量发展。

珠海市积极通过法治手段推进无障碍城市建设，于 2022 年出台《珠海经济特区无障碍城市建设条例》（以下简称《条例》），推动社会各方自觉遵守法规、参与相关工作，逐渐形成政府组织统筹，残疾人联合会、媒体与检察机关主力推进，吸纳社会各方力量的"1+3+N"无障碍城市建设工作模式，取得了一定成效。2023 年 9 月，我国《无障碍环境建设法》正式实施，进一步完善了无障碍环境建设法律体系，也对各地落实法规、推进无障碍环境建设提出了更高要求。本文引入多中心治理理论，对珠海"1+3+N"无障碍城市建设工作模式进行剖析，以为后续工作提供更为坚实的理论支撑与实践指导。

一 珠海以"1+3+N"模式落实无障碍环境建设法规的实践与成效

无障碍环境建设需求多样、基数庞大、主体多元，不仅是政府主导下的社会治理工作，更是推进经济社会高质量发展过程中需要社会各界共同关注的问题。在政府制定、落实相关规章制度以主导推进的基础上，无障碍环境建设也需要通过社会各界的广泛参与，构建合理的工作机制，进一步激发其社会效益、经济效益，实现可持续发展。珠海作为全国第二个出台"无障碍城市建设条例"的城市，自 2023 年以来持续将"推进无障碍城市建设"写入政府工作报告，作为提升城市功能、推动新时代经济特区高质量发展的重要抓手，在工作实践中逐渐形成政府组织统筹，残疾人联合会、媒体与检察机关主力推进，吸纳社会各方力量的"1+3+N"无障碍城市建设工作模式。

（一）"1"：政府组织统筹

《无障碍环境建设法》提出，无障碍环境建设应当"发挥政府主导作用"。在珠海，《条例》也要求无障碍城市建设遵循政府主导、全民参与、合理便利、广泛受益的原则，并坚持规划先行、标准引领、技术支撑、共建共享。珠海"1+3+N"模式中，政府在无障碍城市建设中的主导作用主要体现在三个方面。

首先，政府部门需承担监管全市各类建设项目中无障碍环境建设、管理的职责，确保建设项目落实法规、标准要求，如住房和城乡建设主管部门负责监督管理建设工程项目无障碍设施建设活动；城市管理和综合执法主管部门负责监督管理既有城市道路、人行过街设施、公共厕所、政府投资的公共停车场（库）等场所的无障碍设施、无障碍标识的维护。市住房和城乡建设局开展房屋市政工程勘察设计和施工图审查质量检查，重点检查无障碍设施设计内容，并指导各区在城市公园建设、改造中关注"一老一小"需求，落实无障碍、适老化、适儿化等建设要求；市城市管理和综合执法局强化无障碍设施维护，截至2024年5月底，发现侵占盲道83处、断头盲道85处、盲道破损333处，排查发现市政道路自行车道路口与缘石坡道高差超标64处，有序推进整改。①

其次，政府部门需负责其主管的各类公共场所无障碍环境的建设与改造。交通运输、水务、发展和改革、教育、卫生健康、政务数据、轨道交通等单位在各自职责范围内做好无障碍城市建设相关工作。如市交通运输局重点整治汽车客运站、机场、码头、城轨站和高速公路服务区等各类交通站场的卫生和环境，定期维护好无障碍通道等人文关怀设施②；市卫生健康局实施医疗机构病房改造提升行动，推进医院公共空间和病房的无障碍、适老化

---

① 《广东珠海：精管细养扮靓街巷颜值 优化空间提升人居环境丨推动城市管理融入基层治理（五）》，"大城管"微信公众号，2024年8月13日，https://mp.weixin.qq.com/s?。
② 陈新年：《推动珠海在建设全国性综合交通枢纽城市中走在前列》，《珠海特区报》2024年1月12日，第8版。

改造，配置必要助残助老设备，方便孕妇、残疾人、老年人等特殊人群看病就医。

最后，在无障碍城市建设进程中，政府还发挥协调作用，统一领导各单位的工作，包括以各类创建工作、大型活动为契机，统筹相关单位开展无障碍城市建设等。珠海印发了《2024年珠海市推进全国文明城市创建"里子"工程方案》，市残疾人联合会、市发展和改革局、市自然资源局等单位实施无障碍设施补缺工程，结合城市更新、老旧小区改造、楼本体改造等工作，推动无障碍设施同步建设更新，并开展无障碍设施建设管理专项检查，对公园、景区景点、主次干道等场所进行排查；珠海"'迎航展'市容市貌大整治　城市品质大提升"百日行动要求市残疾人联合会、市城市管理和综合执法局、市住房和城乡建设局等单位开展无障碍设施优化提升工作，集中清理整治违法占用停车场无障碍车位、路边无障碍车位、道路盲道等占用、阻断无障碍设施的行为。

（二）"3"：残疾人联合会、媒体与检察机关主力推进

虽然政府在无障碍城市建设中处于主导地位，但在设施施工、理念宣传等具体工作上，仍需要其他力量的推进。在"1+3+N"模式中，残疾人联合会、媒体与检察机关各司其职，同时开展彼此之间的协同合作，逐渐成为珠海无障碍城市建设的主力推进单位。

1. 残疾人联合会

残疾人是无障碍城市建设最直接的受益者，残疾人联合会的性质是代表残疾人的共同利益，维护残疾人的合法权益，团结教育残疾人，为残疾人服务，在无障碍城市建设中的重要性不言而喻。残疾人联合会负责组织对无障碍设施进行试用体验，做好无障碍城市建设的宣传，指导开展相关培训等工作，并有协助残疾人开展家庭无障碍改造的职责。在实际工作中，珠海市残疾人联合会持续对珠海公共场所无障碍环境建设情况开展调研走访，组织社会各界代表体验公园、政务服务场所、旅游景区、体育场馆等场所无障碍设施；通过开展线下普法宣传活动、爱心送考活动等方式，持续面向

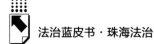

社会宣传无障碍理念；指导各区开展"珠海无障碍城市建设深调研专题培训"，助力各单位掌握相关法规、标准，以实际行动参与无障碍城市建设；通过区残联、各镇（街）残联、村（社区）干部、施工单位深入残疾人家庭开展无障碍改造工作，2023年推动完成全市134户残疾人家庭无障碍改造。①

2. 媒体

媒体在逐渐成为社会治理多元主体有机组成部分②的背景下，在传播信息、引导舆论等方面具有先天优势，可以充分运用社会资源，将自身传播力、引导力、影响力与公信力转化为推进无障碍城市建设的行动力。珠海媒体参与无障碍城市建设的途径主要体现在三个方面：一是直接面向特殊群体提供无障碍服务，如《珠海新闻》启用人工智能手语播报系统，为听障人士获取新闻提供便利；二是针对无障碍事业发展开展宣传和舆论监督，如《南方都市报》《珠海特区报》《珠江晚报》等媒体曾多次对珠海无障碍设施被占用、残疾人出行难等问题开展报道，推动一批公共场所无障碍设施不达标、被占用等问题得到解决，并在报道中普及无障碍理念，各媒体刊发相关报道超过100篇，阅读量超过1500万次，部分报道获得中国残联、广东残联、广东人大等单位转载，推动市民对无障碍理念的知晓率提升至90%③；三是发挥智库作用，对无障碍城市建设开展研究，为政府决策提供意见参考，如《南方都市报》以近年来大力推进智库媒体建设为契机，不断探索构建新型研究能力和服务能力④，对法治建设、理念宣传在无障碍城市建设中发挥的作用进行系统化梳理、总结，参与《2024年珠海市推进全国文明城市创建无障碍设施补缺工程实施方案》等政策制定，助力提升政

---

① 珠海市残疾人联合会调研组：《珠海加强无障碍城市建设探析》，《珠海特区报》2024年1月16日，第5版。
② 丁和根：《媒体介入基层社会治理的现状、角色与维度》，《新闻与写作》2021年第5期。
③ 王靖豪：《南都"无障碍城市深调研"获评科技无障碍发展大会特殊贡献奖》，《南方都市报》，2024年5月17日，https://m.mp.oeeee.com/a/BAAFRD000020240517954342.html。
④ 刘江涛、王卫国：《南都实践：智媒研究融入治理体系现代化进程》，《新闻战线》2023年第2期。

府决策质量、政策推行效率。

3.检察机关

检察机关作为法律监督机关，可通过公益诉讼制度维护法律实施、保障公共利益，如对违反相关规定损害社会公共利益的行为提出检察建议、提起公益诉讼。珠海检察机关充分发挥检察公益诉讼在促进社会治理中的制度优势和治理效能，着力围绕无障碍设施、无障碍信息交流、无障碍社会服务三个方面存在的问题与短板，在全市部署无障碍城市建设检察公益诉讼专项监督行动，2021年以来共立案办理无障碍城市建设领域公益诉讼案件57件，开展诉前磋商24件次，制发检察建议23份，督促有关部门整改全市无障碍设施问题898个。

4.残疾人联合会、媒体与检察机关协同合作

从多中心治理理论的角度来看，要实现公民利益最大化和满足公民多样化的需求，需要合理有效地运用公共资源。在珠海"1+3+N"模式中，残疾人联合会、媒体与检察机关着眼于共同推进无障碍城市建设的目标，以互相协作寻求公共资源合理运用的动机得到进一步强化。残疾人联合会通过充分运用媒体在内容生产领域的优势，打造了一批形式多样、内容精良的宣传作品，实现无障碍理念宣传效果的放大，如刊发各类图文稿件，开展"有爱无碍"无障碍城市嘉年华、"光明影院"等活动，制作"无障碍城市建设微课堂""无障碍出行大挑战"视频等，进一步面向社会宣传无障碍理念。媒体也依托残疾人联合会贴近残疾人、了解残疾人群体需求的特征，运用自身所链接的社会资源，对开展无障碍城市建设建言献策，参与金山公园、金湾区政务服务中心等场所改造工程，并通过开展座谈、研讨等形式，搭建沟通平台，汇集社会各界对文化、旅游、体育等场所无障碍环境建设的建议，在向政府相关单位传递社情民意的同时，也不断提升自身参与社会治理能力，实现从"呼吁者"到"行动者"的角色转变。残疾人联合会、媒体、检察机关等单位还共同开展"无障碍城市深调研"，累计对超过200个点位进行走访，发现问题超过1200个，成功推动一批公共场所开展无障碍改造，助力打造广东省首批实现"盲道入园"的公园。残疾人联合会和媒体将面

向社会征集到的无障碍城市建设问题线索及时反馈至检察机关，由其进一步调查核实、开展无障碍城市建设检察公益诉讼专项监督活动，督促政府相关单位知法、守法，推动检察公益诉讼制度落实，三方逐渐形成统筹推进无障碍城市建设的合作关系，进一步为无障碍城市建设提供法治保障。

（三）"N"：吸纳社会各方力量

无障碍城市建设关乎全民，离不开社会各界力量的积极参与，是全社会的共同责任。珠海"1+3+N"模式中，社会各界力量包括社会组织、高校、企业、志愿者、社会监督员等主体。他们运用自身所长，为无障碍城市建设贡献人力、物力、智力，发挥社会影响力，带动更多人关注、参与相关工作，取得了良好的效果。

珠海无障碍城市建设社会监督员队伍自成立以来，汇集了人大代表、政协委员、社会组织代表、律师、学者、媒体界人士等社会各界代表[1]，对日常生活中发现的无障碍设施不完善、缺失等问题，及时反馈至相关职能部门并推动解决，同时积极配合残疾人联合会、媒体、检察机关开展调研走访，就无障碍事业发展建言献策。

珠海各类社会组织、企业也积极举办相关活动，增强公众无障碍意识，如"百岛青年""岛屿社""INJOY 珠海"等青年组织举办的"无碍更有爱"线下交流体验活动，面向市民介绍无障碍理念，并邀请市民共同探讨日常生活中的各类场景可能存在的障碍与对应解决方案；由澳门明爱、珠海诺庭国际旅行社、珠海公交集团等单位发起的"珠澳共融无障碍出游"活动，邀请残疾人体验珠海无障碍公交车，感受珠海无障碍城市建设成果。

多中心治理理论强调不同主体的并存和协作，各个主体的活动不仅源于自我动力，也依赖其他主体决策行为的发生。[2] 在珠海"1+3+N"模式中，

---

[1] 王靖豪：《珠海无障碍城市建设实施首日：成立首支社会监督员团队》，《南方都市报》2022 年 12 月 5 日，第 GA16 版。

[2] 王志刚：《多中心治理理论的起源、发展与演变》，《东南大学学报》（哲学社会科学版）2009 年第 S2 期。

社会各界力量在政府与残疾人联合会、媒体、检察机关的号召下，积极参与无障碍城市建设，如香洲区山场路曾有多个人行道与机动车道衔接处未设置无障碍通道，经市民通过"珠海城市管家"反馈后，由城管部门会同交警、市政等多个单位开展整改。各主体基于自身职责与工作目标，为法规、政策制定提出意见，针对具体场所开展无障碍改造，对改造的规模、施工方案的设计等要素进行持续沟通，最终达成共识、维持合作，推动改造实际落地。如珠海高新区开展市政公园无障碍改造，系由媒体在调研过程中发现问题，反馈至政府职能部门、管养单位，并由三方共同推进改造。社会力量的参与进一步突破了政府单独治理、相关单位各自为政的局面，实现各主体对无障碍城市建设的多元参与，推动落实法规对各主体的要求。

二 珠海"1+3+N"模式的挑战

珠海"1+3+N"模式基于国家法规、地方性法规规定，将无障碍城市建设中的相关主体汇集至统一的工作机制中，发挥各主体自身所长，共同追求无障碍城市建设水平提升，具有明显的多中心治理色彩，在一定程度上体现了治理的民主化、科学化、法治化，使珠海无障碍城市建设水平得到持续提升。但无障碍城市建设是一个长期的过程，珠海"1+3+N"模式在推动法规落实过程中仍然面临以下挑战。

（一）工作统筹机制不健全

多中心治理理论强调主体间互动的多元与联系的紧密，需要各治理主体之间实现充分的信息交流，使各个主体能够直接表达自己的利益诉求，打破官僚制的封闭，降低治理成本。《条例》明确提出建立联席会议制度，统筹协调解决无障碍城市建设中的重大问题。但《条例》实施近两年来，该制度仍未得到建立，不仅政府内部各部门之间协调不便，政府与残疾人联合会、媒体、检察机关等相关单位之间的顺畅沟通也难以进行。

制定明确的工作计划，明确各方职责与目标，是社会治理工作能够得到有效推进的重要一环。《无障碍环境建设法》《条例》等要求政府将无障碍环境建设纳入国民经济和社会发展规划，编制无障碍城市建设专项规划、各区制定实施计划等。相关工作虽已被珠海政府相关部门纳入讨论，但目前并未得到具体落实，亟须进一步推进。

（二）对各主体的监督管理措施亟待完善

多中心治理需要通过完善的权力结构设计、切实可行的治理参与制度使各治理主体实现有效合作、互相监督，更好地运用公共资源满足社会发展和公民需求。在珠海"1+3+N"模式中，对政府的监督仍然是各治理主体开展监督的主要工作内容，但如何推动政府进行自我监督存在一定缺失，针对有关部门及其工作人员在无障碍城市建设工作中不履行法定职责或者不正确履行法定职责问题如何给予处分或处理措施也不明确，这导致法规难以落地。

此外，该模式对其他治理主体的监督、管理措施也有待进一步完善，如在残疾人事业领域，有的社会组织连续4年未按照规定接受年度检查、向登记管理机关报送年度工作报告，直到2024年才被处以撤销登记处罚。对包括社会组织在内的各治理主体不能实现有效监督、管理，极大地影响了无障碍城市建设工作成效和其他社会治理工作的推进。

（三）社会参与积极性有待提升

多中心治理离不开社会各界的广泛参与，但珠海社会力量参与无障碍城市建设工作的积极性仍有待提升。部分市民仍然将无障碍城市建设视为为少数群体提供"特权"，对其社会效益的认知存在不足，导致一般机动车占用无障碍机动车停车位、杂物阻断盲道等问题仍时有发生；部分建设单位缺乏无障碍意识，对于邀请有需求者参与建设项目设计、验收等环节，提早介入项目无障碍环境建设意愿不足，导致项目往往不符合无障碍环境建设标准。

同时，珠海目前开展残疾人工作的社会组织相对较少，业务范围也往往集中于对残疾人康复、教育、就业等事项的帮扶。而在政策、法规制定的实践中，虽然设置了征求社会组织意见建议的工作机制，但实际能够征集到的内容相对较少且缺乏实质论证，这反映出相关工作机制有待优化，当前社会组织本身参与决策的积极性亟须加强。

三 进一步推进无障碍城市建设的建议

为进一步完善珠海"1+3+N"模式、推进无障碍城市建设法规落实，培育社会各界对无障碍城市建设的认同感与守法意识，提出以下建议。

（一）尽快落实联席会议制度等统筹机制

为进一步畅通政府各部门内部沟通、政府与其他单位沟通的渠道，珠海应尽快明确对"无障碍城市建设中的重大问题"的定义，针对联席会议议程、周期、规则、参会单位等事项，制定可落地执行的细则，依据细则召开联席会议，确保相关法规、政策同步传达至各单位，促进各单位信息共享，明确当前工作进度与后续举措，共同对疑难问题进行收集、分析、处置、反馈。

在"十五五"规划即将来临的时间节点，珠海应尽快将无障碍城市建设纳入国民经济和社会发展规划、编制无障碍城市建设专项规划，明确各职能部门在推动无障碍环境建设、信息无障碍、服务无障碍等领域的工作任务，由各区制定实施计划，并定期开展实施情况评估，提升无障碍城市建设在政府各项工作中的优先级，进一步落实法规要求，促进无障碍城市建设过程中资金、人力等各项资源的合理分配。

（二）出台有强制性的监督、规范措施

基于《条例》中针对相关职能部门及其工作人员违反规定的罚则，建议各职能部门明确相关工作人员在执行《条例》过程中的具体职责，并根

据违规行为的形式、危害程度进一步细化处罚措施,确保处罚的公正性和合理性;同时,将无障碍城市建设工作情况纳入相关职能部门绩效考核范畴,制定明确的考核指标,如各部门主管场所无障碍设施布置率、达标率等,由合适的部门或委托第三方专业机构开展考核,确保考核的客观公正、科学规范,进一步推动各职能部门重视无障碍城市建设。

对于社会组织等主体参与无障碍城市建设,相关单位可以通过梳理《条例》《珠海经济特区社会建设条例》等现行法规、政策,结合珠海实际情况进行修订或制定配套实施细则,还可以适时利用经济特区立法权出台新法规,对各主体参与无障碍城市建设等社会治理工作进行规范、扶持,如加强社会组织登记管理、完善政府购买社会服务机制、对参与无障碍城市建设的社会组织给予重点扶持等,在促进各主体提升自身专业能力、完善自我管理的同时,鼓励更多社会力量参与相关工作,提升社会参与整体的规范化、法治化水平。

(三)推动无障碍理念进一步普及

为进一步加强对无障碍城市建设的宣传力度,可以通过"线上+线下"的形式,运用图文、视频、H5 在各大新媒体平台上广泛宣传无障碍法规、标准。为实现宣传效果的最大化,宣传的具体形式应当因接受对象而异,如针对建设单位,可以举办专题培训、开展体验活动,更为具象地呈现无障碍相关法规、标准,便于各单位理解;针对老年人、儿童等群体,可通过文艺表演、知识竞赛等市民喜闻乐见的形式,推动无障碍理念深入人心,使市民自觉遵守相关法规。

珠海也可以参考深圳、成都等地经验,进一步发动社会力量参与无障碍城市建设,由残疾人联合会等单位牵头成立"珠海市无障碍促进会",汇集各方力量开展无障碍城市建设督导测评、建设项目无障碍设计、无障碍理念宣传等工作,提升珠海无障碍城市建设专业化水平,带动社会各界关注、参与相关工作。

推进无障碍城市建设,是珠海保障社会成员平等、充分、便捷地参与和融入社会生活，打造民生幸福样板城市的重要举措，同时也深刻影响着珠海法治政府建设的工作成效。展望未来，珠海将进一步完善无障碍城市建设工作机制，推动社会各界增强法治意识，尽己所能参与相关工作，进一步彰显法规权威，推动珠海无障碍城市建设与新时代经济特区高质量发展。

社 会 治 理

B.22
珠海高新技术产业开发区三新群体
基层治理体系建设调研报告

珠海高新技术产业开发区综合治理局课题组*

摘　要：　三新群体是珠海高新技术产业开发区（以下简称"珠海高新区"）壮大新质生产力，保障数字经济健康发展的重要人力资源基础。珠海高新区积极响应党的二十大报告中关于加强灵活就业和新就业形态劳动者权益保障的要求，聚焦三新群体的健康发展与权益保障，依托新星法湾·公共法律服务站、工法服务站、三新群体人民调解委员会，扩大法律公共服务半径，延伸基层治理触角，保障三新群体公共服务、激活三新群体力量、构建基层治理新格局，为珠海高新区高质量发展激发强大"新"动能。

关键词：　三新群体　基层治理　公共法律服务　多元解纷

* 课题组负责人：莫若飞，珠海高新技术产业开发区综合治理局局长。课题组成员：邱晓君、丘细妹、罗雪怡。执笔人：莫若飞，珠海高新技术产业开发区综合治理局局长；邱晓君，珠海高新技术产业开发区综合治理局副局长；丘细妹，珠海高新技术产业开发区综合治理局法治办主任；罗雪怡，珠海高新技术产业开发区综合治理局职员。

一 背景与意义

基层治理是国家治理的基石，是实现国家治理体系和治理能力现代化的基础工程。强化基层治理对于珠海高新区高质量发展至关重要。2023 年 9 月，珠海市明确了高新区"培育、壮大、应用新质生产力的主阵地和高质量发展的核心引擎"的发展定位。珠海高新区的高质量发展与基层治理现代化建设息息相关，基层治理效能的提升将助推珠海高新区高质量发展与新质生产力的壮大。

为助力新质生产力高质量发展，珠海高新区全力推进产城人深度融合，全省首个直播电商教学基地落户珠海高新区，数字经济、平台经济、共享经济等新业态在珠海高新区蓬勃发展，不仅催生了新就业形态，还创造了大量就业岗位。珠海高新区产业新社区、新业态、新就业群体（以下简称"三新群体"）日渐壮大，目前珠海高新区集聚了 8 万多名产业工人，建设了 10 个产业新社区，为 20 万名产业工人提供了高品质的生活空间。

三新群体作为珠海高新区高质量发展、壮大新质生产力、保障数字经济健康发展的人力资源基础，正逐渐成为基层治理工作的重点关注对象。同时，三新群体数量庞大、人员结构复杂，力量散、组织难，关怀少、维权难等特点，也给基层治理工作带来了新课题与新挑战。

二 探索与成效

党的二十大报告明确要求"支持和规范发展新就业形态"，"加强灵活就业和新就业形态劳动者权益保障"。[①] 珠海高新区积极响应并深入贯彻党的二十大报告的工作要求，紧紧围绕三新群体的特点及需求，在基层治理工

---

① 习近平：《高举中国特色社会主义伟大旗帜 为全面建设社会主义现代化国家而团结奋斗——在中国共产党第二十次全国代表大会上的报告》，人民出版社，2022，第 47—48 页。

作中持续实践探索，以多元解纷为重点、问需服务为保障、共同治理为路径，不断扩大公共法律服务半径，延伸基层治理触角，推动政府治理同社会调节、居民自治良性互动，逐步构建起三新群体基层治理体系，形成基层治理新格局。

（一）创新三新群体治理模式，聚力提升基层治理水平

1. 建专班立规范，厚植制度优势

为加强三新领域管理服务工作，珠海高新区高位统筹、系统谋划、协调各方，打出了规范保障、组织保障、机制保障"组合拳"，为推进三新领域基层治理工作提供了坚实保障。珠海高新区印发《高新区加强新业态、新就业群体、产业新社区管理服务工作方案》《高新区加强新业态、新就业群体、产业新社区管理服务工作任务分解表》《新业态群体摸底排查台账》等一系列工作文件，为各部门系统推进三新领域基层治理探索和实践指明方向。珠海高新区召开区领导牵头、相关部门负责人参与的联席会议，组建工作专班，统筹推进三新领域管理服务工作。专班实时协调解决治理难题、层层传导压实责任，形成综治主导、党建支撑、行业监管、平台参与、公法服务的三新工作新格局。珠海高新区还创新建立联络员制度、专班会议制度、工作督导制度、考核激励制度等，各部门信息共享、步调一致，拧紧三新群体基层治理工作的共同纽带。

2. 深调研摸需求，精准供给暖"新"服务

为深入了解三新群体在日常生活中所面临的主要矛盾及生活需求，珠海高新区开展深入调研，全面摸排辖区内新业态、新就业群体、产业新社区相关情况，定期开展电话回访工作，分类建立电子台账，并实施动态管理、跟踪服务。

首先是选取典型业态中的代表性企业，深入珠海高新区唐家和金鼎2大片区4个外卖站点，发放调查问卷249份，覆盖249名专送骑手，通过走访、座谈等形式，全面了解珠海高新区美团外卖骑手人数、人员结构、面临困难、主要需求等情况，形成《高新区"外卖小哥"调研报告》。其次是由

珠海高新区综治局牵头，联合科产、住建、市场监管、教育、医疗5个重点领域管理服务部门，在全区18个社区铺开一张新业态群体排查网，全面摸排汇总涉新业态群体15项信息并定期更新。最后选定唐家社区、半岛驿站公园、中国铁建港航局、哈工大经济港园区等三新群体众多、产业新社区密集的片区设置20余个爱心驿站，为三新群体提供精细化服务。其中，成立最早、规模最大的是唐家爱心驿站，服务范围覆盖唐家片区3个外卖站点171名专送骑手。该站点设置8个充电桩、48个电瓶充电箱，为三新群体提供饮水、充电、法律咨询、技能培训等累计超过20项暖心服务。

3. 强党建优供给，吹响多方参与的集结号

遵循"先试点，再推广，以点带面，稳步推进"的原则，珠海高新区选定星湾社区作为先行试点，率先开展新业态、新就业群体、产业新社区管理服务工作。

一是强化党建引领，发挥党员先锋模范作用。星湾社区在三新群体中积极建立党组织阵地，努力发展新党员，重点培养年轻、学历高、责任心强的网点站点负责人和业务骨干。目前，星湾社区新业态从业人员已达300余人，其中党员21人，已在新业态从业群体中成功建立2个流动党支部，并选派专职党员干部进行指导，充分发挥党员先锋模范作用，提升组织力，打造基层治理"生力军"。

二是创新治理形式，引导积极参与基层治理。珠海高新区充分发挥三新群体分布广、流动性强、内部人员相互熟悉的独特优势，积极鼓励三新群体参与到基层治理中来。例如，引导外卖小哥、快递小哥担任"流动哨兵"兼职网格员，在送餐送物途中或间隙发现问题，通过"随手拍"等方式，及时将背街小巷、小区周边存在的安全隐患、治安维稳等小问题反馈到社区；引导骑手们担任宣传员，在走街串巷、送餐送件的同时"顺口宣"，将反诈骗、普法等宣传资料、节假日安全提醒送达居民。通过这些举措，三新群体积极加入社区网格化管理队伍，将基层治理触角延伸至社区末梢，为珠海高新区基层治理工作注入强劲动力。

三是创新多元治理机制，优化配套服务供给。珠海高新区积极探索党组

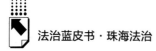

织引领，政府、志愿者、社会组织多点聚合，社会力量参与的"1+3+N"三新群体治理新机制，并开创"主管部门+社会力量+服务阵地"新模式，各部门各行业可根据自身职能优势及需求向政府申请免费的政府配套功能用房用于三新群体管理服务工作。珠海高新区利用免费的政府配套功能用房在高新宝龙广场、华发产业园分别成立新星法湾·公共法律服务站、工法服务站，以优化三新群体服务供给。为激励更多社会力量参与三新治理服务工作，珠海高新区还计划向职能部门、社会组织免费提供现有的22套政府配套功能用房。珠海高新区汇聚广泛合力，吹响多方参与的集结号，努力为三新群体管理服务工作提质增效。

（二）建立三新调委会，多元力量联合精准解纷

为有效化解三新领域各类纠纷，珠海高新区率先成立三新群体人民调解委员会（以下简称"调委会"），针对性地打造了一支集法律咨询、法治宣传、争议调解于一体的专业解纷队伍。

1. "一站式"调解，推动高效解纷

调委会充分挖掘整合各类资源，探索构建三新群体纠纷"一站式"调解的工作模式，实现矛盾纠纷的统一受理、集中办理、归口管理、依法处置。调解协议还可以一键获取司法确认服务，调委会依托唐家湾镇调解委员会，打通法院线上司法确认渠道，引入法院自助终端机，可实现线上审查、裁定书电子送达，三新群体在"家门口"就能无缝对接调解员、法官、律师。调解—审查—电子送达一般只需3天，相较于3个月简易程序，极大降低诉讼成本，促进三新群体纠纷高效化解。

2. 多元化调解，助力精准解纷

三新群体具有工作时间长、上下班时间不稳定、流动性强、外市户籍人口多等特点，珠海高新区以调委会队伍建设为关键环节，引导三新群体"自己人"解决"自家事"。加上全国模范人民调解员、律师等"行家里手"，通过多元化组合，能够根据不同纠纷类型精准匹配各行业调解力量，切实解决揪心事、烦心事。调委会创新性地吸纳了外卖员、快递员、网络主

播、产业新社区工人等三新群体代表作为调委会委员，各相关行业至少选配1名兼职调解员，共吸纳21名兼职调解员和法律援助工作者加入调解队伍。其中，三新群体代表在调委会委员中占66.7%，在调委会调解员库中占60.0%，切实做到"专业力量全动员，行业力量全覆盖"。当纠纷发生时，兼职调解员立即响应，就地调处，充分释放调委会"软优势"，省时高效，最大限度满足外卖、快递等"赶时间的人"的纠纷调处需求。

3. 标准化调解，助推实质解纷

为确保调解工作高效运转，调委会建立健全要求明确、流程清晰、管理规范的工作制度，从调解模式、调解程序、调解质量三个方面入手，着力提升三新群体调解工作标准化、规范化水平。调委会创新性地设置线上调解和就地调解等流动调解新模式，从而将调解现场搬到三新群体身边，最大限度将劳动争议纠纷化解在源头、解决在当下；建立民主议事制度，针对辖区重大疑难纠纷可召集所有议事成员进行讨论，研究纠纷化解方案；建立调解回避制度，与纠纷当事人一方有利害关系可能影响公正调解的，应当自行回避或依申请回避；建立回访复盘制度，起到"调解一案，教育一片"示范引领作用，鼓励三新群体成为推动建设平安高新、法治高新的重要参与者、奉献者、获益者。

（三）打造"新星法湾·公共法律服务站"，法律与便民服务双轮驱动

珠海高新区深入调研，旨在打通公共法律服务"神经末梢"，并增强法治服务与基层治理效能，积极探索法律服务与便民服务两手齐抓工作模式。在三新群体活跃区域高新宝龙广场创新打造"新星法湾·公共法律服务站"，为三新群体打造一个集公共法律服务与便民服务于一体的温馨港湾，在公共法律服务上"拉满弓"，在便民服务上"落到点"，不断拓宽服务领域、丰富服务内容、提升服务水平。

1. 夯基垒台，做深做实便民服务

为彰显共建共治共享的人文温度，珠海高新区综治局、区普法办联合星湾社区共同将"新星法湾·公共法律服务站"打造成三新群体的便民服务驿站。该服务站不仅配备了微波炉、饮水机、急救箱、手机充电插座等基础

服务设施，还设置了沙发、桌椅等供三新群体在工作间隙休息。

为解决三新群体子女看护"空窗期"难题，珠海高新区面向三新群体子女开设"新星少儿快乐托管营"，帮助他们解决工作和育儿难兼顾的问题。除基本的课业指导外，托管营还将为三新群体子女提供棋类、手工制作、绘画、书法、趣味知识问答等活动，志愿者老师将各展所长，尽最大努力将学习的课堂建设成孩子们汲取知识的乐园，让孩子们体验特色活动的乐趣，也让三新群体安心投入工作。

2. 立柱架梁，做优做精公共法律服务

"新星法湾·公共法律服务站"始终致力于提供便捷、高效的公共法律服务，将法律服务融入三新群体基层治理领域，创新推出三新群体"问法—说法—享法"服务体系，创新打造公共法律服务前沿阵地。

在三新群体"问法"环节，法律专业力量靠前服务。由于三新群体具有工作时间灵活、咨询地点不定等特点，"新星法湾·公共法律服务站"实行"双线并行"的服务模式，线上开展法律"云"服务，组建三新群体法律咨询微信服务群，让三新群体随时随地"问法"，线下设置法律疑问收集箱，定期安排律师坐班解答法律问题。同时，还联合多部门深入三新群体集中场所，围绕三新群体关心的劳动合同、交通安全、工伤认定等问题开展专题普法活动。2024年以来，珠海高新区依托服务站向三新群体开展普法宣传活动6次，提供法律咨询354次，三新群体参与热情高涨，法治意识、法律应用能力也得到了显著提升。

在三新群体"说法"环节，注重多元主体共同参与议事协商。为了给三新群体纾困解难、促进平等对话，"新星法湾·公共法律服务站"定期开展议事协商活动，共同商讨法律难题。"新星法湾·公共法律服务站"遵循"收集议题—确定议题—参与议事—宣传回访"四步议事程序共商破题之策。"新星法湾·公共法律服务站"从三新群体日常咨询、调解案件中筛选热点议题，通过三新群体专属微信服务群微信投票确定正式议题，邀请政府部门代表、商家代表、物业代表、居民代表等参与议事协商。为了让更多无法到场的三新群体也能参与进来，"新星法湾·公共法律服务站"对议事协商过程进行线上直播。事后，"新星法湾·公共法律服务站"制作议事"短视频"宣传，并对议事落实情况进行跟踪回访。2024 年以来，开展"三新"群体议事协商活动 8 次，解决了小区不允许外卖配送员进入等难题。

在三新群体"享法"环节，三新群体为群众提供"配送式"精准普法。珠海高新区积极探索三新群体融合共治模式，组建"新星普法队"，积极培养三新领域"法律明白人"。他们不仅懂法守法，还积极引导三新群体结合工作主动普法，释放三新群体灵活普法的强大力量。三新群体从被动"受法"转变为主动"普法"，外卖配送员、快递物流配送员、网约车驾驶员充分发挥三新群体贴近基层、贴近群众、贴近民生的天然优势，化身"普法骑士"，在走街串巷配送订单的同时，将普法宣传标语和法治资料送到群众身边，实现"配送式"精准普法。目前，星湾社区培育的 6 名三新领域"法律明白人"在辖区法律政策宣传、议事协商、纠纷调解中积极发挥自身作用，成为基层法治建设的重要力量。

三新群体"问法—说法—享法"三大项目相互衔接、互为补充、各有侧重，共同构成了三新群体公共法律服务闭环体系，办事依法、遇事找法、解决问题用法、化解矛盾靠法的法治思维在三新群体中深入人心。

（四）搭建"工法服务站"，延触角推进全链条法律服务

珠海高新区星湾北围是产业园区聚集区，汇聚了华发产业园、中以加速器、智慧湾创新中心等重点产业园，拥有数量庞大的产业工人。为纵深推进产城人深度融合，珠海高新区将公共法律服务融入产业新社区的建设及治理中，以产业工人及产业园内企业法律需求为切入点，搭建工法服务站，开辟法律服务新路径。

工法服务站设置公共法律服务窗口及多功能室，可提供法律咨询、法律援助、人民调解、公证确认、普法教育等全链条服务。产业园以工法服务站为平台，以驻点律师为骨干力量，以社区法律顾问、园区"法律明白人"为核心团队，延伸公共法律服务触角，进一步扩大公共法律服务的覆盖范围，将公共法律服务融入三新群体基层治理、法治助企纾困等领域。

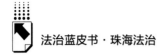

工法服务站通过"四位一体"的服务机制，为产业新社区工人权益提供有力保障。一是摸需求，通过设置法律疑问收集箱、建立线上法律服务群等方式，多渠道了解产业新社区工人法律需求。二是强资源，线下安排律师定期坐班，线上紧密链接区公共法律服务中心，引入远程公证、线上开庭等数字法律服务，让企业职工"足不出园"便可享受便捷全面的法律服务。三是重普法，创新普法方式，将法律知识融入通勤巴士，打造工法巴士，让产业新社区工人在日常通勤中轻松学法。四是搭平台，推出"20：00 议事会"品牌议事项目，鼓励产业工人利用下班后的时间（即 20：00）在人才公寓、园区宿舍等开展议事协商活动，开创"小事不出社区"的新局面。

（五）开辟法律援助绿色通道，筑牢法援"防火墙"

为促进新业态、新就业群体、产业新社区的健康发展，切实维护三新群体法律权益，让三新群体享受到优质高效的法律援助服务，珠海高新区依托公共法律服务中心，以三新群体法律需求为牵引，开辟法律援助绿色通道，简化法律援助的申请流程，落实法律援助"三个优先"工作要求（优先接待、优先受理、优先指派），实现法律援助"四个零"目标（服务受理零推诿、服务方式零距离、服务质量零差错、服务结果零投诉），从而有效打通了三新群体维权之路。

针对三新群体请求确认劳动关系、给予社会保险待遇、支付劳动报酬、工伤事故人身损害赔偿等需求，司法所免予核查经济困难状况；对于诉讼时效即将到期等紧急情况，司法所则先行提供法律援助。2024 年以来，司法所已为三新群体提供法律咨询 335 次，提供法律援助 26 人次，为三新群体牢牢筑起法律援助"防火墙"。

三　面临的问题

（一）自我参与意识有待提高

调委会、"法律明白人"、网格化管理的组织建设都有三新群体代表积极参与，他们在纠纷调解、普法宣传上表现突出，显著提升了三新群体基层治理工作实效。但实践中，除了外卖站点、快递站点、网络主播企业、产业园区企业的负责人之外，大部分三新群体参与纠纷调解的积极性不高，这主要是因为他们工作压力大、工作时间紧，纠纷调解与其工作时间及特点契合度低，额外占用了其时间与精力。尽管如此，大部分三新群体能积极参与到网格化管理及普法宣传中，在工作过程中遇到社会问题能积极通过"随手拍"向社区反映，这是因为"随手拍"并不影响其本职工作，与其工作特点、工作时间相契合。当前，如何创新三新群体参与基层治理的形式，提高基层治理与三新群体的契合度，激发三新群体自我参与意识，成了亟待解决的难题。

（二）公共法律服务社会影响力仍需加强

尽管珠海高新区为三新群体建立了调委会、新星法湾·公共法律服务站、工法服务站，开辟了法律援助绿色通道，但目前仍处于起步阶段，咨询的人数少、接收的案件数量少。三新群体主动寻求公共法律服务帮助的积极性不高，主要是因为其所面临的法律纠纷相对较少，对公共法律服务的知晓度也相对较低，遇到问题时更倾向于先向平台或站点寻求帮助或直接报警。而且，三新群体的某些需求如社保缴纳、调整平台算法减轻工作压力、子女入学、单身青年婚恋难、职业转型难等问题涉及企业、多部门协作，无法通过单一的公共法律服务途径得到迅速解决，从而打击其主动寻求帮助的积极性。当前，提升公共法律服务在三新群体中的社会影响力是亟须解决的工作难题。

（三）党建工作有待强化

珠海高新区三新群体中的党员数量较少，占比偏低，如431名外卖骑手中，仅有2名中共党员，占比为0.46%。而且，三新群体覆盖范围广、人员结构复杂、人员流动性大，这导致党员管理难度大，党建工作开展困难。中央组织部、中央社会工作部对全面提升三新领域党建工作提出了建设要求。① 珠海高新区三新群体党建工作与基层治理工作融合度不高，尚未充分发挥党建赋能的优势。因此，如何在三新群体中发展中共党员，并充分发挥党员的先锋模范作用，深度融合党建与三新群体基层治理工作，充分释放党建引领作用，成了三新群体基层治理工作的重要命题。

（四）激励机制有待完善

为提高三新群体主动参与基层治理积极性，构建共建共治共享的社会治理新格局，珠海高新区实施了一系列激励措施，如推行"爱心银行"文明实践积分制，通过"i志愿"平台记录新就业群体担任兼职网格员、食品安全监督员、平安宣传员、文明交通宣传员等志愿服务的时长，累积积分可用于兑换奖品和获得荣誉称号，且这些荣誉称号可在子女积分入学时作为加分项。但目前的"爱心银行"文明实践积分制仍处于起步阶段，存在以下问题：宣传力度不足，群众知晓率不高；评价标准单一，"i志愿"平台仅以服务时长作为评价标准；针对性不强，未根据三新群体的需求实施激励措施；缺乏集体激励措施，对三新群体吸引力不足，难以提高三新群体参与公共法律服务与基层治理的积极性。

四 工作展望

珠海高新区三新群体基层治理与服务工作已经取得一定的成绩，未来仍需进一步挖掘三新群体潜能，纵深推进三新群体基层治理与服务工作。

（一）立足三新群体特点，创新基层治理参与形式

为充分发挥三新群体在基层治理中的效能，增强三新群体对于基层治理

---

① 参见《中央组织部中央社会工作部召开新业态、新就业群体党建工作座谈会》，《中国组织人事报》2024年6月3日，第1版。

工作的自我参与意识，需要立足三新群体"长期在路上、时刻在网上"的工作特点，创新三新群体参与基层治理的形式，将基层治理工作融入三新群体日常工作中。三新群体作为社情民意"收集者"、突发事件"见证者"、和谐社会"建设者"，其天然优势与基层治理现实需求高度契合，要充分发挥三新群体工作时间灵活、走街串巷、联系群众的天然优势，在不增加三新群体工作负担、不耽误三新群体工作时间、不影响三新群体日常生活基础上创新治理形式，鼓励三新群体担任兼职网格员、警情信息员、文明倡导员、民意传递员、食安监督员等，以配送车"小轮"驱动"新动能"融入基层治理大格局，在直播带货"微链接"中传播法治新理念，在产业新社区"微角落"中议事协商源头解纷，助推三新群体从"单向服务"到"双向奔赴"转变，基层治理模式从"一元管理"到"多元参与"转变，从而拓宽三新群体参与基层治理路径。

（二）联动多元力量，多措并举提升社会影响力

一是加强宣传工作，提升三新群体知晓率。加大对调委会、工法服务站、新星法湾·公共法律服务站、法律援助绿色通道等公共法律服务、基层治理工作的宣传力度，进一步增强法治宣传的针对性和实效性。通过多渠道、多媒介、多场景的推广宣传，广泛宣传调解工作优势、免费法律咨询服务及法律援助服务适用对象等。让宣传工作走进社区、走进社群、走进企业，积极发挥典型案例、先进个人的示范引领作用，引导三新群体逐步树立调解优先理念，改变对政府的认知及抵触心理，提高信任度。

二是紧密联动新业态企业，畅通平等对话桥梁。针对那些无法单纯通过公共法律服务与司法途径解决的问题，需要政府有关单位、调委会作支撑，为三新群体搭建平等对话桥梁，让三新群体与新业态企业、平台平等沟通对话解决社保缴纳、调整平台算法减轻工作压力等问题，向企业普及相关法律知识，加强政企联系，引导企业切实维护三新群体权益，助力新业态、新就业群体、产业新社区健康发展。

三是政府多部门紧密联动，常态化长效化管理。政府各部门联合发力，

建立健全各部门三新群体工作信息共享机制，整合各部门行业管理、监督执法和党建工作力量，形成一体推进、协同发力的工作格局。同时，紧密联系群众，深入调研需求，提供全流程跟踪服务，并定期开展电话回访工作，进行动态管理，确保新就业群体信息的真实有效。依托现有线上线下公共法律服务平台，延伸拓展服务范围，对三新群体重点关注的问题进行政策宣讲，积极引导三新群体政策框架内办理子女入学等事务，增加三新群体专场职业培训等，长效化常态化开展工作，发挥联动势能，塑造有为政府形象，共同打造关心关爱三新群体服务矩阵，进一步夯实三新群体参与基层治理的基础。

（三）深度融合党建工作，以党建优势转化治理效能

党的二十届三中全会审议通过的《中共中央关于进一步全面深化改革 推进中国式现代化的决定》明确要求："探索加强新经济组织、新社会组织、新就业群体党的建设有效途径。"[①] 为了调动三新群体参与基层治理的积极性，必须补齐三新群体基层党建工作短板，将党建工作与三新群体基层治理工作深度融合，推进两者同向发力，以党建引领三新群体提升竞争力、凝聚力。

一是要进一步在三新群体中发展中共党员，壮大三新群体党员队伍，规范三新群体党支部工作，引导党员通过亮身份、亮党徽、亮形象，积极践行"我是党员我先上"的铿锵誓言。二是县（市、区）、乡镇（街道）、村（社区）三级党组织要进一步通过选派党建骨干深入三新群体帮扶、定期指导等方式，找准党建与三新群体发展的深度融合点，坚持把党建工作落实到位，横向到边纵向到底，强化宗旨意识和责任意识，使三新群体内部形成浓厚的党建文化氛围，以党建优势转化治理效能。三是创新党建形式，打破传统框架限制，运用数字技术推动三新领域党建管理工作，把党组织教育、监督、管理等基本职能统筹、渗透和贯穿到三新组织工作。四是选典型、立标

---

① 《中共中央关于进一步全面深化改革 推进中国式现代化的决定》，人民出版社，2024，第45页。

杆,大力宣传三新群体优秀党员积极参与基层治理先进红色事迹,发挥党员的先锋模范作用。

(四)完善多元激励机制,精准对接需求打造新引擎

一是精准对接需求,多部门协同合作,完善激励机制。设立科学、多元化的评价标准,构建全面完备的激励体系,将激励措施与子女入学、入户等权益结合。二是坚持个人激励与集体激励相结合,除给予先进个人奖励外,还对积极参与基层治理的集体进行表彰与奖励,以此鼓励三新领域企业积极参与基层治理。通过团队合作的形式提高凝聚力和参与基层治理积极性,以集体带动个体融入基层治理新格局。三是坚持物质激励与精神激励并重,重视可持续性激励,充分利用媒体、网络等媒介,大力宣传先进个人事迹,给予荣誉奖励,既注重短期激励,又注重对三新群体的长期激励。未来,还要加大对激励机制的宣传力度,多渠道多形式推广,在进行普法宣传、志愿服务等过程中协同宣传"爱心银行"文明实践积分制等激励措施,提高三新群体知晓率,激发其参与基层治理的积极性。

B.23
珠海检察机关建设新时代"枫桥式" 检察室的实践与探索

珠海市人民检察院课题组*

摘　要：　党的十八大以来，中国特色社会主义进入新时代，"枫桥经验"作为维护社会稳定的重要范式持续焕发创新活力，实现了由社会管理到社会治理的深刻转型。珠海市检察机关全面贯彻落实习近平总书记关于坚持和发展"枫桥经验"的重要指示精神，积极应对经济社会发展的新趋势与新挑战，将新时代"枫桥式"检察室建设作为推动社会治理现代化的重要引擎，大胆尝试新思路新举措，在检察护企、未成年人司法保护、生态保障和普法宣传等关键领域探索融入"1+6+N"基层社会治理工作体系新路径。在未来，新时代"枫桥式"检察室仍需精准定位检察履职重点，助力构建共建共治共享格局，并加速检察工作的数字化转型，打造出具有珠海特色的新时代"枫桥式"检察工作经验和样本。

关键词：　新时代"枫桥式"检察室　新时代"枫桥经验"　基层治理

引　言

新时代"枫桥经验"是在继承与发展"枫桥经验"精髓的基础上，针对新时代社会主要矛盾变化和社会治理新需求发展起来的基层治理模式，是

---

*　课题组负责人：张和林，珠海市人民检察院党组书记、检察长。课题组成员：刘泉、刘韵倩、李尔冰、黄梓毓。执笔人：黄梓毓，珠海市人民检察院检察官助理。

新时代基层社会治理领域的创新典范。珠海市检察机关贯彻习近平总书记关于政法工作的重要指示,把握新时代"枫桥经验"的精髓,将其融入检察实践中,通过建设新时代"枫桥式"检察室,实现了检察工作与基层社会治理的深度融合。珠海市检察机关坚持群众路线、聚焦源头治理、加强法治宣传,并根据检察职能的专业特点,创新工作机制,实现了检察监督的精进与优化,形成了一系列可复制、可推广的经验做法,不仅是对"枫桥经验"在新时代背景下的坚定传承与生动诠释,还为全国检察机关助推基层社会治理体系和治理能力现代化提供检察工作现代化的经验和样本。

一 新时代"枫桥式"检察工作的理论探源

"枫桥经验"作为源自基层、历经发展且不断焕发新生机的社会治理典范,经过岁月洗礼与时代检验,逐渐发展成为一套具有普遍指导意义的社会治理模式。这一历史传承与时代创新的深度融合,激发了基层检察机关工作的探索创新,也为新时代"枫桥式"检察工作提供了深厚的理论根基与实践支撑。

(一)"枫桥经验"的历史沿革与创新

"枫桥经验"经历了从最初的社会管制到社会管理模式,再进一步跃升至社会治理模式的蜕变。这一演变轨迹体现了社会治理在实践操作、制度构建及理论探索三个维度的全面创新①,也成为社会治理领域具有里程碑意义的历史性跨越。"枫桥经验"诞生于20世纪60年代初,浙江省诸暨县枫桥镇探索出通过社会主义教育运动将"四类分子"改造成为新人的有效路径,做到了"矛盾不上交,就地解决"。② 自21世纪以来,"枫桥经验"发展成为推动平安建设、法治建设的重要经验。在新时代的历史背景下,枫桥镇积

---

① 参见中国法学会"枫桥经验"理论总结和经验提升课题组《"枫桥经验"的理论构建》,法律出版社,2018,第96页。

② 参见余钊飞《"枫桥经验"的历史演进》,《人民法院报》2018年3月30日,第5版。

极响应并全面践行党的方针政策,深入贯彻习近平总书记关于坚持和发展"枫桥经验"的重要指示精神,主动适应经济社会发展的新趋势、新特点。近年来,枫桥镇通过创新基层社会治理策略与实践,基本实现了"矛盾不上交、平安不出事、服务不缺位"的目标。新时代"枫桥经验"治理成效显著,形成了一幅"百姓和顺、乡村和美、社会和谐"的美好图景①,为新时代中国特色社会主义社会治理体系的完善与发展提供了宝贵经验和生动范例。

(二)检察工作与"枫桥经验"的理论契合

新时代"枫桥式"检察室是践行群众路线的重要平台,更是连接检察工作与人民群众情感的桥梁。我国目前仍面临发展不平衡、不充分的现实挑战,导致社会生活中不可避免地会出现一些摩擦与冲突,对社会的和谐稳定构成潜在威胁,因而将矛盾纠纷在源头控制、在基层化解,成了重要的时代课题。作为检察工作深入基层的前沿阵地,新时代"枫桥式"检察室凭借其面向群众、贴近民生的优势,成了推动化解基层矛盾的重要力量。同时,将新时代检察工作与基层社会治理相融合,是推动社会治理现代化的有力举措。作为法律监督机关,检察机关的角色并不仅仅是纠纷的调处者,更是积极的法治秩序建设者。② 因此,检察机关应主动回应新时代的社会治理需求,进一步提升法律监督的效能与穿透力,为基层社会治理打下坚实的法治基础。新时代"枫桥式"检察室的设立,可推动提升执法司法的规范化和透明度,形成正向的社会治理生态,对于构建共建、共治、共享的社会治理格局亦具有重要意义。

二 珠海新时代"枫桥式"检察室的实践探索

根据《珠海市人民检察院关于融入"1+6+N"基层社会治理工作体系 建

---

① 参见金伯中《新思想孕育新经验——对新时代"枫桥经验"的一点认识》,《公安学刊(浙江警察学院学报)》2018年第1期。

② 参见王静《通过司法的治理——法治主导型社会管理刍论》,《法律适用》2012年第9期。

设新时代"枫桥式"检察室的若干意见》（以下简称《若干意见》），珠海探索建设新时代"枫桥式"检察室，旨在立足案件办理主责主业，打造矛盾化解治理前哨，并提升服务群众的工作质效。实践中，珠海新时代"枫桥式"检察室在依法平等保护各类经营主体、强化未成年人司法保护、推动生态环境保护以及法治宣传教育等多个维度上成效显著，充分展现了新时代检察工作的深度与精度，有望成为检察履职的前沿阵地和高效单元。

（一）依法平等保护各类经营主体，创设法治化营商环境

法治是最好的营商环境，珠海市各新时代"枫桥式"检察室充分认识到其作为检察职能下沉基层载体的重要意义，始终坚持问题导向，深入推进"检察护企""检护民生"专项行动，积极融入地方经济社会发展大局，持续创新工作机制并细化服务举措，坚持平等、公正保护原则，保障企业合法权益，服务企业健康与可持续发展。

珠海市人民检察院高新区知识产权检察室作为全国首家知识产权专业化检察机构，秉持服务经济发展大局、促进优化营商环境的政治自觉，打造"检护知产·向新而行"的专业品牌，注重加大对知识产权的保护力度。珠海市人民检察院、市知识产权局、高新区管委会在高新区会同古村联合设立"珠海·会同—知识产权保护宣讲基地"，并由珠海市人民检察院高新区知识产权检察室牵头组织开展知识产权法治宣讲平台建设等系列活动，着力服务企业提升知识产权保护水平。珠海市人民检察院派驻高栏港经济区检察室则将服务保障珠海经济技术开发区在册市场主体、推进法治化营商环境建设作为核心定位，推出了"检护企航"品牌。为全面融入珠海经济技术开发区法治建设，珠海市人民检察院派驻高栏港经济区检察室充分发挥"三员"作用，充当好普及法律的"宣传员"、了解企业所需的"网格员"、跨部门交流的"联络员"，为企业高质量发展保驾护航。斗门区人民检察院派驻白蕉检察室创新打造"检护渔美"品牌，聚焦白蕉镇传统特色"白蕉海鲈"产业发展，办理全省首例地理标志保护行政公益诉讼案，其成功经验被全国首部地理标志保护地方性立法采纳，案件于 2023 年入选最高检知识产权保

护典型案例、检察机关依法保护民营企业产权和企业家权益典型案例。

珠海市新时代"枫桥式"检察室通过一系列精细而全面的举措,覆盖知识产权保护、安全生产监管、廉洁从业环境创设等多个关键方面,为经营主体提供一视同仁的保障与服务,推动创设更加公平、公正的营商环境,为服务和保障珠海经济社会高质量发展贡献出了应有的检察智慧以及检察力量。

(二)深入开展未成年人检察工作,促进"六大保护"整体落实

习近平总书记强调:"培养好少年儿童是一项战略任务,事关长远。"① 作为基层检察工作的重要载体,检察室应积极响应党中央的号召,肩负起做好未成年人检察工作的重要使命和职责。珠海市新时代"枫桥式"检察室切实践行未成年人司法保护的核心理念,通过落实强制报告制度、开展融合履职等多元化途径,用"检察蓝"拧紧未成年人的"安全阀",构建起一道坚实的预防犯罪与保护成长的防线。

香洲区人民检察院派驻前山检察室推出品牌"护未前行",以推动落实强制报告制度实施为重心,多措并举,旨在让未成年人检察工作落地、落实、落细。香洲区人民检察院派驻前山检察室积极对接监委、教育、卫健、团委、妇联等部门,牵头起草并于 2024 年 5 月正式实施《香洲区关于落实侵害未成年人案件强制报告制度的工作办法》,细化和明确了相关单位落实强制报告制度的职责分工、报告流程、组织保障等内容,"履行报告之责,凝聚向善之力",切实增强了全区各领域未成年人权益保护的共识和合力。斗门区人民检察院派驻乾务检察室以"未爱乾行"品牌为依托,紧扣检察室职能定位,针对未成年人性侵案件多发高发态势,形成《未成年人保护社会治理调研报告》《在校学生犯罪调研报告》,在全市率先开展"守护未成年人健康成长"公益诉讼专项监督,有效遏制性侵害未成年人犯罪,案例于 2023 年入选广东省人民检察院未成年人综合司法保护典型案例。

---

① 《习近平关于青少年和共青团工作论述摘编》,中央文献出版社,2017,第 102 页。

以品牌创建为契机,珠海市新时代"枫桥式"检察室适应新时代未成年人司法保护工作新要求,扎实做好未成年人检察工作,努力促进家庭、学校、社会、网络、政府、司法"六大保护"走深走实,做到办案与治理并重,为全市未成年人提供更为全面综合的司法保护。

(三)构建跨部门协同机制,保障绿美珠海生态环境建设

生态环境领域的公益诉讼,一直是检察机关强化行政公益诉讼的重点范畴。由于生态环境问题具有长期累积性、影响广泛性、高度专业性等特点,单纯依靠某一部门往往难以有效解决。因此,通过多部门联合发力,整合各方优势资源,成为破解生态环境保护难题、促进生态可持续发展的重要途径。珠海市新时代"枫桥式"检察室主动对接新时代生态文明建设和绿色发展需求,打造生态保护、公益诉讼特色品牌,并强化跨部门协同机制,久久为功,助力人与自然和谐共生的绿美珠海生态环境建设。

前山河世代孕育珠海人民和澳门同胞,承载着珠海市民的深厚情感。长期以来,辖区内"一河三涌"存在污水管网建设短板突出、面源污染源种类多样等问题。为守护一泓碧水,香洲区人民检察院派驻南湾检察室推行"河湖长+检察长"机制,协同生态环境、自然资源、城市管理、属地政府等多部门精准施策,针对"四乱""黑臭"问题开展专项行动,清漂、清淤2420余吨,清理沿岸垃圾30余吨,清理雨污水管道约67千米,清出淤泥约833.9立方米,源头治理成效显著。为保障对澳供水质量,香洲区人民检察院派驻南湾检察室严格落实行政机关河湖治理主体责任,督促行政机关进行集中整治,清理违建18处,总面积约533平方米。金湾区人民检察院派驻红旗检察室协同本院公益诉讼检察部门、金湾区农业农村和水务局,有效发挥了基层检察室在生态环境保护领域的预防性司法功能。2024年6月,金湾区人民检察院派驻红旗检察室联合金湾区人民检察院公益诉讼检察部门,针对红旗镇渔业养殖尾水排放的现状,与金湾区农业农村和水务局进行座谈。办案团队深入调研养殖尾水的监测、排放及配套设施的建设等情况,并就前期走访中发现的部分养殖围养殖密度过高、投料和用药不规范造成尾

水排放污染物含量超标等问题进行反馈，金湾区农业农村和水务局将采取更加有力的措施，加速推进养殖尾水整治工程，并联合生态环境部门优化监测站点的设置，加大养殖尾水排放治理的宣传力度。

借助跨部门高效协同机制，珠海市新时代"枫桥式"检察室将检察职能与生态文明建设深度融合，在监督端精准发力，实现提前介入、有力监督、跟进整改，推动行政机关迅速响应并切实履行责任，促进了区域生态环境的持续、向好改善。

（四）贯彻全链条法治宣传，提供"订单式"精准普法服务

普法宣传活动是预防和减少矛盾纠纷发生的有力举措，在提升全民法治观念、进一步融入"1+6+N"基层社会治理工作体系方面发挥着重要作用。由于不同领域、行业和群体在文化背景、利益诉求等方面存在差异，自然产生出多样化的法治需求。为实现法治宣传的广泛覆盖与深入人心，珠海市各新时代"枫桥式"检察室均依托其独特的群众工作优势，采取"订单式"普法策略，强调精准对接、按需供给，根据不同受众群体的特点、兴趣及实际需求，量身定制普法内容、形式和渠道。

贯彻"群众需要提升哪方面的法律知识，我们就提供哪方面的法律内容"，珠海市新时代"枫桥式"检察室因地制宜开展法治宣传工作。对于企业而言，其普法需求主要是了解与企业日常运营和长期发展关联密切的法律规范，具体包括合同、劳动、知识产权保护等方面的法律。斗门区人民检察院派驻莲洲检察室定制化开展了"检察护企"专题讲座，对珠海市通得电气设备有限公司进行定制化普法，结合该公司业务特性，精选涉企案例，聚焦业务流程风险，结合实例详细阐述了七类企业常见犯罪及其危害。为企业提出完善内部监管制度、健全财务管理、构建廉洁监督与合规管理体系等预防策略，引导企业增强规范经营的法治意识，具有显著的教育与警示价值。面向青少年群体，普法教育主要聚焦于预防未成年人犯罪及提升自我保护能力等关键主题。2024年7月，应横山中学之邀，斗门区人民检察院派驻莲洲检察室检察官面向初一师生开展了"防校园欺凌""防性侵害""禁毒防

毒"三项法治专题教育。检察官援引斗门区真实案例,详述校园欺凌形态与应对策略,强化学生自我保护与反欺凌意识;讲解"上头电子烟""毒品奶茶"等新型毒品的辨别与防范技巧,倡导师生筑牢防线,远离毒品侵害。在推进全民法治教育的进程中,将有违法犯罪记录的公民作为普法宣传的重要目标群体,防止其重蹈覆辙,帮助他们顺利融入并回归社会生活的正常轨道。为实现普法教育的全面覆盖,金湾区人民检察院派驻红旗检察室、派驻三灶检察室分别联合镇司法所,结合醉驾类危险驾驶案件、申请国家司法救助案件,组织社区矫正对象进行听证,为社区矫正对象开展了法治宣传教育,帮助社区矫正对象增强法律意识,提高社区矫正监督工作质效。

珠海市新时代"枫桥式"检察室让普法宣传进企业、进校园、进社区,广泛覆盖不同职业群体、年龄阶段及行业领域的社会公众,增强了法律知识的传播力、感染力和渗透力,真正做到了"检察官在身边",营造出更为崇尚法治、遵法守法的良好社会氛围。

三 新时代"枫桥式"检察室的完善路径

珠海市各新时代"枫桥式"检察室工作开展得如火如荼,彰显了其作为检察工作与基层社会治理深度融合的创新模式,在促进基层社会治理方面取得了实质性进展,但也暴露出其在职能履行、机制建设、数字赋能等方面存在的瓶颈和挑战。一是品牌建设不充分。全市各派驻新时代"枫桥式"检察室品牌创建的特色尚未充分彰显,履行职责的核心要点亦缺乏清晰的界定,基层检察室品牌化建设的未来规划与长远战略仍需进一步探索。二是跨部门协同工作的广度与深度仍有待拓展。目前,部分检察室与政府部门、社区等形成了联动机制,但参与主体相对单一且合作事项较为有限,特别是在矛盾调处、司法救助、案件线索挖掘等方面,检察室与第三方主体间的协同配合尚显薄弱,未能充分发挥协同效能。三是检察工作中科技应用力度不足。在推动数字检察建设方面,未能充分运用数字科技的力量,检察工作流程的数字化、智能化水平有待提升。

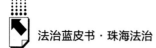

为顺应新时代的社会治理需求和检察工作的高质量发展要求，珠海市新时代"枫桥式"检察室应秉持前瞻性与创新性思维，突出履职重点并完善相应机制，构建更加高效、协同、智能的基层检察工作体系，奋力开创检察工作高质量发展新局面。

（一）职能精进：精准定位检察履职重点

《若干意见》指出，各派驻新时代"枫桥式"检察室要紧密结合地方实际，明确履职要求，凸显履职重点，同时放大检察室品牌的示范效应与综合效能。珠海市新时代"枫桥式"检察室应持续抓特色、挖亮点、建品牌，以一体化思维打造品牌矩阵，依据所在区域社会经济发展的具体状况与司法需求，精准定位符合区域特点的履职重心及实践路径，以实现检察职能与区域发展的高效协同。

一是要立足案件办理的基本职能。紧密围绕"四大检察"的法律监督格局，精准定位珠海市新时代"枫桥式"检察室的角色与使命，聚焦处理刑事案件的重要任务，同时在民事行政监督方面主动作为，强化对于民事、行政案件和执行活动的法律监督，及时发现并纠正违法行为。积极回应社会公众普遍关切，重点关注生态环境和资源保护、食品药品安全监管、烈士名誉保护等领域，挖掘公益诉讼线索，以捍卫国家利益和社会公共利益。为此，珠海市新时代"枫桥式"检察室应嵌入检察内部协作机制，与各内设检察业务部门有机衔接，提升案件线索的发现、研判、移送及处理能力，形成打击犯罪、保护权益、维护公益的强大合力。同时，还应充分发挥基层检察室丰富的外部联络渠道优势，构建起覆盖广泛、反应灵敏、处置有力的执法与司法监督体系。

二是要构建矛盾纠纷化解的前沿阵地。完善矛盾冲突的协商调解机制，对纠纷进行筛选和分流，准确地识别出纠纷的性质、类型及紧急程度，实现精准和差异化施策。丰富多元化纠纷解决手段，在坚持和解、调解、司法救助等传统手段的基础上，主动探索法律援助、社区调解、行业调解、心理咨询等多种形式的矛盾解决方式，有效修复受损的社会关系网络，最大限度地削弱司法领域的对抗情绪。积极嵌入"1+6+N"基层社会治理体系，将珠海市新时代"枫桥式"检察室打造为矛盾解决的第一站，减轻诉讼负担，实现矛盾的基层化解与源头治理。

三是要提升群众工作质效。"枫桥经验"本质上是一套根植于群众、服务于群众，实现社会问题群防群治的方法论①，其核心在于激发群众力量，构建以群众为基础的社会治理模式。据此，应坚定不移地传承和发扬"枫桥经验"精髓，充分调动广大人民群众的积极性和创造力，积极推出一系列改善民生福祉、优化群众体验的检察为民服务项目。例如，可搭建线上线下相结合的法律服务平台，为群众提供更为便捷的法律服务；加强与其他部门的沟通协调，深入了解民生所思所想、所忧所盼，共同解决群众反映强烈的突出问题；积极探索建立群众评价机制，将群众满意度作为衡量检察工作成效的重要标尺，通过群众的反馈和监督倒逼珠海市新时代"枫桥式"检察室提升服务质量。只有不断创新群众工作方式方法，才能真正实现法律服务与民众需求的无缝对接，打通法律咨询、普法宣传、矛盾化解的"最后一公里"。

（二）多方协同：构建共建共治共享格局

"健全共建共治共享的社会治理制度"② 是党的二十大明确提出的重要任务，旨在建设"人人有责、人人尽责、人人享有"的社会治理共同体，以提升社会治理的整体效能和水平。在此时代背景下，作为直接面向基层、贴近社会治理末梢的珠海市新时代"枫桥式"检察室，也应当主动作为，积极响应党的号召，联合多方力量，凝聚起广泛的治理共识，共同推动社会治理现代化进程。

基层检察室承载着刑事案件的办理、收集公益诉讼案件线索以及受理移

---

① 参见张芸《坚持和发展新时代"枫桥经验"的基层检察实践》，《中国检察官》2023 年第15 期。

② 习近平：《高举中国特色社会主义伟大旗帜 为全面建设社会主义现代化国家而团结奋斗——在中国共产党第二十次全国代表大会上的报告》，人民出版社，2022，第 54 页。

送民行监督案件等职责，会牵涉安全生产、公共卫生、妇女儿童及残疾人权益保护、文物和文化遗产保护等诸多领域的法律问题。为了高效应对这些跨领域的法律挑战，基层检察室亟须整合各方资源与力量，通过"一揽子"制度促进不同治理主体间的协作与信息共享，凝聚基层治理共识。一是要全面扩大协同边界。在巩固生态环境治理领域协同成效的基础上，进一步拓宽视野，探寻在司法救助、妇女儿童及残疾人权益保护等事项上的新合作空间。例如，在司法救助事项上，为践行"应救尽救"原则，基层检察室可积极与检察院内其他业务部门联系，强化信息共享与流程对接，梳理司法救助案件；在外部可跨部门多方联合救助，与法院、民政部门、劳动部门等建立合作机制，共同开展救助对象的识别、评估与帮扶工作。二是要广泛拓宽合作网络。除法院、政府部门等常规联动对象外，珠海市新时代"枫桥式"检察室可主动寻求与更多行业及领域的主体进行合作。尤其在涉及特定专业领域的问题上，珠海市新时代"枫桥式"检察室应积极尝试与基层政法单位、律师行业、妇联、心理咨询医生等专业力量的联动合作，及时共享案件线索、政策动态、研究成果等信息，共同把握该领域工作的新趋势、新特点，以更加精准高效的举措践行司法为民。三是要灵活创新合作形式。为进一步实现资源共享和优势互补，珠海市新时代"枫桥式"检察室可采用会商、研讨等多样化方式，搭建起多元主体间深度对话与合作的平台，针对基层社会治理领域的具体问题，共同分析现状并探寻问题根源，在平安建设、隐患排查、矛盾化解、公正执法、弱势群体帮扶等方面达成共识，从而有力推动基层社会治理体系与治理能力的现代化进程。

（三）数字赋能：驱动检察工作转型

数字检察既是新时代检察机关职能履行现代化转型的重要支撑，也是检察机关依法综合履职的题中应有之义。数字检察的推广，并非局限于科技手段的浅层运用，而是涉及检察理念的革新、工作方式的转变以及管理结构的再造等深层变革。在转型过程中，要将科技作为核心驱动力，并传承"枫桥经验"这一政法领域的"传家宝"，将前沿数字技术与传统治理智慧有机融合，以此激发治理效率与潜能，确保检察工作与社会发展同频共振。

珠海市新时代"枫桥式"检察室在其工作实践中，也应充分利用数字赋能，强化数字技术与检察业务的融合与协同创新。青海省人民检察院曾公布五起数字检察公益诉讼典型案例，案件线索筛选中创新性地运用了大数据技术，成功办理了一批公益诉讼案件，取得了显著的法律效果与社会成效，具有借鉴意义。珠海市部分新时代"枫桥式"检察室也引入配置了兼具控告申诉和检察宣传功能的智能触摸一体机，可确保珠海检察触角在经济技术开发区全天候在线，有效提升服务效能与响应速度。未来，珠海将主动提炼并汲取典型案例的成功要素，推广优秀实践经验，从而培育形成珠海市检察工作特色案例与工作亮点。

在深入推进数字检察的进程中，除了依托数字科技手段辅助办案、高效便民外，更为关键的是构建起数据集成化、交互化的协作框架。利用数据"跑起来"提升工作效率，并依托数据的互联互通策略，打破传统工作模式中的信息壁垒与孤岛现象。具体而言，就是要让数据在检察业务中自由流动，通过数据集成、交流与共享，推动检察系统内部、各治理主体之间协作，构建一套跨越部门和区域限制的综合性数据协调机制，促进信息资源的整合利用。在实际操作中，可对数字分析模型的可行性和逻辑性等问题进行充分论证，从而确保该模型有坚实的理论基础与实证依据。在此基础上，搭建一个多方参与的案件处理平台，以促进类案监督、司法救助和公益诉讼等案件线索的智能挖掘与快速响应，推动数字资源在检察系统内外的高效协同，最终形成强大的工作合力，助力珠海市新时代"枫桥式"检察室工作模式的创新与升级。

贯彻新时代"枫桥经验"，构建一套根植于基层、旨在源头化解纠纷的预防性法律监督体系，是顺应时代要求与治理需求的题中应有之义。建设新时代"枫桥式"检察室，是珠海市检察机关推动检察室职能转型升级、加速基层检察工作迈向高质量发展的重要策略。各检察室将"枫桥经验"这一传统智慧与新时代基层检察工作实践巧妙结合，汇聚了决策的科学性、法律的专业性与人文关怀的温情性，有效避免工作模式的单一化和机械化。未来，珠海市新时代"枫桥式"检察室将以更高效的履职能力，助推"监督格局多元化、办案导向精准化、基层业务实在化、素质能力专业化"[①]，加强案件办理的主业担当，打造矛盾化解前哨，并优化群众工作质效，推动珠海市基层检察工作向更高水平迈进。

---

① 龚云飞、应松年、姜明安等：《新时代行政检察监督："做实"的路径与方法》，《检察日报》2019 年 9 月 9 日，第 3 版。

B.24
"府院联动"视角下的多元解纷体系路径优化探析*

珠海市金湾区人民法院课题组**

摘　要：　基层法院是矛盾纠纷化解的前沿阵地。如何推动矛盾纠纷多元化解、止于诉前，人民法院如何融入和保障基层社会治理，是基层法院面临的重要课题。金湾区人民法院在受理案件数量增幅较大、增长较快，历史遗留问题产生的纠纷众多、行政案件集中管辖带来新挑战等现实困境下，积极探索构建"一站式"多元解纷格局，加强源头预防、类案治理，打造现代化诉讼服务体系，推动矛盾纠纷高质高效化解。针对多元解纷体系建设的短板与不足，未来，金湾区人民法院还将继续发挥人民法庭"桥头堡"作用，健全多元化调解体系，运行多元解纷案例库，充分发挥法治宣传效能，进一步优化"府院联动"机制下的多元解纷体系。

关键词：　府院联动　多元解纷　类案治理　前端治理　数字治理

　　党的十八大以来，习近平总书记高度重视社会治理工作，作出一系列关于社会治理工作的重要论述，一再强调社会治理是国家治理的重要方面，并强调"法治建设既要抓末端、治已病，更要抓前端、治未病"①。要贯彻落

---

　　*　如无特殊说明，本文数据资料均来自珠海市金湾区人民法院。

　　**　课题负责人：郭志俊，珠海市金湾区人民法院党组书记、院长。课题组成员：吴杰，珠海市金湾区人民法院党组成员、副院长；李雅惠，珠海市金湾区人民法院审判管理办公室（研究室）主任；黄国靖，珠海市金湾区人民法院民事审判庭副庭长；叶文飞，珠海市金湾区人民法院法官助理。执笔人：叶文飞。

　　①　《习近平著作选读》第2卷，人民出版社，2023，第384页。

实"抓前端、治未病",建立矛盾纠纷多元化解机制、把诉调对接的"调"向前延伸是关键。如何立足并延伸审判职能,参与基层社会治理,发挥化解社会矛盾纠纷的重要作用,成为新时代基层人民法院面临的重要课题。本文基于珠海市金湾区实际,从法院受理案件的特点分析构建多元解纷体系的必要性,并系统梳理了"府院联动"下多元解纷体系路径优化的实践探索,分析制约多元解纷体系建设的短板与不足,最后提出优化"府院联动"多元解纷体系的未来展望。

一 多元解纷体系路径构建的必要性

(一)案件数量增幅较大、增长较快

近年来,珠海市金湾区人民法院(以下简称"金湾法院")通过法治宣传、示范裁判、府院联动等多种形式进行矛盾纠纷源头治理,取得了较好成效。2022年成功诉前调解案件1633件,成功率达34.75%,2023年诉前调解各类纠纷3515件,调解成功率达52.20%。随着经济社会的发展,金湾法院总的收案数总体仍呈上升趋势,从2015年的4881件持续增长至2023年的10283件,年均增长9.77%,一线办案人员人均年均办案量连续多年超过400件,案多人少矛盾突出。依据金湾"十四五"规划,预计到2025年,金湾GDP达到2000亿元,常住人口达到75万人。届时,金湾法院新收案件数将进一步大幅增长,收案压力持续增加。

(二)历史遗留问题产生的纠纷众多

基于金湾区各镇特有的历史发展情况,金湾法院受理的案件中涉历史遗留问题的矛盾纠纷占比较大,如三灶镇的"借水还油"政策导致的三灶地股和华侨债券等历史欠账纠纷、涉"烂尾"工程、"僵尸"企业纠纷,平沙镇的平沙华侨农场砖瓦房改造安置项目纠纷,还有平沙台创园土地租赁纠纷、南水金龙留用地指标纠纷、小林宅基地纠纷、红旗糖厂项目纠纷、涉海域使用权纠纷等，这些历史遗留问题导致矛盾纠纷多发，维稳工作量大、难度大、压力大。

（三）行政案件集中管辖带来新挑战

2017 年起，珠海市行政案件集中由金湾法院管辖，这在某种程度上解决了行政诉讼主客场问题，保证了行政诉讼去行政化、去地方化，但也给金湾法院带来了一定的审判压力和维稳压力。行政案件上诉率、发改率相对较高，服判息诉率相对较低，这些指标弱项在一定程度上影响了法院整体的审判质效指标。加之近年来"三不"案件、"三同步"案件大幅增多，法院投入了大量的人力和时间，做了大量维稳工作。尤其是因社保、公积金的标准及欠缴所引发的矛盾纠纷呈突发态势，牵涉面广，金湾法院做了大量工作进行稳控。而且，涉国土的非诉执行案件也给法院的执行工作带来了相当大的困难。

二 "府院联动"下多元解纷体系路径优化的实践探索

（一）坚持党委领导，构建"一站式"多元解纷格局

金湾法院坚持党的全面领导，准确把握人民法院职能定位，把党的领导贯穿人民法院源头预防和多元化解矛盾纠纷全过程，积极参与、主动融入党委领导下的矛盾纠纷源头治理工作，不断深化"一站式"多元解纷机制建设。

首先，积极争取党委支持。金湾法院积极对接金湾区委办、区委政法委等有关部门，紧紧围绕多元解纷体系存在的短板，召开 10 余次研讨会，积极报送《关于构建"府院联动"多元解纷体系》等专项调研报告，争取党委支持。沿着"党委领导织网、矛盾纠纷触网、纠纷解决选网、诉讼程序结网、考核体系入网"的思路，推动法院审判工作相关数据、指标与"城

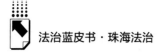

市大脑"平台交互对接，推进源头治理进平台、进网络。

其次，广泛凝聚解纷力量。金湾法院坚持类案纠纷问题导向和结果导向，从审判终端进行问题倒推，与市医调委、市金调委、区建设局、区人力资源社会保障局、区司法局、区婚调委、区妇联、金湾交警大队、高栏港交警大队、相关律所等构建"法院+"多元解纷体系，对有关部门涉诉纠纷进行数据分析，共同研判成讼原因及源头治理对策建议，为行政监管提供司法服务和保障。

再次，强化顶层制度设计。金湾法院认真对标市委、区委相关文件，将劳资纠纷、建工纠纷、物业纠纷等重点领域批量纠纷化解作为服务金湾经济高质量发展的切入点，出台《关于落实〈金湾区"1+3+N"大调解工作方案〉的具体措施》，下沉审判力量至镇综治中心，由审判团队每周固定时间轮驻综治中心，加强与综治中心沟通，整合调解资源，推进矛盾纠纷源头治理，为基层社会治理提供精准司法保障。

最后，推动完善重大风险联动防控化解机制。金湾法院紧紧依靠党委领导，聚焦民生、土地、物业、劳动等领域可能影响政治安全和社会稳定的突出矛盾，积极落实多部门协调联动机制，提高监测预警和应急处置能力。依法高效"一揽子"把矛盾解决在早、化解在小，避免未经调处简单将群体性矛盾纠纷导入司法渠道，有效防范化解佳兆业金域都荟花园项目欠薪纠纷、"休斯顿皇家芭蕾"闭店退费纠纷等突出矛盾问题。

（二）抓实源头预防，把非诉讼纠纷解决机制挺在前面

金湾法院以"把非诉讼纠纷解决机制挺在前面"为导向，不断完善诉讼与非诉讼衔接机制，发挥司法在多元化解矛盾纠纷机制中的引领、推动和保障作用。

一是强化纠纷分析研判。金湾法院在建设工程、交通事故、物业、劳动、租赁等领域，探索建立以年轻法官、法官助理为主的专项调研团队，与专业化审判团队实现信息联通、研判联动，对各大类型案件的诉前化解、立案成讼、服判息诉等情况进行数据分析，深挖案件背后的社会治理问题。通

过走访调研相关职能部门、行业代表，形成类案治理调研报告、工作信息等成果，为决策部门进一步规范行政执法、行业监管提供"靶向"参考。

二是完善调解工作机制。金湾法院不断健全特邀调解机制，2024年新聘、续聘特邀调解员64名，行业覆盖教育、医疗、建设工程等多个专业领域。打造"请进来+走出去"培训模式，组织特邀调解员进行岗前集中培训，法官深入社区、村居开展人民调解业务培训。定期向调解组织、调解员分享解纷典型案例，根据调解组织的需求开展"菜单式"专题培训。为特邀调解员配备指导法官，形成特邀调解员在前调解、审判法官在后指导的"对口式指导协作机制"。探索建立律师调解制度，走访代表律所，认真听取律师关于调解工作的意见，推动律师积极参与调解，有的放矢提升调解成功率。同时，金湾法院还调整"以案定补"标准，形成正向激励导向，充分调动调解员工作积极性。2024年诉前调解各类纠纷5554件，调解成功率达54.56%，多元解纷经验被珠海市中院在全市推广。

三是完善诉调对接工作机制。制定施行《关于诉前调解与诉讼程序衔接工作实施办法》，进一步完善诉调对接工作，优化司法资源配置，推动诉前调解工作规范化、高效化运行。加强诉前调解标准化建设，建立健全调解文书模板库，着力解决因调解员或者当事人个人习惯和主观因素等造成的"类案不同调"问题，提升当事人对调解工作的信赖度。调解文书模板库涵盖调解笔录、调解协议书、送达地址确认书等，进一步提升调解效率。在诉前调解阶段同期开展排期、送达、固定诉辩意见、证据交换、司法鉴定等诉讼前端程序性工作，有效提升调审工作效率。

四是深化司法建议运用。充分发挥司法建议"抓前端、治未病"的机制作用，坚持个案"治标"与"治本"并重，对普遍性、倾向性、趋势性问题，按照有关规定提出高质量司法建议，督促有关部门、企业及时出台政策、完善制度、管控风险。向市建设工程造价协会发送关于规范建设工程案件鉴定工作的综合治理类司法建议，推动建设工程造价鉴定有序开展。2024年以来发出司法建议14份，其中综合治理类建议反馈率、采纳率均达100%，有效从源头预防与减少类案多发高发。

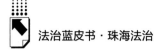

五是健全完善自动履行激励机制。运用"执前告知"方式，在民事判决书中附加《执前履行告知书》，提示当事人不履行生效法律文书可能承担的法律后果，督促当事人主动履行生效法律文书确定的义务，从源头上减少进入执行程序的案件数量。2024 年，民事裁判申请执行率达 31.93%，判决生效后被执行人的自动履行率显著提升。完善执前督促履行及和解工作机制，以执前财产保全为抓手与保障，深入开展"以保促调""以保促执"，切实提高执行完毕率和执行到位率、降低结案平均用时。2024 年，执行完毕率为 50.81%、执行到位率为 54.17%、执行案件结案平均用时为 63.57 天，维护人民群众合法权益的"最后一公里"得以进一步畅通。

（三）强化类案治理，推动矛盾纠纷高质高效化解

金湾法院聚焦管辖的类型化案件特点、成讼原因以及治理难点，创新司法供给方式，探索"依托党委领导、府院联动、示范引领、多方参与、专业支撑"的分层递进式类案纠纷解决机制，进一步提升多元解纷工作的针对性和精准性，靶向施治多发高发类案纠纷。

一是提高类案裁判质量。深化审判专业化改革，建立家事纠纷、劳动争议、公司纠纷、执行异议等类型化案件统一审理机制，组建专业化审判团队，定期发布类案裁判要旨，探索具有示范效应的工作方法、审判模式。全面准确落实司法责任制，落细落实案件阅核机制，动态化调整院庭长阅核案件范围，将涉及工程造价、工程质量等鉴定评估的建工案件纳入阅核范围，进一步提升类案裁判质效。用足用好法答网、案例库等类案检索机制，进一步统一裁判尺度。

二是加强示范判决引领源头批量解纷作用。对物业纠纷等涉众型纠纷选取代表性案件先期判决，以首案效应引导形成合理预期、促进类案批量、源头、非诉化解。邀请区建设局、居委会、各镇综治中心共同参与物业纠纷化解座谈会，找准生效类案判决进行释法说理，向小区业主发出倡议书，有效防止同类诉讼案件"爆炸式"新增，有效缓和化解金涛华府、东方润园、星河传奇、玖珑府等 1000 多名业主欠缴物业费的矛盾纠纷，逐步实现"以

判止诉"。

三是推动创建省市共建和谐劳动关系综合试验区。加强与区人力资源社会保障局、公安部门、检察机关的工作对接，依法加大拒不支付劳动报酬、恶意讨薪等案件的违法打击力度。建立调解员库共享机制，实行法院与区人力资源社会保障局、区总工会共建的三方联调中心调解员互聘互认，充实劳动争议领域调解员队伍，增强调解力量。与区人力资源社会保障局、区司法局等政府部门定期召开联席会议会商司法审查标准、行政执法问题，定期发布典型案例指导劳动人事争议仲裁、行政执法等相关工作，定期联合组织相关培训，形成类案纠纷预防效应，完善"类案同审"机制，统一裁审标准。

四是妥善处理涉房屋案件纠纷。全面落实"纠纷识别分类机制"，对涉房屋纠纷立案前及时向有关部门了解情况，做好案情预判、处置预案。针对主要诉请解除房屋买卖合同或者逾期交房违约金的房屋买卖合同纠纷，向当事人及时释明政策导向，与上级法院保持沟通，确保裁判尺度统一，全力落实"保交楼"工作，有效化解城市博客公馆、龙光玖誉湾等一批涉问题楼盘纠纷。

五是建立物业纠纷协同共治机制。选取具有较好物业服务和管理水平的物业公司代表和涉诉较多的物业公司代表，深入企业开展物业管理行业调研，从正反两个方面对物业纠纷进行成因分析，推动优质物业公司在行业内推广先进经验做法，实现行业自治、行业共治。

六是推动行政争议源头实质化解。全省首设行政复议受理窗口，建立行政复议先行处理引导工作机制，协助当事人现场完成行政复议线上申请工作，共同推进行政争议协同化解、实质化解、源头化解。与市、各区人力资源社会保障局召开联席会议，研讨工伤认定等行政争议多发高发原因，加强行政争议类案治理，规范行政执法行为。深化依法行政教育基地建设，联合市委党校组织领导干部观摩庭审、开展法治授课，有效提升"关键少数"法治思维。

（四）践行为民宗旨，打造现代化诉讼服务体系

金湾法院坚持弘扬"马锡五审判方式"司法为民的精神内核，坚持多

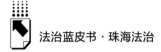

元解纷过程要贯彻"便民利民、有力有效"的原则，推动"一站式"多元解纷和诉讼服务体系建设向网上延伸、向基层延伸，不断完善司法为民措施，为基层社会治理、乡村振兴提供有力司法服务和保障。

一是增强在线解纷效能。搭建纠纷共治平台，与区人力资源社会保障局、区总工会共建三方联调中心，推动形成"基层组织多元化解+联调中心集中调解+人民法院诉前调解"的劳资纠纷诉前化解新格局。依托广东法院多元化纠纷调解平台，搭建区级诉前调解中心、镇级调解工作站、村居调解工作室的"智慧+"三级网格化调解平台，推动法院调解平台进乡村、进社区、进网格的"三进"全覆盖。

二是畅通人民群众诉求表达与沟通联系渠道。健全覆盖区镇、普惠均等、便捷高效、智能精准的现代化诉讼服务体系，当事人在人民法庭可同等享受与院本部一样的登记立案、跨域立案、在线调解、释法答疑等"无差别"诉讼服务，真正实现人民群众在家门口"办事一站式、服务零距离"。设立执行事务中心，实现执行案件信息咨询、执行初访接待、执行异议立案前化解、执前财产保全、执前督促和解、执行案件立案等"一站式"集约办理。建立12368"接诉即答""接单即办"机制，提高诉求工单规范化、实质化办理水平，实现联系法官到位率100%、反映事项回复率100%。

三是加强和创新宣传教育引导。把提高群众法治素养作为预防矛盾纠纷的重要抓手，创新"菜单式"定制普法等形式，联合区司法局、区教育局等有关部门及街道社区、社会力量深入基层和重点企业开展法治宣传，注重用典型案例和"大白话""身边事"释理说法。13位法官担任中小学法治副校长，全年开展送法进校园、送法进企业、送法进社区活动15场次，推动形成办事依法、遇事找法、解决问题用法、化解矛盾靠法的良好法治环境。

三 多元解纷体系建设的问题分析

一是多元解纷主体间缺乏科学统筹与协同性。"府"与"院"因各自职能定位不同、主责主业差异，易造成府院各部门"各自为政"，各种纠纷解决机制"多头管理"，缺乏强有力的统筹管理，"府""院"割裂，难以形成合力。金湾区在《金湾区（开发区）加强基层社会治理三年行动计划（2023—2025年）》中，制定了网格工作事项清单313项，其中与法院推动纠纷前端治理、类案治理有密切关联的事项有交通事故纠纷、劳资纠纷、劳务纠纷、宅基地纠纷等16项。但该方案未将法院作为解纷主体纳入其中，而法院又恰恰是源头治理这16项矛盾纠纷的重要力量。

二是延伸基层社会治理缺少统一载体。在矛盾发生时，缺少延伸基层社会治理的统一载体，即失去了协商对话的基础。例如，在解决涉及社区重大利益争议问题时，需要政府相关部门、社区居委会、居民代表、社会组织、相关企事业单位等主体共同参与研究。但由于缺少协商平台，各治理主体无法了解其他主体的真实情况，在实际工作中依旧会按照自身的主张展开工作，多元解纷的工作合力难以形成。在基层社会治理中，尽管当前加强了相关组织领导，印发了协同解纷文件，建立了多部门多途径的链接机制，但各个部门主动参与多元解纷的积极性不高。多元解纷涉及部门众多，每个部门都有自身工作职能，难以抽出专门力量。

三是治理人员专业能力不足。金湾法院与区司法局等政府部门建立了常态化联动机制，为人民调解的交流、指导提供了良好平台，但在诉前引导、案件分流、队伍建设等人民调解基础性建设上仍需进一步完善。基层社会治理人员整体上仍难以满足基层社会治理专业化、精细化的现实需求，基层社会治理人员的专业能力有待进一步加强。例如，乡贤调解力量虽了解当地风土人情，其丰富的社会经验有利于了解当事人心理状态，但专业法律知识可能有所欠缺；专门聘请的调解员也因为心理学知识的缺失、社会经验的不足，难以分析当事人心理状态，无法准确切中要害开展调解。

四是科技赋能不足，"数字治理"欠缺。金湾区的基层社会治理主要依靠综合网格体系，网格员加强日常巡查，范围覆盖村（社区）、学校、工业园区、企事业单位、建筑工地等区域，并对所辖范围内的人、地、事、物、组织五大要素进行信息采集更新，根据问题程度不同逐级上报、分级处理。

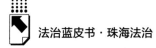

作为基础数据的五大要素无法统筹处理，难以通过大数据分析、云计算等信息技术手段整合分析并研判社会风险点、纠纷多发点。金湾法院建立的"金湾解纷网"亦处于平台搭建的初级阶段，仅有各解纷机构联系地址、联系方式等，未能接入各解纷机构的解纷端，未实现"府院"线上解纷"双向通车"，未能充分发挥"数字解纷"的效能。

五是解纷平台宣传力度不够。以金湾区三灶镇为例，普通民众寻求解纷主要是通过单一的直接报警途径，由派出所解决或派出所将其指引至驻点人民调解室解决。群众甚至连人民调解室处在何方、有何作用都不甚了解，矛盾纠纷的"堵点"难以疏通。尽管"金湾解纷网"汇聚了不同类别矛盾纠纷化解机构的基本信息，能有效指引当事人有序解纷，但人民群众对"金湾解纷网"的建立知之甚少，平台知晓度欠缺，解纷效率在一定程度上打了折扣。

四 优化"府院联动"多元解纷体系的未来展望

（一）进一步深化"府院联动"机制

积极主动融入党委、政府领导下的社会治理体系，推动完善党委、政府领导下的"府院联动"机制，加强与政府职能部门的对接协调，构建常态化沟通机制，及时化解行业性、系统性矛盾纠纷。通过线下团队入驻、人民法院调解平台线上对接等方式参与党委、政府矛盾纠纷化解实体平台建设，提供调解指导和诉调对接服务，提高司法确认质量，增强繁简分流、速裁快审质效，强化综治中心等"一站式"矛盾纠纷多元化解功能。

（二）充分发挥人民法庭"桥头堡"作用

紧扣新时代人民法庭"三个便于""三个服务""三个优化"原则，加强人民法庭对辖区多发高发案件纠纷类型的研究，立足金湾各区镇历史发展特点、经济发展特色，因地制宜地开展矛盾纠纷化解工作。通过定期召开庭务会、发改分析会议等方式，进一步统一涉农案件裁判的尺度，提高涉农审判工作整体水平。妥善审理土地承包、土地租赁、农地返还等农村土地流转案件及涉历史遗留问题案件，保障市、区重大项目正常落地。

（三）健全完善多元化调解体系

健全律师调解工作机制，建立律师参与调解激励机制，助推律师调解、和解工作。进一步推动商事纠纷市场化调解，探索支持依法设立的调解组织提供收费调解服务，鼓励律师参与商事纠纷市场化调解工作。充分发挥仲裁、行业调解、专业调解的作用，在物业、交通事故、建设工程、劳动等矛盾纠纷高发领域，推动建立行业调解机构，构建"调解先行、仲裁解纷、诉讼托底"的矛盾纠纷多元化解机制。

（四）建设运行多元解纷案例库

推动建设多元解纷案例库，收录各有关部门通过调解、仲裁、行政复议等非诉讼方式解决纠纷的典型案例，为相关部门、社会团体、调解组织和调解员等各类社会治理主体开展纠纷化解工作提供参考，为当事人选择非诉讼纠纷解决方式提供引导，形成"有纠纷先调解"的社会导向。

（五）充分发挥法治宣传效能

加强多元解纷途径的宣传。提升人民群众对解纷网点、解纷方式、解纷成本、解纷效果等多个方面的知晓度，解决人民群众有纠纷该找谁、怎么找的问题。特别是要加强线上多元解纷的宣传引导，提高民众对线上解纷的高效便捷性、成本经济性等优势的认知度和接受度。通过普法宣传，从源头上增强人民群众法治观念，提高群众法治思想、法治意识和懂法水平。

B.25
优化横琴粤澳深度合作区基层
社会治理路径调研报告

广东省人民政府横琴粤澳深度合作区工作办公室政法工作处课题组*

摘　要：　横琴粤澳深度合作区不断加强和创新基层社会治理，推进社会治理现代化，以全面深化"物业城市"模式创建为抓手，以打造中国式现代化基层治理示范区为契机，以促进粤澳融合发展为目标，整合力量、集聚资源、衔接澳门，探索构建具有合作区特色的共商共建共管共享社会治理新格局。但在基层社会治理实践中仍面临多头管理、规则衔接不畅、信息共享不足等问题。未来，必须锚定"澳门+横琴"新定位，聚焦琴澳融合的社会治理目标，加快体系建设、强化组织保障，用好网格队伍和治理平台，高水平推进具有合作区特色的现代化基层治理模式，促进澳门经济适度多元发展，支持澳门更好地融入国家发展大局，为丰富"一国两制"实践，构建琴澳一体化高水平开放体系注入新动能。

关键词：　横琴粤澳深度合作区　基层社会治理　琴澳一体化

　　党的十八大以来，以习近平同志为核心的党中央高度重视市域社会治理工作，作出战略部署、提出明确要求。党的十九届五中全会进一步提出，"加强和创新市域社会治理，推进市域社会治理现代化"[①]。党的二十届三中

---

　　*　课题组负责人：赵振武，广东省人民政府横琴粤澳深度合作区工作办公室政法工作处处长。课题组成员：陈元志、湛福祥、张喜月、曾婵婧。执笔人：张喜月，广东省人民政府横琴粤澳深度合作区政法工作处工作人员。
　　①　《十九大以来重要文献选编》（中），中央文献出版社，2021，第812页。

全会站在新的历史起点上提出，要"健全社会治理体系。坚持和发展新时代'枫桥经验'，健全党组织领导的自治、法治、德治相结合的城乡基层治理体系，完善共建共治共享的社会治理制度"，要"提高市域社会治理能力，强化市民热线等公共服务平台功能，健全'高效办成一件事'重点事项清单管理机制和常态化推进机制"。① 横琴粤澳深度合作区（以下简称"合作区"）立足分线管理的特殊监管体制和琴澳一体化发展基础，坚持和发展新时代"枫桥经验"，加强化解矛盾纠纷的平台、机制、队伍建设，注重实用、突出实效，全面提升社会治理能力和治理水平。结合广东省委"1310"具体部署，以推进"1+6+N"基层社会治理工作体系建设为抓手，以中国式现代化基层治理示范区领导小组为牵引，不断健全关于示范区建设重点任务清单管理和常态化推进机制，加速整合现有力量，推动资源要素集聚，着力构建现代化的基层社会治理体系。

一 实践与成效

（一）精耕细作，久久为功，做实基层治理大文章

1. 创新实践，打通社会协同路径

合作区深化探索社会治理创新实践，汇聚多元治理主体协同合力，在全国首创"物业城市"社会治理新模式，推动社会治理模式由"政府全包"向政府、企业、社会三驾马车共同发力推动社会治理转型，解决了服务群众"最后一公里"的问题，促进了粤澳深度融合。该模式借鉴小区物业管理方式，将横琴公共空间整体看作一个"大物业"，引进高水平物业公司，作为横琴社会治理"大管家"，在综合巡查、秩序维护、矛盾化解、社区治安、城市管养、隐患处理等领域，实施专业化、精细化、智慧化的统筹管理，实现管理、服务、运营的高效统一。在实践中，网格员发现的市政、环卫、绿

---

① 《中共中央关于进一步全面深化改革 推进中国式现代化的决定》，人民出版社，2024，第41页。

化、道路、停车、搭建等方面的问题，上传"物业城市"平台生成事项工单，不直接转政府部门办理，而是转交"大管家"安排专业人员办理，并在规定时间内反馈办理结果。"大管家"近几年共处理事项工单9万余宗，占全部工单的90%，仅10%的工单由政府部门负责解决，大大节省了政府的人力，也为基层减负，减少了部门间的推诿扯皮。该模式已获"ICT中国（2022）优秀案例征集与评选"十佳创新先锋案例、"粤治—治理能力现代化2019~2020年度优秀案例"等10项荣誉。

2. 科技赋能，打通公众参与治理路径

科技的创新与运用可以为基层社会治理提供更深层的资源挖掘与多维分析。合作区发挥智治支撑，将"物业城市"理念与"互联网+"融合，实施大数据汇集、专业化运行、惠民生发展"三步走"。建立"一键上报"机制，打通两大工作闭环，全方位提升基层社会治理效能，实现基层社会治理的智慧化转型。一是市民可以一键上报发现的问题，形成事项工单，平台通过大数据、人工智能、AI等技术对上报事项自动分类管理，易事交由市民抢单处理，难事转交"大管家"专业处理，烦心事由志愿者热心帮扶，政府则负责兜底保障，助推工作事项形成闭环；二是市民上报事项、接单处理事项、参加志愿活动等，可获取相应公益积分，公益积分可在线兑换合作商家的指定商品或服务。"物业城市"平台建立抢单接单、积分奖励、及时反馈、运营反哺等机制，全面激发市民参与基层社会治理的热情，吸引大量市民成为"物业城市"平台忠实用户，目前"物业城市"平台使用人数达57.2万人。

3. 双管齐下，社会治理汇聚合力

合作区全面持续深化融合联动，创新实施"四双"机制，即打造社会治理指挥与劳资纠纷应急指挥"双中心"，配备网格员与信访专业力量"双队伍"，建立统筹协调、指挥调度、监督督办"双体系"，完善基层社会治理综合服务和劳资纠纷应急处置工作"双机制"。"四双"机制在开展基层社会治理各领域的日常工作、健全数据共享机制、构建高效运作的指挥体系等方面均发挥重要作用。合作区自成立以来，社会治理指挥中心共接待参观团队 114 批次、1349 人次，劳资纠纷应急指挥中心联合各成员单位，处置突发欠薪事件 554 宗、7396 人次，均未造成极端恶性事件或严重负面舆论。

4. 树立品牌，推动综治网格化精细管理

合作区不断推动特色网格、示范网格建设，通过树典型、立标杆，以解决问题为导向，持续织密织牢综治网格。一是抓机制建设促管理规范。科学划分网格空间，将合作区划分为 51 个基础网格，布置 684 个巡查点位。设置专员专格，构建以"大队—中队—基础网格"为架构的三级管理网格体系。制定《综治网格管理制度》《网格员信息化监督管理办法》，规范组织架构、工作职责、考核制度。二是抓模式运行促覆盖全面。完善"综治中心+网格化+信息化"工作模式，推动基础数据核实、信息采集、宣传教育、矛盾化解、隐患排查等 33 项网格服务工作落实落地，实现空间全覆盖、主业全覆盖、重点人群全覆盖。三是抓激励保障促实干担当。依据工单完成率、巡查工作时长、事项上报量、问题解决情况、群众满意度等对每个网格进行考核评比，根据网格员的服务态度、处事能力以及群众评价给予"最美网格员"表彰奖励，激励服务能力提升。四是抓服务群众促邻里和谐。以更好地服务网格群众为目标，设立合作区首个网格员工作室——"尚君工作室"，提供志愿服务、纠纷调解、问询服务、法律宣传、民意收集等 8 项便民服务，推动实现从"群众找服务"到"主动送服务"的转变，打通服务群众的"最后一米"。五是抓综治中心建设促规范管理。2024 年 9 月 13 日，合作区首个社区综治中心——新家园社区综治中心揭牌成立，这是合作区三级综治中心实体化建设迈出的第一步，通过建强综治中心、推动政法资源力量下沉、搭建基层社会治理信息平台，建立矛盾纠纷预防化解组织体系和治理体系，探索多元解纷的"横琴模式"。

5. 三个坚持，提升特殊人群管控效能

为促进基层社会和谐稳定，合作区积极探索、持续巩固和加强特殊人群管控机制，通过精细管理、分类管控、建立帮扶体系三项措施，提升特殊人群管控效能。一是精细管理强监督。成立合作区精神卫生综合管理小组，协

调督导相关部门各尽其责、齐抓共管，组织综治网格员开展特殊重点人群走访排查，配合精防医生、社区民警按时按要求开展随访，确保全面掌握患者的基本情况和现实表现。二是分级分类精管控。对排查出的特殊重点人群进行等级划分、风险评估、分类管控，并建立完善动态台账，做到知轨迹、知去向、知近况。及时调整风险等级和稳控措施，实现重点对象常态化动态管理，确保无极端案（事）件发生。三是精心帮扶解急难。制定《横琴粤澳深度合作区加强严重精神障碍患者救治救助工作实施方案》，成立各社区关爱帮扶小组，建立健全政府、社会、家庭、志愿者"四位一体"关怀帮扶体系，有效落实精神障碍患者监护以奖代补政策，及时发放精防患者监护人补贴，为监护人购买责任险。

6. 四个突出，反邪警示教育落细落实

合作区坚持"四个突出"，开展社会面反邪警示教育，稳步推进平安合作区建设。一是突出警示宣传全覆盖。构建"网格+警格"双联动模式，协同横琴公安局深入街头巷尾、群众家中开展常态化入户走访工作，及时了解相关人员的思想动态、生活状况等情况。二是突出宣传载体造氛围。以3月综治宣传月、"4·15国家安全日"、6月平安建设宣传月等活动为契机，开展反邪教宣传，努力营造崇尚科学、抵制邪教的社会氛围，3年以来共开展反邪教宣传教育线下活动56场，线上活动11场，累计受教育群众超1.6万人。三是突出宣传重点谋精准。将青少年、老年群体等作为警示宣传重点对象，开展"反邪进校园"活动，帮助学生树立正确人生观和价值观；面对老年群体，通过介绍邪教势力违法案例，增强其识邪、防邪、反邪意识。四是突出宣传创新提质效。充分发挥网络阵地作用，推出反邪普法小课堂、反邪教公益宣传片以及宣传文章，通过"指尖反邪"的网络宣传活动增强反邪警示教育的时效性、鲜活性和易接受性，有效遏制邪教势力在网络空间的发展态势。

（二）整合力量，集聚资源，创新矛盾纠纷协同化解机制

在"一国两制三法域"的特殊条件下，如何创新"一站式"矛盾纠纷

协同化解机制，以港澳群众熟悉的方式化解纠纷，是推动琴澳融合、保障合作区高质量发展的一道必答题。

1. 深入开展调查研究，探索琴澳力量协同化解矛盾纠纷

澳门由于其特殊的历史文化背景，形成了"小政府、大社会"的政治社会格局，也催生了"社团政治"这一特色鲜明的治理模式，即社会主导的基层治理模式。这种以社团联系民众与政府的治理方式，既实现了民众参与公共事务，又实现了社团服务于基层治理。澳门回归后，社会组织更是"澳人治澳"、高度自治民主要求的集中体现，发挥着社会治理法治化的作用。在澳门，市民有问题先向社会组织反映，社会组织协调解决，无法解决的，代替市民或带领市民到公众服务暨咨询中心或对应公共部门登记立案，政府部门处理结束后将结果反馈给社会组织，由社会组织告知市民。[①] 针对这一特点，广东省人民政府横琴粤澳深度合作区工作办公室深入开展调查研究，积极探索通过港澳社会组织补充和创新信访工作模式。2023 年 11 月 22日，成立港澳义工服务站横琴分站，入驻合作区公共法律服务中心，积极参与涉港澳群众信访矛盾纠纷化解工作和民意收集工作，协助开展形式多样的普法活动和志愿服务活动。服务站强化普法宣教，促进群众尊法、学法、守法、用法，协助公共法律服务中心化解多起涉港澳纠纷，搭建了涉港澳信访矛盾化解的新平台，推动信访工作机制与澳门群众诉求化解相向而行、融合发展，受到琴澳居民的广泛好评。

2. 拓宽沟通联络渠道，多元协同提升矛盾纠纷化解效能

一是联通粤港澳三地，搭建公共法律服务的"连心桥"。随着粤港澳大湾区建设持续加快，三地交流合作不断加深，为帮助港澳居民了解内地法律法规、获得更多公共业务办事指引，进一步拓宽沟通渠道，港澳义工服务站横琴分站骨干成员均为长期在内地生活的港澳籍人士，既与港澳居民文化同源，又了解内地与港澳的法律法规，能有效帮助港澳居民更好地了解横琴、融入国家发展大局。2024 年 7 月 20 日，全省首个面向港澳同胞提供普法宣

---

① 参见鄞益奋《澳门特区政府改革与社团治理》，社会科学文献出版社，2020，第 143 页。

传服务的义工组织——"港澳普法义工队"在合作区正式成立,探索涉港澳普法新模式,不断增强港澳与内地之间的法治认同,进一步提升港澳居民在合作区生活的幸福感、获得感。二是对接内地澳门两种机制,深耕信访融合创新的"试验田"。港澳义工服务站横琴分站深度参与涉港澳居民在合作区购房产生的信访纠纷调处工作,帮助港澳业主群体学习内地物业管理条例等法律法规,探索成立商铺自治管理委员会,汇总、整理涉港澳居民诉求,反馈工作进展及处理结果,在政群融合、诉求解决上发挥了重要作用。

(三)民心所向,琴澳融合,创设趋同澳门宜居宜业新环境

1. 对接澳门,探索建立粤澳融合治理的工作新体制

一是探索粤澳融合治理的信访工作新体制。为适应合作区行政体制特点,建立以广东省人民政府横琴粤澳深度合作区工作办公室为主体、横琴粤澳深度合作区执行委员会各职能部门协同配合的适应性信访工作模式。对外,通过刻制广东省人民政府横琴粤澳深度合作区工作办公室信访工作专用章解决适格主体问题,明确由政法工作处统一承办信访业务,其他内设处(局)和横琴粤澳深度合作区执行委员会各职能部门协办;对内,广东省人民政府横琴粤澳深度合作区工作办公室各处(局)、横琴粤澳深度合作区执行委员会各职能部门均接入"广东省一体化信访信息系统",统一在一个系统内运作。通过内外结合,形成主体适格、协商配合的工作模式,推动粤澳双方在矛盾纠纷化解方面理念相互融合,机制逐步对接。二是建立粤澳融合的法律援助工作新体制。通过印发《横琴粤澳深度合作区港澳居民法律援助工作规定(试行)》,在内地范围内首次明确港澳居民申请法律援助经济困难适用标准,为推进粤澳法律援助领域规则衔接与机制对接提供有力的制度保障。

2. 涉澳服务,聚焦"小切口"服务"大民生"

贯彻落实《横琴粤澳深度合作区建设总体方案》(以下简称《总体方案》)的要求,充分发挥桥梁纽带作用,积极推动合作区与澳门深度衔接,

推动澳门居民融入横琴发展生活。一是紧扣需求，全力办好民生实事。合作区研究印发《横琴粤澳深度合作区实施"民生微实事"工作指引》，以"民生微实事"为抓手，推进老旧小区微改造，增强公共设施安全保障功能，提升琴澳居民生活品质。"民生微实事"共实施项目44个，累计投入金额约367万元，涵盖自组织培育、传统文化传承、青少年夏令营等服务需求，道路维修、排洪渠修建、滑梯及健身器材采购等民生需求。二是普法教育，引导琴澳居民熟悉内地澳门双方法律常识。为居民普及与生活就业息息相关的法律常识，开展法律讲座、户外宣传，通过"模拟法庭"工作坊，从社会工作角度身临其境体验法治工作，深化普法宣传教育，吸引超千名琴澳居民参与，为琴澳深度融合创设良好法治环境。进行《横琴粤澳深度合作区发展促进条例》的宣讲，回应琴澳居民关切，积极推动政策落地。三是用心用情，开展居家养老服务。在横琴社区开展社区居家养老服务。成立长者防跌倒训练小组，提供物理治疗、健康讲座、运动指导等服务，帮助长者养成科学健康的生活方式。充分重视长者的社会参与和社交需求，成立"琴澳长者义工队"，为长者"老有所为"提供组织保障，通过长者生日会等联谊活动为琴澳两地长者义工的交流融合提供平台。

3. 搭建平台，建立琴澳居民参与议事协商新机制

为进一步促进琴澳居民参与议事协商，变"单兵作战"为"群策群力"，合作区研究印发《横琴粤澳深度合作区社区议事协商工作指引》，搭建"琴澳议事厅"平台，完善基层议事协商制度，明确协商原则、协商范围、协商主体、协商形式、协商程序、协商监督等，引导琴澳居民自主参与社区治理。合作区自成立以来，4个社区组织琴澳居民召开议事协商会议约187次，推动解决有关充电桩设置和业委会成立等难题，促进社区服务和辖区企业深度融合，推动社区自组织队伍不断发展并实现自主管理，营造民事民决、民事民办、民事民评的良好协商氛围。制定印发《合作区社区治理专家库组建方案》，面向社会征集50名来自内地和澳门的专家学者及行业精英，以"社会征集+定向邀约"方式组建合作区社区治理专家"智库"，发挥行业专家的引领作用。

4. 深度联动，探索琴澳居民参与社区治理新途径

《总体方案》要求将横琴粤澳深度合作区打造成为丰富"一国两制"实践的新示范。在合作区新机制下，澳门独具特色的社会组织工作正加快融入横琴，为琴澳一体化建设发挥强大合力。一是加强与澳门社会组织合作协作。探索构建与澳门社会服务工作的对接机制，设立首批"横琴粤澳深度合作区基层社会治理工作实践基地"。大力推动与澳门街坊总会广东办事处、澳门妇女联合总会广东办事处、澳门工会联合总会广东办事处等澳门社会组织的合作与交流。合作区成立后，新增3家澳门社会组织在合作区设立代表办事处（澳门中华总商会广东办事处、澳门青年联合会广东办事处、中华青年进步协会广东办事处）。联合实施"共建横琴美好社区"项目，建立琴澳共建共治机制；发起"城市深合论坛"活动，鼓励两地居民为合作区发展建言献策。二是共促社会组织培育工作出新出彩。积极引导澳门社会组织投身合作区建设，定期邀请澳门社工开展讲学培训，推动琴澳社会治理和服务融合发展；探索琴澳两地社工常态化交流机制，鼓励横琴社工赴澳门学习、实训，建立实践实训基地；加强对横琴社会组织的孵化和培育，建设一批具有横琴特色、功能多元的社会组织，如协同澳门工会联合总会广东办事处共同建设合作区社区居民发展中心，为澳门新街坊居民提供技能培训和就业服务，帮助澳门居民更快更好地融入合作区创业就业和生活大环境，指导澳门妇女联合总会广东办事处建设琴澳亲子活动中心，联合澳门街坊总会广东办事处、珠海市慈爱社会服务院开展居家社区养老服务标准化试点工作，创新推进琴澳养老服务深度融合发展。三是探索澳门居民参与治理新途径。研究制定《横琴粤澳深度合作区澳门籍居民担任社区兼职网格员（社情观察员、社区议事员）工作指引》，以小横琴社区和莲花社区为试点，吸纳热心参与社区活动、热心服务群众的澳门居民加入合作区网格员体系；研究合作区澳门籍居民参选社区居民委员会非户籍委员实施办法，鼓励澳门籍居民多途径参与合作区社会治理工作，目前共有21名澳门籍居民在合作区12家社会组织（粤港澳工程争议国际调解中心、濠江中学附属横琴学校、跨境说商贸职业培训学校等）担任负责人。

二　存在的困难与问题

（一）多头管理待进一步破除

基层社会治理工作涉及面广、覆盖面宽，横琴镇非实体化运作后基层权责衔接不顺畅，社区工作职责不够明确，多头管理问题日益凸显，成为治理效能提升的瓶颈。省派出机构各部门和横琴粤澳深度合作区执行委员会各职能部门之间缺乏有效的沟通机制和协作平台，各部门往往从各自立场出发制定政策、采取行动，缺乏全局观念和整体思维，导致资源重复投入或出现空白地带，使本应形成合力的治理措施难以有效整合，最终影响社会治理整体水平的提升和公众满意度的提高。

（二）社会民生规则衔接还需进一步加强

澳门居民对内地政策、公共服务模式、法律理念等方面都存在认知差异，这种内部文化差异会对合作区社会融合带来挑战，需要粤澳双方协同合力应对。

（三）信息共享渠道待进一步拓宽

当前政务信息资源急剧增长，对信息化建设形成了更大考验，不同组织架构下存在信息壁垒，存在"信息孤岛"现象。信息资源有待共享，跨部门沟通有待完善，特定群体链接需要加强。对澳门大学生等重要群体信息掌握渠道单一，影响服务质效，与涉澳机构联系工作持续推进，但仍需探索更佳方式产生有效、广泛联动。

三　展望未来，勠力建设中国式现代化
基层治理示范区

基层社会治理现代化是中国式现代化进程中的基础性工程，是解决和改

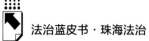

善社会民生问题的主动回应，是应对各种风险挑战的现实需要，也是推动国家治理体系和治理能力现代化的客观要求。未来，应立足"澳门+横琴"新定位，进一步加强粤澳规则衔接，建立政府与多元主体协商互动机制，创新大数据信息资源共享平台，以及拓宽澳门社团及澳门居民协同参与基层社会治理路径，摆脱当前基层社会治理现实困境。

（一）锚定琴澳一体社会协同治理目标

强化粤澳共商共建共治共享，结合粤澳两地物业管理模式及社区议事规则特点，加强"澳门新街坊"与属地社区居委会关系构建及管理融合，探索非户籍澳门居民参选社区非户籍委员，将澳门非户籍委员纳入社区工作者管理范围。创新多元主体服务社会治理体制机制和手段，拓宽基层组织和群众有序参与基层治理渠道，优化社会组织发展环境和发展空间，大力培育发展与基层社会治理事务相关的社会组织，积极支持引导澳门社会组织投身合作区基层社会治理建设，广泛吸纳在合作区居住的澳门居民参与基层社会治理工作。持续做好服务澳门这篇大文章，深度融入澳门背景、澳门元素、澳门经验，完善琴澳一体化协同治理联动机制，推动琴澳要素资源在基层社会治理范围内实现优化配置，促进合作区制度优势更好转化为构建中国式现代化的社会治理效能。

（二）高位推动形成三级综治工作体系

综治中心是整合社会治理资源、创新社会治理方式的重要工作平台，要一体推动建设"合作区综治中心（合作区基层治理指挥中心）+社区综治中心+最小治理单元"的三级综治工作体系。建设和升级合作区综治中心（合作区基层治理指挥中心）。搭建"一屏观横琴"综合指挥平台，推进数据资源整合，实现基层社会治理"感知、分析、预警、指挥、监督"全流程闭环管理。完善社区综治中心建设。整合合作区四大社区综治中心功能，统筹管理政务服务、党群活动、综合治理、应急响应、协商议事、网格服务、矛盾调解、志愿服务等工作，打造"15分钟便民服务圈"。普及最小治理单元建设。探索在横琴口岸、长隆旅游度假区、广医附属一院横琴医院等人流密集场所建设最小治理单元，实现矛盾纠纷预防在前、处突在早、调解优先、化解在小的工作目标。不断挖掘社会资源，拓宽社会资本参与基层社会治理渠道，联合爱国爱澳的澳门社会组织，为琴澳居民提供法律咨询援助等公共服务，将琴澳一体化治理优势转化为构建中国式现代化基层治理示范区的强大动力。

（三）统筹协调设立社会事务服务中心

以设立合作区社会事务服务中心为契机，将其作为基层社会治理的实施机构，保障区级基层治理指挥中心日常事务开展，负责公共法律服务、综合网格化服务管理等工作。高水平建设网格化管理、精细化服务、信息化支撑的一体化基层社会治理平台，建设集反映问题诉求、调解矛盾纠纷、防范化解社会风险于一体的"一站式"平台，不断提升预判预警能力、基层吸附能力、就地化解能力，提高合作区精细化治理、精准化服务水平。落实网格化管理有关政策，建立职责清单，全面梳理合作区高发频发、各社区基层能有效承接的基层社会治理事项，明确职责清单分类指导、调整优化的权限和程序，匹配社区资源和事权，指导各社区做好网格具体工作，充分保障基层社会治理工作体系建设，实现资源优势共享和高效协同。

（四）提质赋能建强综合网格队伍

将原有职能重叠、力量分散的网格队伍进行重组，致力于打造一支专业化、精细化、信息化的新型综合网格团队。广泛发动各方力量共同开展网格化管理工作，如整合综治、社区、消防等网格力量，同时吸收社区"五老"、澳门居民以及琴澳社会组织等参与网格队伍建设；规范专职、兼职和专业网格员队伍配备，优化专职网格员的配置比例，科学设定网格员考核激励机制，为基层社会治理加分赋能；加强数字赋能，对部分重点公共区域进行全面及时有效监测，实现对各类风险的全面及时自动感知、高效精准响应，形成采集发现、立案派遣、现场处置、反馈核查、闭环办结的网格工作流程，构建网格治理微闭环。

（五）优化服务建设便民综合服务平台

整合打造"横琴链"、"数字孪生平台"和数据融合大数据平台，形成基层社会治理信息化工作体系。构建国家安全、治安防控、公共安全、生态治理、基层社会治理和矛盾调解等六大体系，形成"多网共用、一网统管"的新格局。打造"琴澳e家"便民综合服务平台，以党建引领不断做深做实基层社会治理，充实基层服务力量，调动社会广泛参与，便利琴澳两地居民参与社区治理、社区服务、社区议事和党建工作，为合作区两地居民融合发展提供便捷服务。例如，编制"志愿服务"小程序，联合琴澳公益组织，建立志愿者权益保障和激励机制，公众参与志愿服务可获得积分奖励，积分可在平台兑换商品，推动实现政府、企业、商家、市民互联互通；建设全程代办系统，为老弱病残孕等特殊群体提供证件办理、津贴申领、法律援助等帮办代办服务，真正实现政务服务"零跑腿"。通过加强平台建设，实现信息共享、互联互通，打造智能化综治中心，为合作区基层社会治理工作提供科技决策支撑，提高服务群众效率和质量。

总之，横琴地处改革开放最前沿，是"窗口中的窗口""前沿中的前沿"，坚持用"一国两制"新实践的思维，通过对协作与整合这两个协同治理中关键变量的内涵与外延的适当拓展，构建一套容纳琴澳两地政府与不同社会组织在内的独特社会治理共同体体系，不仅在体制上创建多元主体协同的新治理形态，还能够促进"一国两制"在新空间领域内的创新与发展，实现不同社会性质要素的有效融合，更是对粤港澳大湾区社会治理理论的重大贡献。

B.26
斗门法院融入"1+6+N"基层社会治理工作体系建设的实践与路径优化

珠海市斗门区人民法院课题组*

摘　要：　法治既是社会治理创新的必由之路，也是加强国家治理体系建设、提升国家治理效能的题中应有之义。斗门区人民法院（以下简称"斗门法院"）积极发挥司法职能作用，主动融入"1+6+N"基层社会治理工作体系建设，聚焦党委引领、协作联动、技术支撑，构筑治理合力，提升治理效能，取得良好治理成效。但斗门法院参与基层社会治理也存在资源供给不充足、治理力量不协同、技术嵌入不紧密等问题，制约治理效能充分释放。斗门法院通过发挥制度优势打造治理新格局、推进多元共治开辟治理新路径、深化数字赋能增添治理新动力，为推进国家治理体系和治理能力现代化提供有力司法服务和保障。

关键词：　基层社会治理　多元共治　数字赋能

创新基层社会治理是国家治理体系和治理能力现代化的重要驱动力。为更好地适应社会转型期矛盾纠纷调处化解的新形势新要求，全国各地在推进基层社会治理中形成了许多有益的探索和实践。2023年，广东省委政法委印发《广东省开展"1+6+N"基层社会治理工作体系建设的指导意见》，要

---

* 课题组负责人：周萍，珠海市斗门区人民法院党组书记、院长；廖准，珠海市斗门区人民法院党组成员。课题组成员及执笔人：姬鸿雁，珠海市斗门区人民法院审判委员会专职委员；钟毅瑜，珠海市斗门区人民法院研究室主任、审判委员会委员、二级法官；许蓓珣，珠海市斗门区人民法院研究室副主任。

求在党委领导下，以综治中心为枢纽，以综合网格为单位，以法院、检察院、公安、司法等基层政法力量为主体，以其他综治力量为补充，以"粤平安"社会治理云平台等信息化系统为支撑，推进矛盾纠纷就地化解，有效解决基层社会治理资源配置不优、力量协同不强、技术保障不足等问题。

一 斗门法院融入基层社会治理的实践

基层人民法院是化解矛盾纠纷、服务人民群众、促进乡村振兴、维护社会稳定的前沿阵地，面对社会转型期日益增长的矛盾纠纷，基层人民法院坚持在地方党委领导下，积极发挥司法职能作用，服务保障基层社会多元共治。近年来，斗门法院积极融入"1+6+N"基层社会治理工作体系建设，坚持党委引领，健全联动机制，优化技术支撑，取得良好治理成效。

（一）夯实党委引领治理根基

党的领导与执政地位的确定系基于中国国情与政治生态所作出的具有中国特色的理性选择。党的二十大报告指出，要"推进以党建引领基层治理"①。斗门法院坚持把党的领导贯穿基层社会治理全过程、各方面，充分发挥党的政治领导力、思想引领力、群众组织力。

1. 严格执行重大事项请示报告制度

人民法院重大事项请示报告制度是司法治理持续有效的关键环节②，通过寻求政策支持、申请资源调配等，借助"党管政法"的话语体系和政治权威化解重大风险和问题。斗门法院认真落实《中国共产党政法工作条例》，坚决执行重大事项请示报告制度，建立健全动态更新的风险清单台账，对重大敏感案件做好风险评估、预警研判、舆情处置等工作，时刻保持

---

① 习近平：《高举中国特色社会主义伟大旗帜 为全面建设社会主义现代化国家而团结奋斗——在中国共产党第二十次全国代表大会上的报告》，人民出版社，2022，第67页。
② 参见张文波《司法运作中的政治治理——以人民法院"重大事项请示报告制度"为例》，载焦宝乾主编《浙大法律评论》第7卷，浙江大学出版社，2021，第180页。

政治敏锐性，防止因机械办案激化矛盾和引发群体性事件。

2. 充分发挥司法信息效能

司法裁判文书蕴含着丰富的数据和信息资源，通过对海量裁判文书数据进行挖掘分析，可以提炼社会治理众多富有价值的信息，为管理决策提供依据。① 法院信息工作是党委通过司法案件获取国家社会治理层面有效信息，分析研判社会治理过程中存在梗阻和症结的重要渠道。2023 年 1 月至 2024 年 12 月，斗门法院聚焦社会热点、工作热点、治理难点，向党委报送信息 81 份，获采用 72 份，深入调研分析成因，提出对策建议，围绕农村经济合作联社合同管理问题、工业园区建设工程纠纷高发等社会治理问题报送的问题建议类信息获市委、区委领导批示，有力推动风险防范和化解，1 份社会治理专项报告获评全国法院专题研究报告类成果二等奖。

3. 积极融入党委治理格局

斗门法院积极融入党委构建的治理大格局，充分运用综治中心资源，发挥各镇街综治中心前沿阵地和枢纽作用，定期到各综治中心参与纠纷研判化解会议，为纠纷化解建言献策，推动纠纷前端治理。建设"黄杨和 FENG"解纷中心，中心建设涵盖物业纠纷、劳动争议纠纷、商事纠纷等 6 个专业纠纷调解室，邀请调解组织和调解员入驻，统筹整合多方调解力量，依托全市"珠联必和"大调解工作机制提供一体化调解服务，2024 年助力各级人民调解组织成功化解纠纷 1110 宗，为基层社会治理注入新活力。

（二）构筑多元协作治理合力

推进基层社会治理现代化是一项综合性的社会系统工程，离不开多元主体的参与，斗门法院坚持在党的领导下贯彻多元共治理念，用心用情用力打造人人有责、人人尽责的社会治理共同体，不断提升基层社会治理质效。

1. 以"府院联动"助力高效率解纷

"府院联动"为司法与行政加强互动、深化联系提供有效平台。近年

---

① 参见孔德伦《论裁判文书司法大数据应用及其限度》，《法律适用》2022 年第 11 期。

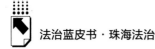

来，斗门法院聚焦信访纠纷化解、民间借贷纠纷治理、工人工资执行等探索建立"府院联动"机制，通过良性互动、优势互补、效能叠加，实现纠纷高效实质化解。一是建立"访调诉裁"涉诉信访纠纷联合化解机制。与斗门区委政法委、区信访局建立涉法涉诉信访联动化解工作机制，将涉及问题楼盘、追索劳动报酬、涉农涉土等社会影响面广、人民群众关注度高的重大信访事项纳入联动化解范围，构建"政法委+法院+信访局+N"的涉法涉诉信访多元联动化解工作模式。在"群众信访诉求综合服务中心平台"引入多元调解力量，创新运用"部门力量入驻联调+专职调解员常驻接调+人民法院指导助调"一体化调解机制，积极联合心理咨询师、社区工作者、特邀调解员共同做好释法明理工作，推动信访"骨头"案件妥善处理，2024年重信重访件次同比下降27.5%。二是探索民间借贷纠纷案件税费征管联动机制。与斗门区税务局签订《关于建立涉民间借贷纠纷审执工作与深化税费征管工作联动协作机制的备忘录》，在审理民间借贷纠纷时提示当事人对收取的全部利息依法申报并缴纳税费，部分当事人在了解政策规定后自愿放弃全部或部分利息，为案件调解奠定良好基础。机制建立以来，斗门法院民间借贷纠纷同比减少21.73%，有力推进了纠纷源头化解。与斗门区税务局共享电子裁判文书、执行立案信息、当事人身份信息等相关数据，打通民间借贷纠纷案件税费信息传递、征缴、异议处理全部环节，扫清税费征管"盲区"，引导民间借贷融资健康发展。三是创新工人工资纠纷实质化解机制。联合斗门区委政法委等部门建立"清理欠薪早介入"联动工作机制，加强与公安、人社、税务等部门联动，针对工人因社保欠缴而无法停保和领取失业金等问题，在划扣执行款后与斗门区税务局沟通协作，加速社保缴清，针对被执行人怠于支付工资等情形，与珠海市公安局斗门分局、斗门区人力资源和社会保障局运用"联动施压+法治教育"方式，督促被执行人积极筹款，努力将工人"纸上权利"兑现成"真金白银"，2024年帮助农民工追回1300万元"辛苦钱"。

2. 以专业解纷护航高质量发展

高质量发展离不开一流营商环境、和谐社会环境和绿美生态环境，对商事纠纷、家事纠纷、环资纠纷等高质高效化解提出更高要求。斗门法院加强与相关主管部门、行业协会、解纷机构合作，提升解纷专业度，促进纠纷多元化解。一是多元化解商事纠纷。斗门法院在斗门区白蕉镇渔业协会、预制菜产业园、新青科技工业园挂牌成立首批"法官工作站"，由协会和园区推选一批专业性强、具备调解能力的人员担任特邀调解员，参与水产流通领域、预制菜领域、涉科技企业领域等纠纷调解工作，法院选派法官指导调解，共同推进涉企纠纷多元化解，服务保障特色产业发展。斗门法院与横琴国际商事调解中心合作开展多元解纷工作，探索商事调解在前、"仲裁+诉讼"托底衔接的"低成本有偿"商事纠纷调解模式，邀请横琴粤澳深度合作区奉公民商事调解中心等商事调解组织入驻法院解纷中心，2024年诉前成功调解商事纠纷271宗，助力斗门区在全省营商环境评价中"解决商业纠纷"指标获满分评价。二是柔性化解家事纠纷。斗门法院携手斗门区民政局、区妇联设立斗门首个"法院+民政+妇联"关爱妇女儿童权益工作站，与斗门区教育局在城东中学设立首个"司法护未"工作站，与珠海市公安局斗门分局、区妇联建立"一站式"人身安全保护令工作联动机制，引入家事调查员10名、家事调解员3名、兼职心理专家2名，逐步形成司法引领、部门协同、社会参与的多层次专业化家事少年纠纷化解格局。2024年，斗门法院开展家事调查86次，提供心理疏导30人次，开展案件回访28人次，发出家庭教育令5份、家庭教育责任告知书78份、人身安全保护令15份，1宗案例入选全国反家庭暴力犯罪典型案例，以"小家"和谐护"大家"安定。三是创新化解环资纠纷。斗门法院分别联合广东珠江口中华白海豚国家级自然保护区管理局、淇澳—担杆岛省级自然保护区管理处、斗门区市政园林管理中心建立生态环境司法基地，与斗门区司法局共建社区植绿点，在自然保护区设立"法官工作室"，通过组织补植复绿、增殖放流等方式积极探索"恢复性司法实践+社会化综合治理"机制，"法治护航绿美珠海建设"项目入选2023年珠海市法治政府建设创新实践案例库。

3. 以就地化解服务高品质生活

党的二十大报告指出，要"健全城乡社区治理体系，及时把矛盾纠纷化解在基层、化解在萌芽状态"①。斗门法院结合辖区村居众多等特点，创新系列风险排查和纠纷就地化解机制，努力做到防范在先、发现在早、处置在小。一是推行"一村（社区）一法官"机制。制定《关于推行"一村（社区）一法官"工作机制的实施方案》及相关细则，全体法官、法官助理下沉挂点全区各个村（社区）开展普法答疑、多元解纷等工作，由院领导带队到村（社区）就相关矛盾纠纷进行排查，与村干部、群众代表共同探讨近年来基层社会治理中的突出矛盾及多元解纷路径，机制建立以来召开座谈会等98场次，深入村居排查风险1878次，协助化解矛盾纠纷1843宗，政法力量下沉助力斗门区白藤街道基层社会治理工作获省委通报表扬。二是挖掘村居治理资源。斗门法院横山人民法庭在莲洲镇、斗门镇先后建立乡贤调解联动机制，邀请当地有威望、热心调解、处事公道的乡贤加入调解队伍，充分发挥乡贤地熟、人熟、事熟优势开展案件调解工作，机制建立以来已成功化解纠纷343宗。斗门法院与辖区司法所、派出所、信访办建立矛盾纠纷联调机制，通过司法所、派出所、信访办报送解纷需求、人民法庭介入提供法律指导的协同联调模式，实现资源共享、优势互补，机制建立以来成功化解纠纷326宗。依托各项基层社会治理创新机制，斗门法院先后在莲洲镇、斗门镇评选两批"无讼村居"，相关经验做法获《人民日报》《人民法院报》等宣传，1宗案例入选广东法院人民法庭调解工作典型案例，2024年斗门法院横山人民法庭获评珠海市"1+6+N"基层社会治理工作体系建设先进典型。三是打造前沿解纷阵地。结合村居、社区不同群体需求和纠纷形势，探索设立工作室、服务站等阵地，为群众提供普法宣传、法律答疑、纠纷化解等服务。斗门法院坚持和发展新时代"枫桥经验"，在村居设立"法官驻村居工作室"，派驻法官参与问题答疑和矛盾调处。在社区设立服务站，以物业服务合同纠纷前端治理为切入点，创新"驻点调解员+挂点法官+社区建设办工作人员"等调解模式，以"法院+社区"共治推动物业服

---

① 习近平：《高举中国特色社会主义伟大旗帜 为全面建设社会主义现代化国家而团结奋斗——在中国共产党第二十次全国代表大会上的报告》，人民出版社，2022，第54页。

务合同纠纷高效化解,服务站自设立以来,已促成 184 宗物业纠纷化解于诉前,纠纷化解成效显著。

(三)增强技术赋能治理质效

数字技术的迅猛发展重塑着社会的组织模式和治理模式,为基层社会治理的现代化转型奠定了坚实基础,通过技术赋能,推动基层社会治理数字化持续发力。斗门法院坚持与时俱进,积极发挥互联网优势,努力为基层社会治理提供数智支撑。

1. 加强数字建设,提供便利服务

斗门法院积极探索运用数字手段为群众提供更加便利化、精准化和智能化的服务。一是探索司法服务智能化。2023 年底,斗门法院在全省首试将部分司法服务嵌入广东省"粤智助"政府服务自助机,借助"粤智助"政府服务自助机覆盖范围广、操作页面简单且涵盖户籍、婚姻、社保等多项业务功能的优势,群众足不出村(社区)即可通过自助机了解纠纷化解流程、查阅诉讼文件等,经推广运用,2024 年构建形成覆盖全区所有村(社区)的线上线下诉讼服务新体系。在诉讼服务中心引入智能调解评估引导终端一体机、智慧解纷机器人等特色智能设施,推动诉讼服务从"有"向"优"转变。二是创新"云普法"方式,让普法服务"触手可及"。开设线上"家长课堂""老师课堂",组织家长在线收看法官讲课,活动获 24.7 万名学生和家长在线关注点赞。在国际消费者权益保护日等特殊节点组织法官参加普法直播活动,在线解答网友提出的消费困扰,介绍维权途径和注意事项,维护消费者合法权益,相关活动吸引近90 万网民在线观看。"云普法"系列活动获群众广泛好评,有力增强社会法治意识。

2. 改革工作方式,促进高效运转

斗门法院深入贯彻落实党中央关于智慧法院建设的重大决策部署,以科技赋能推动调解、审判、执行等工作方式改革,为矛盾化解提质增效。一是全力打造线上受理、线上调解、线上签署、线上司法确认的纠纷全流程线上

处理机制，即群众遇到纠纷后，在线提交立案申请，以调解员或者"法官指导+调解员"模式开展线上调解，并在调解成功后线上签署调解协议，根据当事人需要指引当事人通过线上方式申请司法确认。如当事人不具备线上操作条件，可就近到各镇街综治中心设立的"调解工作室"或与司法所合作设立的"诉讼服务站"，通过工作室和服务站相关设备与法官、调解员建立线上链接，切实为群众排忧解难。二是加快执行工作信息化建设，与相关部门建立线上信息共享和协作联动机制，有效破解"查人找物""财产过户"等难题，着力打通群众权益兑现的"最后一公里"。例如，与珠海市公安局斗门分局、电信部门沟通协调，将公安机关车辆线上查解封系统接入法院查控网络，2024 年线上查封车辆 890 台；与斗门区税务局、区不动产登记中心建立"法拍房税证一网通办"执行协作联动机制，高效解决买受人垫付过户税费、办证时间长、办证成本高的难题，买受人办证周期最快缩短至 2 天。

3. 推动数据应用，加强系统治理

斗门法院深入运用司法大数据，积极从数据中挖掘相关信息，增强治理的系统性和针对性。一是联合中国司法大数据研究院，结合斗门经济社会统计信息，对营商环境、诚信社会、平安社会、生活和谐 4 个方面 26 项指数进行评估，每季度分析辖区经济社会运行总体情况，深入分析买卖合同纠纷、劳动争议类纠纷、物业服务合同纠纷等高发成因，向相关主管部门、行业协会等发出司法建议，近 3 年共发出司法建议 93 份。其中，提炼水产养殖买卖合同纠纷案件中的高发经营风险和隐患成因，向水产行业协会发出司法建议，有力推动水产领域买卖合同纠纷减少，获评全市法院优秀司法建议。二是定期分析审判执行工作指标，针对上诉率高、一审裁判被改判发回重审率高、执行完毕率和执行到位率低的重点案件开展调研。通过召开司法审判数据分析研判会商会和发改分析会，集众力、凝众智，共同研讨纠纷化解难点，加强裁判尺度统一，增强司法公信力。总结提炼类型纠纷化解中群众关注的问题及相关法律依据，通过一对一指导、培训会、座谈会等方式开展调解员培训，提升调解成功率，推动纠纷实质化解。

二　人民法院融入基层社会治理面临的困境

社会转型期矛盾纠纷的多样化和复杂化对人民法院参与基层社会治理工作提出了更高要求，人民法院参与基层社会治理虽然取得了显著成效，但也存在一些问题，距离"共建共治共享"的社会治理格局要求还有一定差距。

（一）供不应求——资源供给不充足

在推进国家治理体系和治理能力现代化征程上，国家高度重视矛盾纠纷多元化解机制构建，但人民群众在一定程度上仍依赖诉讼途径解决矛盾纠纷，且目前存在治理人才支撑和财政保障不足等问题，进一步降低了群众多元解纷体验。一是治理理念有待深化。部分群众将诉讼作为解纷首道关口或唯一途径，对多元解纷方式缺乏充分认识或认可，在法院前移端口指导调解时，片面认为是法院加设的程序性门槛。[①] 此外，一些银行、保险公司等明确表示不接受调解，要求法院迳行裁判，影响信用卡纠纷、机动车道路交通事故纠纷等治理质效，多元解纷理念和文化有待进一步传播。二是解纷队伍有待优化。在过往的"熟人社会"中，纠纷类型以买卖合同纠纷、民间借贷纠纷、婚姻家庭纠纷等"邻里小事"为主，随着城镇化进程的加快，公司类纠纷、建设工程类纠纷、物业服务类纠纷等日益增长，对调解员的专业素质和法律素养提出更高要求。法院在调解工作中积极引入的律师、人大代表、政协委员等也因为本职工作繁忙，难以保证充足的时间和精力参与调解工作。总体而言，目前解纷队伍素质参差不齐，难以满足专业、多元的解纷需求，专业性纠纷调解成功率较低。三是财政保障有待强化。目前，斗门法院特邀调解员调解补贴较低，且调解不成功案件不予补贴。案件调解需要开展大量沟通、协调工作，一些纠纷还需要到现场实地调查，经费保障不足严重影响调解员工作积极性，调解效能有待进一步释放。

---

① 参见广州市白云区人民法院课题组《新时代人民法庭参与基层社会治理路径研究》，《人民司法》2024 年第 4 期。

（二）繁而不同——治理力量不协同

虽然人民法院已转变过往"单打独斗"的治理思维，但各类社会资源和力量尚未得到充分整合，治理资源碎片化和力量条块化等问题有待破解，影响治理质效提升。一是互动长效性不足。针对审判执行中发现的基层社会治理问题，人民法院积极与相关部门探讨交流，围绕问题建言献策，共同推动问题解决，但共商共研后未能持续跟进治理情况，一些好的经验做法未能推广。例如，在信息工作中，党委领导就司法信息呈现的问题作出批示，并组织相关部门座谈后，法院未就治理效果开展调研，长效性不足。二是联动系统性缺乏。人民法院与派出所、司法所、妇联、工商联等单位建立的纠纷联动化解机制更多停留在日常沟通层面，不同治理主体在纠纷源头发现、就地化解、日常治理等环节未各尽其能，信息共享、纠纷共解的联动机制有待系统化、实质化运作。此外，一些"法官工作站"仅作为开展普法宣传、巡回审判等的载体，法院未常态化驻点，与预期治理目标和效果存在偏差。三是驱动实践性欠缺。基层社会各类资源是社会治理的强大驱动力，但在实践中，人民法院与村（社区）网格员等基层治理力量联动不足，在调解、送达等工作中未充分发挥网格员力量，日常较少深入基层与群众沟通交流，群众参与基层社会治理热情和活力还有所不足，社会组织、人民群众等对基层社会治理的驱动作用有待进一步激发。

（三）浅尝辄止——技术嵌入不紧密

在基层社会治理数字化转型中，人民法院与相关单位在数据收集、数据联通等方面仍存在短板，智能方式运用与基层社会治理工作未能充分融合，数字化成果运用不足，无法满足新时代基层社会治理工作的要求。一是智慧服务水平有待提升。人民法院在推进智慧司法和数字化治理时，一些服务还未能完全契合人民群众需求。例如，"粤智助"政府服务自助机终端与人民法院相关系统终端未建立链接，群众仅能通过自助机查询打印相关资料，无法通过自助机享受远程立案、咨询等诉讼服务，智能化水平不高。二是治理平台对接有待深化。"1+6+N"基层社会治理工作体系建设强调要注重"粤平安"社会治理云平台支撑作用，但由于该平台与法院工作贴合不紧密，与各治理单位数据未实现共享对接等，人民法院对该平台运用较少。各镇街及人社部门、信访部门等治理数据无法共享，法院需要对各类矛盾纠纷信息重复收集录入。三是治理数据应用有待加强。司法机关海量的矛盾纠纷数据为社会风险预警预判提供丰富资源，但人民法院在案件数据收集分析方面，仍过于依赖人工统计，在分析高发纠纷特点和成因时往往需要逐案开展，未能实现系统自动抓取，影响工作质效，及时预警性不足。

三 人民法院融入基层社会治理的未来展望

"1+6+N"基层社会治理工作体系建设既突出发挥党委总揽全局的重要作用，也注重各方协作联动的多元功能，还强调大数据治理的价值理念，要求人民法院发挥制度优势、推进多元共治、深化数字赋能，积极破解基层社会治理工作难题。

（一）发挥制度优势打造治理新格局

中国特色社会主义最本质的特征是中国共产党领导，中国特色社会主义制度的最大优势也是中国共产党领导，要始终坚持党的绝对领导，通过发挥党建持久的创新引领力、强大的组织动员力、有效的纪律约束力和有力的制度推动力，充实基层社会治理力量，完善基层社会治理保障，构建基层社会治理长效机制。

一是以党建建优平台，搭建联动框架。认真贯彻落实中央、省委关于城市基层党建引领基层社会治理工作会议精神，持续做细做实"双报到"工作，与相关村（社区）、治理单位、相关行业组织结对共建。一方面，结合"支部建在庭上"工作，分析总结法院不同党支部工作特点和优势，丰富治理"资源清单"；另一方面，立足不同村（社区）群众需求和行业治理需求，构建"需求清单"，由各党支部定期认领需求或机关党委协调分配，实现治理需求与供给良好对接，切实把党的建设优势转化为基层社会治理的资源优势。通过不同单位党组织定期召开联席会议、组织座谈交流、开展志愿活动等，共商共研共解基层社会治理问题，充分激发党组织和党员共建活力，进一步传递共建共治共享的治理理念。

二是以党建育优人才，筑牢治理根基。坚持以党建带队建，抓牢抓紧领导干部这个"关键少数"，聚焦法院在审理贪污、渎职等公职人员违法犯罪案件和相关行政案件的工作性质，通过邀请干部旁听案件庭审、开设法治课堂、提供一对一结对指导等，不断提高领导干部运用法治思维和法治方式深化改革、推动发展、化解矛盾、维护稳定、应对风险的能力。加强党委经费保障，围绕纠纷高发行业和地区治理，引入不同行业解纷人员，建立壮大基层专职调解员队伍，健全联合培养机制，将政治教育、调解技巧等内容列为培训必修课，邀请党校及调解组织人员授课，将行业涉及的不同法律知识和村（社区）多元人文特点列为选修课，邀请专业法官、律师及相关村（社区）干部授课，推动打造政治过硬、解纷专业、处事公道的治理队伍。

三是以党建创优服务，营造法治氛围。进一步发挥党建共建优势，通过"请进来+走出去"系列党建活动探索"党建+普法服务"新模式，推动提质"硬环境"，提升"软实力"，促进基层社会治理与法治建设同频共振。一方面，在党委支持下，结合群众法治文化需求打造更多普法教育基地、普法文化长廊、法治文化广场，在各园区企业集聚地及各镇街群众聚居地设立固定巡回审判点，定期组织群众参观学习，旁听案件庭审，实现"润物细无声、法治入民心"的效果。另一方面，组织法官深入镇（街道）、村（社区）、商圈等开展以案说法，持续收集法院普法宣传案例编纂《法在你身边》系列读本，创新主题漫画比赛、微视频比赛等普法形式，提升基层群众法律素养和道德水平，为基层社会治理营造良好氛围。

（二）推进多元共治开辟治理新路径

聚焦共建共治共享理念，进一步融合治理资源、促进结构协同、加强主体互动，推动法院积极融入治理格局，驱动基层社会治理共同体构建。

一是优化资源配置，推进集成式治理。积极发挥综治中心资源整合作用，利用综治中心汇聚信访、人社等多元力量的职能部门和办公场所集成优势，强化综治中心矛盾纠纷过滤化解功能，定期指派司法工作人员到综治中心驻点排查基层风险，协助化解矛盾纠纷，实现基层各类纠纷发现在早、化解在小。积极探索法院诉讼服务中心与辖区综治中心功能深度融合，通过诉讼服务团队入驻、挂牌诉讼服务中心等方式，将诉讼服务中心司法服务、诉前调解、诉调对接等部分工作迁移至综治中心，在综治中心为人民群众提供纠纷调解、诉讼答疑等服务，大力推进"一站式"解纷。

二是增强力量互动，推进协同化治理。健全完善司法建议工作机制，依托法院工作站、服务站等加强一手信息收集汇总，针对发现的风险积极向相关治理单位或风险涉及主体发出司法建议，优化对类案司法建议、综合治理司法建议等的管理跟踪，通过"发出建议—跟踪反馈—推进治理"机制，实现良性互动。积极向党委报送司法信息，进一步发挥党委统筹协调功能，结合党委领导相关批示，通过参与圆桌会议、建立联动机制等，与相关治理单位加强沟通协作，发挥治理单位相关专业优势和法院法律专业优势，并及时向党委反馈，推动党委、政府在重大风险化解等方面成立工作专班，建立跨部门、跨层级的协同治理机制。

三是激发主体活力，推进参与式治理。深入运用"一村（社区）一法官"机制，通过实地走访、面对面指导等方式，深入基层倾听社情民意，真正做到政法力量下沉一线。发挥基层社会治理力量作用，进一步挖掘乡村和社区贤能、退休干部等治理力量，结合乡贤调解员、网格员具体工作实际制定治理考核标准和奖励机制，充分调动工作主动性和积极性。将村规民约、社区居民公约、优良传统等融入基层社会治理全过程、各方面，建立健全群众监督机制，拓宽群众诉求表达渠道，提高群众基层社会治理参与度，推动形成向上向善力量。

（三）深化数字赋能增添治理新动力

推进基层社会治理数字化转型，通过数据联通、数据协作、数据应用等促进基层社会治理智能化和精准化，更好地满足人民群众对基层社会治理的需求和期待，有效促进基层社会治理现代化水平和能力提升。

一是打破"信息孤岛"，增强数据全面性。依托党委牵头研发使用的社会治理智能平台，积极融合综治中心、综合网格、法院、公安机关、检察机关、司法机关、信访部门等多元治理主体矛盾纠纷数据，构建全量矛盾纠纷数据库。建立矛盾纠纷分级分类机制，根据紧急情况予以分级、结合处理部门予以分类，对各治理单位可能涉及需要其他治理单位协助的纠纷，相应标注其他治理单位简称，并向相关治理单位推送数据。例如，综治中心受理拖欠农民工工资纠纷，经沟通发现该纠纷后续可能涉及诉讼、信访等事宜，则标注法院、信访局，并向法院和信访局推送，便于相关治理单位了解基层纠纷情况，及时提供专业指导。

二是加强数据协作，提升治理系统性。探索由政务服务和数据管理部门牵头，根据各治理单位数据需求，从采集、存储、使用、共享等环节对数据予以标准化收集和管理，提升治理数据通用性，解决重复录入、对接困难等问题。积极推进人民法院调解平台、诉讼服务平台等与党委治理平台对接，推动打造集前端收集、咨询答疑、分流解纷、司法确认、诉非衔接等纠纷化解全链条于一体的线上服务体系，减少各环节对接过程中的时间消耗，"跑"出治理"加速度"。

三是推进信息应用，强化治理前瞻性。进一步加强司法大数据运用，紧密结合涉未成年人、涉房地产等社会治理最新需求对纠纷案件录入识别要素，定期对相关纠纷收案趋势开展研判和预警。加强司法机关与案件检索平台开发公司合作，优化数据检索模式，提高检索分析精准度，便于从海量司法文书中提取相关纠纷新特点，更好发挥司法数据服务基层社会治理的前瞻性、预警性和研判性，促进党委、政府和相关单位科学决策、及时治理。

附　录
2024年珠海法治大事记

1月2日　中共珠海市委全面依法治市委员会印发《关于进一步加强新时代珠海高质量发展法治服务保障的若干措施》，围绕高质量发展出台17项法治工作措施，为珠海高质量发展提供坚实法治保障。

1月2日　横琴首个涉澳综合民生项目"澳门新街坊"实现"交房即发证"。

1月2日　广东省发展改革委印发《2023年广东省营商环境评价报告》，珠海市"建立不动产抵押权与租赁权冲突处理联动机制"列为评价发现的典型经验和创新举措。

1月3日　广东省委依法治省办、省委农办、省司法厅、省民政厅联合印发通报，珠海市翠香街道新村社区、湾仔街道富兴社区等15个社区入选2023年广东省"民主法治示范村（社区）"。

1月4日　中共珠海市委全面依法治市委员会印发《珠海市优化法治化营商环境行动计划（2024—2026年）》，从完善营商环境制度体系、推进规范文明监管执法、推进严格公正高效司法、完善公共法律服务体系等四个方面提出24项具体任务，助力打造国际一流法治化营商环境。

1月9日　广东省政府横琴粤澳深度合作区工作办公室印发《横琴粤澳深度合作区维护国家安全办法》，自2024年2月8日起施行。

1月18日　举行《澳门特别行政区政府法务局　珠海市司法局　横琴粤澳深度合作区法律事务局法律事务紧密合作备忘录》签署仪式并召开第一次联席会议，就立法交流、法律援助等方面加强合作交流。

1月19日 中共珠海市委全面依法治市委员会办公室举办珠海市首届法治建设特邀监督员聘任仪式。在全省率先实行法治建设特邀监督员制度，聘请12名人大代表、政协委员、专家学者、政府法律顾问、民营企业家中的优秀人士担任法治建设特邀监督员。

1月19日 《珠海经济特区行政争议调解办法》（珠府令第153号）公布，自2024年3月1日起施行。

1月19日 中共珠海市委全面依法治市委员会办公室印发《关于加强行政机关自我纠正行政行为的实施意见》《珠海市行政机关自我纠正行政行为工作指引》，在全省率先建立行政机关自我纠正行政行为机制。

1月23日 珠海市首批学校家庭社会多元联动人民调解工作室香洲区南湾小学调解工作室、香洲区文园小学调解工作室揭牌成立，标志着珠海在构建"校家社"驻校调解工作室方面进入新阶段。

1月24日 广东省人民政府行政复议办公室通报"全省优秀行政复议裁判文书"的评选结果，珠海市金湾区1篇行政复议决定书入选。

2月1日 珠海市不动产登记中心颁发首例居住权登记证明，标志着居住权此项新型用益物权登记在珠海正式落地实施。

2月7日 中共珠海市委办公室、珠海市政府办公室印发《珠海市领导干部应知应会党内法规和法律法规清单》。该清单包含各类学习内容共122部，其中习近平法治思想学习著作5部、党内法规40部、国家法律法规56部、省地方性法规11部、珠海地方性法规10部。

2月24日 《珠海市人民政府关于废止〈珠海市建筑节能办法〉和〈珠海市人民政府行政复议规定〉的决定》（珠府令第154号）公布，自公布之日起施行。

2月24日 《"你问我答"粤澳法律直播间》播放权授权协议签署暨澳广视首播启动仪式在横琴"澳门新街坊"举行，标志着国内首创推出的"一问二答"访谈普法说法新锐节目在澳门地区正式播出，珠琴澳三地法治交流与合作进一步深化和常态化。

2月26日 珠海中院《关于开展网格化环境监管，预防固体废物污染环境的司法建议》，入选全省法院优秀司法建议名单。

2月27日 珠海高新区综治局率先成立三新群体人民调解委员会，打造了一支集法律咨询、法治宣传、争议调解于一体的解纷队伍，专业保障三新群体合法权益。

2月28日 拱北海关与澳门海关在珠海签署《拱北海关与澳门海关关于横琴口岸执法协作备忘录》。

3月2日 珠海市三八维权周法治·禁毒宣传活动在香山云道举行，"幸福家庭·法治同行"、"云·律道"学法打卡、"法援惠民生·关爱妇女儿童"宣传活动同步开展。活动吸引珠澳家庭、市民朋友200余人参与。

3月5日 珠海市妇联和市检察院举行妇女儿童权益保障协作意见会签仪式，在妇女权益保障、未成年人保护公益诉讼领域开展重点协作。

3月5日 珠海市司法局印发《2024年珠海市司法局法治保障"百县千镇万村高质量发展工程"重点工作若干措施》，以13条具体措施持续聚焦"百千万工程"落实，以高水平法治保障珠海经济社会高质量发展。

3月7日 珠海市司法局印发《珠海市司法局2024年支持服务合作区法治建设"每月有主题、月月有亮点"工作计划》，以每月至少一个工作重点聚焦法治保障横琴粤澳深度合作区建设，全力护航横琴合作区高质量发展和高水平对外开放。

3月8日 珠海市司法局受邀参加2024年香港国际争议解决及风险管理会议，围绕调解在大湾区和"一带一路"倡议地区现况主题进行交流分享。

3月12日 珠海市科技创新局出台《珠海市高成长创新型企业培育管理办法》（珠科创〔2024〕19号），旨在强化科技型企业梯次培育机制，拓展高成长创新型企业培育链条，推动搭建大湾区首个独角兽企业服务平台。

3月14日 珠海市检察院、香洲区检察院和广东珠江口中华白海豚国家级自然保护区管理局、广东珠海淇澳—担杆岛省级自然保护区管理处在淇澳岛共同举行"公益诉讼检察工作站"揭牌暨中华白海豚、红树林、猕猴保护协作机制会签仪式。

3月15日 全国人大常委会法制工作委员会广东南沙基层立法联系点授牌成立，并与深圳福田、珠海香洲建立"一点两办"合作共建模式，珠海市香洲区人大常委会被确定为全国人大常委会法制工作委员会南沙基层立法联系点香洲办公室。

3月18日 司法部印发《关于表彰全国法律援助和公共法律服务工作先进集体 先进个人的决定》，珠海市司法局公共法律服务管理科、横琴公证处、珠海国际仲裁院获评全国公共法律服务工作先进集体。

3月19日 珠海市香洲法院公开开庭审理并宣判被告人王某辉拒不执行裁定罪一案。该案是全国首例因违反人身安全保护令被法院以拒执罪判处刑罚的案件，入围全国推动法治进程2024年度十大案件评选。

3月19日 《"一问二答"珠澳两地法律指引手册》（第二辑）发布仪式在珠海市涉外公共法律服务中心举办。手册由珠海、澳门两地79位律师合作编写，针对珠澳两地群众常见的125个法律问题进行解答。

3月20日 珠海市司法局、市普法办印发《"1名村（社区）法律顾问+N名法律明白人"行动方案》，结合村（社区）法律顾问专业优势和"法律明白人"的乡土优势加强法治乡村建设。

3月21日 拱北海关和珠海市签署《关于建立信用互认与联合激励机制支持高信用企业发展合作备忘录》。

3月23日 "法治同行""云·律道"健步学法打卡活动在香山云道举办。活动与2024年首届"工会杯"职工运动会启动仪式暨第二届珠海市直机关职工健步行活动相结合，全市各行业职工代表、市直机关事业单位干部职工1000余人参与了此次活动。

3月26日 中共珠海市委全面依法治市委员会办公室印发《珠海市公职律师全覆盖工作方案（试行）》，在全省率先建立公职律师统筹使用制度，筹划建立市级公职律师统筹使用人才库，以进一步发挥公职律师在党政机关依法决策中的重要作用。

3月27日 澳门中华总商会广东办事处与珠海市涉外公共法律服务中心签署合作框架协议，共同举办主题为"共建粤澳平台，助力法治营商"

的签约挂牌仪式暨粤澳企业法治服务培训交流会。

3月27日　珠海市法律援助处荣获司法部"全国法律援助工作先进集体"。

3月29日　横琴粤澳深度合作区执行委员会印发《横琴粤澳深度合作区促进科技创新发展的若干措施》，从创新平台建设、科技企业引育、技术攻关、科技成果转化、国际科技合作、科技创新生态等六个方面提出具体扶持措施，助力合作区科技企业发展，推动琴澳科创产业协同创新。

3月起　珠海市司法局、市调解协会累计举办2024年"法先锋"调解行业系列培训班11期，同步开放线上课堂，实现区域合作、资源共享。

4月1日　珠海市税务局联合市商务局、外汇局珠海市分局签署跨境企业管理服务合作备忘录，并成立全省首个"跨境企业税收服务工作室"，发布《支持跨境企业发展9条措施》，在全市各办税服务厅设立"跨境税收服务"专窗，以支持企业高质量"走出去"、服务高水平"引进来"。

4月1日　珠海市政府办公室出台《珠海市民宿管理办法》（珠府办〔2024〕4号），对民宿开办要求、开办程序、经营规范等方面作出规定，支持民宿规范化、品牌化发展。

4月1日　珠海市香洲区检察院办理的全市首宗利用境外虚拟信用卡虚假交易套现洗钱案相关经验文章被《检察日报》刊登。

4月2日　全市五家公证机构完成"不动产登记＋公证"业务系统对接互联。

4月3日　珠海市政府印发《珠海市防治扬尘污染管理办法》。办法明确了行政区域内扬尘污染防治具体措施、监督管理、法律责任等内容，建立健全了扬尘污染防治统筹协调和长效管理机制。

4月7日　《粤港澳大湾区婚姻家事法律制度》及附录（3册）在珠海发布。该书分为四篇，总共22章88节，约200万字，详尽阐述了三地的婚姻家事法律规定，填补了粤港澳三地婚姻家事相关法律指引的空白。

4月8日　珠海市司法局与市交通运输局签订实质性化解行政争议联动调处框架协议，双方通过建立案前案中全过程调解、高法律风险行政行为自

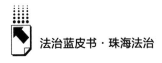

我纠正等四项合作机制，有效促进行政争议源头治理和实质化解。

4月10日　全省首个"法律明白人"线上服务系统——珠海市"法律明白人"服务系统启动仪式暨系统操作培训在珠海举行。

4月10日　珠海市司法局印发《珠海市"企业公证顾问"机制实施方案》。

4月11日至15日　中共珠海市委国安办、市司法局、市国安局、市普法办、市委机要和保密局以"总体国家安全观·创新引领10周年"为主题，在港珠澳大桥口岸等8个珠海地标建筑举办国家安全主题普法灯光秀。

4月12日　全国首部专门规范个人经营的规范性文件《横琴粤澳深度合作区个人经营备案管理办法》正式施行。

4月12日　珠海1个民事法律援助案例、1个刑事法律援助案例入选广东省司法厅"广东省2023年民事、刑事法律援助十大典型案例"。

4月15日　珠海市香洲法院全面启动民商事案件无纸化办案，实现立案、送达、阅卷、开庭、裁判等工作全流程线上办理，获评全省法院综合提升审判质效"优秀工作机制"。

4月17日　横琴粤澳深度合作区执行委员会印发《横琴粤澳深度合作区促进与葡语系国家科技交流合作的扶持办法》，从税收优惠、支持葡语系国家外商投资科技企业发展、支持交流合作、支持平台建设四个方面推出25条扶持措施，给予全方位、全链条、大力度的政策支持。

4月17日　珠海市高新区管委会、综治局，市司法局、市公证协会等在高新区港澳一号完成"高新区企业公证顾问服务站"合作协议签署，同步揭牌"高新区企业'双顾问'服务站"。

4月18日　珠海市召开"提升市区镇政府治理能力现代化水平　推进法治政府建设"工作会议，总结法治政府建设的成效和经验，安排部署下一阶段法治政府建设工作。

4月18日　珠海市召开2024年立法工作会议。会议通报了市人大常委会2023年立法工作情况，部署了2024年立法工作任务。

4月19日　横琴粤澳深度合作区劳动人事争议仲裁委员会与珠海市涉

外公共法律服务中心举行《琴澳劳动权益保障委托调解框架合作协议》签署暨琴澳跨境劳动用工纠纷调解工作站揭牌仪式活动。

4月22日　郭某某等侵犯软件著作权案获评"2023年度广东省版权十大案件"。

4月23日　珠海市司法局与横琴粤澳深度合作区法律事务局签署法治业务紧密合作备忘录。

4月23日　珠海市人力资源和社会保障局印发《关于印发〈珠海市企业劳动争议调解组织建设工作指引〉的通知》（珠人社发〔2024〕4号），指导企业加强调解组织建设，规范用工行为，营造良好用工环境。

4月24日　横琴粤澳深度合作区商事服务局与澳门中华总商会广东办事处联合共建的"金莲花"琴澳用工法律宣导站正式启用。宣导站创新实行"粤澳双站长+专家库+志愿者"的全新服务模式，旨在指导企业规范用工、健康运行，增强澳门企业居民到合作区投资创业、就业安居的信心。

4月24日　珠海中院出台《珠海法院关于办理香港特别行政区高等法院、澳门特别行政区终审法院就民商事案件委托送达司法文书和调取证据的工作细则》，有效提升跨境送达效率。

4月25日　全省首个民营企业法务技能赛事——2024年珠海市民营企业法务技能大赛在珠海香洲香湾市民艺术中心举行。来自芯片、医药、电子、电力、化妆品、生物科技等领域的8支民营企业及横琴粤澳深度合作区澳资企业的竞赛队伍参加了此次比赛。

4月25日　珠海市司法局印发《关于全面推行包容审慎监管的实施方案》，积极推行柔性执法，推广"综合查一次"，推行行政执法减免责清单制度、执法"观察期"制度，推动行政执法涉企经济影响评估工作，全面实行包容审慎监管，切实保护企业合法权益，打造一流营商环境。

4月26日至28日　珠海市司法局"法先锋"助企公共法律服务团首次入驻2024珠海国际海洋智能科技展览会，提供法律咨询服务。

4月28日　珠海市检察院召开走私犯罪检察工作新闻发布会，并发布《珠海市人民检察院反走私工作白皮书》。

4 月 28 日 珠海国际仲裁院联合珠海市法学会共同举办"横琴粤澳深度合作区民商事法律适用论坛",围绕合作区民商事争议解决的法律适用问题,探索在合作区实现内地与澳门民商事规则衔接、机制对接的路径。

4 月 28 日 珠海国际仲裁院发布《横琴粤澳深度合作区商事仲裁适用法律指引》,明确了合作区商事仲裁适用法律的一系列原则和规则,对指导仲裁庭在仲裁程序中准确适用法律意义重大。

4 月 29 日 珠海市司法局印发《关于开展职权下放重放轻管问题专项整治工作的实施方案》,组织开展镇街综合行政执法改革中职权下放重放轻管问题专项整治工作,着力推动解决加重基层负担的突出问题。

4 月 29 日 《珠海经济特区乡村风貌提升条例》经珠海市第十届人民代表大会常务委员会第二十四次会议通过,于 2024 年 5 月 20 日公布,自 2024 年 6 月 1 日起施行,是全国首部以乡村风貌提升为主旨的专项地方性法规。

4 月 29 日 《珠海市人民代表大会常务委员会关于废止〈珠海经济特区授予荣誉市民称号规定〉的决定》经珠海市第十届人民代表大会常务委员会第二十四次会议通过,于 5 月 6 日公布,自公布之日起生效。

4 月 29 日 珠海市涉外公共法律服务中心揭牌设立"粤澳知识产权调解规则衔接研究与实践教学中心"。中心与最高人民法院知识产权司法保护理论研究与人才培养基地合作建设,进一步加强涉外知识产权人才创新培养。

4 月 29 日 珠海市检察院办理的某旭教育咨询服务有限公司与罗某琴合同纠纷检察监督和解案,获评 2024 年广东省践行新时代"枫桥经验"民事检察和解典型案例。

5 月 6 日 珠海市政府办公室印发《开展涉企行政执法突出问题专项整治工作实施方案》,部署开展行政执法突出问题专项整治工作,着力推动解决企业和经营主体反映强烈的涉企乱罚款等突出问题。

5 月 7 日 广东省政府横琴粤澳深度合作区工作办公室政法工作处与横琴法院、横琴检察院、横琴劳动仲裁院联合成立"法律援助工作站"。

5月8日　国家外汇管理局、公安部印发《关于通报表彰2020—2022年度打击非法买卖外汇工作先进集体和先进个人的决定》，珠海市公安局侦破"3·10"非法经营案专案组、珠海市公安局拱北口岸分局经侦大队被评为2020~2022年度打击非法买卖外汇先进集体。

5月9日　民盟珠海市委会与珠海市司法局共同建立全市首个社区矫正对象"黄丝带帮教基地"。

5月11日　珠海举办"民法典宣传暨优化法治化营商环境"普法宣传系列活动之"'典'亮母亲节　民法典相伴"主题活动。活动以法治文艺表演、普法游园集市及"云·律道"学法打卡等多种形式将民法典宣传送到基层群众身边，共吸引社区居民和休闲购物市民800余人参加。

5月13日　"珠海'小切口'立法助力澳门专业人士跨境便利执业"案例，入选《广东省推进粤港澳大湾区规则衔接机制对接典型案例（第二批）》。

5月16日　珠海市司法局、市调解协会举办的"法先锋"调解行业系列培训班暨"法先锋"粤澳法治讲坛首次延伸到贵州遵义，实现东西部协作关系的进一步融合。

5月20日　珠海市不动产登记中心发布《关于将遗产管理人制度引入不动产非公证继承登记的通知》，正式将遗产管理人制度引入珠海不动产非公证继承登记业务办理流程。

5月21日　珠海市金湾区南水镇"三好促和"品牌调解工作室揭牌仪式举行，率先构建"'行业调解+行政调解+人民调解'多元大调解+法律援助"的"一站式"解决劳资纠纷"3+1"工作机制。

5月22日　珠海市金湾区三灶镇矛盾纠纷联动处置中心揭牌仪式在三灶镇政府举行，首创"联处最前线、民情一线牵"社会治理品牌。

5月22日　珠海市政府出台《珠海市推动"高效办成一件事"打造"珠事通"政府服务品牌若干措施》，推出23项工作措施和26项重点事项，全面推进"高效办成一件事"，打造"珠事通"珠海政府服务品牌。

5月22日　珠海市斗门区检察院与江门市新会检察院联合办理的督促

整治"福安飞地"冲滩拆船污染生态环境行政公益诉讼案，获评全省检察机关"检护民生"专项行动典型案例，并被《人民日报》等权威媒体报道。

5 月 24 日　"民法典宣传暨优化法治化营商环境"普法宣传系列活动之"讲典法治故事·共创美好生活"主题活动在横琴粤澳深度合作区励骏庞都广场展开。珠海、合作区、中央直属相关部门、澳门主要社团广东办事处及在横琴生活的港澳居民等 1000 多人参加了此次活动。

5 月 28 日　珠海市检察院、市教育局联合印发《关于实施未成年人守护成长计划的意见》，旨在有效预防未成年人犯罪和维护未成年人合法权益。

5 月 29 日　珠琴澳三方法律事务紧密合作第二次联席会议召开，三方就协同打造区域普法品牌及涉外法治人才培养进行了深入讨论与交流。

5 月 30 日　横琴法院与国家税务总局横琴粤澳深度合作区税务局在横琴签署《关于建立司法执行与税费征缴协作机制备忘录》。

5 月 30 日　珠海市政府印发《珠海市征收（征用）土地青苗及地上附着物补偿办法》（珠府〔2024〕42 号）。

5 月 31 日　珠海市税务局与珠海中院、市人力资源和社会保障局、市医疗保障局建立跨部门税费征缴争议协作机制，通过建立联席会议、社会保险费征缴非诉执行协作机制等，实现税费矛盾争议源头治理、依法治理。

5 月 31 日　珠海中院与横琴粤澳深度合作区法律事务局召开府院联动备忘录签约仪式暨行政复议及诉讼府院联动第一次联席会议，助力合作区法治政府建设。

5 月　广东省委平安办印发通知对 2023 年度"1+6+N"基层社会治理工作体系建设先进典型进行通报。珠海市斗门区白藤街道综治中心、金湾区红旗镇综治中心、高新区唐家湾镇司法所获表扬。

6 月 1 日　珠海 1 个法律援助案例入选最高人民法院首批发布的未成年人权益保护案事例库，是全国唯一一个法律援助案例。

6 月 3 日　珠海市一手房商品房"一窗办理"业务成功通过"税费同缴"模式办理，实现涉税不动产登记"一窗办理"业务"税费同缴"全覆盖。

6月4日　拱北海关出台《2024年优化口岸营商环境促进跨境贸易便利化工作措施》，制定了五方面23项措施，旨在持续打造市场化、法治化、国际化一流口岸营商环境。

6月4日　珠海市首次将"交房即发证"承诺写入出让公告和出让合同，标志着珠海全面进入"交房即发证"时代。

6月5日　珠海市香洲区检察院联合江门市新会区检察院依法办理全市首例公益诉讼跨区域异地赔偿案件。

6月5日起　珠海市开展全市社区矫正案卷交叉评查工作，围绕案卷评查35项重点内容，共检查社矫案卷324册，评查发现问题64个。

6月12日　珠海市发展改革局联合市城市管理和综合执法局出台《油气长输管道保护行政执法案件移交接收工作制度》，推动了跨部门综合执法工作有序组织、有效落实，保障基层顺利执法。

6月19日　《珠海市人民政府关于印发珠海市国有建设用地地价管理规定的通知》（珠府〔2024〕48号）正式施行，在原有地价管理规定基础上，进一步完善了地上、地下空间有偿使用规则，并建立划拨用地收取土地成本费用制度。

6月19日　珠海市香洲法院与万山海洋开发试验区桂山镇联合打造的全国首个海岛诉联网法庭挂牌运行。该法庭依托香洲法院数字法院建设成果，整合桂山镇司法所解纷资源和法院专业力量，打通司法服务"最后一海里"。

6月20日至21日　由澳门警察总局、珠海市公安局联合主办，珠海市公安局承办，中国人民公安大学战略支持的第七届"澳门·珠海警务论坛"在珠海举办，澳珠两地警方深化了合作共识，总结了一批合作实践经验，为共同维护澳珠两地社会治安稳定奠定了更加坚实的基础。

6月21日　广东省贸促会联合珠海市政府举办"2024企业国际化经营合规建设交流会暨风险排查"（珠海）活动。会上举行了贸促系统法律服务机构与中国企业"走出去"综合服务基地签约仪式、企业合规师颁证仪式、珠海市企业合规创新研究中心揭牌仪式。

6月21日 澳门特别行政区政府社会工作局、珠海市强制隔离戒毒所、香洲区湾仔街道办事处共建的"粤澳向阳关爱之家"正式揭牌成立。

6月21日至24日 广东省戒毒管理局、澳门特别行政区政府社会工作局和珠海市司法局在横琴合作区签署《粤澳戒毒服务合作框架协议》。同时举办粤澳禁毒普法嘉年华活动,并开展"法先锋+禁毒空中课堂"线上线下禁毒普法宣讲。

6月26日 拱北海关联合横琴粤澳深度合作区经济发展局、珠海市进出口商会,举办以宣讲合作区海关政策法规为主题的对企政策宣讲活动,助力企业切实享受海关改革政策红利。

6月26日 珠海市金湾区司法局在珠海国际健康港举行"产业链+法律服务"联络点揭牌仪式,旨在充分发挥法律服务在提升全区产业链稳定性、安全性和竞争力方面的专业作用。

6月26日起 珠海市金湾区在全市率先推出"区事镇办"服务模式,截至2024年12月,共推动273项区级政务服务事项下沉镇级办理。

6月27日 珠海中院举办"珠海涉澳案例研究中心"签约揭牌仪式、"一案两答:珠澳民商事对读案例(第三批)发布会"及"内地—澳门跨境案例研讨会"。

7月1日 珠海市司法局与市公安局联合印发《珠海市司法局与珠海市公安局定期开展全市社区矫正对象信息核查工作机制》。

7月1日 珠海依托市民服务中心建设项目,整合公证、法律援助、律师行政审批等服务资源入驻市民服务中心,全新升级珠海市公共法律服务中心,为群众提供便捷、普惠、均等的"一站式"法律服务体验。

7月1日 珠海市政务服务和数据管理局联合珠海中院率先建立"府院联动"工作机制,以破产管理人的视角推出企业破产(强制清算)信息查询"一件事""一窗一网"服务,解决破产管理人办理企业信息查询业务办事慢、多次跑、成本高、材料多等问题。

7月3日 《珠海市大病保险办法》(珠府办〔2024〕7号)正式印发,

自 2025 年 1 月 1 日起施行，有效期 5 年。该办法扩大了大病保险费用报销范围，同时大幅提高了年度最高支付限额，基本医疗保险叠加大病保险最高支付限额提高至职工 150 万元、居民 80 万元。

7 月 3 日　珠海市首宗工业类不动产"带押过户"登记业务落地。此宗业务的办理标志着珠海市不动产"带押过户"服务模式成功拓展到工业类不动产。

7 月 4 日　珠海市工商联会同市司法局、市委外事办、市涉外公共法律服务中心成立粤澳民营企业涉外法律服务工作站，与市检察院、市司法局、市企业合规促进会、广东财经大学企业合规研究院共同搭建"企业合规顾问团惠企服务平台"。

7 月 8 日　《珠海市推动农业机械报废更新实施方案》正式施行，是珠海落实国家关于推动大规模设备更新和消费品以旧换新工作部署的重要举措，对加快发展新质生产力，推动农业农村现代化具有重要作用。

7 月 9 日　珠海市香洲法院研发启用"珠澳电子送达通"平台，完成全国首例对澳手机号码电子送达，打破珠港澳三地电信技术限制，实现域外手机号码直接送达，开创涉港澳诉讼文书送达新模式。

7 月 10 日　珠海市香洲区湾仔街道撰写的《打造深、实、新智慧化平台为基层治理高质量发展赋能》、斗门区白藤街道办事处撰写的《珠海市白藤街道赴广州、深圳调研镇街综合行政执法情况报告》被法制日报社纳入《2024 政法智能化建设创新经验汇编》。

7 月 11 日　中共珠海市委全面依法治市委员会办公室印发《关于开展"2024 年度珠海市法治政府建设十大创新实践案例"申报工作的通知》，连续 3 年开展法治政府建设创新实践案例评审，2024 年收集案例达 100 个。

7 月 15 日　《珠海市基本医疗保险办法》（珠府〔2024〕57 号）正式印发，自 2024 年 9 月 1 日起施行，有效期 5 年。该办法提高了职工医保参保人员住院支付比例和异地转诊支付比例，渐进式延长职工医保累计缴费年限至 25 年，并将居民医保个人缴费筹资标准由定额筹资调整为按比例筹资。

7 月 17 日　中共珠海市委平安建设领导小组办公室印发《关于通报表

扬 2023 年度珠海市"1+6+N"基层社会治理工作体系建设先进典型的通知》(珠平安办〔2024〕20 号),香洲区司法局湾仔司法所、金湾区司法局南水司法所、万山区桂山镇司法所、斗门法院横山人民法庭获评 2023 年度珠海市"1+6+N"基层社会治理工作体系建设先进典型。

7 月 20 日 2024 年"服务港澳普法行"系列活动之跨境消费权益法治宣传活动在横琴粤澳深度合作区法律集聚区举行,活动中全省首个"港澳普法义工队"同步成立。

7 月 23 日 珠海市涉外公共法律服务中心与粤澳深度合作区粤港澳工程争议国际调解中心举行合作协议签约揭牌仪式,宣布"咖啡+茶"涉外工程争议调解工作站正式入驻琴澳国际法务聚集区。

7 月 31 日 珠海市科技创新局印发《珠海市科技创新局应用市场主体公共信用综合评价结果工作方案》,为规范开展科研诚信领域公共信用综合评价及结果应用,深入推进科研信用分级分类监管提供依据。

7 月起 珠海市司法局与市政协社会和法制委共同组织培育的"法护航·法润湾口""法护航·法耀三冲"两个项目,分别在斗门区乾务镇湾口村及莲洲镇三冲村实施。

8 月 1 日 珠海市涉外法治人才培训中心、横琴国际商事调解人才培训基地、横琴国际争议解决与风险管理人才培训基地启动仪式在横琴粤澳深度合作区举行。

8 月 1 日 珠海市司法局印发《关于做好基层司法所安全防范工作的通知》,指导加强人民调解员等司法所工作人员的安全法治教育。

8 月 6 日 珠海市斗门区检察院以建强老百姓"家门口的检察院"为目标导向,创建"检系民心"品牌,全面开展"五心行动",努力打通司法为民"最后一公里",获评全省检察机关党建与业务深度融合精品事例。

8 月 7 日 广东省珠海市电力行业人民调解委员会成立。

8 月 12 日 珠海市政府发布《珠海市人民政府关于将建设工程消防审验行政处罚权纳入相对集中行政处罚权范围的公告》,明确自 2024 年 10 月 1 日起建设工程消防审验行政处罚权纳入相对集中行政处罚权范围,并下放镇街行使。

8月14日至16日 珠海市教育局首次将中小学校法治副校长培训项目纳入珠海市"强师工程"培养计划，与市公安局、市司法局、市检察院、珠海中院联合举办2024年法治副校长培训班。

8月19日 广东省委依法治省办印发《关于2023年法治广东建设考评结果的通报》，在2023年法治广东建设考评中，珠海市在全省排名第3，连续七年获评"优秀"等次。

8月19日 珠海市政府印发《珠海市住宅小区公共配套服务设施管理办法》（珠府〔2024〕68号），旨在进一步规范公共配套服务设施管理，充分发挥公共配套服务设施的功能，为居民创造良好的宜居环境。

8月21日 中共珠海市委全面依法治市委员会办公室印发《珠海市法治督察工作办法（试行）》《珠海市法治督察工作规则（试行）》，进一步推进法治督察规范化建设，搭建法治督察"四梁八柱"。

8月23日 珠海市涉外法治建设工作会议召开，对加快建设法治人才队伍和持续打造"五个一流"平台载体作出部署。

8月23日 粤港政务服务"跨境通办"珠海专区在珠海市政务服务中心正式启用，专区设置"跨境通办"自助服务机及"智方便"自助登记站，提供香港特别行政区超370项线上政务服务。

8月26日 珠海市司法局印发《服务保障市信访工作法治化实施方案》，与信访部门实行工作直联，进一步推动信访工作法治化制度化规范化。

8月28日 珠海市香洲法院在全国范围内首次通过跨平台推送短信链接的形式向香港手机号码的当事人成功电子送达诉讼文书。

8月30日 珠海中院与市税务局联合签署《广东省珠海市中级人民法院 国家税务总局珠海市税务局合作备忘录》，在争议化解、信息共享及事项协作三方面共建8大合作事项，深化拓展法院与税务共治格局。

8月30日 《珠海市人民代表大会常务委员会关于确定中华白海豚为城市吉祥物的决定》经珠海市第十届人民代表大会常务委员会第二十八次

会议通过并公布，自公布之日起施行，是全国首部以立法形式确定城市吉祥物的地方性法规。

8月30日 《珠海经济特区固体废物污染环境防治条例》经珠海市第十届人民代表大会常务委员会第二十八次会议通过，于2024年9月1日公布，自2024年12月1日起施行。

8月 珠海首批3宗存量工业用地实现"预告登记"转让，标志着土地预告登记转让制度在珠海正式落地。

8月起 珠海市斗门区检察院办理的督促保护预制菜食品安全行政公益诉讼案，入选最高人民检察院互联网新业态食品药品安全典型案例、全省检察机关开展"检察护企"专项行动典型案事例。

9月1日 《珠海市人民政府关于印发珠海市闲置土地处置实施细则的通知》（珠府〔2024〕70号）正式施行，进一步规范土地市场行为，促进节约集约用地，有效处置和盘活利用闲置土地。

9月3日 珠海市金湾区政府出台《金湾区涉企行政检查"白名单"管理办法（试行）》，将符合条件的企业按程序纳入优化监管的企业名录，在日常监管中实行"无事不扰"，压减检查频次，集中精准执法。

9月4日 广东省政府横琴粤澳深度合作区工作办公室印发《横琴粤澳深度合作区港澳居民法律援助工作规定（试行）》，首次明确港澳居民在内地申请法律援助的经济困难标准、核查程序等。

9月5日 珠海市民政局与珠海中院签署《关于全面推进婚姻信息共享机制的合作备忘录》，在全省率先建立当事人婚姻登记信息和涉婚姻案由的案件信息的共享机制，打通民政部门与法院的婚姻信息共享渠道。

9月9日 广东省普法办公室印发《关于2023年度全省普法依法治理工作网上量化评估情况的通报》，珠海以满分100成绩排名全省第一名。

9月10日 珠海市水务局与市检察院联合印发《珠海市水行政执法与检察公益诉讼协作机制实施意见（试行）》，围绕涉水重点监管领域，建立会商研判、专项行动、线索移送、调查取证、案情通报等协作机制。

9月12日 珠海市生态环境局出台《珠海市生态环境领域免予实施行

政强制清单》，以积极落实包容审慎监管，进一步优化法治化营商环境。

9月12日　珠海市市场监督管理局查办的1宗生产经营食品中非法添加那非类衍生物案，以总分第一名的成绩被国家市场监管总局评为2024年全国食品安全执法稽查优秀案例。

9月19日　珠海中院对全国首例非法引进外来入侵物种刑事案件一审公开开庭宣判。

9月20日　珠海市检察院与市公安局、中国人民银行珠海市分行、广东科学技术职业学院共同举行反洗钱实践教育基地揭牌仪式，并签署《"反洗钱知识进高校"宣教活动合作备忘录》。

9月21日　编发《珠海市行政机关自我纠正行政行为十大典型案例》，推动行政机关工作重心从事后"被动"应对向事前事中"主动"预防及化解行政争议转变。

9月23日　珠海市政务服务和数据管理局在广东政务服务网和"珠海市民服务中心"微信公众号同步推出"珠事通"高效办成一件事服务专区，首批上线11项涉企服务"一件事"和27项个人服务"一件事"。国务院第一批13个重点事项全面在珠海落地实施。

9月26日　珠海市斗门法院联合斗门区委政法委、区人社局、区信访局建立"清理欠薪早介入"联动工作机制，探索源头化解、中端发力、专项攻坚的欠薪纠纷"全链化解"机制，全方位、多角度、深层次防范欠薪风险，切实维护劳动者合法权益。

9月29日　由珠海市检察院与市委统战部、市司法局联合设立的珠海市法治化营商环境监督服务中心正式揭牌。

9月29日　珠海市香洲法院"香法 AI·云上智审"平台正式启用。这是全国首个基层法院司法 AI 大模型，相关事项获人民日报等媒体报道。

9月30日　《珠海市人民政府关于在横琴粤澳深度合作区停止执行〈珠海经济特区城乡规划条例实施办法〉有关条款的决定》（珠府令第155号）公布，自公布之日起施行。

9月　珠海在广东省内率先实现不动产登记在粤港澳大湾区"湾区通

办"及"跨境通办"。

10月11日 成立"横琴粤澳深度合作区证和商事调解中心"。

10月14日 珠海市不动产登记中心与珠海国际仲裁院共同签署《"不动产登记+仲裁+调解服务"合作协议》，在横琴国际仲裁中心服务窗口设置"不动产登记+仲裁+调解便民服务窗口"，企业群众可以直接在便民联办窗口现场接受仲裁、调解及不动产登记程序全流程咨询服务。

10月14日 珠海国际仲裁院发布《珠海国际仲裁院建设国际一流仲裁机构行动方案》，致力将珠海国际仲裁院建设成为国际一流仲裁机构。

10月17日 珠海海事局印发《珠海海事局创新服务横琴粤澳深度合作区的若干措施》，从支持合作区游艇要素集聚、支持合作区航运发展等五方面提出15条措施，以更有力举措推动合作区建设发展。

10月18日 珠海中院、横琴法院在诉讼服务大厅正式运行"行政复议引导服务窗口"，全市行政复议引导窗口在珠海法院实现全覆盖。

10月21日 珠海市自然资源局印发《珠海市简化人工商品林采伐审批手续实施方案》，推动国家林木采伐"放管服"改革在珠海落地生效。

10月24日 中共珠海市委全面依法治市委员会办公室召开全市镇街综合行政执法工作推进会，总结分析和研究部署全市镇街综合行政执法工作。

10月31日 《珠海经济特区质量创新发展条例》经珠海市第十届人民代表大会常务委员会第二十九次会议通过并公布，自2025年1月1日起施行，是全国首部促进质量创新发展的专门地方性法规。

10月31日 《珠海经济特区前山河流域管理条例》经珠海市第十届人民代表大会常务委员会第二十九次会议修订公布，并经广东省第十四届人民代表大会常务委员会第十三次会议批准，自2024年11月1日起施行。

10月31日 《珠海市前山河流域协同保护规定》经珠海市第十届人民代表大会常务委员会第二十九次会议通过，于12月1日公布，自2025年1月1日起施行，开启广东省首次以协同立法形式推动跨区域生态环境保护和治理的创新实践。

11月1日 珠海市召开市委全面依法治市委员会第十二次会议，传达学习全省依法治省工作推进会暨乡镇街道综合行政执法工作推进会精神,听取金湾区、市委网信办、市教育局关于履行推进法治建设第一责任人情况的汇报,研究部署下一步法治珠海建设工作。

11月10日 珠海市检察院、香洲区检察院在红树林保护区联合设立全市首个"检察公益诉讼修复基地"。

11月11日 广东省普法办公布2023~2024年全省国家机关"谁执法谁普法"创新创先和优秀普法工作项目名单,珠海组织推荐的"清单引航规法共学"领导干部学法用法创新项目、"e法童行 未i守护"未成年人网络保护普法项目、"云·律道"普法数字平台、"检察官在身边"法治宣传项目、"校家社协同育人 促进依法带娃"——《家庭教育促进法》普法项目、"桥畔学法"打造法治大桥亮丽名片、"四抓四促四提升"打造港澳居民法律服务港湾项目、念好"五精诀"企业普法项目、"一问三答"珠港澳法治指南普法项目等9个普法工作项目获评省优秀项目,珠海市司法局获评优秀组织单位。

11月11日 珠海市公证协会对外发布《珠海市企业"全生命周期"公证法律服务清单》。

11月12日至17日 第十五届中国航展在珠海举办。市司法局组建由律师、公证员、调解员等组成的"法先锋"助企公共法律服务团,分别进驻珠海国际航展中心和中国航展第二展区(斗门莲洲),围绕参展企业关注度较高的国际贸易、知识产权、跨境投资等面对面提供精准法律服务。

11月19日 横琴法院吸纳澳门律师公会调解及调停中心、一带一路国际商事调解协会、澳门劳动关系调解协会三家澳门调解组织为特邀调解组织。

11月19日 珠海市文化广电旅游体育局综合行政执法四支队办理"珠海市溢某影院有限公司虚报瞒报销售收入、扰乱市场秩序案",被广东省文化和旅游厅评为2024年全省文化市场行政处罚优秀案卷。

11月21日 《珠海经济特区低空交通建设管理条例》经珠海市第十届人民代表大会常务委员会第三十次会议通过并公布,自2025年1月1日起施行。

11 月 21 日　《横琴粤澳深度合作区商事调解条例》经珠海市第十届人民代表大会常务委员会第三十次会议通过并公布，自 2025 年 1 月 1 日起施行，是全国首部规范商事调解活动的地方性法规。

11 月 22 日　珠海市城市管理和综合执法局印发《珠海市城市管理和综合执法局行政处罚自由裁量权适用规则》及其配套文件，将有力规范城市管理综合执法系统行政处罚行为，维护自然人、法人和其他组织合法权益。

11 月 25 日　珠海市斗门法院审理的 1 宗故意伤害案入选最高人民法院与中华全国妇女联合会联合发布的反家庭暴力犯罪典型案例。

11 月 26 日　珠海市财政局印发《珠海市市级政府投资基金返投认定办法（修订版）》，进一步规范市政府投资基金对子基金返投珠海的管理，将充分发挥投资基金引导作用，引进外地优质企业和扶持本地企业发展。

11 月 27 日　珠海市 2 个校外培训行政执法案例在全国校外培训行政执法经验交流现场会进行成果展示，面向全国推广。

11 月 28 日　横琴法院通过司法协助完成首例委托澳门法院查明法律工作，有效拓展法律查明途径。

11 月 29 日　珠海中院、市不动产登记中心、市税务局、市银行业协会合作建立不动产"法拍贷"执行协作机制，实现法拍房交易、贷款、缴税、过户和抵押登记等流程的无缝对接。

11 月　珠海市斗门区持续稳慎推进农村宅基地制度改革，相关工作经验做法入选广东省城乡融合发展十大典型案例、全省基层推进"百千万工程"集成式改革典型案例。

11 月　珠海市斗门区检察院办理的督促加强农村道路安全监管行政公益诉讼案，与区交通运输局联合出台《关于建立"路长+检察长"协作配合工作机制的实施意见》，推动农村公路管理养护常态长效相关事项，入选全省检察机关服务保障"百千万工程"典型案事例。

12 月 1 日至 7 日　珠海市教育局、市司法局联合开展 2024 年"宪法宣传周"暨"宪法进校园"主题活动。全市 250 余所中小学校、33 万余名中小学生在宪法日当天同步开展"宪法晨读"活动。

12月3日　珠海市电力行业人民调解委员会横琴"濠满意"调解工作室授牌成立。工作室将充分发挥人民调解的示范引领作用及电力行业领域的专业能力，将涉港澳矛盾纠纷化解在基层、化解在萌芽。

12月6日　由司法部普法与依法治理局指导、广东省司法厅主办、横琴合作区法律事务局与珠海市司法局承建的"粤港澳大湾区青少年宪法与基本法教育馆"开馆活动在琴澳国际法务集聚区举行。

12月6日　拱北海关出台《进一步优化口岸营商环境 促进外贸稳定增长二十八项措施》，聚焦对外开放平台等五方面提出举措，提升海关监管服务温度和精度，激发市场主体活力，稳定外贸预期、提振企业信心。

12月6日　珠海市国资委印发《珠海市人民政府国有资产监督管理委员会重大事项合法性审核工作管理办法》，强化国资决策合法性的制度保障。

12月6日　横琴粤澳深度合作区商事服务局与合作区法院联合举办第二批澳门籍劳动仲裁员聘任仪式暨劳动争议裁审衔接业务沙龙，探索构建有机衔接、协调联动、高效便捷的劳动争议化解机制。

12月23日　珠海市发布"行政复议护航企业高质量发展"十大典型案例。

12月25日　珠海市斗门区检察院办理的刘某某等人污染环境立案监督案，入选全国检察机关优秀立案监督案例、全省检察机关十佳立案监督案例。

12月27日　珠海中院依法对体育中心驾车冲撞行人案件被告人樊某秋一案进行公开审理并于当日宣判，以以危险方法危害公共安全罪判处樊某秋死刑，剥夺政治权利终身。

12月31日　珠海、中山、江门、阳江四市政务和数据局签署《珠江口西岸都市圈政务服务与数据协作框架协议》，启动珠西都市圈政务服务与数据协作合作发展，助力打造粤港澳大湾区珠江口西岸"一核三极"。

12月31日　《珠海经济特区平安建设条例》经珠海市第十届人民代表

大会常务委员会第三十二次会议通过，于 2025 年 1 月 1 日公布，自 2025 年 1 月 15 日起施行。

12 月 31 日 《珠海经济特区红树林保护条例》经珠海市第十届人民代表大会常务委员会第三十二次会议通过，于 2025 年 1 月 1 日公布，自 2025 年 2 月 2 日起施行，是全国首部关于红树林保护的经济特区法规。

12 月 31 日 《珠海经济特区海钓安全管理规定》经珠海市第十届人民代表大会常务委员会第三十二次会议通过，于 2025 年 1 月 1 日公布，自 2025 年 3 月 1 日起施行。

12 月 31 日 《珠海经济特区消防条例》经珠海市第十届人民代表大会常务委员会第三十二次会议通过，于 2025 年 1 月 2 日公布，自 2025 年 3 月 1 日起施行。

Abstract

The year 2024 marks a pivotal period for deepening the implementation of the guiding principles of the 20th National Congress of the Communist Party of China. Zhuhai continues to adhere to Xi Jinping Thought on the Rule of Law, Based on the new stage of development, We aim to implement the new development philosophy and create a new pattern of development. With the goal of supporting and safeguarding high-quality development through high-level rule of law, Zhuhai is comprehensively advancing the deepened upgrading of initiatives in building a law-based Zhuhai, a law-based government, and a law-based society. *Zhuhai Rule of Law Development Report No. 7 (2025)* systematically reviews the main progress in Zhuhai's legal practices in 2024, providing a thorough summary and in-depth analysis of achievements in areas such as legislative innovation, digital governance enhancement, grassroots rule of law construction, and the strengthening of legal capabilities in foreign-related and Hong Kong-Macao related matters. The report also publishes a series of thematic research findings, showcasing new highlights and breakthroughs in Zhuhai's rule of law construction across key fields, while offering targeted recommendations to address existing challenges.

Forging ahead and embarking on a new journey, Zhuhai is poised to make even greater strides in 2025. With higher standards and a stronger sense of responsibility, Zhuhai will enhance its rule of law construction by optimizing the legal governance system, fostering the deep integration of digitalization with legal governance, and comprehensively elevating the level of law-based city administration. Efforts will focus on improving the framework for law-based social governance, ensuring judicial fairness, reinforcing accountability, and strengthening public legal education and grassroots governance. Additionally, Zhuhai will

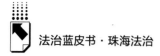

expedite the establishment of a foreign related and Hong Kong-Macao related legal framework aligned with high-quality development and high-level openness, enhancing the role of the rule of law in maintaining stability, promoting development, improving livelihoods, and ensuring good governance. By creating more locally rooted legal governance initiatives with nationwide influence and advancing the development of the Hengqin Guangdong-Macao In-Depth Cooperation Zone, Zhuhai will provide stronger and more robust legal guarantees for the high-quality construction of a modern, internationalized socialist special economic zone in the new era.

Keywords: Rule of Law in Zhuhai; Grassroots Rule of Law; Foreign-Related Rule of Law; Guangdong-Hong Kong-Macao Greater Bay Area; Digital Governance

Contents

I General Report

B.1 The Development of the Rule of Law in Zhuhai in 2024

and Prospects for 2025

The Rule of Law in Zhuhai Research Group / 001

Abstract: In 2024, Zhuhai adhered to Xi Jinping Thought on Socialism with Chinese Characteristics for a New Era, comprehensively studying and implementing the guiding principles of the 20th National Congress of the Communist Party of China and the Second and Third Plenary Sessions of the 20th Central Committee. Focusing on key areas such as the development of new productive forces, the implementation of the "Hundred-Thousand-Ten Thousand" Project, and green and beautiful ecological construction in Zhuhai, the city strengthened legislative initiatives, deepened the construction of a law-based government, and leveraged digitalization to empower a law-based business environment. Comprehensive support was provided to facilitate the operation of the Hengqin Cooperation Zone. By responding to societal concerns through fair justice, Zhuhai explored the "Zhu-Lian-Bi-He" comprehensive mediation mechanism and established a public legal education framework involving broad public participation, injecting legal vitality into rural revitalization. The city also promoted the integrated development of legal affairs across the Zhuhai-Macao region, pioneering a "cross-jurisdictional" model of legal governance and writing a new chapter in regional collaborative development between Zhuhai, Hengqin, and Macao. Looking ahead, Zhuhai aims to seize opportunities and take the lead in rule of law construction. It will continue improving the quality of legislative work, steadily advancing the construction of a digital law-based government, and deepening social governance at the municipal level. Efforts will also focus on building a more just and efficient judicial environment, optimizing a collaborative framework for foreign-related and Hong Kong-Macao related legal affairs, and creating landmark achievements in legal reform with national influence and distinctive Zhuhai characteristics. These initiatives will contribute to developing the Hengqin Cooperation Zone as a model of regional development with Chinese characteristics and an exemplar of the institutional advantages of the "One Country, Two Systems" framework.

Keywords: Rule of Law in Zhuhai; Digital Law-Based Government; Smart Justice; Community of Social Governance; Zhuhai-Macao Integration

II The Development of a Law-Based Government

B.2 Legal Supervision Report from the Perspective of

Grassroots Governance in Zhuhai

Zhuhai Judicial Bureau Research Group / 032

Abstract: Rule of law inspection is a critical tool for strengthening the Party's centralized and unified leadership over the comprehensive promotion of the rule of law. As one of the first demonstration cities for law-based government construction in China, Zhuhai places great emphasis on leveraging the "grip" and "sword" functions of rule of law inspection. By focusing on key tasks in building a law-based Zhuhai, the city has continuously improved its inspection system, established a vertically integrated inspection framework connecting municipal and district levels, and strengthened the application of inspection results, achieving notable success. However, challenges remain, including diminishing inspection capacity at lower levels, a lack of effective mechanisms for accountability, overlapping and repetitive inspection and evaluation efforts, and insufficient initiative at the district level. To address these issues, it is necessary to enhance public participation and information technology in rule of law inspections, refine the inspection mechanisms, and further build a comprehensive inspection framework for rule of law construction. These efforts will ensure that rule of law inspections are deepened and implemented effectively.

Keywords: Rule of Law Construction; Law-Based Administration; Grassroots Governance; Rule of Law Inspection

B.3 Report on the Coordinated Promotion of Rule of Law Government Construction by Administrative Prosecution

—*From the Perspective of Administrative Prosecution Work of Xiangzhou District People's Procuratorate*

Zhuhai Xiangzhou District People's Procuratorate Research Team / 045

Abstract: Administrative prosecution plays a dual role in promoting judicial fairness in courts and administrative agencies' lawful administration, and is an important force in promoting the integrated construction of a rule of law country, a rule of law government, and a rule of law society. In the context of comprehensively governing the country according to law in the new era, facing the new deployment of building a rule of law government, the People's Procuratorate of Xiangzhou District actively takes action, innovates the handling mode, continuously promotes the breakthrough development of administrative prosecution in terms of supervision effectiveness, and plays a synergistic role in promoting the construction of a rule of law government. The construction of a rule of law government in the new era has put forward higher requirements for administrative procuratorial work. The current supervision effect still needs to be strengthened, and the joint force of the construction of a rule of law government still needs to be strengthened. To further promote the construction of a rule of law government, on the one hand, the procuratorial organs need to identify the points of convergence in the work of service centers and effectively carry out administrative procuratorial work; On the other hand, it is necessary to deepen the cooperation mechanism between the government and the procuratorate, promote the benign interaction between prosecutorial power and administrative power, consolidate stronger governance forces, and promote the improvement of governance efficiency.

Keywords: Administrative Prosecution; Law-Based Government Construction; Government Inspection Linkage

B.4 The Practice and Exploration of Comprehensive Legal Review of Grassroots Decision-Making Matters in Jinwan District

Research Group of the Jinwan District Judicial Bureau, Zhuhai / 058

Abstract: The path to building a law-based government in China begins with "law-based administration," and law-based decision-making serves as its starting point and cornerstone. To effectively implement law-based administration, efforts must first focus on ensuring decisions are made in accordance with the law. Legitimacy review is the most critical step in advancing law-based decision-making, and achieving comprehensive legal review of decision-making matters is an essential pathway for grassroots governments to ensure compliance with the law. In Jinwan District, the implementation of comprehensive legal review for decision-making matters across its four towns has achieved significant results. However, challenges remain in areas such as review timelines, the capacity of review teams, and the efficiency of review processes. To further enhance the level of comprehensive legal review of decision-making matters across towns, it is essential to strengthen the professionalization of review teams, optimize supervision and assessment mechanisms, and explore digital reforms. These measures will effectively improve the capacity for law-based decision-making at the grassroots level.

Keywords: Grassroots Decision-Making Matters; Judicial Offices; Legality Review

B . 5 Improvement of Zhuhai's Science and Technology Innovation Policy System under the Innovation-Driven Development Strategy

Research Group of Beijing Institute of Technology Zhuhai College / 069

Abstract: Since the 18th National Congress of the Communist Party of China, the central government has placed scientific and technological innovation at the core of national development. The Zhuhai municipal government has adhered to the innovation-driven development strategy, actively guiding and safeguarding technological innovation mechanisms through the establishment of local regulations to promote regional technological innovation and economic growth. Zhuhai's current science and technology innovation policy system, based on the Zhuhai Special Economic Zone Science and Technology Innovation Promotion Regulations, encompasses various measures related to innovation entities, platform carriers, results transformation, scientific and technological talent, and technology finance. Under the promotion and protection of the rule of law, Zhuhai has demonstrated positive trends across multiple scientific and technological innovation indicators, with a significant enhancement in its innovation capabilities. However, the overall scale of technological innovation remains limited, and strategic emerging industries are still in the early stages of development. It is imperative for the government to further improve the regulatory framework for science and technology policies, build a comprehensive, multi-dimensional, and systematic legal environment for innovation, and eliminate barriers that constrain Zhuhai's innovation mechanisms. These efforts will provide strong momentum for accelerating

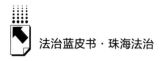

the construction of the Guangdong-Hong Kong-Macao Greater Bay Area as an international science and technology innovation hub.

Keywords: Law on the Progress of Science and Technology; National Innovation System; Science and Technology Innovation Policy System; Science and Technology Innovation Mechanism

B.6　The Practice of Collaborative Resolution of Administrative Disputes through Administrative Reconsideration and Litigation in Zhuhai

Research Group of the Zhuhai Judicial Bureau / 084

Abstract: Zhuhai has fully leveraged the functional advantages of administrative reconsideration and litigation in supervising and guiding law-based administration. By deepening reforms of the administrative reconsideration system, adhering to and advancing the "Fengqiao Experience" in resolving administrative disputes in the new era, steadily improving the quality of Hong Kong-Macao related legal services, and urging administrative agencies to fulfill their litigation responsibilities, the city has established a positive ecosystem for resolving administrative disputes. Moving forward, Zhuhai aims to further enhance the role of administrative reconsideration in resolving social conflicts and disputes, strengthen supervision and guidance on administrative law enforcement, increase the rate of court appearances by administrative agency leaders, and reinforce the responsibility of administrative agencies in responding to lawsuits in accordance with the law. These efforts will transform the institutional advantages of administrative reconsideration into institutional efficiency, providing robust support for Zhuhai's high-quality development through advanced administrative reconsideration and litigation practices.

Keywords: Administrative Reconsideration; Administrative Litigation; Collaborative Resolution; Administrative Disputes

III The Development of the Judiciary

B.7 Challenges and Solutions in Behavioral Civil Enforcement Cases

—*A Study Based on Behavioral Enforcement Cases in Zhuhai Courts from 2020 to August 2023*

Research Group of the Zhuhai Intermediate People's Court / 097

Abstract: The root cause of the "difficulty in enforcement" for behavioral civil enforcement cases lies in the disconnect between adjudication and enforcement, leading to a lack of enforceability in the legal basis, as well as the inherent challenges in enforcing certain cases. Constructing a dedicated mechanism for behavioral civil enforcement cases should focus on the following four aspects. Establishing an Adjudication-Enforcement Coordination Mechanism: Enhance the enforceability of judgments by integrating enforcement considerations during the adjudication stage and implementing a "clarification-consultation-response or correction" post-relief mechanism during the enforcement stage. Building an Enforcement Collaboration Mechanism: Foster synergies with administrative agencies and professional institutions to form a unified force for enforcement. Improving the Deterrence Mechanism: Increase judicial deterrence by fully utilizing pre-warnings of credit penalties and judicial sanctions, gradually intensifying compulsory measures, and refining the delayed performance fee system for behavioral civil enforcement cases. Developing a Standardized Enforcement Mechanism: For cases inherently difficult to enforce, such as family-related enforcement cases and compulsory eviction cases, establish a systematic and standardized enforcement framework to adopt case-specific strategies and advance enforcement effectively. These measures aim to address enforcement challenges comprehensively, ensuring more effective and systematic enforcement outcomes.

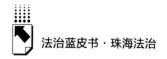

Keywords: Non-Monetary Obligation Enforcement; Enforceability of Judgments; Adjudication-Enforcement Integration; "Enforcement Challenges"

B.8 The Practice and Prospects of Appointing Hong Kong and Macao Jury Members in Zhuhai

Research Group of the Zhuhai Judicial Bureau / 118

Abstract: The appointment of Hong Kong and Macao jury members is an important innovative measure in advancing judicial reform within the Guangdong-Hong Kong-Macao Greater Bay Area. With the implementation of the People's Jurors Law of the People's Republic of China, the responsibility for juror appointments has shifted from grassroots people's courts to judicial administrative agencies, and the selection process has transitioned from primarily organization-based recommendations to primarily random selection. This shift has made the appointment of Hong Kong and Macao jury members a key focus for judicial administrative agencies.

In Zhuhai's practice of appointing Hong Kong and Macao jury members, several challenges have emerged, including insufficient supporting systems, low participation rates among Hong Kong and Macao residents, unclear pathways for qualification verification, and the need for improved interdepartmental coordination. Moving forward, efforts should focus on four key areas: strengthening top-level design, enhancing collaboration and communication, establishing regular joint meetings, and improving external publicity to advance the effective appointment and engagement of Hong Kong and Macao jury members.

Keywords: Hong Kong and Macao Residents; Jurors; Dispute Resolution; Zhuhai Practice

B . 9   Research Report on Full-Process Paperless Case

Handling in Xiangzhou Court

Research Group of the Zhuhai Xiangzhou District People's Court / 130

Abstract: Focusing on public concerns regarding the quality and efficiency of trials and enforcement, as well as challenges such as case overload and reform-related obstacles, the Xiangzhou Court has actively advanced the reform of a full-process paperless case-handling model. By reshaping case-handling workflows and adopting a phased implementation strategy of "pilot-adjustment-promotion", the court systematically addressed issues related to the creation, circulation, storage, utilization, and archiving of electronic case files. This effort has resulted in a replicable and scalable paperless case-handling system. The reform not only ensures fairness and justice in judicial proceedings while providing convenient and efficient judicial services for the public but also allows case-handling personnel to benefit from the "digital dividends" of the reform. This achieves the dual objectives of facilitating public litigation and enhancing the quality and efficiency of trials and enforcement.

Keywords: Paperless Case Handling; Electronic Case Files; Case Handling Model Reform; Online Case Handlin

B . 10   Reflections and Practices on Procuratorial Public Interest

Litigation to Support the "Green and Beautiful Hengqin"

Initiative

Research Group of the Guangdong Hengqin Guangdong-Macao

In-Depth Cooperation Zone People's Procuratorate / 147

Abstract: As a key pillar of the Guangdong-Hong Kong-Macao Greater Bay Area, the Hengqin Guangdong-Macao In-Depth Cooperation Zone carries the mission of providing space for Macao's moderately diversified economic development. The Hengqin Cooperation Zone People's Procuratorate has actively engaged in procuratorial public interest litigation in the ecological and environmental domain, focusing on public concerns such as air quality, water resource protection and utilization, waste management, and food and drug safety. By exploring new areas such as marine prosecution models and the application of big data legal supervision, the procuratorate has effectively supported the " Green and Beautiful Hengqin " initiative. However, challenges persist, including insufficient effectiveness in performing prosecutorial duties, a lack of proactive cooperation from functional departments, difficulties in securing evidence, and conflicts in legal responsibilities. To address these issues, the procuratorate plans to further strengthen active performance of duties, enhance the precision and standardization of public interest litigation supervision and case handling, leverage judicial interpretation as a guiding tool, and innovate cross-regional judicial collaboration mechanisms for public interest litigation. By relying on both technological advancements and human expertise, the procuratorate aims to improve evidence collection and investigative capabilities, thereby contributing to the optimization of Hengqin's ecological governance system.

Keywords: Public Interest Litigation; Hengqin Guangdong-Macao In-Depth Cooperation Zone; Green and Beautiful Hengqin Construotion

B.11　Challenges and Countermeasures in the Implementation of the Mandatory Reporting System for Cases Involving the Infringement of Minors

Research Group of the People's Procuratorate of

Jinwan District, Zhuhai City / 160

Abstract: Since its promulgation, the mandatory reporting system for cases involving the infringement of minors has achieved certain successes. However, its overall application rate remains relatively low. Challenges in implementation include a narrow scope of reporting responsibility, limitations in the content of reports, unclear responsibilities and procedures for receiving and handling reports, insufficient protection for reporting parties, and incomplete accountability mechanisms. To address these issues, it is necessary to draw on mature international practices and further optimize the top-level design of the mandatory reporting system. Measures should include refining the scope of reporting responsibilities, improving the content and methods of mandatory reporting, and clarifying the procedures for receiving and processing reports to enhance the system's operability. In addition, efforts should focus on developing complementary mechanisms, such as refining accountability and reward systems for mandatory reporting to strengthen the protection of reporting parties, thereby improving their sense of responsibility and enthusiasm for reporting. Drawing on the experiences and practices of Zhuhai's local procuratorial agencies in implementing the mandatory reporting system, this study provides specific recommendations for enhancing the system to ensure better protection of minors' rights and interests.

Keywords: Cases Involving the Infringement of Minors; Mandatory Reporting System; Graded Intervention

B.12 Grassroots Practices of the Procuratorial Agencies in Serving and Safeguarding Rural Revitalization

Research Group of the People's Procuratorate of
Doumen District, Zhuhai City / 177

Abstract: The revival of the nation hinges on the revitalization of rural areas. The 20th National Congress of the Communist Party of China outlined a grand blueprint for advancing the great rejuvenation of the Chinese nation through Chinese-style modernization. In the process of building a modern socialist country, the most challenging and critical tasks remain in rural areas. President Xi Jinping emphasized the need to mobilize the entire Party and society to comprehensively advance rural revitalization. The People's Procuratorate of Doumen District has implemented the important instructions of President Xi, actively performing its duties in accordance with the law, leveraging its frontline advantages, and identifying key points for the exercise of prosecutorial functions. Focused on ensuring safety and stability, supporting the "real economy-based, manufacturing-led" strategy, and promoting the concept of green development, the Procuratorate has played a crucial role in providing robust legal services and support for accelerating the construction of beautiful, prosperous, green, harmonious, and just "five beauties" villages. Despite these achievements, challenges remain, including a lack of proactive service concepts, an underdeveloped coordination mechanism, and insufficient service capabilities. To address these shortcomings, the Doumen District People's Procuratorate will further integrate its prosecutorial functions with rural revitalization efforts, strengthen the deployment of prosecutorial resources, balance prosecutorial forces, and optimize its functions. It will also explore a model that combines prosecutorial characteristics with rural revitalization, contributing its legal expertise and resources to the modernization of agriculture and rural areas.

Keywords: Procuratorial Agencies; Rural Revitalization; Grassroots Practices

Ⅵ Cross-Border Rule of Law

B.13 Legal Practice and Exploration of the Line-Splitting
Customs Supervision System Model in Hengqin
Guangdong-Macau Deep Cooperation Zone

Research Group of Gongbei Customs / 193

Abstract: The management policy of the Hengqin Guangdong Macao Deep Cooperation Zone has been officially implemented since March 1, 2024. A number of institutional open and innovative measures have taken effect, and the results of serving the moderate and diversified development of Macao's economy have begun to show, which has been recognized by all sectors of society. Based on the practical location of the Hengqin Cooperation Zone at the forefront of the "One Country, Two Systems" policy, Gongbei Customs integrates legal thinking and methods into the entire process of implementing branch management policies, taking into account the relevant legal issues faced in building a model room for branch management customs supervision system. It promotes the scientific allocation of "first and second line" functions and the linkage of the two lines, integrates innovative achievements in regulatory systems, constructs a hierarchical and classified regulatory system, explores the development of Qin'ao law enforcement cooperation, and provides a "Hengqin rule of law sample" for the efficient implementation of branch management policies.

Keywords: Hengqin Cooperation Zone; Line-Splitting Management; Customs Supervision Area; Rule of Law

B.14 Practice and Exploration of Cross-Border Legal Popularization between Hengqin and Macau in the Digital Age

Legal Affairs Bureau of Hengqin Guangdong-Macau

Deep Cooperation Zone / 207

Abstract: In the new era and with the new journey ahead, Macau's integration into the national development strategy has become an important topic for the Guangdong-Hong Kong-Macao Greater Bay Area. As the frontline of the "One Country, Two Systems" practice, the Hengqin Guangdong-Macau Deep Cooperation Zone, in response to new demands and challenges in cross-border legal popularization, has actively explored new paths in the digital age to achieve precise legal education. Through the construction of multimedia platforms, the exploration of engaging incentive mechanisms, and the implementation of two-way legal education strategies, the Zone has effectively advanced the rule of law

integration process within the Greater Bay Area. However, the cross-border legal
popularization efforts in the Hengqin Guangdong-Macau Deep Cooperation Zone
still face numerous challenges, such as uneven efforts to educate key groups, the
impact of media differences between the two regions, limited coverage of public
participation in legal education activities, and the structural and numerical
shortcomings in the pool of foreign-related and Hong Kong-Macao related legal
service talents. To address these issues, the Zone will further develop differentiated
legal education plans, innovate cross-border legal popularization methods, expand
cross-border legal channels, and strengthen the cross-border legal talent team.
These measures will help improve the public's legal literacy, provide strong support
for Macau's better integration into the national development framework, promote
the rule of law integration within the Greater Bay Area, and facilitate the
advancement of regional integration.

Keywords: Cross-Border Legal Popularization; Digital Age; Guangdong-
Hong Kong-Macao Greater Bay Area; "One Country, Two Systems, Three
Legal Domains"

B.15 Practice and Prospects of Immigration Management Agencies Ensuring the Implementation of the "Two Vehicles Northbound" Policy

Hong Kong-Zhuhai-Macau Bridge Immigration and
Border Control Checkpoint Group / 219

Abstract: The "Two Vehicles Northbound" policy serves as a model for the
integration of rules and mechanisms within the Guangdong-Hong Kong-Macao
Greater Bay Area, enhancing the "hard connectivity," accelerating "soft
connectivity," and fostering "heart connectivity" across the region. While the
policy has contributed significantly to regional integration, it has also introduced
new situations and challenges. To ensure the smooth and deep implementation of

the "Two Vehicles Northbound" policy, immigration management agencies, guided by President Xi Jinping's important instructions to "make good use and manage the bridge," have focused on innovation in inspection models, optimization of border facilities, improvement of policy regulations. These measures aim to enhance safety and contribute to the high-quality development of the Guangdong-Hong Kong-Macao Greater Bay Area.

Keywords: Hong Kong Vehicles Northbound; Macau Vehicles Northbound; Immigration Management Agencies

B.16 Foreign-Related and Hong Kong-Macao Related Legal Services Practice and Exploration in Wanzai Subdistrict, Xiangzhou District, Zhuhai, Wanzai Subdistrict

Wanzai Subdistrict Xiangzhou District Zhuhai City Research Group / 233

Abstract: With the increasing economic cooperation and cultural exchanges between Guangdong, Hong Kong, and Macau, there is a growing demand for related legal services for Hong Kong and Macau residents. Wanzai Subdistrict adheres to and develops the "Fengqiao Experience" in the new era and has innovatively launched the "580" one-stop dispute mediation platform. It also created the "One Question, Three Answers" legal publicity brand for Guangdong, Hong Kong, and Macau, exploring legal connections in areas such as drug control and social rehabilitation services. Foreign-related and Hong Kong-Macao related legal services have achieved certain results, there remain some pain points, blockages, and challenges. Wanzai Subdistrict plans to address the key aspects of Zhuhai's foreign-related and Hong Kong-Macao related legal work, further strengthen the legal talent pool, accelerate the integration of digital intelligence into legal services, deepen multi-party collaboration in anti-drug support, and build a unique path for foreign-related and Hong Kong-Macao related legal services in Wanzai Subdistrict, advancing its services to a new level.

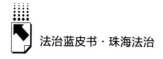

Keywords: Foreign-Related Rule of Law; Foreign-Related and Hong Kong-Macao Related Legal Services; Fengqiao Experience; Wanzai Subdistrict

B.17 Practice and Exploration of Cross-Border Credit Cooperation and Mechanism Alignment Between Zhuhai, Hong Kong, and Macau

Zhuhai Development and Reform Bureau Research Group / 245

Abstract: Zhuhai has actively explored cross-border credit cooperation and mechanism alignment between Zhuhai, Hong Kong, and Macau from various aspects such as policy alignment, legal coordination, platform support, and data sharing. It launched the first cross-border credit service platform in China that supports bidirectional queries in both simplified and traditional Chinese characters and an international credit service marketplace. Zhuhai also conducted the first-ever national-level credit data exit risk assessment and pioneered the establishment of a cross-border credit mutual recognition and joint incentive mechanism. These efforts are advancing effective alignment of establish credit rules in the consumer sector among Zhuhai, Hong Kong, and Macau. By building a cross-border credit cooperation framework, Zhuhai, Hong Kong, and Macau play a leading role in fostering strong collaborative efforts. This exploration seeks to identify the "greatest common denominator" under two different regulatory systems, providing a meaningful sample for the development of cross-border credit cooperation and offering valuable insights for other regions to innovate in credit systems.

Keywords: Zhuhai-Hong Kong-Macau Cross-Border Credit Cooperation; Credit System Construction; Mechanism Alignment; Guangdong-Hong Kong-Macau Greater Bay Area Cooperation

B.18   Practice and Exploration of Building a New Hub for
          Foreign-Related and Hong Kong-Macao Related Rule of
          Law in the Guangdong-Hong Kong-Macau Greater Bay
          Area by the Zhuhai Court of International Arbitration

Zhuhai Court of International Arbitration Research Group / 258

Abstract: International commercial arbitration has rich institutional value in the construction of the national rule of law system and capacity. The Zhuhai Court of International Arbitration has been actively promoting the establishment of a new hub for foreign-related and Hong Kong-Macao related rule of law in the Guangdong-Hong Kong-Macau Greater Bay Area. It has advanced the internationalization of arbitration governance models and mechanisms, continuously enhanced arbitration quality and efficiency, and optimized arbitration services. The court has also established a diversified dispute resolution mechanism to support and promote the industrial economy development, engaged in arbitration theory research and cultivated foreign-related and Hong Kong-Macao related legal talents. These efforts aim to foster deeper cooperation between Guangdong and Macau and to drive institutional integration within the Greater Bay Area, achieving numerous high-level innovative developments. Addressing existing challenges in arbitration development, the Zhuhai Court of International Arbitration plans to continue reforming its systems and mechanisms, strengthening arbitration innovation, enhancing arbitration quality and credibility, and pursuing high-quality growth. It will also focus on innovating arbitration mechanisms, advancing internationalization, and promoting arbitration awareness, striving to build a world-class arbitration institution and establish Zhuhai as a preferred destination for international commercial arbitration.

Keywords: Foreign-Related and Hong Kong-Macao Related Rule of Law; System Construction; Zhuhai Arbitration

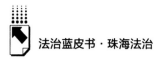

V   Delivering Public Benefits through the Rule of Law

B.19   Practice and Prospects of the School-Family-Community

Collaborative Education Model in Zhuhai

Zhuhai Municipal Education Bureau Research Group / 270

Abstract: To fully implement the guiding principles of the 20th National Congress , thoroughly study and apply the important directives of the General Secretary Xijinping's important positions on "family value, family education, and family building", enforce *Family Education Promotion Law of the People's Republic of China*, and help parents address practical challenges in family education, such as "wanting to love but not knowing how, wanting to educate but lacking the skills", Zhuhai City has taken proactive steps to promote the healthy growth of students. Under government coordination and the leadership of the education department, Zhuhai has established over 40 family education guidance service centers in its first phase of pilot initiatives. Leveraging these centers, Zhuhai has actively developed a collaborative education model of "government coordination and multi-stakeholder collaboration" involving schools, families, and communities. This model has facilitated the deep integration of family education with school and social education, creating a practical example of collaborative education in Zhuhai and establishing a new framework for joint educational efforts. However, in the process of building this collaborative model, Zhuhai has encountered practical challenges, such as insufficient assessment mechanisms, a lack of innovation, weak demonstration and driving mechanisms, and inadequate integration and targeted support. To address these challenges, Zhuhai will continue to optimize its organizational structure and mechanisms, further clarify the responsibilities of schools, families, and communities, harness the strengths of all stakeholders in family education, effectively enhance parental engagement, and ensure the sustained and deepened advancement of the collaborative education model in Zhuhai.

Keywords: *Family Education Promotion Law*; School-Family-Community Collaborative Education; Family Education

B.20   Zhuhai's Continuous Innovation of the "Seven Clouds" Agreement Management Model in Medical Insurance

Zhuhai Municipal Medical Insurance Service
Management Center Research Group / 283

Abstract: Designated medical institutions and designated retail pharmacies refer to healthcare facilities and physical retail pharmacies that voluntarily enter into medical insurance service agreements with the administrative agencies of coordinated regions to provide medical and pharmaceutical services for insured individuals. Agreement management, which aims to safeguard the interests of the insured, represents a healthcare governance approach that clarifies responsibilities, rights, and obligations through service agreements. To fully implement national medical insurance policies and facilitate public access to healthcare services, Zhuhai has innovated its agreement management model by optimizing processes in application-signing, education-training, pharmaceutical and inpatient management. This initiative has created the "Seven Clouds" integrated cloud services, including "Cloud Application" "Cloud Signing" "Cloud Commitment" "Cloud Education" "Cloud Prescription" "Cloud Drug Pricing" "Cloud Ward Rounds", thereby enhancing comprehensive management of designated medical institutions and ensuring the security and effective utilization of healthcare funds. Moving forward, Zhuhai will accelerate the digital transformation of designated medical institutions by establishing real-time monitoring and precise early warning systems. It will strengthen cross-departmental collaboration and data sharing to build an intelligent full-chain supervision network, ultimately driving high-quality development of medical insurance services.

Keywords: Medical Insurance Fund; Fund Safety; Designated Medical Institutions and Pharmacies

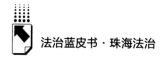

法治蓝皮书·珠海法治

B.21 Zhuhai's Practice and Prospects for Implementing
Accessible Environment Construction Legislation

Zhuhai Disabled Persons' Federation Research Group / 292

Abstract: Zhuhai has employed legal measures to promote accessible city construction, developing a "1+3+N" work model for building an accessible city. This model integrates government coordination, the leadership of the Disabled Persons' Federation, media and prosecutorial support, and the involvement of various societal forces. By unifying the efforts of relevant stakeholders under a centralized mechanism, this approach leverages the strengths of each party to foster collaborative participation in creating an accessible city. However, challenges remain, including underdeveloped coordination mechanisms, insufficient supervisory measures, and low public engagement. To further align accessible city construction with the high-quality development of Zhuhai's special economic zone, it is recommended to establish and implement a joint meeting system to enhance coordination mechanisms; develop enforceable supervisory regulations. Promote widespread adoption of accessibility concepts; refine working mechanisms to reinforce the authority of relevant legislation.

Keywords: Accessibility; Urban Construction; Social Governance; Zhuhai Special Economic Zone

VI   Social Governance

B.22   Research Report on the Construction of a Grassroots
Governance System for the "Three New Groups" in
Zhuhai High-Tech Industrial Development Zone

Zhuhai High-Tech Industrial Development Zone
Comprehensive Governance Bureau Research Group / 304

Abstract: The "Three New Groups" represent a key human resource foundation for bolstering new productive capacities and ensuring the healthy development of the digital economy in Zhuhai High-Tech Industrial Development Zone Chereinafter referred to as "Zhuhai High-Tech Zone". Responding to the Report to the 20th National Congress of the Communist Party of China call to protect the rights and interests of those in flexible employment and new forms of employment, the Zone focuses on the sustainable development and rights protection of the "Three New Groups". Through innovative initiatives such as the New Star Legal Bay Public Legal Service Station, the Worker-Law Joint Service Station, the "Three New Groups" Mediation Committee, the expansion of public legal service coverage, and the extension of grassroots governance reach, the Zone ensures comprehensive public services, empowers the "Three New Groups" and builds a new framework for grassroots governance. These efforts provide robust "new" momentum for the high-quality development of Zhuhai's High-Tech Zone.

Keywords: Three New Groups; Grassroots Governance; Public Legal Services; Multi-Dispute Resolution

B.23 The Practice and Exploration of Building New Era "Fengqiao-Style" Procuratorial Offices by Zhuhai Procuratorates

Research Group of Zhuhai People's Procuratorate / 318

Abstract: Since the 18th National Congress of the Communist Party of China, socialism with Chinese characteristics has entered a new era. The "Fengqiao Experience" as a critical paradigm for maintaining social stability, continues to thrive with innovative vitality, marking a profound shift from social management to social governance. Zhuhai's procuratorial authorities fully implement President Xi Jinping's directives on adhering to and developing the "Fengqiao Experience" addressing emerging trends and challenges in economic and social development. They regard the construction of new era "Fengqiao-Style"

413

procuratorial offices as a driving force for modernizing social governance. Boldly embracing new strategies and measures, Zhuhai explores the integration of "Fengqiao-Style" approaches within its "1 +6 +N" grassroots governance system across key areas such as corporate protection, juvenile justice, ecological security, and legal advocacy. Moving forward, New Era "Fengqiao-Style" procuratorial offices will focus on refining their prosecutorial priorities, contributing to a co-construction, co-governance, and shared benefits framework while accelerating the digital transformation of procuratorial functions, creating Zhuhai's unique model for "Fengqiao-Style" governance in the new era.

Keywords: New Era "Fengqiao-Style" Procuratorial Office; The Fengqiao Model in Promoting Social Harmony in the New Era; Grassroots Governance

B.24 Optimization of the Pathways for Diversified Dispute Resolution Systems from the Perspective of "Government-Court Coordination"

Research Group of Jinwan District People's Court, Zhuhai City / 331

Abstract: Grassroots courts serve as the frontline for resolving conflicts and disputes. Key challenges include promoting pre-litigation resolution of disputes and integrating the judiciary into grassroots social governance. Faced with a sharp increase in caseloads, numerous historical disputes, and new challenges from centralized administrative case jurisdiction, the Jinwan District People's Court has actively explored constructing a "one-stop" diversified dispute resolution framework. Efforts include strengthening preventive measures, addressing recurring case patterns, building a modern litigation service system, and promoting high-quality and efficient dispute resolution. Recognizing existing gaps in the current dispute resolution system, future initiatives of the Jinwan District People's Court will focus on enhancing the "bridgehead" role of grassroots courts, improving multi-faceted mediation system, establishing a diversified dispute resolution case database, and leveraging legal advocacy. Furthermore, the "government-court coordination" mechanism will be optimized to advance a modernized and holistic dispute resolution system.

Keywords: Government-Court Coordination; Diversified Dispute Resolution; Pattern-Based Case Governance; Preventive Governance; Digital Governance

B.25 Research Report on Optimizing Grassroots Social Governance Pathways in the Hengqin Guangdong-Macao In-Depth Cooperation Zone

Guangdong Provincial Government Hengqin Guangdong-Macao

In-Depth Cooperation Zone Office / 342

Abstract: The Hengqin Guangdong-Macao In-Depth Cooperation Zone has consistently strengthened and innovated grassroots social governance, advancing modernization efforts. Anchored by the comprehensive implementation of the "Property City" model and leveraging the opportunity to establish a demonstration area for grassroots governance in Chinese modernization, the Cooperation Zone aims to promote Guangdong-Macao integration by consolidating resources, aligning with Macao's systems, and fostering a new social governance paradigm characterized by joint consultation, construction, management, and shared benefits. However, challenges such as fragmented management, inadequate alignment of regulations, and limited information sharing persist. Moving forward, efforts must focus on new positioning of "Macao + Hengqin", and achieving Guangdong-Macao integration governance objectives by accelerating system-building, reinforcing organizational support, utilizing grid-based management teams and governance platforms, and advancing a modernized grassroots governance model with regional characteristics. These measures will promote Macao's economic diversification, deepen its integration into national development, and contribute to enriching the "One Country, Two Systems" practice, fostering a high-level open Guangdong-

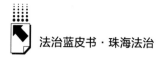

Macao ecosystem.

Keywords: Hengqin Guangdong-Macao In-Depth Cooperation Zone; Community-level Social Governance; Guangdong-Macao Integration

B.26 Practice and Path Optimization of Doumen Court's Integration into the "1+6+N" Grassroots Social Governance System

Research Group of the People's Court of
Doumen District, Zhuhai City / 355

Abstract: Rule of law is the essential path for innovation in social governance and a crucial element in strengthening the national governance system and improving governance efficiency. The Doumen District People's Court hereinafter referred to as Doumen Court has actively utilized its judicial functions to integrate into the "1+6+N" grassroots social governance framework, focusing on Party leadership, collaborative synergy, and technological empowerment. While significant progress has been made in creating a governance pattern with judicial contributions when Doumen Court is involved in grassroots social governance, challenges such as insufficient resource allocation, lack of coordinated governance efforts, and limited technological integration still hinder the full realization of governance efficiency. Moving forward, the Court aims to leverage institutional strengths to create a new governance landscape, advance pluralistic co-governance to explore innovative governance paths, and deepen digital empowerment to add momentum to governance modernization. These efforts will provide strong judicial services and support for the modernization of China's system and capacity for governance.

Keywords: Community-level Social Governance; Pluralistic Co-governance; Digital Empowerment

社会科学文献出版社

皮 书

智库成果出版与传播平台

❖ 皮书定义 ❖

皮书是对中国与世界发展状况和热点问题进行年度监测,以专业的角度、专家的视野和实证研究方法,针对某一领域或区域现状与发展态势展开分析和预测,具备前沿性、原创性、实证性、连续性、时效性等特点的公开出版物,由一系列权威研究报告组成。

❖ 皮书作者 ❖

皮书系列报告作者以国内外一流研究机构、知名高校等重点智库的研究人员为主,多为相关领域一流专家学者,他们的观点代表了当下学界对中国与世界的现实和未来最高水平的解读与分析。

❖ 皮书荣誉 ❖

皮书作为中国社会科学院基础理论研究与应用对策研究融合发展的代表性成果,不仅是哲学社会科学工作者服务中国特色社会主义现代化建设的重要成果,更是助力中国特色新型智库建设、构建中国特色哲学社会科学"三大体系"的重要平台。皮书系列先后被列入"十二五""十三五""十四五"时期国家重点出版物出版专项规划项目;自2013年起,重点皮书被列入中国社会科学院国家哲学社会科学创新工程项目。

皮书网

（网址：www.pishu.cn）

发布皮书研创资讯，传播皮书精彩内容
引领皮书出版潮流，打造皮书服务平台

栏目设置

◆ **关于皮书**

何谓皮书、皮书分类、皮书大事记、
皮书荣誉、皮书出版第一人、皮书编辑部

◆ **最新资讯**

通知公告、新闻动态、媒体聚焦、
网站专题、视频直播、下载专区

◆ **皮书研创**

皮书规范、皮书出版、
皮书研究、研创团队

◆ **皮书评奖评价**

指标体系、皮书评价、皮书评奖

所获荣誉

◆ 2008 年、2011 年、2014 年，皮书网均
在全国新闻出版业网站荣誉评选中获得
"最具商业价值网站"称号；
◆ 2012 年，获得"出版业网站百强"称号。

网库合一

2014年，皮书网与皮书数据库端口合
一，实现资源共享，搭建智库成果融合创
新平台。

皮书网

"皮书说"
微信公众号

权威报告·连续出版·独家资源

皮书数据库
ANNUAL REPORT(YEARBOOK)
DATABASE

分析解读当下中国发展变迁的高端智库平台

所获荣誉

- 2022年，入选技术赋能"新闻+"推荐案例
- 2020年，入选全国新闻出版深度融合发展创新案例
- 2019年，入选国家新闻出版署数字出版精品遴选推荐计划
- 2016年，入选"十三五"国家重点电子出版物出版规划骨干工程
- 2013年，荣获"中国出版政府奖·网络出版物奖"提名奖

皮书数据库

"社科数托邦"
微信公众号

成为用户

　　登录网址www.pishu.com.cn访问皮书数据库网站或下载皮书数据库APP，通过手机号码验证或邮箱验证即可成为皮书数据库用户。

用户福利

- 已注册用户购书后可免费获赠100元皮书数据库充值卡。刮开充值卡涂层获取充值密码，登录并进入"会员中心"—"在线充值"—"充值卡充值"，充值成功即可购买和查看数据库内容。
- 用户福利最终解释权归社会科学文献出版社所有。

数据库服务热线：010-59367265
数据库服务QQ：2475522410
数据库服务邮箱：database@ssap.cn
图书销售热线：010-59367070/7028
图书服务QQ：1265056568
图书服务邮箱：duzhe@ssap.cn

社会科学文献出版社 皮书系列
SOCIAL SCIENCES ACADEMIC PRESS (CHINA)

卡号：227227974128
密码：

S 基本子库
SUB DATABASE

中国社会发展数据库（下设12个专题子库）

紧扣人口、政治、外交、法律、教育、医疗卫生、资源环境等12个社会发展领域的前沿和热点，全面整合专业著作、智库报告、学术资讯、调研数据等类型资源，帮助用户追踪中国社会发展动态、研究社会发展战略与政策、了解社会热点问题、分析社会发展趋势。

中国经济发展数据库（下设12专题子库）

内容涵盖宏观经济、产业经济、工业经济、农业经济、财政金融、房地产经济、城市经济、商业贸易等12个重点经济领域，为把握经济运行态势、洞察经济发展规律、研判经济发展趋势、进行经济调控决策提供参考和依据。

中国行业发展数据库（下设17个专题子库）

以中国国民经济行业分类为依据，覆盖金融业、旅游业、交通运输业、能源矿产业、制造业等100多个行业，跟踪分析国民经济相关行业市场运行状况和政策导向，汇集行业发展前沿资讯，为投资、从业及各种经济决策提供理论支撑和实践指导。

中国区域发展数据库（下设4个专题子库）

对中国特定区域内的经济、社会、文化等领域现状与发展情况进行深度分析和预测，涉及省级行政区、城市群、城市、农村等不同维度，研究层级至县及县以下行政区，为学者研究地方经济社会宏观态势、经验模式、发展案例提供支撑，为地方政府决策提供参考。

中国文化传媒数据库（下设18个专题子库）

内容覆盖文化产业、新闻传播、电影娱乐、文学艺术、群众文化、图书情报等18个重点研究领域，聚焦文化传媒领域发展前沿、热点话题、行业实践，服务用户的教学科研、文化投资、企业规划等需要。

世界经济与国际关系数据库（下设6个专题子库）

整合世界经济、国际政治、世界文化与科技、全球性问题、国际组织与国际法、区域研究6大领域研究成果，对世界经济形势、国际形势进行连续性深度分析，对年度热点问题进行专题解读，为研判全球发展趋势提供事实和数据支持。

法律声明